# 中国环境司法发展报告

## 2020年

撰稿人（以撰写内容先后为序）

吕忠梅　张忠民　侯志强　张　琪
刘　超　吴晓斌　刘长兴　焦艳鹏
黄　凯　冀鹏飞　孟昱含　李鑫潼
欧　恒　袁　明　李文贺　罗文君
邱　秋　赵　珂　王雅琪　彭　丽
袁　璐　李俊姚　刘砺锋

法律出版社
LAW PRESS·CHINA
北京

**图书在版编目(CIP)数据**

中国环境司法发展报告. 2020年 / 吕忠梅等著. --
北京 : 法律出版社, 2021
ISBN 978-7-5197-6135-6

Ⅰ. ①中… Ⅱ. ①吕… Ⅲ. ①环境保护法-研究报告
-中国-2020 Ⅳ. ①D922.684

中国版本图书馆CIP数据核字(2021)第218788号

**中国环境司法发展报告(2020年)**
**ZHONGGUO HUANJING SIFA FAZHAN BAOGAO(2020 NIAN)**

吕忠梅 等 著

责任编辑 郑怡萍
装帧设计 李 瞻

**出版发行** 法律出版社
**编辑统筹** 法律教育出版分社
**责任校对** 杨锦华
**责任印制** 刘晓伟
**经　　销** 新华书店

**开本** 710毫米×1000毫米 1/16
**印张** 26.5 **字数** 432千
**版本** 2021年12月第1版
**印次** 2021年12月第1次印刷
**印刷** 唐山玺诚印务有限公司

地址:北京市丰台区莲花池西里7号(100073)
网址:www.lawpress.com.cn
投稿邮箱:info@lawpress.com.cn
举报盗版邮箱:jbwq@lawpress.com.cn

销售电话:010-83938349
客服电话:010-83938350
咨询电话:010-63939796


**书号**:ISBN 978-7-5197-6135-6
**定价**:82.00元
凡购买本社图书,如有印装错误,我社负责退换。电话:010-83938349

# “中国环境司法发展研究”
# 课题组主要分工

**负责人** 吕忠梅

**总稿人** 吕忠梅 张忠民

**撰写分工**

《中国环境司法发展报告(2020年)》发布稿(代序)
吕忠梅

环境司法2020年:推进中国环境司法体系不断成熟定型
吕忠梅 张忠民 侯志强 张 琪

环境侵权案件的多维检视与重点剖析
刘 超 吴晓斌

环境行政案件类型化的现在与未来
刘长兴

环境资源刑事案件的分布与司法样态
焦艳鹏

检察机关提起环境公益诉讼的探索发展与完善建议
黄 凯

生态环境损害赔偿诉讼的创新与发展:以磋商程序为重点
冀鹏飞 孟昱含 李鑫潼

《民法典》“绿色原则”司法适用的裁判总览与规则检讨
欧 恒 袁 明 李文贺

长江流域环境司法的主要特征与建设方向:以非法捕捞水产品和非法采砂案件为样本
罗文君 邱 秋

疫情背景下医疗废物处置裁判的实证检视与对策建议
赵 珂 王雅琪

附录
彭 丽 袁 璐 李俊姚 刘砺锋

# “中国环境司法发展研究”课题组人员简介

**一、报告撰写人员(按撰写内容先后排序)**

吕忠梅　法学博士,全国政协常委,最高人民法院环境资源司法研究中心副主任、学术委员会主任,中国法学会副会长,中国法学会环境资源法学研究会会长,博士生导师

张忠民　法学博士,中南财经政法大学法学院教授、博士生导师,生态文明研究院常务副院长,法律事务部部长,清华大学环境资源与能源法研究中心研究员

侯志强　中南财经政法大学法学院环境法博士研究生

张　琪　中南财经政法大学法学院环境法博士研究生

刘　超　法学博士,华侨大学法学院教授、院长,中南财经政法大学法学院博士生合作导师,华侨大学教育立法研究基地(教育部政策法规司—华侨大学共建)主任,案例法研究中心主任

吴晓斌　法学硕士,福建省泉州市丰泽区人民法院法官助理

刘长兴　法学博士,华南理工大学法学院教授、博士生导师,环境法研究中心主任

焦艳鹏　法学博士,华东政法大学教授、博士生导师,中国环境犯罪治理研究中心主任

黄　凯　法学博士,内蒙古自治区人民检察院第八检察部副主任

冀鹏飞　中南财经政法大学法学院环境法博士研究生

孟昱含　中南财经政法大学法学院环境法硕士研究生

李鑫潼　中南财经政法大学法学院环境法硕士研究生

欧　恒　中南财经政法大学法学院环境法博士研究生

袁　明　中南财经政法大学法学院环境法博士研究生

李文贺　中南财经政法大学法学院环境法硕士研究生

罗文君　法学博士,湖北经济学院法学院副教授,湖北水事研究中心副主任

邱　秋　法学博士,湖北经济学院法学院教授、院长,湖北水事研究中心主任

赵　珂　中南财经政法大学法学院环境法博士研究生

王雅琪　中南财经政法大学法学院环境法博士研究生

彭　丽　中南财经政法大学法硕中心法律硕士研究生

袁　璐　中南财经政法大学法学院环境法硕士研究生

李俊姚　中南财经政法大学法学院环境法硕士研究生

刘砺锋　中南财经政法大学法学院环境法硕士研究

**二、数据支持人员简介**

李俊慧　法学硕士,中国司法大数据研究院创新研究部主任

卓　煜　工学博士,中国司法大数据研究院创新研究部社会治理研究中心负责人

陈志宏　文学学士,中国司法大数据研究院法律研究员

崔甲蓉　经济学博士,中国司法大数据研究院创新研究部科技创新中心负责人

李　晗　工学博士,中国司法大数据研究院算法研究员

柴祎琼　法学硕士,中国司法大数据研究院法律研究员

徐然然　理学硕士,中国司法大数据研究院算法研究员

刘　茜　法学博士,中国司法大数据研究院"灯塔计划"负责人

赵雨彤　法学硕士,中国司法大数据研究院法律研究员

于　静　法学学士,中国司法大数据研究院法律研究员

# 《中国环境司法发展报告(2020年)》发布稿(代序)

全国政协常委、最高人民法院环境资源司法研究中心副主任、学术委员会主任　吕忠梅

2021年6月4日

各位媒体朋友:

大家好！今天在这里发布由最高人民法院环境资源司法研究中心、清华大学环境资源与能源法研究中心共同完成的2020年度《中国环境司法发展报告》的主要内容。

总体来看,2020年,全国司法系统在习近平法治思想和习近平生态文明思想的指导下,认真贯彻落实"用最严格制度最严密法治保护生态环境",紧紧围绕服务绿色发展战略,以打赢防污攻坚战、防疫攻坚战、脱贫攻坚战"三大战役"作为环境司法工作的出发点,各项工作取得了显著进步。具有鲜明中国特色的绿色司法理念、绿色审判道路、绿色司法制度体系更加成熟定型。

## 一、环境司法专门化体系建设又有新亮点

按照中央构建现代环境治理体系的新要求,环境司法专门组织、环境司法机制、环境司法规则、环境司法队伍、环境司法理论研究等五大建设都有新发展,突出表现为三大亮点。

一是环境审判、公益诉讼检察组织体系已经成型。2020年全国环境资源专门审判机构数量同比增长47.30%,形成"高级法院普遍设立、中基层法院按需设立"的格局,浙江省建成省市县三级全覆盖的环境资源审判体系,江苏省建立以南京环境资源法庭为核心的"9+1"环境资源审判体系,甘肃省建立"点、线、面"相结合的环境资源审判体系。全国已有27个省级人民检察院单设公益诉讼检察机构,"省级检察院单独或合并设立公益诉讼检察机构、市县两级检察院按需组建公益诉讼专门机构或专门办案组"的体系基本建成,重庆市设立两江地

区人民检察院,主管长江干流和嘉陵江流域重庆市域内跨区域生态环境保护行政公益诉讼案件。

二是环境司法机制呈现联动协作新趋势,司法实践经验更加丰富。各地方人民法院继续完善环境资源案件集中管辖、"三审合一"审判机制,上海市、青海省建立省(市)域内案件集中管辖新模式,贵州省、四川省、云南省建立联合司法机制推进流域案件集中管辖;辽宁省、山东省积极推进"三审合一"审判方式全省覆盖,深圳市成立全省首家"三审合一"专门法庭。各级检察机关积极推进与公益诉讼审判管辖相协调的案件集中管辖机制,北京市、深圳市建立检察公益诉讼案件跨区域管辖机制;京津冀三地探索建立跨省(市)检察公益诉讼案件办理机制。最高人民法院推动重庆、四川、贵州、云南四省(市)高级人民法院建立长江上游环境资源审判协作机制;青海省、四川省、甘肃省及有关市(州)法院和检察院建立协作机制。安徽省省检察院与省生态环境厅建立环境公益保护协作机制。

三是环境资源司法规则供给更加密集,系统性更强。2020 年,最高人民法院、最高人民检察院发布 10 批 120 个典型案例,聚焦新冠肺炎疫情防控、打赢污染防治攻坚战、长江经济带"生态优先、绿色发展"、促进黄河流域生态保护和高质量发展等主题,服务国家战略,回应人民群众关切。生态环境部办公厅首次发布《生态环境损害赔偿磋商十大典型案例》,丰富了环境资源典型案例的类型。最高人民法院、最高人民检察院分别发布或共同发布司法政策和司法解释 7 件,统一长江和黄河流域的司法保护基本尺度,明确《民法典》绿色规范体系的适用规则,系统修订完善相关司法解释,为《民法典》的顺利实施提供良好基础。

## 二、环境资源案件审判质量和水平又有新提高

2020 年,环境资源案件审判在坚定推进专业化建设方面成效显著。与全国法院案件数量呈现下降拐点不同,环境资源民事、行政、刑事案件和环境公益诉讼、生态环境损害赔偿诉讼案件数量均有上升。其中,环境民事、环境行政、环境刑事、环境公益诉讼、生态环境损害赔偿等案件的一审收案量同比分别增长 98.69%、6.88%、17.30%、68.05%、48.98%。环境公益诉讼案件与生态环境损害赔偿案件增幅明显,检察机关提起环境公益诉讼成为"绝对主力",公益诉讼的中国特色十分鲜明。

环境污染侵权案件以水污染、大气污染、土壤污染为主但呈现多个排污行为、多种污染源、综合污染后果交织于一个案件之中的特征。涉及行政处罚、行

政许可、行政命令行为的案件较多,主要发生在水污染、大气污染、噪声污染等行政执法领域。非法捕捞水产品罪上升为仅次于滥伐林木罪的第二高发案件,环境污染犯罪呈现东部地区基本稳定或下降但中部地区上升的趋势。检察机关提起的民事公益诉讼或刑事附带民事公益诉讼主要以审判方式结案,环境行政公益诉讼主要通过诉前程序结案。生态环境损害赔偿案件的磋商结案率高达83%,行政程序与司法程序有效衔接的制度效能凸显。

我们特别关注了《民法典》"绿色原则"的适用、长江流域司法保护、医疗废物处置纠纷三类案件情况。"绿色原则"在环境资源案件审理过程中的价值宣示、补强说理和规范补充三大功能均有所体现,但迫切需要建立新的解释方法、明确民法与环境法相结合的解释路径。长江沿线法院和海事法院受理的流域性案件中,非法捕捞和非法采砂两类案件数量最大,流域司法的整体性、协同性还需要加强。医疗废物处置案件涉及民事、行政、刑事三类但总量不多,呈现明显的地域差异性,还需要适应疫情防控常态化需求,加大相关司法力度。

## 三、期待环境司法在环境治理体系和治理能力现代化方面再创新辉煌

2021年作为"十四五"规划的开局之年,我们建议着力做好以下工作。

一是继续坚持推进环境司法专门化建设。完善环境审判机构的设立和优化布局,统一受案范围、审理程序,健全"三审合一""区域流域协作"等审理机制。健全检察公益诉讼机构体系,积极推进建立"多检合一"等新机制。完善生态环境执法机关、公安机关、检察机关、审判机关信息共享、案情通报、案件移送制度,探索建立"恢复性司法实践+社会化综合治理"审判结果执行机制。

二是持续提高生态环境案件审判专业化水平。加强《民法典》绿色规范体系法律适用问题的研究,建立健全生态环境案件司法解释体系与裁判规则。构建生态环境行政案件的合法性审查与合理性审查的生态标准,明确司法审查的绿色导向。优化刑事司法规则,优化环境刑事案件罪名,明确环境刑事案件司法操作标准。探索建立检察机关提起环境公益诉讼案件和生态环境损害赔偿案件的专门程序规则,缓解现行诉讼法的适用困难。加快统一流域性案件、跨区域案件的受案标准、司法尺度,提高服务保障的能力和水平。

我们期待,人民法院、人民检察院为实现"人与自然和谐共生"的现代化目标贡献更大力量!

谢谢大家!

# 目　录

## 总体观察篇



## 重点分析篇

## 特别关注篇

## 附 录

# 总体观察篇

# 环境司法2020年：推进中国环境司法体系不断成熟定型

吕忠梅　张忠民　侯志强　张　琪

2020年，全国司法系统在习近平法治思想和习近平生态文明思想的指导下，认真贯彻落实“用最严格制度最严密法治保护生态环境”，紧紧围绕服务绿色发展战略，以打赢防污攻坚战、防疫攻坚战、脱贫攻坚战“三大战役”作为环境司法工作的出发点，在《民法典》“绿色原则”的实施、充分发挥司法在抗击新冠肺炎疫情中的法治功能、促进长江经济带建设落实“生态优先、绿色发展”原则和黄河高质量发展等方面积极探索，不断提升环境司法治理效能，推进环境治理体系和治理能力的现代化。

在课题组持续发布《环境司法专门化：现状调查与制度重构》[1]、《中国环境司法发展报告（2015－2017）》[2]、《中国环境司法发展报告（2017－2018）》[3]、《中国环境司法发展报告（2019年）》[4]的基础上，我们对2020年中国环境司法状况进行了全方位观察，既持续跟踪环境司法专门化和专业化的进展情况，也对年度热点焦点予以特别关注，形成《中国环境司法发展报告（2020年）》，此文为对2020年环境司法现状的总体观察。

## 一、环境司法专门化体系夯实公平正义基础

“十三五”期间，环境司法专门化建设蹄疾步稳，各项改革渐次展开并不断深化。根据对“环境司法组织、环境司法机制、环境司法规则、环境司法队伍、环境司法理论”五大“哨点”的连续观察，可以明显看出环境司法专门化体系从无到有、从单兵突进到整体发展的过程。2020年，环境司法专门组织体系更加健

---

〔1〕 吕忠梅等：《环境司法专门化：现状调查与制度重构》，法律出版社2017年版。

〔2〕 吕忠梅等：《中国环境司法发展报告（2015－2017）》，人民法院出版社2018年版。

〔3〕 吕忠梅等：《中国环境司法发展报告（2017－2018）》，人民法院出版社2019年版。

〔4〕 吕忠梅等：《中国环境司法发展报告（2019年）》，法律出版社2020年版。

全,环境司法机制更加优化,环境司法规则更加完善,环境司法队伍能力更加提升,环境司法理论基础更加厚实。

## (一)环境司法专门组织体系更加健全

2020 年,环境司法专门组织建设在良好基础上继续推进,更加注重系统化、协调性,基本形成法院、检察院、行政部门各司其职又有机衔接的组织体系。特别是环境资源审判专门机构进一步优化调整,专门化特征更加突出。地方检察机关公益诉讼机构建立步伐加快,环境公益诉讼检察专门化进程加速。

### 1. 环境资源审判专门机构稳健发展

各级法院按照中共中央办公厅、国务院办公厅《关于构建现代环境治理体系的指导意见》的明确要求,积极推进"在高级人民法院和具备条件的中基层人民法院调整设立专门的环境审判机构"[5]工作。与过去环境资源审判机构多为既有业务审判机构调整设立不同,2020 年,全国新设立的环境资源审判机构数量增加,基本形成"高级法院普遍设立、中基层法院按需设立"的格局。与此同时,各地人民法院积极推进内设机构的优化整合,保障环境资源审判庭独立建制、统一环境资源审判庭名称,环境资源审判专门机构建设更加有序、更加规范。截至 2020 年 12 月,全国 31 个省、自治区、直辖市共有环境资源审判专门机构 1993 个,其中环境资源审判庭 617 个、合议庭 1167 个、人民法庭(巡回法庭)209 个。[6] (见图 1-1)

与 2019 年相比,[7]全国环境资源专门审判机构增长 47.30%,其中,环境资源审判庭增长 20.27%、合议庭增长 55.80%、巡回法庭增长 129.67%,新一轮环境资源审判机构调整设立的发展势头良好。

---

〔5〕 中共中央办公厅、国务院办公厅《关于构建现代环境治理体系的指导意见》,载中国政府网,http://www.gov.cn/zhengce/2020-03/03/content_5486380.htm,最后访问日期:2021 年 5 月 15 日。

〔6〕 数据来源:最高人民法院环境资源审判庭统计报表。

〔7〕 截至 2019 年 12 月,全国 31 个省、自治区、直辖市人民法院共设立环境资源审判专门机构 1353 个,其中环境资源审判庭 513 个,合议庭 749 个,人民法庭(巡回法庭)91 个。参见吕忠梅等:《中国环境司法发展报告(2019 年)》,法律出版社 2020 年版,第 6 页。

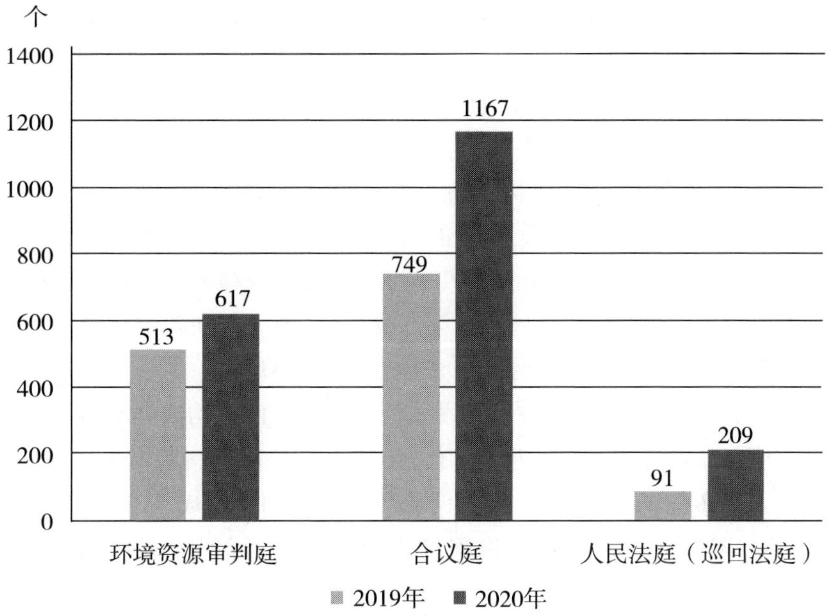


**图 1-1　2019 年、2020 年全国环境资源审判专门机构设置情况**

(1)地方环境资源专门审判机构实现全覆盖或基本覆盖的改革要求在大部分省份得到落实。贵州省进一步优化环境资源审判机构布局,根据不同需求在特定生态保护区域增设环境保护法庭,形成全省环境保护专门化审判组织体系。四川省高级人民法院和全省 21 个市州中级人民法院均设立环境资源审判庭或专门合议庭。

(2)跨区域环境资源专门审判机构增长较快,流域环境资源专门审判机构设立亮点纷呈。江西省高级人民法院在上饶市设立信江流域环境资源法庭和饶河流域环境资源法庭,分别集中管辖涉信江流域、饶河流域环境资源刑事、民事、行政一审案件;山东省高级人民法院在沿黄河 9 地市设立生态环境保护巡回法庭,推进黄河流域生态环境审判组织全覆盖。

(3)探索设立特殊环保法庭,加强保护生物多样性或专门生态系统。四川省在 7 个市州设立大熊猫国家公园专门法庭,服务于濒危物种和生物多样性保护。贵州省设立茅台特殊环境保护法庭,以保护重点产业生态系统。

**2. 环境公益诉讼检察专门机构设立步伐加快**

各级人民检察院按照中央全面深化改革委员会《关于设立最高人民检察院公益诉讼检察厅的方案》提出的"构建配置科学、运行高效的公益诉讼检察机构,为更好履行检察公益诉讼职责提供组织保障”的要求,加快建设公益诉讼检察机构,[8]基本形成“省级检察院单独或合并设立公益诉讼检察机构、市县两级检察院按需组建公益诉讼专门机构或专门办案组”的格局。

(1)多数省级人民检察院设立公益诉讼检察机构,有的省开始探索推进生态检察工作“多检合一”机构建设。截至 2020 年 12 月,全国已有 27 个省级人民检察院(包括新疆生产建设兵团检察院)单独设立公益诉讼检察机构。天津、江苏、安徽、青海、宁夏等 5 个省级人民检察院将行政检察和公益诉讼检察合并于一个机构中。福建省检察院设立第八检察部,统一行使提起环境公益诉讼与生态刑事诉讼工作职能,探索推进“多检合一”机构建设。

(2)市县级人民检察院按需设立公益诉讼专门机构或办案组。辽源市新设第六检察部专门负责公益诉讼工作,组建由辽源市检察院牵头、县(区)检察院骨干力量参加的检察机关公益诉讼办案指挥中心,成立全市公益诉讼办案组。[9] 湖南省华容县人民检察院组建负责公益诉讼检察工作的第五检察部。[10]

(3)设立专门检察机构,创新流域生态环境保护公益诉讼检察工作。重庆市五届人大常委会第十六次会议批准设立重庆市两江地区人民检察院,作为重庆市人民检察院的派出机构,主管长江干流和嘉陵江流域重庆境内的跨区域生态环境和资源保护行政公益诉讼案件。[11]

### (二)环境司法机制更加优化

2020 年,环境司法体制机制改革取得重大进展,体制机制的整体性、系统性、协同性进一步增强,为充分履行宪法、法律赋予的司法职能,促进生态文明建设的作用奠定坚实基础。突出体现为司法管辖进一步呈现集约化、专业化特征;环境资源案件“三审合一”模式不断丰富和完善;多元化、多形式的司法协作机

---

〔8〕 按照全国人大常委会批准的检察机关设立公益诉讼专门机构的方案,公益诉讼检察机构可以提起涉及生态环境和资源保护、国有财产保护、食品药品安全等领域的公益诉讼,不仅限于生态环境和资源保护。但从检察公益诉讼机构的性质上看,属于专门公益诉讼机构;从已开展的公益诉讼检察工作看,生态环境和资源保护也是最早开始、案件最多的领域。因此,从性质上,可以将检察公益诉讼机构称为环境公益诉讼检察专门机构。

〔9〕 于芯:《市检察院多举措提升公益诉讼工作质量》,载《辽源日报》2020 年 11 月 18 日,第 2 版。

〔10〕 高远:《全新亮相!华容县人民检察院内设机构改革今日完成》,载华容县人民检察院网,http://www.hnhuarong.jcy.gov.cn/tpxw/202006/t20200629_2864411.shtml,最后访问日期:2021 年 5 月 17 日。

〔11〕 重庆市人民代表大会常务委员会公告〔五届〕第 80 号:《重庆市人民代表大会常务委员会关于批准设立重庆市两江地区人民检察院的决定》,载《重庆日报》2020 年 3 月 7 日,第 1 版。

制基本形成，环境资源保护一体化进程加快推进。

**1. 环境资源案件集中管辖机制不断发展**

（1）健全环境资源案件审判管辖机制

第一，探索指定集中管辖新模式，实现省（自治区、直辖市）域内案件跨行政区划集中管辖。上海市高级人民法院根据生态功能区规划建立统一标准，对环境资源民事、行政、刑事案件实行集中管辖，指定由金山、青浦、崇明、上铁四家人民法院进行审理。青海省高级人民法院发布《调整环境资源案件跨行政区域集中管辖的实施意见（试行）》，规定全省 8 个中级人民法院各指定一个辖区内基层人民法院为环境资源案件集中管辖法院，受理该市（州）内的一审环境资源案件。

第二，创新流域重大环境资源案件集中管辖机制。贵州、四川两省人民法院联合召开赤水河流域生态环境保护司法协作会议，贵州遵义市、毕节市中级人民法院和四川泸州市中级人民法院以及云南昭通市中级人民法院签署《关于建立赤水河全流域环境资源审判跨省域司法协作机制的意见》，建立赤水河流域重大环境资源案件跨省域协商管辖机制。对于流域重大环境资源案件，受诉法院认为沿岸其他法院审理更为适合的，经协商后可移送管辖。〔12〕

（2）创建检察公益诉讼案件集中管辖机制

第一，建立与公益诉讼审判管辖相协调的案件集中管辖机制。甘肃省人大常委会发布《关于加强检察公益诉讼工作的决定》，要求检察机关加强跨行政区域公益诉讼工作，建立与审判管辖相协调的案件集中管辖机制。〔13〕

第二，探索检察公益诉讼案件集中管辖、跨省办理制度机制。北京市市委办公厅、市人民政府办公厅联合发布《关于深入推进检察公益诉讼工作的意见》，强调利用跨行政区划检察院的优势，健全检察公益诉讼案件集中管辖机制，探索建立跨省检察公益诉讼案件办理制度机制，加强京津冀检察协作。〔14〕

第三，有些地方检察机关探索建立检察公益诉讼案件跨区域管辖机制。深

〔12〕 汪怡潇、董彬：《云贵川三省四市为保护赤水河开展司法协作》，载中国法院网，https://www.chinacourt.org/article/detail/2020/08/id/5424651.shtml，最后访问日期：2021 年 4 月 28 日。

〔13〕 甘肃省人大常委会《关于加强检察公益诉讼工作的决定》，载甘肃省人民检察院网，http://www.jcy.gansu.gov.cn/info/1002/27585.htm，最后访问日期：2021 年 4 月 2 日。

〔14〕 中共北京市委办公厅、北京市人民政府办公厅《〈关于深入推进检察公益诉讼工作的意见〉的通知》，载北京市人民政府网，http://www.beijing.gov.cn/zhengce/zhengcefagui/202012/t20201211_2161899.html，最后访问日期：2021 年 2 月 1 日。

圳市人大常委会发布《深圳经济特区生态环境公益诉讼规定》,规定人民检察院可以对跨部门、跨领域、跨区域的重大生态环境民事公益诉讼案件以及生态环境刑事附带民事公益诉讼案件提起诉讼。〔15〕

**2. 环境司法审判机制日渐成熟**

(1)完善环境司法审判体系

第一,设立环境资源案件"三审合一"专门法庭,促进环境资源审判机制"闭环"运行。辽宁省高级人民法院成立运行刑事、民事、行政"三审合一"审判模式的环境资源审判庭。深圳市成立环境资源案件"三审合一"专门法庭。

第二,实现环境资源案件归口审理全覆盖。山东省三级法院均已完成环境资源案件归口专门审判庭或人民法庭审理改革,建成环境资源案件集中审判体制机制。〔16〕 浙江省已建成省市县三级全覆盖的环境资源审判体系,形成省高级人民法院环境资源审判庭"三审合一"归口审理、中级人民法院环境资源审判机构全覆盖、地市级生态环境主管部门所在地基层人民法院集中管辖为主和重点流域(生态功能区)基层人民法院环保专业法庭集中管辖为辅的审判格局。〔17〕

第三,构建多层次立体化审判体系。江苏省在"三审合一"基础上,建立了以南京环境资源法庭为核心、9 个生态功能区法庭为依托的"9 + 1"环境资源审判体系,以消除地方保护弊端,统一环境资源案件裁判标准。甘肃省因地制宜,以"点"统筹全省、以"线"连接林区保护区、以"面"实现跨域集中管辖,建立了"点、线、面"相结合的立体式环境资源审判体系。〔18〕

(2)丰富环境资源案件审判工作方式

为保障案件集中管辖和"三审合一"审判模式高效运行,贵州黔南州中级人民法院创新审判工作方式,建立了以公开巡回审理为常态、不公开审理为例外的环境资源案件就地办理工作制度。山东曲阜市中级人民法院以环境资源案件专门工作小组为依托,搭建环境资源审判工作平台,集中审理环境资源案件。〔19〕

---

〔15〕 王森:《为公益诉讼立法提供"深圳样本"》,载《深圳特区报》2020 年 9 月 1 日,A03 版。

〔16〕 闫继勇:《山东:环境资源专门化审判体系覆盖全省》,载《人民法院报》2020 年 6 月 8 日,第 8 版。

〔17〕 余建华:《践行"两山"理念护航绿色发展——浙江加强生态环境司法保护》,载《人民法院报》2020 年 8 月 30 日,第 1 版。

〔18〕 刘强:《甘肃法院:"点、线、面"结合守护黄河上游生态环境》,载《人民法院报》2020 年 12 月 13 日,第 1 版。

〔19〕 汪有生、卢金:《曲阜法院多措并举积极推进环境资源审判工作》,载中国法院网,https://www.chinacourt.org/article/detail/2020/06/id/5264274.shtml,最后访问日期:2021 年 3 月 1 日。

(3)探索建立恢复性司法案件执行机制

积极推进恢复性司法实践，探索建立"恢复性司法实践 + 社会化综合治理"审判结果执行机制。陕西省高级人民法院建立"青山 + "的环境资源司法替代性修复裁判和执行模式，对无法复原的环境资源破坏案件和资源不可再生的案件，引导当事人采取异地补植等方式进行替代性修复。贵州省高级人民法院牵头起草《关于在环境资源犯罪案件中全面实行生态环境修复的意见(试行)》，构建生态恢复性司法案件执行机制。河南洛阳市中级人民法院协同洛阳香江万基铝业在新安县建立生态环境修复基地，落实恢复性司法案件的社会化治理执行机制。

**3. 环境司法协作机制多层次广泛建立**

(1)充实多方环境司法协作机制

第一，形成跨区域法院协作机制。最高人民法院组织"司法护航美丽长江"活动，推动重庆、四川、贵州、云南四省(市)高级人民法院签署《长江上游跨区域环境资源审判协作机制框架协议》，建立长江上游环境资源案件审判协作机制。〔20〕

第二，建立法检协作机制。青海省高级人民法院、人民检察院联合印发《关于环境资源刑事案件集中管辖及归口办理的通知》，建立法检协同办案机制，确保环境资源刑事案件的集中管辖和归口办理。〔21〕 四川阿坝州、甘肃甘南州、青海果洛州人民法院和人民检察院签订《黄河上游川甘青水源涵养区生态环境保护司法协作框架协议》，建立黄河上游川青甘水源涵养区生态环境司法法检协作机制。〔22〕

第三，强化检行衔接机制。安徽省人民检察院与省生态环境厅联合出台《关于加强生态环境领域公益保护协作配合推动生态文明建设的意见》，明确检察机关与生态环境部门在加强生态环境领域公益保护的职责分工、协作配合等方面的工作机制。〔23〕 大连市普兰店区人民检察院与生态环境分局共同发布《关

〔20〕 胡建兵：《加强跨区域环境审判协作》，载《人民法院报》2020年9月29日，第2版。

〔21〕 徐鹏：《青海三大机制健全生态环境司法保护》，载法制网，http://www.legaldaily.com.cn/index/content/2020-04/06/content_8163227.htm，最后访问日期：2021年3月4日。

〔22〕 吴光于：《黄河上游三省签订水源涵养区生态环境保护司法协作框架协议》，载中央人民政府网，http://www.gov.cn/xinwen/2020-07/06/content_5524545.htm，最后访问日期：2021年4月22日。

〔23〕 《长江大保护中的公益诉讼检察"安徽实践"》，载安徽省人民检察院网，http://www.ah.jcy.gov.cn/jcyw/202103/t20210302_3144345.shtml，最后访问日期：2021年3月28日。

于打造生态环境领域行政执法和公益诉讼协同示范区的意见(试行)》,建立和完善生态环境领域案件线索的实时共享和协商研判制度,形成保护生态环境和维护社会公益的合力。[24]

(2)加长环境司法协作配套链条

第一,落实保障措施。南京市中级人民法院制定《〈长三角地区人民法院环境资源司法协作框架协议〉工作方案》,落实跨省域重大案件一体处理制度、跨区域案件移送审理制度、协作区域内法院审判资源和信息共享制度的具体措施,开展协作区域内环境资源案件审判技术交流、业务培训等工作。[25]

第二,创建新型配套制度。福建省高级人民法院开始在漳州中级人民法院试点生态环境技术调查官制度。四川省雅安、阿坝、甘孜、凉山、成都、眉山、乐山、宜宾等 8 个市州中级人民法院与四川省生态环境科学研究院、中国电建集团成都勘测设计研究院签订《岷江流域生态环境资源保护“8 + 2”司法协作框架协议》,建立大要案研讨等制度,为岷江流域生态环境资源司法协作机制提供配套技术支持。[26]

(三)环境司法规则更加完善

2020 年,以《民法典》颁布为契机,最高人民法院对相关司法解释进行了全面梳理和修订,环境资源案件相关司法规则进一步完善。为贯彻落实全国人大常委会《关于全面禁止非法野生动物交易、革除滥食野生动物陋习、切实保障人民群众生命健康安全的决定》,服务保障打赢污染防治攻坚战、长江生态环境修复攻坚战行动计划、黄河流域生态保护和高质量发展,最高人民法院出台相关司法政策、发布典型案例和司法白皮书,建立相关案件办理尺度、规范案件办理程序、明确裁判规则,向社会说明司法规则。

**1. 环境资源司法政策和司法解释功能作用不断增强**

2020 年,最高人民法院、最高人民检察院发布司法政策和司法解释 7 件(见表 1 - 1),为服务保障国家战略、保障《民法典》顺利实施提供司法规则,充分发

---

〔24〕《加强检察公益诉讼协作 共建生态环境领域公益诉讼保护协同示范区》,载大连市普兰店区人民检察院网,http://www.lnpulandian.jcy.gov.cn/jcxw/202010/t20201026_2997332.shtml,最后访问日期:2021 年 5 月 17 日。

〔25〕南京市中级人民法院《〈长三角地区人民法院环境资源司法协作框架协议〉,18 条新规画出“施工图”》,载南京审判网,http://www.njfy.gov.cn/www/njfy/index.htm,最后访问日期:2021 年 3 月 29 日。

〔26〕刘春华:《岷江流域 8 市州开展司法协作保护生态环境》,载《四川日报》2020 年 6 月 5 日,第 2 版。

挥了司法的政策形成功能和规范社会行为功能。

**表1-1 2020年最高人民法院、最高人民检察院发布的环境资源司法解释情况**

| 序号 | 名称 | 发布单位 | 发布时间 |
| --- | --- | --- | --- |
| 1 | 《关于为黄河流域生态保护和高质量发展提供司法服务与保障的意见》 | 最高人民法院 | 2020年6月 |
| 2 | 《关于为长江三角洲区域一体化发展提供司法服务和保障的意见》 | 最高人民法院 | 2020年7月 |
| 3 | 《关于审理生态环境损害赔偿案件的若干规定(试行)》(2020年修正) | 最高人民法院 | 2020年12月 |
| 4 | 《关于审理环境民事公益诉讼案件适用法律若干问题的解释》(2020年修正) | 最高人民法院 | 2020年12月 |
| 5 | 《关于审理环境侵权责任纠纷案件适用法律若干问题的解释》(2020年修正) | 最高人民法院 | 2020年12月 |
| 6 | 《关于审理矿业权纠纷案件适用法律若干问题的解释》(2020年修正) | 最高人民法院 | 2020年12月 |
| 7 | 《关于检察公益诉讼案件适用法律若干问题的解释》(2020年修正) | 最高人民法院、最高人民检察院 | 2020年12月 |

(1)发布服务国家战略司法文件

最高人民法院为服务保障长江经济带建设和黄河流域高质量发展战略发布了两个司法文件。《关于为黄河流域生态保护和高质量发展提供司法服务与保障的意见》要求各级人民法院树立"绿色司法"理念、发挥审判职能、建立流域司法机制,为服务黄河流域生态保护和高质量发展提供司法政策指引;《关于为长江三角洲区域一体化发展提供司法服务和保障的意见》,以落实《长江三角洲区域一体化发展规划纲要》为目标,提出建立长江三角洲区域环境资源审判业务、审判资源配置、司法保护强度一体化的具体要求,推动建立长江三角洲区域的司法协作机制。

(2)修订环境资源案件相关司法解释

为保障《民法典》的顺利实施,最高人民法院先后发布修正后的司法解释4件,与最高人民检察院联合发布1件。其中,最高人民法院《关于审理生态环境损害赔偿案件的若干规定(试行)》(2020年修正),根据《民法典》第1234条、第

1235 条,具体规定了生态环境损害赔偿案件的起诉主体、管辖法院、证明责任等内容;最高人民法院《关于审理环境民事公益诉讼案件适用法律若干问题的解释》(2020 年修正),根据《民法典》第 1234 条,细化生态环境修复费的使用问题,进一步明确环境民事公益诉讼案件的审理程序和裁判规则;最高人民法院《关于审理环境侵权责任纠纷案件适用法律若干问题的解释》(2020 年修正),根据《民法典》第 1171 条、第 1172 条,明晰环境侵权连带责任的具体构成与承担方式;最高人民法院《关于审理矿业权纠纷案件适用法律若干问题的解释》(2020 年修正),根据《民法典》第 527 条、第 1234 条、第 1235 条,进一步完善了矿业权转让、环境公益诉讼和生态环境损害赔偿诉讼规则。

**2. 环境资源典型案例示范效应日益彰显**

2020 年,最高人民法院、最高人民检察院共计发布 10 批 120 个典型案例(见表 1 - 2),内容聚焦国家治理与社会治理重点、热点,广泛涉及野生动物、流域、海洋、文物和文化遗产等多个方面。根据全国人大常委会《关于全面禁止非法野生动物交易、革除滥食野生动物陋习、切实保障人民群众生命健康安全的决定》,最高人民检察院发布《检察机关野生动物保护公益诉讼典型案例》;回应打赢污染防治攻坚战的司法需求,最高人民检察院适时发布《全国检察机关服务保障打好污染防治攻坚战典型案例》《"守护海洋"检察公益诉讼专项监督活动典型案例》;贯彻落实习近平总书记关于长江经济带建设"生态优先、绿色发展"和促进黄河流域生态保护和高质量发展的重要论述,最高人民法院发布《长江经济带生态环境司法保护典型案例》《黄河流域生态环境司法保护典型案例》《长江流域水生态司法保护典型案例》,最高人民检察院发布《服务保障长江经济带发展典型案例(第三批)》等典型案例。这些案例在充分发挥示范效应的同时,也起到了统一司法规则、规范司法行为的指导作用。

**表 1 - 2　2020 年发布的环境资源典型案例**

| 序号 | 名称 | 发布单位 | 发布时间 |
|---|---|---|---|
| 1 | 《长江经济带生态环境司法保护典型案例》 | 最高人民法院 | 2020 年 1 月 |
| 2 | 《检察机关野生动物保护公益诉讼典型案例》 | 最高人民检察院 | 2020 年 2 月 |
| 3 | 《"守护海洋"检察公益诉讼专项监督活动典型案例》 | 最高人民检察院 | 2020 年 4 月 |
| 4 | 《生态环境损害赔偿磋商十大典型案例》 | 生态环境部 | 2020 年 5 月 |

续表

| 序号 | 名称 | 发布单位 | 发布时间 |
|---|---|---|---|
| 5 | 《2019年度人民法院环境资源典型案例》 | 最高人民法院 | 2020年5月 |
| 6 | 《黄河流域生态环境司法保护典型案例》 | 最高人民法院 | 2020年6月 |
| 7 | 《长江流域水生态司法保护典型案例》 | 最高人民法院 | 2020年9月 |
| 8 | 《全国检察机关服务保障打好污染防治攻坚战典型案例》 | 最高人民检察院 | 2020年10月 |
| 9 | 《服务保障长江经济带发展典型案例(第三批)》 | 最高人民检察院 | 2020年12月 |
| 10 | 《检察机关文物和文化遗产保护公益诉讼典型案例》 | 最高人民检察院 | 2020年12月 |

注:本表按典型案例发布时间排序。

特别值得关注的是,2020年,生态环境部办公厅首次发布《生态环境损害赔偿磋商十大典型案例》,不仅扩大了环境资源典型案例的范围,而且对于建立健全生态环境损害赔偿案件的行政与司法衔接机制、统一程序和规则,具有重要的示范价值。

**3. 环境资源审判白皮书的质量明显提升**

2020年,全国各级人民法院发布环境资源审判白皮书16件(见表1-3)。表1-3较为全面地展示了各级人民法院环境资源审判工作的情况和成效,既有效保障了社会公众的知情权,也有利于积累环境资源审判经验、归纳司法规则。尤其是最高人民法院和省级人民法院发布的白皮书,总结司法规律、提炼审判规则的司法指引作用更为明显。各级人民法院高度重视白皮书的功能和作用,不断提高白皮书质量。

**表1-3　2020年全国法院发布环境资源审判白皮书情况**

| 序号 | 名称 | 发布单位 | 发布时间 |
|---|---|---|---|
| 1 | 《甘肃环境资源审判(2019)》 | 甘肃省高级人民法院 | 2020年1月8日 |
| 2 | 《中国环境资源审判(2019)》 | 最高人民法院 | 2020年5月8日 |
| 3 | 《2019年广西法院环境资源审判白皮书》 | 广西壮族自治区高级人民法院 | 2020年6月4日 |
| 4 | 《2019年度江苏法院环境资源审判工作白皮书》 | 江苏省高级人民法院 | 2020年6月4日 |

续表

| 序号 | 名称 | 发布单位 | 发布时间 |
|---|---|---|---|
| 5 | 《广州中院环境资源审判(2015.02—2020.05)》 | 广州市中级人民法院 | 2020 年 6 月 4 日 |
| 6 | 《德阳法院 2019 年度环境资源审判白皮书》 | 德阳市中级人民法院 | 2020 年 6 月 4 日 |
| 7 | 《2016 至 2019 年度〈环境资源审判〉白皮书》 | 西安铁路运输中级法院 | 2020 年 6 月 4 日 |
| 8 | 《天津法院环境资源审判白皮书》 | 天津市高级人民法院 | 2020 年 6 月 5 日 |
| 9 | 《内蒙古环境资源审判白皮书(2017—2019)》 | 内蒙古自治区高级人民法院 | 2020 年 6 月 5 日 |
| 10 | 《全省法院 2019 年度环境资源保护白皮书及典型案例》 | 安徽省高级人民法院 | 2020 年 6 月 5 日 |
| 11 | 《2019 年度成都法院环境资源审判白皮书》 | 成都市中级人民法院 | 2020 年 6 月 5 日 |
| 12 | 《邢台市环境资源审判白皮书》 | 邢台市中级人民法院 | 2020 年 6 月 5 日 |
| 13 | 《(2018 - 2020)昆明法院环境资源司法保护状况》 | 昆明市中级人民法院 | 2020 年 6 月 5 日 |
| 14 | 《四川省内江法院生态环境司法保护状况审判白皮书》 | 内江市中级人民法院 | 2020 年 6 月 5 日 |
| 15 | 《上海市崇明区人民法院环境资源司法保护状况(2019 年 1 月至 2020 年 8 月)白皮书》 | 上海市崇明区人民法院 | 2020 年 9 月 17 日 |
| 16 | 《长江流域生态环境司法保护状况》 | 最高人民法院 | 2020 年 9 月 25 日 |

注:本表数据通过网络等途径收集整理,由于搜索条件限制,可能存在疏漏。

2020 年,最高人民法院在连续 4 年发布《中国环境资源审判》白皮书的基础上,首次发布《长江流域生态环境司法保护状况》专项白皮书,全面展示流域环境资源的司法现状。

各地方人民法院延续了在发布环境资源审判白皮书的同时,发布典型案例的做法。2020 年,内蒙古自治区高级人民法院、广州市中级人民法院首次发布环境资源审判白皮书和环境资源审判典型案例。上海市崇明区人民法院连续 4 年发布环境资源审判白皮书。

### （四）环境司法队伍能力更加提升

2020 年，各级人民法院在加强环境司法专门审判队伍能力建设的同时，高度重视环境司法审判支持系统建设，环境司法专门化能力建设有了新发展。

**1. 通过多种方式提高环境司法专门审判队伍的能力和水平**

（1）加大环境资源审判法官的培训力度

各级人民法院努力克服疫情影响，认真贯彻落实最高人民法院《法官教育培训工作条例》，创新培训方式方法，采取网络教学、视频交流等方式开展法官培训，圆满完成各项培训任务。河南省组织全省三级法院从事环境资源审判业务的法官参加现场教学与网络直播相结合的培训，提高业务水平。[27] 沈阳铁路运输中级人民法院以视频会议的形式开展环境资源审判业务培训，解答环境资源审判的相关问题以及疑点难点问题。[28]

（2）创新培训内容和方式

通过举办司法实务与理论研讨会的方式，以会代训、会训结合，既讲授学习《民法典》等新法知识，也结合实际总结环境司法规律、交流环境司法经验。2020 年，各级人民法院单独或联合举办多场环境司法研讨会、环境资源司法研究基地和实践基地课题研讨会。为贯彻实施《民法典》，结合相关司法解释修订工作，最高人民法院环境资源审判庭与中国法学会环境资源法学研究会、《法律适用》编辑部联合举办“贯彻民法典绿色条款司法实践与理论研讨会”，会前征集全国法院系统和环境法理论研究者的论文 200 多篇，多家地方人民法院环境资源审判庭组织参会论文；会议采取线下主会场与线上分会场方式，既请专家学者系统解读《民法典》绿色规则，又结合适用“绿色原则”案件的司法实践进行认真研讨交流、还针对《民法典》的实施和相关司法解释修正进行理论引导。网上参会人数达数千人，取得了理论研讨与教育培训有机结合、相互促进的良好效果。

**2. 加快环境司法审判支持队伍建设**

为更好应对环境资源审判中的专业性、复杂性，各级人民法院在建立环境资源审判专家库的基础上，进一步推进审判支持队伍建设，建立了多领域、广覆盖

---

〔27〕 魏琪：《全省法院环境资源审判培训班在河南法官学院开班》，载河南法官进修学院网，https://hnfgjxxy.hncourt.gov.cn/public/detail.php? id=560，最后访问日期：2021 年 5 月 16 日。

〔28〕 《沈铁中院开展环境资源审判业务培训》，载沈阳铁路运输中级法院网，http://sytlzy.chinacourt.gov.cn/article/detail/2020/10/id/5552571.shtml，最后访问日期：2021 年 5 月 17 日。

专家遴选和动态调整机制。

2020 年,最高人民法院提出了组建专家库、专家咨询委员会的要求,明确了在评估、鉴定、修复方案确定、专业事实查明等事项中充分发挥专家辅助人、专家陪审员、技术调查官的作用。安徽省高级人民法院制定《环境资源审判咨询专家工作办法》,聘请23 名专家为环境资源审判专家库成员。广东省高级人民法院成立第二届环境资源审判咨询专家库,邀请来自水污染治理、淡水养殖水体修复、土壤污染修复、大气污染控制、动物保护等多个领域的专业技术人员和环境法学者加入。上海市第三中级人民法院聘任环境法、环境资源规划等方向的专家以及来自大气、水、固体废物处理、噪声研究以及环境监测等技术领域的专家共同组成专家库。北京市第四中级人民法院邀请来自法律政策和环境专业的专家学者共同组成环境资源审判技术专家库。

环境资源审判领域的人民陪审员队伍建设不断加强。上海市在环境公益诉讼案件中采取“3 名法官 +4 名人民陪审员”共同组成合议庭模式,法律效果与社会效果十分显著。[29] 四川省高级人民法院和重庆市高级人民法院签署《成渝地区双城经济圈环境资源审判协作框架协议》,建立川渝两地环境资源审判共享专家库,两地人民法院可在专家库中聘请相关专家担任人民陪审员、特约调解员或进行技术咨询。[30]

### (五)环境司法理论基础更加厚实

2020 年,环境司法理论研究主题更加集中,研究方法切合司法实务需求,研究成果对司法实践支撑作用更加明显。各类研究基地充分发挥带动作用,促进研用结合,将理论研究成果转化为司法实践效能。

#### 1. 环境司法理论研究更加关注司法实务问题

2020 年,环境司法理论研究成果数量同比稍有回落(见图 1 -2),但随着《民法典》的颁布,民法研究从立法论转向解释论,对环境法理论研究方法多元化具有积极影响,环境司法理论研究的主题更加集中、研究方法更加务实,研究成果对解决司法实务问题的引领和支撑作用进一步加强。

---

〔29〕 王嘉旖:《上海生态之城建设如何蹄疾步稳?他们审议了这份报告!》,载上海人大网,http://www.spcsc.sh.cn/n8347/n8483/u1ai219885.html,最后访问日期:2021 年 5 月 17 日。

〔30〕 黄乔:《川渝两地高院签署协议 七方面开展生态环境司法保护协作》,载《重庆日报》2020 年 6 月 1 日,第 3 版。

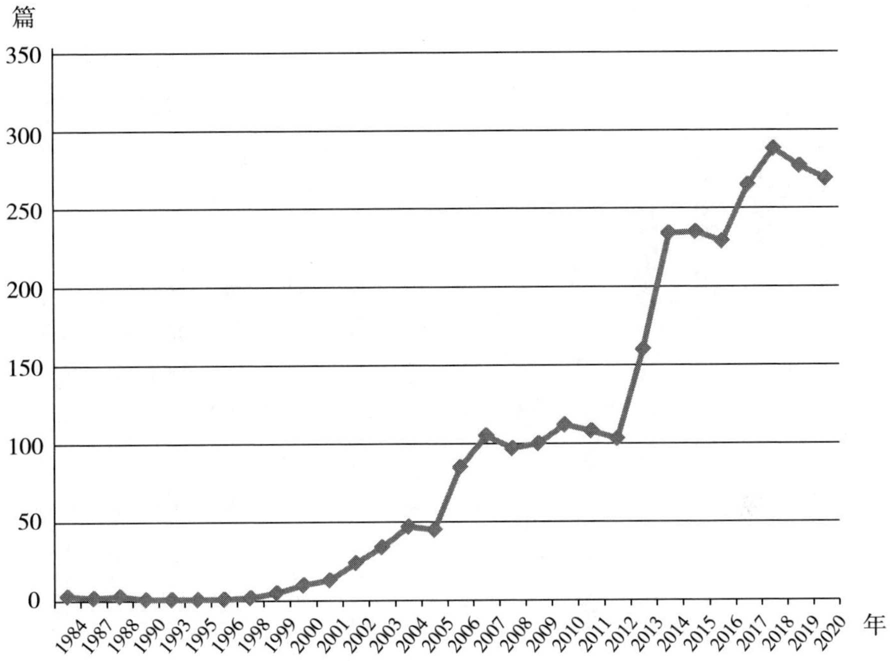


**图 1－2　环境司法理论研究成果趋势**

笔者利用中国知网数据库,以“环境司法”为主题对 2020 年度发表的研究成果进行文献模糊检索,搜索到论文 273 篇,其中,硕士、博士论文 58 篇。研究主题集中分布在环境损害、司法鉴定、司法适用、环境公益诉讼、司法保障等方面(见图 1－3)。与之前相比,研究内容更加聚焦中国环境司法实践提出的理论问题,研究方法更加注重解释司法现象和司法过程,研究成果更加倾向于提出解决问题的实务方案,研究广度与理论深度都有进一步提升。

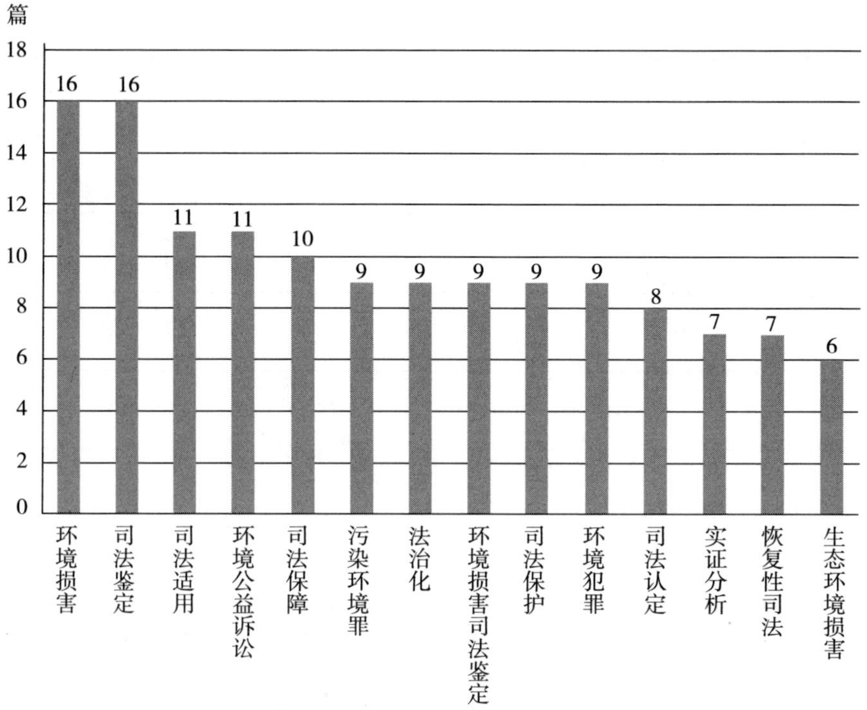


**图 1-3　2020 年环境司法研究主要课题成果分布**

**2. 环境司法研究基地建设成果丰硕**

(1)促进理论研究基地与实践基地联动。2020 年,最高人民法院环境资源司法研究中心积极推动理论研究基地与实践基地联动试点工作。武汉大学理论研究基地与贵州清镇市人民法院实践基地联合,完成《环境刑事附带民事公益诉讼制度研究:现状、问题及对策建议》课题研究;漳州市中级人民法院实践基地与天津大学理论研究基地合作,完成调研课题《刑事附带民事公益诉讼制度研究》。

(2)发挥司法机关与高校两个积极性。2020 年,全国多家法院、检察院与高校联合成立环境司法理论与实务研究基地,开展环境司法实务理论研究。山东省高级人民法院先后联合山东大学、中国石油大学(华东)、山东师范大学、山东科技大学、山东建筑大学等高校设立环境资源司法理论研究基地;[31] 甘肃矿区

〔31〕 闫继勇:《山东:环境资源专门化审判体系覆盖全省》,载《人民法院报》2020 年 6 月 8 日,第 8 版。

人民法院与兰州理工大学合作共建“甘肃省环境审判专门化理论与实践基地”;[32]江西南昌县人民法院与江西财经大学法学院共建“环境资源司法理论研究与教学实践基地”。[33]广东省人民检察院与华南理工大学、暨南大学合作共建“广东省检察公益诉讼研究基地”。[34]

(3)推进理论研究成果向司法实践转化。2020年,中国法学会环境资源法学研究会环境纠纷多元解决机制专业委员会举行“检察环境公益诉讼理论与实践”研讨会;最高人民法院环境资源审判庭、中国法学会环境资源法学研究会指导,上海市高级人民法院、上海市法学会举办“第四届崇明世界级生态岛环境司法研讨会”;湖南省法学会环境资源法学研究会举办“洞庭湖生态环境司法保护理论与实务研究高峰论坛”。这些由理论研究机构与司法实务部门联合举办的理论研讨会,更加注重面向司法实践选题、研究和开展研讨,更加注重会议成果在司法实践中的运用。

## 二、环境资源案件质量彰显专业化建设成效

2020年,与全国法院案件数量呈现下降拐点不同,环境资源民事、行政、刑事案件和环境公益诉讼、生态环境损害赔偿诉讼案件数量均有上升,全国法院系统共受理环境民事、行政、刑事案件和环境公益诉讼、生态环境损害赔偿诉讼案件256905件(见表1-4),其中,环境民事案件、环境行政案件、环境刑事案件、环境公益诉讼案件、生态环境损害赔偿案件一审收案量同比分别增长98.69%、6.88%、17.31%、68.05%、48.98%。环境公益诉讼案件与生态环境损害赔偿案件增幅明显,检察机关提起环境公益诉讼成为“绝对主力”,公益诉讼的中国特色十分鲜明。

[32] 李红军:《甘肃省环境审判专门化理论与实践基地揭牌》,载中国甘肃网,http://gansu.gscn.com.cn/system/2020/06/05/012398983.shtml,最后访问日期:2021年5月3日。

[33] 李昱璇:《南昌县法院与江西财经大学法学院合作共建环境资源司法理论研究与教学实践基地》,载江西政法网,http://www.jxzfw.gov.cn/2020/0617/2020061723136.html? from = singlemessage,最后访问日期:2021年5月17日。

[34] 韦磊、赵一瑾、黄金琳:《广东:与高校共建公益诉讼研究基地》,载最高人民检察院网,https://www.spp.gov.cn/spp/dfjcdt/202011/t20201129_487668.shtml,最后访问日期:2021年5月18日。

**表 1 –4　2018 ~ 2020 年全国法院受理一审环境资源案件情况**

单位:件

| 类别 | 2018 年 | | 2019 年 | | 2020 年 | |
|---|---|---|---|---|---|---|
| | 收案数 | 结案数 | 收案数 | 结案数 | 收案数 | 结案数 |
| 环境民事案件 | 91787 | 82194 | 80058 | 80484 | 159070 | 162411 |
| 环境行政案件 | 42235 | 41725 | 50387 | 51231 | 53854 | 53092 |
| 环境刑事案件 | 26481 | 25623 | 32088 | 31750 | 37641 | 37783 |
| 环境公益诉讼案件 | 1802 | 1252 | 2488 | 1947 | 4181 | 3557 |
| 生态环境损害赔偿案件 | 20 | 8 | 49 | 36 | 73 | 62 |
| 合计 | 162325 | 150802 | 165070 | 165448 | 254819 | 256905 |

资料来源:最高人民法院环境资源审判庭统计。同时参见吕忠梅等:《中国环境司法发展报告(2017 – 2018)》,人民法院出版社 2019 年版,第 7 页;吕忠梅等:《中国环境司法发展报告(2019 年)》,法律出版社 2020 年版,第 22 页。

(一)环境民事审判彰显专门化建设成效

据最高人民法院环资庭统计,全国法院 2020 年受理环境民事一审案件 159070 件,审结 162411 件,与 2019 年相比,收案量与结案量同比增长 98.69% 、101.79% 。(见图 1 –4)

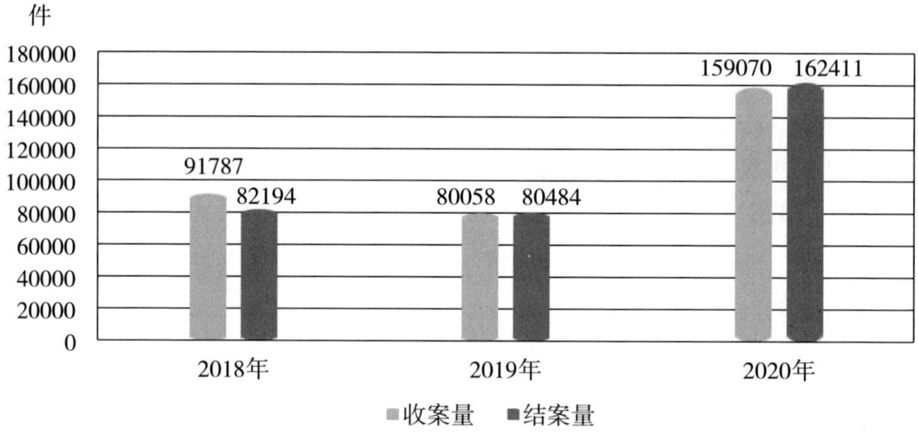


资料来源:最高人民法院环境资源审判庭统计。

**图 1 –4　2018 ~ 2020 年全国环境资源民事一审案件数量**

课题组对环境污染案件的 141 件民事判决书、194 件民事裁定书进行了分析,通过从案件的地域分布,原被告、上诉人与被上诉人主体的类型,污染的种类,责任形式,争议焦点,污染受害人胜败诉情况,裁定书的主要内容等 7 个方面,对 2020 年全国环境侵权案件进行系统梳理和多维检视,观察到一些新现象。[35]

第一,与 2019 年相比,山西、福建、内蒙古、广西的环境民事裁判文书"从无到有",海南、宁夏则是"从有到无";值得注意的是,上海、甘肃、青海、西藏 4 省(区)已连续两年未发现环境民事裁判文书。裁定书中,准予撤诉占比高达 65.73%,虽然形式上多表现为原告自愿撤诉,但是否有案外因素影响,应予关注。

第二,环境民事案件依然以水污染、大气污染、土壤污染纠纷为主,水污染案件数量最多。值得关注的是,水、大气、土壤污染交叉发生导致的混合型污染案件明显增加,也开始出现了起诉电子显示屏造成光污染等新型污染案件。(见图 1－5)

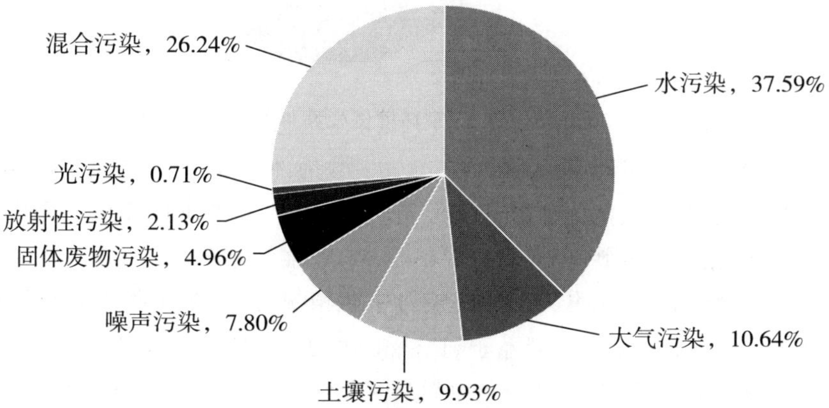


**图 1－5　环境侵权案件污染类型分布情况**

资料来源:《中国环境司法发展报告(2020 年)》分报告,刘超、吴晓斌:《环境侵权案件的多维检视与重点剖析》。

第三,环境民事案件依然以损害赔偿为主要诉讼请求,争议焦点集中于赔偿责任分配及承担、被告侵害事实及因果关系等方面。值得注意的是,开始出现新的争议焦点,如是一般侵权还是环境责任纠纷、合同的法律效力、污染类型等。

---

〔35〕 研究样本主要来源是"中国裁判文书网"数据库,辅之以"无讼"数据库,检索对象为各级人民法院 2020 年审结的环境污染民事责任案件的裁判文书,案由为"环境污染责任纠纷",时间为 2020 年 1 月 1 日至 2020 年 12 月 31 日。

第四,根据梳理结果发现,败诉率与部分胜诉率的占比较高,2020 年一、二审环境侵权案件完全胜诉的比例极低,仅有 8.51%。受害人败诉的主要原因是:无法证明初步因果关系、无法证明存在污染事实、无法证明具体损失以及侵权人已履行义务。值得注意的是,对于是否属于环境侵权纠纷的性质认定以及污染受害人占有土地的合法性是否影响受害人胜诉。(见图 1 -6)

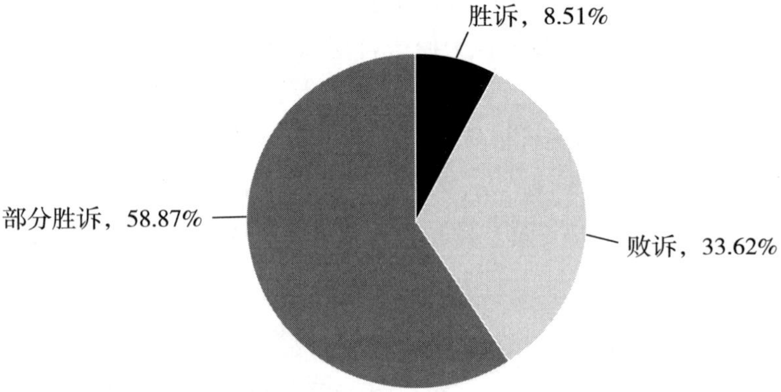


**图 1 -6 2020 年一审、二审环境侵权案件胜诉、败诉、部分胜诉比例**

第五,二审改判率为 17.8%,绝大多数为部分改判,全部改判仅为 0.02%。改判理由主要有:案由确定不准确、原告未达到"初步证明"标准、损害鉴定结论不同等,因此,改判内容大多集中在损害赔偿金额方面。

总体上看,2020 年环境民事案件审判情况良好,案件审判质量有了进一步提升。这在很大程度上得益于《民法典》的编纂,虽然《民法典》尚未施行,但已经实施的原《民法总则》"绿色原则"和《民法典》草案已建立的绿色规范体系,对环境民事审判产生了积极影响。与此同时,2020 年修改的最高人民法院《关于民事诉讼证据的若干规定》,也为环境民事审判提供了更为明确的证据适用规则。实践中,法官在环境民事案件的审理过程中,在缺失具体法律规范的情况下,能够更多更好地运用民法基本原则裁判案件,体现了环境司法的政策形成功能,展示了环境司法专门化、专业化的建设成效。

(二)环境行政审判专业化程度有所提升

据最高人民法院环资庭统计,2020 年,全国人民法院受理环境行政案件数量为 53854 件,收案量同比增长 6.88%;审结环境行政案件数量为 53092 件,结案量同比增长 3.63%。(见图 1 -7)

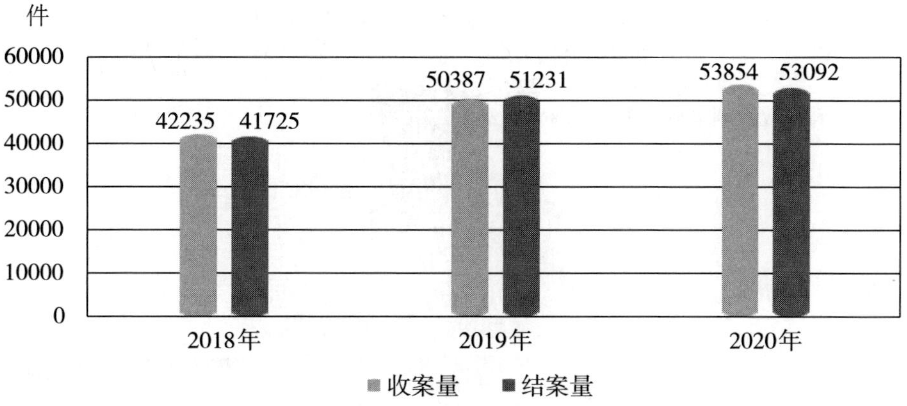


**图 1－7　2018～2020 年全国环境行政一审案件数量情况**

资料来源：最高人民法院环境资源审判庭统计。

课题组对 95 份环境行政案件二审判决书进行了分析，[36] 通过对环境行政案件的类型化分析，重点在于观察环境行政案件归口到环境资源审判庭受理后，是否需要以及如何确立新的案由及案件分类方法问题。由此，可以看到环境行政案件审判的一些变化。[37]

第一，作为样本的环境行政案件主要是行政处罚、行政许可、行政命令等行为导致的行政纠纷，其中行政处罚类案件占比最高（见图 1－8）。环境行政案件以环境污染防治中的行政争议为主，以水污染、大气污染、噪声污染等环境行政案件居多。

第二，环境行政案件审理呈现一定的实质性倾向。不少环境行政案件在审理过程中更加注重考虑环境行政的特殊性，将风险性、技术性、程序性等问题纳入司法审查的考量，加大了合理性审查的力度。例如，在环境行政许可案件中，将风险作为衡量许可行为合理性的重要考量。

〔36〕 研究样本源于北大法宝网司法案例数据库，检索案由“环境保护”，检索对象为二审判决书，检索日期为 2020 年 1 月 1 日至 2020 年 12 月 31 日。“环境保护”是按照“行政管理范围”划分的具体案由，虽不准确但基本可以涵盖环境保护类行政争议案件，包括以地方人民政府为被告的环境管理争议案件。限定“二审”是考虑到经过上诉的案件更具有典型意义，同时为了减少样本数量。

〔37〕 详见《中国环境司法发展报告（2020 年）》分报告，刘长兴：《环境行政案件类型化的现在与未来》。

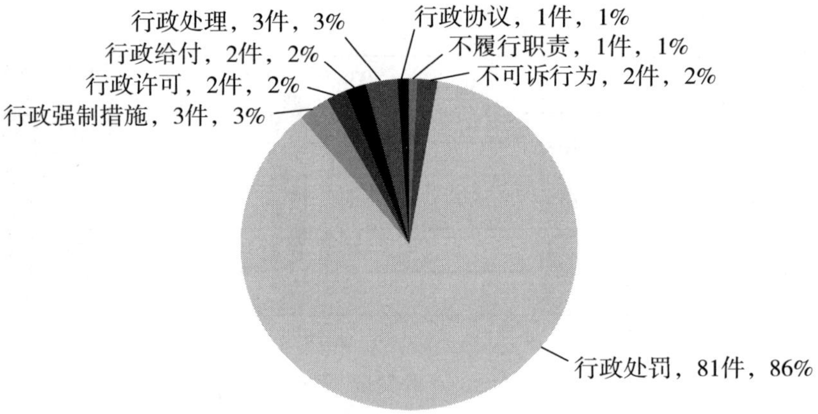


**图 1 -8　环境行政案件类型及占比**

第三,环境行政案件的分类标准考虑将环境行政行为类型与实质性环境行为相结合,并非仅以"行政管理范围"或者以"被告身份"确定案件类型,将一些缺乏实质性生态环境保护内容的"环境行政案件"排除在专门审判之外。例如,有的法院在建立"三审合一"法庭或制定规则时,对一般性行政案件与环境行政案件进行了一定程度的区分。

总体上看,环境行政案件归口到环境资源审判庭主管,一定程度上解决了环境资源案件归口审理,促进"行""民"交叉案件的统一审理问题;客观上也增加了环资庭的案源。但是,由于目前依然按照最高人民法院《关于行政案件案由的暂行规定》(法发〔2020〕44 号)(以下简称《行政案件案由规定》)中以"行政行为"为一级案由、二级案由按照行政行为种类划分的标准,实践中难以明确区分环境行政案件与一般行政案件的问题依然没有得到很好解决。与此同时,环境行政案件涉及生态环境保护的广泛领域和多个行政管理主体,如何合理进行类型化,也是一个有待破解的难题。这些问题如果得不到很好解决,将不利于环境司法专门化、专业化的顺利发展。

(三)环境刑事审判呈现明显的年度特征

据最高人民法院环资庭统计,2020 年,全国法院受理环境资源刑事一审案件 37641 件,审结 37783 件。与 2019 年相比,收案量与结案量同比增长17.30%、19.00%。(见图 1 -9)

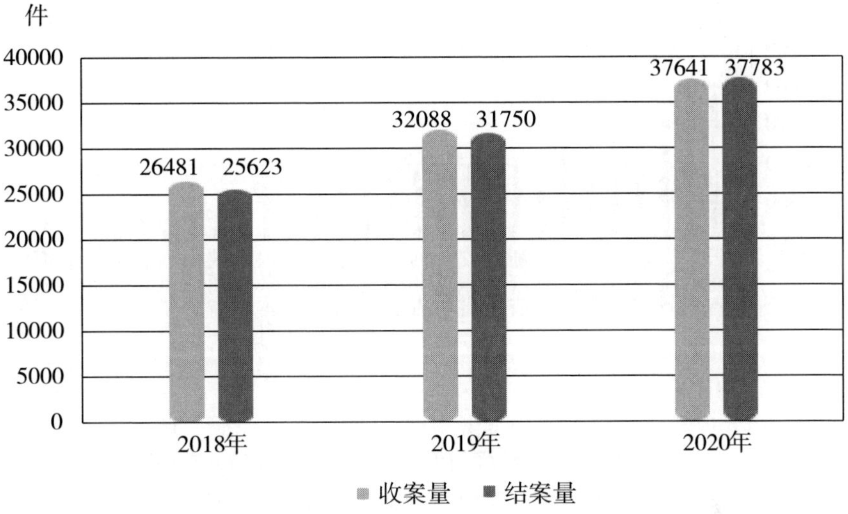


**图1-9　2018~2020年全国环境刑事案件数量**

资料来源:最高人民法院环境资源审判庭统计。

课题组对24193件[38]涉及13个罪名的一审环境刑事裁判文书进行了分析,[39]从案件数量的整体分布、分罪名统计、司法样态等角度,观察到环境刑事审判的一些新动态。[40]

第一,2020年,环境资源刑事案件数量超过1000件的有11个省(区),其中,处于前4位的为河南省、云南省、广西壮族自治区、江西省。案件数量200~1000件的有11个省(市)。数量在200件以下的有9个省(市),其中,数量最少的是西藏自治区、宁夏回族自治区、海南省、北京市、青海省。值得高度重视的是,有的刑事案件数量较少的省份,近年来发生了严重破坏生态环境的重大恶性事件。(见图1-10)

〔38〕研究样本主要源于"中国裁判文书网"数据库,检索对象为各级人民法院2020年审结的一审环境刑事案件的裁判文书,案由为"危害环境资源犯罪",时间为2020年1月1日至2020年12月31日。

〔39〕我国《刑法》规定的危害环境资源犯罪共有15个罪名,包括污染环境罪,非法捕捞水产品罪,非法猎捕、杀害珍贵、濒危野生动物罪,非法收购、运输、出售国家重点保护的野生动物、珍贵、濒危野生动物制品罪,非法狩猎罪,非法占用农用地罪,非法采矿罪,破坏性开采罪,非法采伐、毁坏国家重点保护植物罪,非法收购、运输、加工、出售国家重点保护植物、国家重点保护植物制品罪,盗伐林木罪,滥伐林木罪,非法收购、运输盗伐、滥伐的林木罪,非法处置进口的固体废物罪,擅自进口固体废物罪。因中国裁判文书网中没有收集到非法处置进口的固体废物罪、擅自进口固体废物罪两个罪名的司法文书,故本报告只分析了13个罪名。

〔40〕详见《中国环境司法发展报告(2020年)》分报告,焦艳鹏:《环境资源刑事的案件分布与司法样态》。

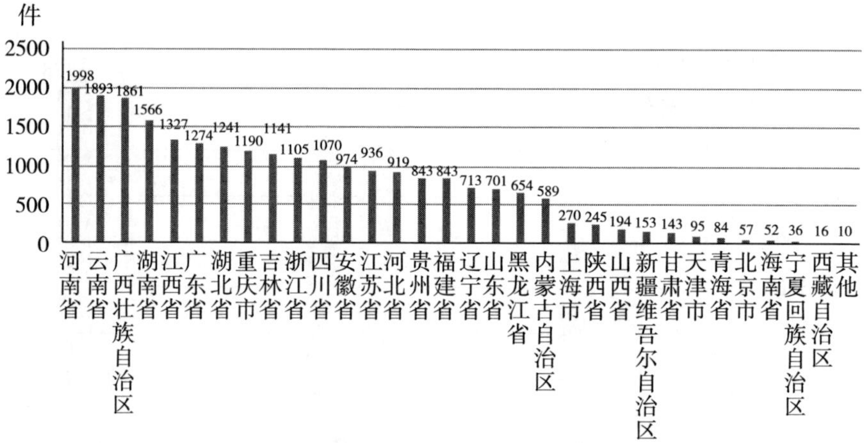


**图 1－10　环境刑事裁判文书在全国的分布情况**

注:详见放到分报告中的解释。数据检索时,出现不可归类的数据,故为“其他”,全文数据不包括港澳台。

第二,总体上看,环境资源类刑事案件大大超过环境污染类刑事案件。环境资源类刑事案件中发案数量排名前五的分别为滥伐林木罪、非法捕捞水产品罪、非法采矿罪、非法占用农用地罪、非法狩猎罪,这 5 个罪名的案件数量占到了一审判决文书的 72.6% 。(见图 1－11)

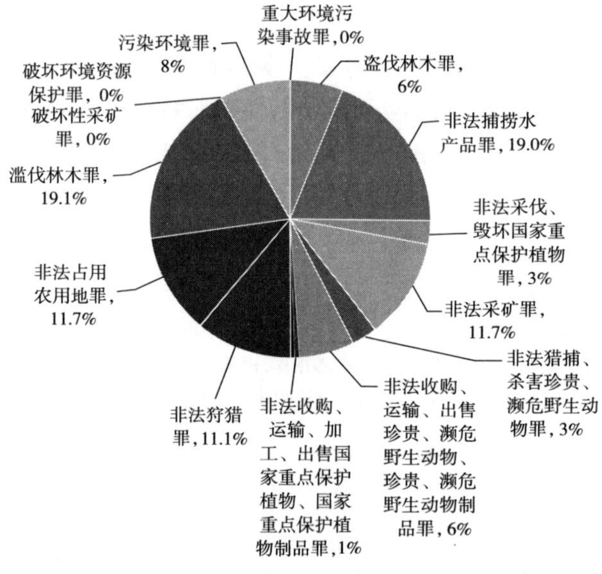


**图 1－11　环境刑事裁判文书显示的案件类型**

资料来源:中国司法大数据研究院。

第三,污染环境犯罪案件的时空分布发生显著变化,中部地区省份的发案数量明显上升,污染环境犯罪有从东部地区向中西部地区转移的态势。近年来,东部地区省份的案件数量呈相对下降态势,而中部地区省份则有显著上升趋势,河南省、安徽省、江西省等中部地区省份污染环境罪的案件数量出现较大幅度的增加。

第四,野生动物资源犯罪案件中,非法收购、运输、出售野生动物罪案件的数量超过了非法猎捕、杀害珍贵、濒危野生动物罪,珍贵、濒危野生动物制品罪的2倍多。非法猎捕、杀害珍贵、濒危野生动物犯罪发案数量较多的省(市)为云南省、四川省、广东省、江西省、贵州省、青海省、河南省、陕西省、重庆市、湖南省。非法收购、运输、出售野生动物犯罪案件数量较多的除上述各省外,浙江、江苏、天津、上海等地的该类犯罪案件的数量明显多于本行政区域内的非法猎捕、杀害珍贵、濒危野生动物罪的数量,值得关注。

2020年,为与抗击新冠肺炎疫情、打赢污染防治攻坚战、长江保护修复攻坚战相适应,全国法院系统也加大了对野生动物资源犯罪、非法捕捞水产品罪、非法采砂罪、污染环境罪等案件的审判力度,紧密配合国家生态文明建设和社会治理现代化需求,充分发挥司法服务保障功能,环境刑事审判的相对平稳态势呈现明显的年度特色。同时,我们也可以看到,十八大以来,国家督办处理了一批环境污染和生态破坏大案要案,形成强有力的震慑,通过惩罚犯罪教育了犯罪人与潜在的犯罪人,生态环境犯罪的"防火墙"初步建立;生态文明体制改革后,国土空间规划制度、生态红线制度、生态补偿制度、生态环境损害赔偿制度、生态环境党政同责制度、生态环境督察制度等开始发挥制度效能,减少了后端刑事案件的发案率;生态扶贫政策的落实,在一定程度上改变了贫困地区居民对待山林、野生动植物等的态度,生活条件的改善也降低了贫困地区居民对自然资源的非法利用程度,从而在一定程度上减少了环境资源违法犯罪行为。这些也都是坚持用最严格制度、最严密法治保护生态环境取得的明显成效。

### (四)环境公益诉讼凸显中国特色

据最高人民法院环境资源审判庭统计,2020年,全国法院共计审结环境公益诉讼一审案件3557件,同比增长82.69%。(见图1-12)

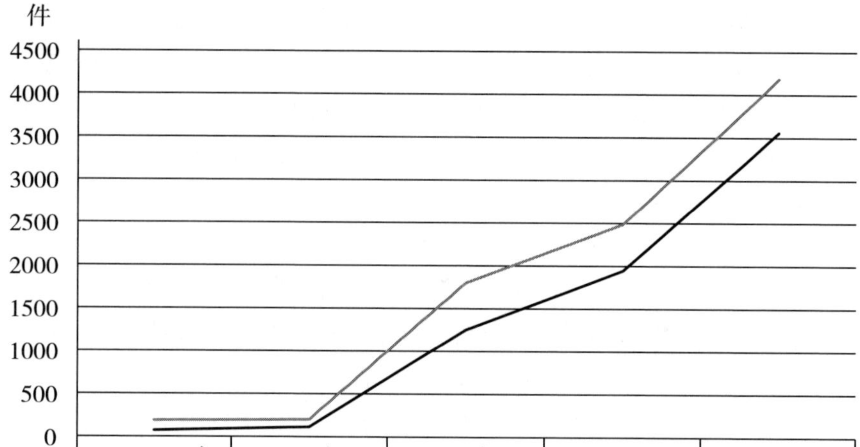


| | 2015~2016年 | 2017年 | 2018年 | 2019年 | 2020年 |
|---|---|---|---|---|---|
| 收案量 | 189 | 202 | 1802 | 2488 | 4181 |
| 结案量 | 73 | 114 | 1252 | 1947 | 3557 |

**图 1－12　2015～2020 年环境公益诉讼一审案件数量情况**

资料来源:2015～2017 年数据源于吕忠梅等:《中国环境司法发展报告(2019 年)》,法律出版社 2020 年版,第 29 页;2018～2020 年数据源于最高人民法院环境资源审判庭统计。

课题组对 2015 年以来检察机关提起环境公益诉讼的案件进行了全面梳理,从检察机关提起环境公益诉讼案件的数量、地域分布、案件类型、结案方式等方面进行了观察,较为系统地观察了环境公益诉讼的发展态势。[41]

第一,检察机关成为提起环境公益诉讼的绝对主力。总体上看,检察公益诉讼制度试点期间,全国检察机关提起环境公益诉讼增长 452 件;[42] 2017 年检察公益诉讼制度全面实施以来,全国检察机关提起环境公益案件占检察机关提起全部公益诉讼案件的 69.39%。[43] 2015 年 7 月 1 日,检察机关提起公益诉讼试

〔41〕 详见《中国环境司法发展报告(2020 年)》分报告,黄凯:《检察机关提起环境公益诉讼的探索发展与完善建议》。

〔42〕 最高人民检察院民事行政检察厅:《检察机关提起公益诉讼实践与探索》,中国检察出版社 2017 年版,第 71 页。

〔43〕 最高人民检察院《关于开展公益诉讼检察工作情况的报告》,载最高人民检察院网,https://www.spp.gov.cn/spp/tt/201910/t20191024_435925.shtml,最后访问日期:2021 年 2 月 26 日。

点之前,社会组织提起环境民事公益诉讼案件仅 6 件。[44] 试点改革以来,检察机关提起环境民事公益诉讼案件 663 件,提起环境刑事附带民事公益诉讼 5905 件;而各类社会组织提起环境民事公益诉讼仅 115 件。二者的比例约为 98:2。[45](见图 1 - 13)

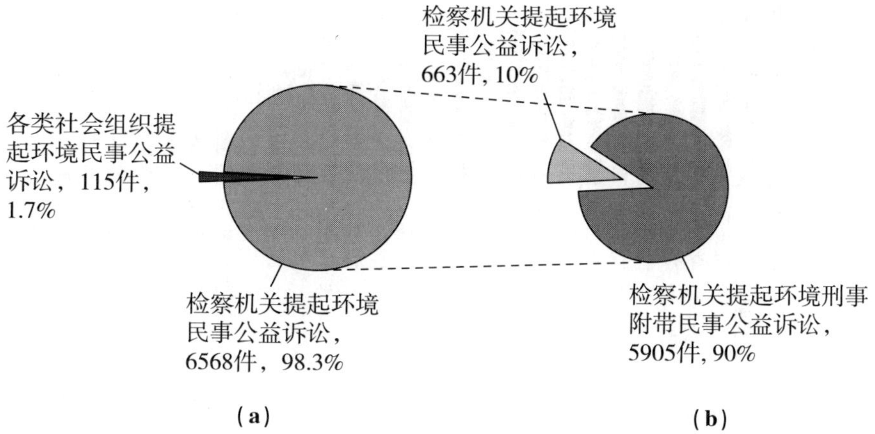


**图 1 - 13 检察机关与社会组织提起环境民事公益诉讼情况**

第二,提起诉讼案件区域分布不平衡。31 个省(市)的检察机关和新疆生产建设兵团检察院均有提起环境公益诉讼案件。但提起环境公益诉讼案件分布广泛但不均衡(见图 1 - 14)。其中,安徽省、四川省、贵州省、湖南省、湖北省、广东省、江西省、江苏省、浙江省、云南省 10 个省份检察机关提起的环境公益诉讼案件数量约占全国检察机关提起诉讼案件总量的 56.37%。北京市、上海市、天津市、山西省、青海省、海南省、宁夏回族自治区、西藏自治区 8 个省区市检察机关和新疆生产建设兵团检察院提起诉讼案件数量约占全国检察机关提起诉讼案件总量的 4.92%。

〔44〕 这 6 件社会组织提起环境民事公益诉讼的裁判文书分别为:江苏省高级人民法院民事判决书,(2014)苏环公民终字第 00001 号;北京市高级人民法院民事裁定书,(2014)高民终字第 692 号;福建省高级人民法院民事判决书,(2015)闽民终字第 2060 号;广州市中级人民法院民事判决书,(2015)穗中法民一终字第 3804 号;南平市中级人民法院民事判决书,(2015)南民初字第 38 号;镇江市中级人民法院民事判决书,(2015)镇民公初字第 00002 号。

〔45〕 研究样本主要来源于"中国裁判文书网"数据库,检索对象为各级人民法院 2015 年 7 月 1 日至 2020 年 12 月 31 日审结的环境公益诉讼案件裁判文书,案由为"环境公益诉讼"。

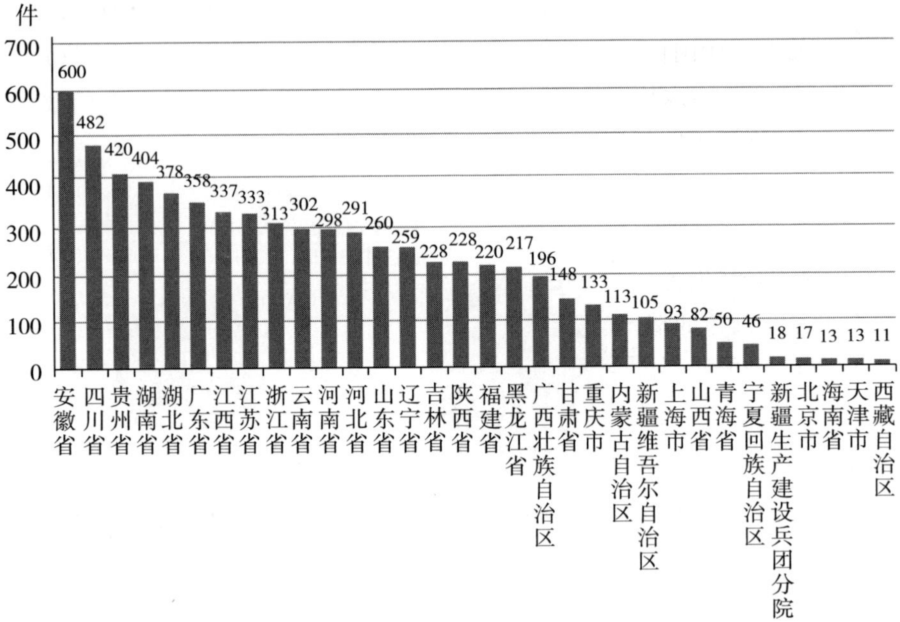


**图 1-14　2015～2020 年检察机关提起环境公益诉讼案件区域分布**

第三,检察机关提起的环境公益诉讼案件中,环境刑事附带民事公益诉讼案件"一支独大",检察机关提起环境民事公益诉讼案件是提起环境行政公益诉讼案件的 16.5 倍,"民重行轻"特征明显。从办案方式看,环境行政公益诉讼大多以诉前程序解决纠纷为主,检察机关通过诉前磋商、公开宣告送达检察建议、召开圆桌会议、组织听证等方式,督促行政机关在诉前程序阶段主动履职整改。

第四,检察机关保护环境公益的范围和方式逐渐拓展。2020 年 9 月 18 日,最高人民检察院印发《关于积极稳妥拓展公益诉讼案件范围的指导意见》以规范和引导全国检察机关办理公益诉讼新领域案件,各地检察机关探索办理了一些生物安全、文物和文化遗产保护等新型案件。除提起公益诉讼外,检察机关还积极探索采取支持(社会组织)起诉或督促(政府)启动生态环境损害赔偿程序等方式,维护生态环境公共利益。

总体来看,检察公益诉讼制度试点以来,全国检察机关充分发挥检察职能作用,聚焦"美丽中国"国家战略,践行生态检察恢复性司法理念,加强检察公益诉讼办案机构的专业化建设,依托"专项行动"推动重点工作,充分运用检察一体化办案机制,建立公益诉讼内外协作机制,针对生态环境和资源保护领域存在的突出问题办理了一批环境公益诉讼案件。以建立体现中国司法制度特点的检察公益诉讼制度为核心,积极推进检察公益诉讼工作,积累了丰富的实践经验,有力地促进了中国特色的环境公益诉讼制度的成熟定型。

### (五)生态环境损害赔偿制度向精细化发展

自 2019 年最高人民法院制定《关于审理生态环境损害赔偿案件的若干规定(试行)》(以下简称《若干规定》)以来,特别是《民法典》《土壤污染防治法》《固体废物污染防治法》《森林法》等法律对生态环境损害赔偿制度作出实体法规定后,生态环境损害赔偿诉讼案件在 2020 年出现了转折性变化。从生态环境损害赔偿制度改革的整体看,全国已经初步构建起“责任明确、途径畅通、技术规范、保障有力、赔偿到位、修复有效”[46]的生态环境损害赔偿制度。从生态环境损害赔偿诉讼制度看,生态环境损害赔偿案件数量、质量都有很大提高,尤其是在诉讼制度与行政磋商衔接机制方面进行了富有成效的探索。

课题组对 2019 ~ 2020 年度立案的 66 件生态环境损害赔偿案件进行了分析,[47]从生态环境损害赔偿诉讼案件审判的角度观察相关变化。[48]

第一,2020 年度生态环境损害赔偿案件的数量有所增加,同比上升 172%,案件分布于全国一半以上省份,各地纷纷涌现“第一起”“首个”生态环境损害赔偿案件。生态损害赔偿案件涉及的赔偿权利人或诉讼原告呈现多元化。

第二,磋商结案的案件明显增多。这是《若干规定》将磋商确定为强制性前置程序后出现的显著变化。2020 年度审结的 36 件生态损害赔偿案件中,磋商结案案件 21 件,占 70%。磋商成功但未申请司法确认的案件 4 件,占整体磋商案件的 19%;磋商成功且申请司法确认的案件 17 件,占整体磋商案件的 81%。(见图 1 – 15)

---

〔46〕 参见中共中央办公厅、国务院办公厅:《生态环境损害赔偿制度改革方案》,“一、总体要求和目标”。

〔47〕 数据源于最高人民法院环境资源审判庭、最高人民法院及地方人民法院发布的典型案例、生态环境部网站、中国裁判文书网、北大法宝网等,搜索时间为 2019 年 1 月至 2021 年 1 月。经过筛选和汇总,共搜集到案例 66 件。以立案时间为准,2019 年案例共 31 件,2020 年案例共 35 件。

〔48〕 详见《中国环境司法发展报告(2020 年)》分报告,冀鹏飞、孟昱含、李鑫潼:《生态环境损害赔偿诉讼的创新与发展:以磋商程序为重点》。

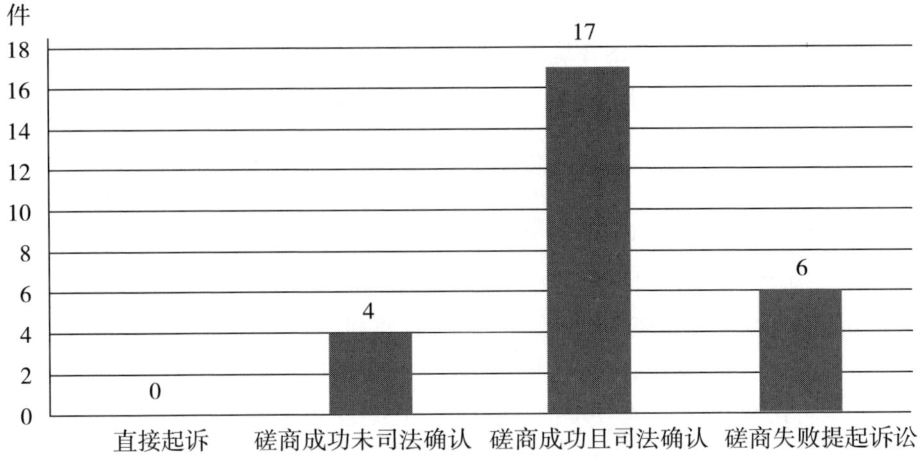


**图 1 -15　生态环境损害赔偿案例程序分布**

资料来源:中国司法大数据研究院。

第三,生态环境损害赔偿行政磋商过程中的第三方参与明显增多,表明《生态环境损害赔偿制度改革方案》关于"创新公众参与方式,邀请专家和利益相关的公民、法人、其他组织参加生态环境修复或赔偿磋商工作"的改革措施正在落地。实践中,参与磋商的第三方主要有司法机关、相关方(如鉴定评估机构、公安局、执法大队等)、调解机构、专业人士(技术、法律专业人士等)。(见图1 -16)

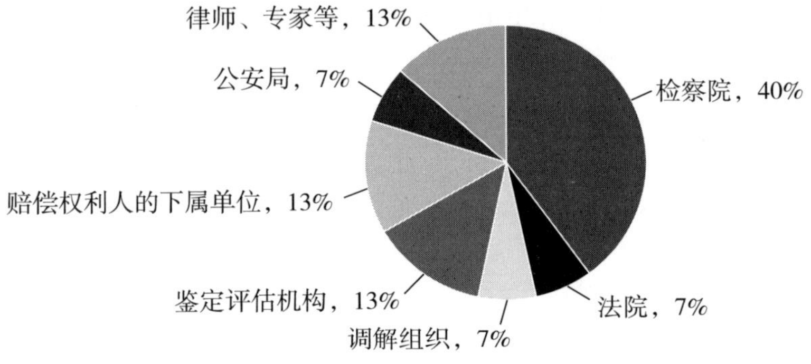


**图 1 -16　磋商中第三方参与情况**

第四,生态损害赔偿金的范围与管理相对规范。实践中,生态损害赔偿金主要包括三个方面:一是因修复行为产生的量化金额;二是生态环境提供服务功能受损的量化金额;三是为救济生态环境损害而产生的合理费用。与此同时,生态

损害赔偿金分别纳入地方国库、地方财政账户和赔偿权利人账户管理。（见图1－17）

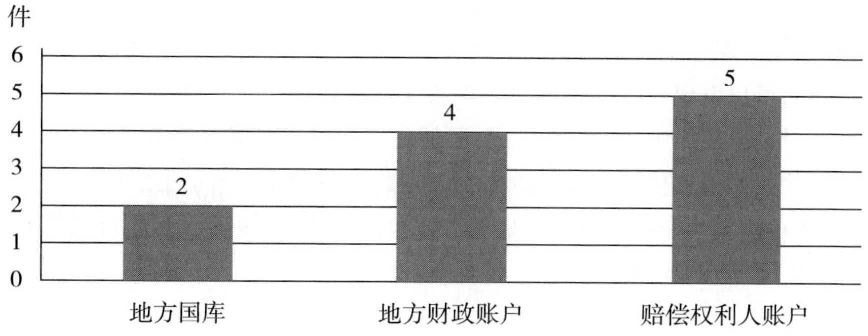


**图1－17　生态损害赔偿金管理模式及其数量分布**

总体上看，2020年生态环境损害赔偿制度开始向精细化纵深发展。随着顶层设计不断完善，生态环境损害赔偿诉讼与相关程序的衔接更加顺畅，尤其是诉讼与磋商的衔接实现了法律效果、社会效果与政治效果的有机统一。在生态环境损害赔偿诉讼案件的审判实践中，各级人民法院不断探索创新，在赔偿责任承担方式、损害赔偿类型、简化鉴定评估程序等方面都有显著进展。

## 三、环境司法重点领域体现专门化专业化发展趋势

2020年，《民法典》颁布、长江生态修复攻坚战和抗击新冠肺炎疫情具有年度特色且对环境司法具有深远影响。课题组对这三个领域的相关案件进行了重点观察。目前，这些领域的案件不多，审判还存在这样和那样的难点、堵点，但其所具有的特殊性和问题，代表环境司法专门化专业化发展的未来。其中，原《民法总则》中“绿色原则”在司法实践中的适用情况，对于《民法典》实施后更好处理和解决司法实践中的相关问题，保证“绿色原则”体系的正确适用〔49〕具有积极作用；长江流域相关案件情况的分析对于保障《长江保护法》的正确实施，正确把握流域案件集“流域性”“社会性”“空间性”于一体、建立“系统性”“协同性”“整体性”司法理念意义重大。〔50〕医疗废物处置相关案件的分析，对于司法合理介入公共安全事件应急管理，充分发挥司法政策形成功能，促进公共安全事

---

〔49〕　参见吕忠梅：《〈民法典〉“绿色规则”的环境法透视》，载《法学杂志》2020年第10期。

〔50〕　参见吕忠梅：《〈长江保护法〉适用的基础性问题》，载《环境保护》2021年Z1期。

件治理体系和治理能力现代化,具有重要作用。

(一)"绿色原则"功能作用初显但需认真对待

原《民法总则》自 2017 年 10 月 1 日实施以来,"绿色原则"开始在司法实践中运用。课题组收集到相关裁判文书 1230 件,[51] 通过对这些裁判文书的全面观察,可以发现《民法典》实施后值得关注的一些动向。[52]

第一,适用"绿色原则"裁判案件的案由几乎涵盖所有民事案件,以合同纠纷、物权纠纷和侵权责任纠纷为主。在各类案件中,合同纠纷占比最高,合同纠纷中房屋买卖合同纠纷占比最高。侵权纠纷中,恢复原状和排除妨害纠纷占比最高。(见图 1-18)

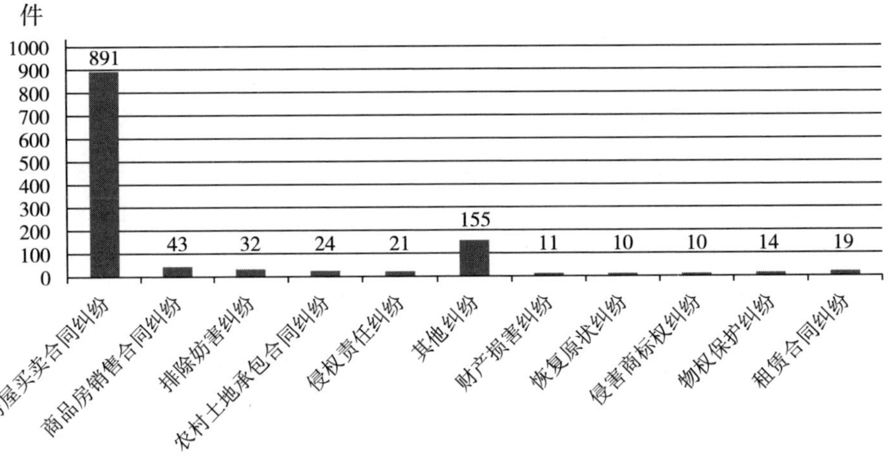


**图 1-18　适用"绿色原则"案件的案由分布**

第二,2017~2020 年,适用"绿色原则"案件,大多由基层人民法院受理且适用简易程序较多。在 1230 件案件中,适用普通程序的 849 件,占比 69%;适用简易程序的 381 件,占比 31%。(见图 1-19)

[51] 研究样本主要源于中国司法大数据研究院,搜索关键词为"民法典第九条",时间为 2017 年 10 月 1 日至 2020 年 12 月 31 日。

[52] 详见《中国环境司法发展报告(2020 年)》分报告,欧恒、袁明、李文贺:《民法典绿色原则司法适用的裁判总览与规则检讨》。

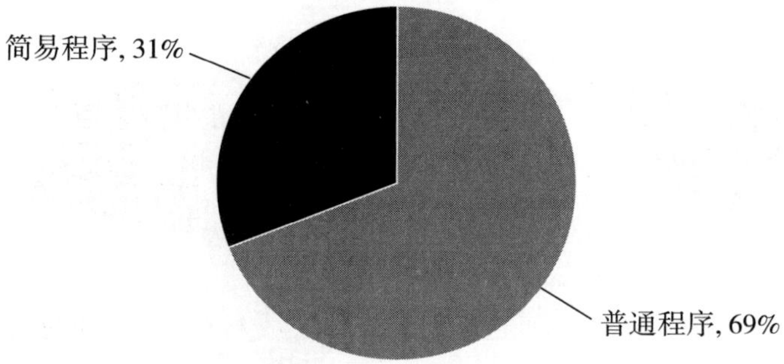


**图 1-19　适用"绿色原则"案件的审理情况**

第三,"绿色原则"在具体案件的适用中,大多能够体现价值宣示、补强说理和规范补充功能。直接作为判决依据的较为少见,仅有少量案件与其他实体法依据并列适用。通过对 201 份裁判文书的内容进行分析发现,[53] 有些案件能够较好地体现价值宣示、补强说理和规范补充三种功能,也有一些案件对于"绿色原则"的适用,缺乏合理性或有牵强附会之嫌,我们将其称为"适用原因不明"。(见图 1-20)

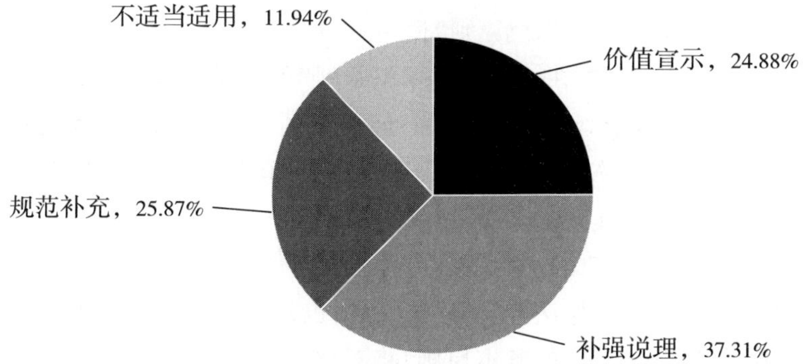


**图 1-20　基本原则功能发挥情况**

第四,通过对 201 份裁判文书的内容分析发现,适用"绿色原则"补强说理的案件存在两种样态:一种是将"绿色原则"与案件事实结合进行整体的解释适用,将资源节约和环境保护综合进行结合说理;另一种则表现为对"绿色原则"的部分内容与案件事实结合说理。在部分说理案件中,出现了"生态环境""生活环境""自然资源""生活资源"等不同解释。(见图 1-21)

〔53〕 课题组在 1230 份裁判文书中,选择要件完备的 201 份判决书进行了认真阅读并做了分项统计。

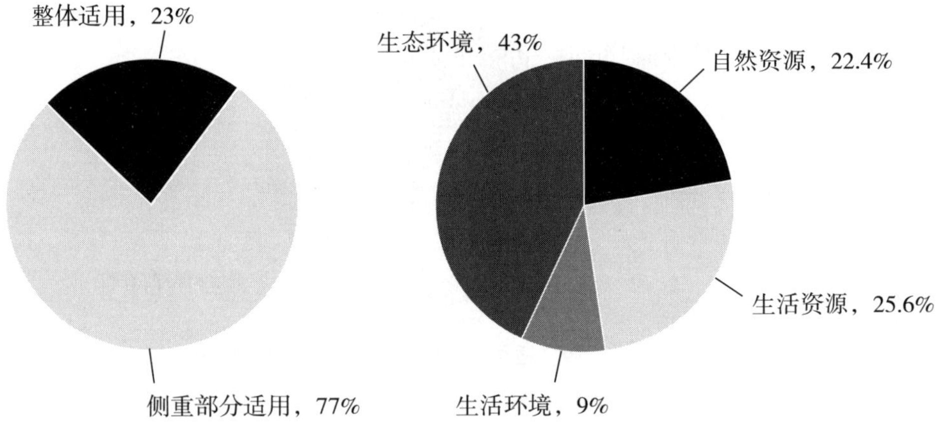


**图1-21 “绿色原则”适用情况**

总体上看,“绿色原则”在司法中的适用,能够正常发挥民法基本原则的价值宣示、补强说理和规范补充功能。“绿色原则”在资源类案件中的适用多于环境污染类案件,一定程度上与环境保护立法中的污染防治类法律相对健全有关。法官较少运用“绿色原则”作为判决依据,与司法实践中法官直接运用法条更“安全”的心理有关。“绿色原则”适用中的一些问题,也与《民法典》尚未全部实施,仅适用原《民法总则》使得对“绿色原则”的体系性解释存在一定障碍有关。但是,司法实践中,“绿色原则”大量适用于合同纠纷并且主要是房屋买卖纠纷,并且主要在基层法院的简易裁判程序中适用,值得高度关注,课题组已经发现个别案件有“向一般条款逃逸”问题。

《民法典》已于2021年1月1日实施,民法学亦从立法论时代转向解释论时代。“绿色化”中国《民法典》的立法亮点,也是中国《民法典》的适用难点。“绿色原则”作为《民法典》的基本原则,将对整个民事活动产生限制性影响,[54]迫切需要对其解释方法和适用规则予以统一。“绿色原则”与物权编、合同编、侵权责任编中的相关“绿色条款”的解释与适用,也需要从民法与环境法两个方面加以研究,形成相互衔接的解释方法和适用规则。为此,应在及时总结“绿色原则”司法实践情况的基础上,加快相关司法解决方案的供给,保证《民法典》的正确适用。

---

〔54〕 参见侯国跃、刘玖林:《民法典绿色原则:何以能及如何展开》,载《求是学刊》2019年第1期。

### （二）长江流域环境司法的流域性特征更加明显

2020 年，是长江保护修复攻坚战行动计划实施的关键之年，国家加大了长江保护修复的力度。课题组收集到 2020 年非法捕捞水产品和非法采砂两类具有典型流域性特征的民事、行政、刑事裁判文书 1655 份，[55] 以期通过对这些裁判文书的分析，为将于 2021 年 3 月 1 日起实施的《长江保护法》进行准备。[56]（见图 1－22）

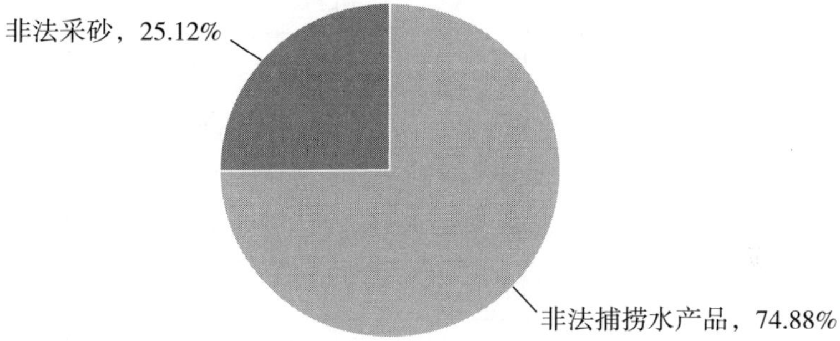


**图 1－22　非法捕捞水产品和非法采砂案件的分布比例**

第一，两类案件发案率较高，且具有明显的跨区域作案特征。2020 年长江流域的非法捕捞水产品案件达到 1239 件，其中刑事案件 1221 件，占比为 98.55%，历史上单年度发生率最高，也是长江流域 2020 年第一大高发案件。非法采砂违法犯罪行为长期屡禁不止，2020 年达 416 件，其中，刑事案件 366 件，占比 87.98%，属于长江流域 2020 年第二大高发案件。非法捕捞水产品与非法采砂行为不仅对生态环境的破坏触目惊心，而且引发了买卖、借贷、运输、人身侵权等广泛的纠纷，社会危害十分严重。更为严重的是，在暴利的诱惑和驱使下，目前已经形成了“盗捕盗采、运输、销售”的违法犯罪地下产业链条，其专业化程度不断提升。各地频现多艘渔船有组织地进行非法捕捞作业的情况，甚至出现鱼贩组织渔民专门从事非法捕捞的情形。[57] 非法采砂案件往往与涉黑案件、诈骗

---

〔55〕 数据源于中国司法大数据研究院。本数据为 2020 年长江流域非法捕捞水产品、非法采砂案件的裁判文书，其中，2019 年立案 2020 年结案的有 62 件，2020 年立案和结案 1593 件。

〔56〕 详见《中国环境司法发展报告（2020 年）》分报告，罗文君、邱秋：《长江流域环境司法的主要特征与建设方向：以非法捕捞水产品和非法采砂案件为样本》。

〔57〕 陈烺：《非法捕捞形成地下产业链！“长江十年禁渔”第一年，犯罪团伙依然铤而走险》，载劳动观察网，https://www.51ldb.com/shsldb/sz/content/017728ed2a0ac001cdf35726d09c04be.html，最后访问日期：2021 年 5 月 20 日。

等案件交织在一起。有一起非法采砂案件涉及重庆、四川、江苏、湖北、湖南、江西、安徽、河南、福建共9省36地市,涉案金额过亿元。[58] 多数案件有多名被告。(见表1-5、表1-6)

**表1-5 长江流域非法捕捞水产品和非法采砂案件被告人数分布**

单位:件

| 被告人数 | 非法捕捞水产品案件 | 非法采砂案件 | 总计 |
|---|---|---|---|
| 1 | 564 | 139 | 703 |
| 2 | 453 | 116 | 569 |
| 3 | 196 | 88 | 284 |
| 4 | 119 | 104 | 223 |
| 5 | 40 | 92 | 132 |
| 6 | 42 | 72 | 114 |
| 7 | 14 | 77 | 91 |
| 8 | 24 | 32 | 56 |
| 9 | 16 | 18 | 34 |
| 10 | 0 | 40 | 40 |
| 11 | 11 | 33 | 44 |
| 12 | 0 | 12 | 12 |
| 13 | 0 | 13 | 13 |
| 18 | 0 | 18 | 18 |
| 20 | 0 | 40 | 40 |
| 22 | 0 | 22 | 22 |
| 23 | 23 | 0 | 23 |
| 来源未知 | 10 | 120 | 130 |
| 合计 | 1512 | 1036 | 2548 |

〔58〕 马媛:《横跨9省案值过亿　长江非法采砂案挖出9个"保护伞"》,载中国新闻网,http://www.chinanews.com/sh/2019/11-28/9019177.shtml,最后访问日期:2021年5月21日。

**表1-6　长江流域非法捕捞水产品和非法采砂案件被告人数区间**

单位：件

| 被告人数区间 | 非法捕捞水产品案件 | 非法采砂案件 | 总计 |
|---|---|---|---|
| 1 | 564 | 139 | 703 |
| 2～9 | 904 | 639 | 1543 |
| 10～20 | 11 | 116 | 127 |
| 20～23 | 23 | 62 | 85 |
| 总计 | 1502 | 956 | 2458 |

第二，流域司法协作成效明显。针对两类案件流域作案特征明显，线索发现难、调查取证难等问题，长江流域司法机关普遍开展了流域司法协作。通过跨区域、跨部门联合执法，行刑衔接打击流域性犯罪已成为常态。在发现犯罪线索阶段，流域性公安机关长江航运公安局发挥了重大作用，通过与地方行政机关加强协作，长江流域各地方水行政、农业农村、水上交通运输、海事等执法部门提供了大量案件线索。在侦查犯罪、调查取证阶段，公安机关与法院加强行刑衔接，就案件的移送加强配合。针对跨界作案，案件发生地、销售地市场销售价格不同导致执法和司法认定难等突出问题，相关部门应出台损害定价规则等，统一办案标准与流程。

第三，探索流域恢复性司法实践方式，促进生态环境修复与生产发展转型。长江流域各级法院在惩治非法捕捞水产品犯罪时，充分考虑流域渔业资源和生物多样性保护的需要，创设增殖放流、渔业资源损害及恢复费用、生态修复费等方式，并将其作为酌情从轻、减轻等量刑情节考虑。在处理非法采砂犯罪案时，探索适用补植复绿、社区效正、劳务代偿、生态修复金等方式，并将其作为行为人认罪悔罪的量刑情节予以考量，通过这些创新方式引导行为人生产发展转型。

观察两类案件，可以明显地看到针对流域性特征明显案件制定的司法政策和司法解释正在发挥积极作用，流域环境司法协作也取得了实质性进展，成效显著。但也存在对案件的流域性特征把握不准、流域性案件司法规则供给不足，司法协作形式化、短期性与非稳定性等问题。应在《长江保护法》的实施过程中，加强对流域性司法规律的探索和总结，及时出台相关司法解释，明确司法规则；进一步加强环境司法协作的规范化和制度化建设，保障司法协作机制健康稳定运行。

### (三)医疗废物处置不当引发环境污染案件值得关注

在疫情防控常态化形势下,医疗废物收集、运输、无害化处理问题引发社会各方面的高度关注,其中,医疗废物处置不当可能引发的环境污染是热点也是难点。因为 2020 年尚在疫情期间,与当年医疗废物处置相关的环境污染案件还不会集中进入法院,但我们可以通过对近年来已经发生的案件进行分析,为未来可能发生的案件处理提供经验和教训。

近年来,我国的医疗废物产生量一直处于上升状态。根据生态环境部《全国大中城市固体废物污染环境防治年报》公布的相关数据,课题组对 2013 年以来的医疗废物产生量进行了统计,其中,2020 年度医疗废物全年产生量根据生态环境部 5 月发布的疫情期间医疗废物产生量推算同比增加 20%。(见图 1 - 23)

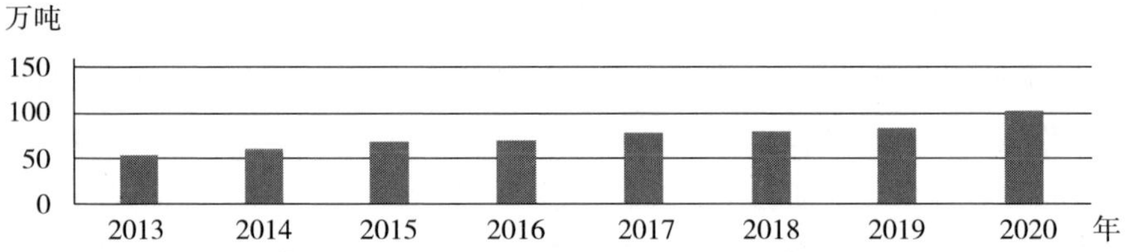


**图 1 - 23　2013 ~ 2020 年我国大中型城市医疗废物产生量**[59]

受疫情影响,2020 年上半年,一些地方法院尤其是疫情集中暴发地区的法院基本处于案件受理停止状态,加之案件发生本身具有一定的滞后性,无法准确观察 2020 年度相关案件的实际情况。因此,课题组收集了 2017 年至 2020 年的相关裁判文书 232 件,[60] 作为与医疗废物处置相关环境污染案件的分析样本。[61] (见表 1 - 7)

---

[59] 生态环境部 2020 年 5 月 23 日通报的全国医疗废物处置的情况,1 月 20 日至 5 月 23 日全国已产生 39.8 万吨医疗废物,接近 2019 年全年产量的半数,预计 2020 年全年约有 20% 的涨幅。

[60] 此部分分析样本以关键词检索与人工筛查为方法。在"最高人民法院信息中心"数据库与"威科先行"法律信息库中筛选,时间为 2017 年 1 月 1 日至 2020 年 12 月 31 日,裁判文书中同时包含"医疗废物"与"污染"两个关键词的医疗废物处置案件。

[61] 详见《中国环境司法发展报告(2020 年)》分报告,赵珂、王雅琪:《疫情背景下医疗废物处置裁判的实证检视与对策建议》。

**表1-7　医疗废物处置相关环境案件裁判文书年度情况**

单位:件

| 年份 | 民事案件 | 行政案件 | 刑事案件 | 总计 |
|---|---|---|---|---|
| 2017 | 1 | 10 | 26 | 37 |
| 2018 | 2 | 19 | 33 | 54 |
| 2019 | 37 | 23 | 33 | 93 |
| 2020 | 9 | 16 | 23 | 48 |
| 总计 | 49 | 68 | 115 | 232 |

从现有样本看,这类案件涉及民事、行政、刑事案件中的多种案由,由于未明确实行归口审理,因此,很难看到相关案件审判的全面情况,但从中也可以发现此类案件的一些明显特征。

第一,涉及医疗废物处置的环境污染行政案件,以行政处罚类案件为主,公益诉讼占比较高。在68件行政案件中,有25件是由检察机关提起的行政公益诉讼案件,不服行政机关具体行政行为及行政复议决定提起的行政诉讼亦占据相当一部分。在此类案件中,行政处罚类案件占据一半以上。被告涉及卫生和计划生育局、卫生健康局、环境保护局、生态环境局、住房和城乡建设局以及人民政府等;被告怠于履行监管职责主要表现为,所监管医疗机构无污水处理设施或将医疗污水直接超标排放至城市污水处理系统。(见图1-24)

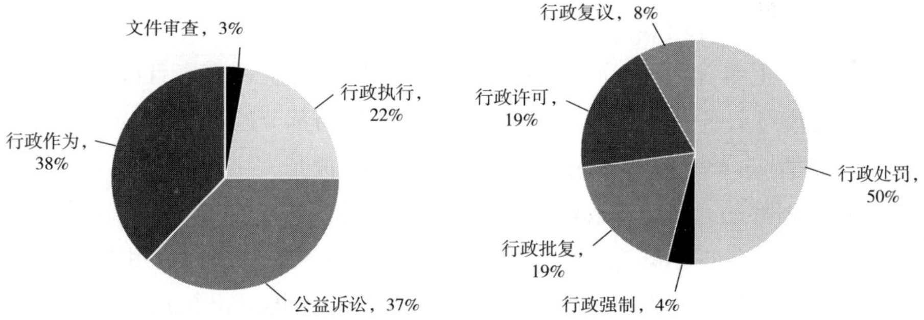


(a)医疗废物处置行政案件类型　　(b)行政行为类医疗废物处置统计

**图1-24　涉及医疗废物处置的环境污染行政案件情况**

第二,刑事案件以"污染环境罪"为主,犯罪后果主要是"严重污染环境","后果特别严重"的案件较少。115份刑事裁判文书中,污染环境罪的裁判文书

112件,占97.4%;确认为“严重污染环境”的98件,占85.2%。刑罚以“轻型”为主,判处罚金的案件较多。115份裁判文书中,1年以下与1~2年有期徒刑适用超过半数,3年以上有期徒刑刑罚仅为15%,适用缓刑为27.5%;判处罚金高达98.9%,且罚金数额普遍较低。(见图1-25)

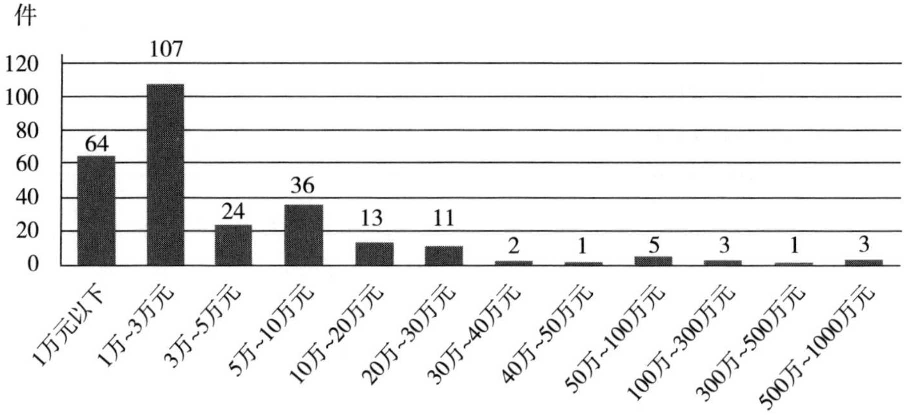


**图1-25 涉及医疗废物处置的环境污染刑事犯罪罚金适用数额**

第三,涉及医疗废物处置环境污染的民事案件,以合同纠纷为主。课题组收集的49件医疗废物处置民事裁判文书中,有39件为合同纠纷,占比79.6%;其他为侵权纠纷。39件合同案件的争议标的均为不履行原被告签订的《医疗废物处置合同》,涉及合同效力的认定、政府采取集中处置措施是否可以终止合同履行或解除合同等内容。

总体上看,涉及医疗废物处置污染环境案件的上诉率高且改判、重审率高。115份裁判文书中,二审文书改判率(包括改判与部分改判)民事案件为25%、行政案件为23.6%、刑事案件为19%;二审行政裁判文书中发回重审的占24%。这些数据都远远高于人民法院同期案件的平均水平。这一方面反映出相关案件处理的法律依据不够充足,导致审判中存在事实认定和法律适用困难,各类案件的上诉率、改判率、发回重审率较高;另一方面,也折射出执法监管存在一定问题,相对来看,行政公益诉讼案件比较集中且多个职能部门成为被告,至少表明监管主体、法定职责、严格执法等方面都有短板和弱项,不能满足维护公共利益的需要。

由于受到多方因素限制,目前的观察还停留于表面与片面,难以对大规模疫情暴发之后是否会产生大量相关案件以及案件处理本身做出有直接意义的判断。但现有案件中反映出来的问题值得高度重视,课题组也将继续跟踪,以期通过更深入的研究,对解决这一领域的司法问题提出有价值的意见建议。

## 四、为环境治理体系和治理能力现代化贡献司法力量

“十三五”期间,中国生态文明建设取得了历史性成就。“十三五”主要污染物排放总量大幅减少,9 项约束性指标超额完成,生态环境明显改善,人民群众环境获得感显著增强,生态环境保护水平同全面建成小康社会目标相适应,污染防治攻坚战阶段性目标任务圆满完成。这些成绩的取得,司法机关发挥了不可替代的作用。各级司法机关认真学习贯彻习近平生态文明思想,深入贯彻落实“两山”理念,严格履行宪法法律赋予的职责,坚持司法为民宗旨,结合司法改革任务参与环境治理体系建设,为环境治理体系和治理能力的现代化积累了宝贵的经验。但是,与“十四五”和 2035 年远景规划擘画的“人与自然和谐共生”的现代化目标相比,环境司法尚须在把握新发展阶段、贯彻新发展理念、构建新发展格局中继续努力,坚持环境司法专门化道路不松懈,坚定环境审判专业化方向不偏离,加快探索生态环境保护新领域司法保护步伐,为实现“美丽中国”目标不懈奋斗。

### (一)坚持环境司法专门化道路不松懈

在我国环境司法专门化体系基本建成的基础上,继续补短板、强弱项、增活力、上水平,完善和健全环境司法专门化体系。

**1. 持续优化专门组织体系机构,夯实环境司法专门化基础**

深化环境资源审判机构建设。认真总结现有环境资源审判组织建设的经验教训,切实解决跨区域集中管辖、流域管辖后各类专门法庭面临的新情况、新问题,落实环境资源审判机构分类指导机制。[62] 构建专业法庭、巡回法庭、集中管辖法院既相互配合又分工明确的审理格局。深化检察公益诉讼机构建设。在现有机构布局基础上,加大公益诉讼案件集中办理以及“多检合一”机构建设力度,建立与绿色司法需求相适应的检察公益诉讼专门组织体系。加快公安机关环境资源案件侦查专门体系建设步伐,力争公、检、法绿色专门化体系早日建成。

加快形成专业人才培养机制。从体系化、系统性角度对环境司法人才培养进行顶层设计,建设跨学科人才培养平台,注重培养具有生态环境与法律多元知

〔62〕 中共中央办公厅、国务院办公厅《关于构建现代环境治理体系的指导意见》,载中国政府网,http://www.gov.cn/zhengce/2020-03/03/content_5486380.htm,最后访问日期:2021 年 2 月 2 日。

识结构、理论与实践双重能力素质的复合型专业人才,不断充实环境司法队伍。加强对在职法官、检察官、执法人员和法律服务人员的培训力度,提升环境司法队伍的综合能力。高度重视培养具有全球视野、国际化知识的涉外环境司法人才,为引领全球生态环境治理新格局储备优质人才资源,争取更多进入国际环境司法领域的机会。

**2. 不断完善环境司法机制,健全环境司法专门化程序**

优化环境资源案件管辖制度。健全环境资源案件跨区域集中管辖制度,与诉讼管辖相适应的检察公益诉讼案件办理制度。进一步理顺跨区域集中管辖与非集中管辖、区域管辖的关系,合理设置跨省域集中管辖或对接机制。明确环境资源跨区域管辖标准,探索建立环境资源案件集中管辖裁量基准和程序。

完善环境资源案件的类型划分标准。认真落实《环境资源案件类型与统计规范(试行)》,以正确适用法律为目标,积极探索环境资源案件的类型化方案,进一步完善环境资源案件案由规定,优化环境资源案件受案范围,探索差异性适用规则。

改革环境资源案件审判模式。在继续推进环境民事、行政、刑事“三审合一”归口审判模式的基础上,加大对环境民事与行政交叉案件、环境刑事附带民事公益诉讼案件、生态环境损害赔偿与公益诉讼案件审判模式的创新研究,确立相应审判原则、统一审判方式与裁判标准,推动环境资源审判模式的深拓与革新。

**3. 继续强化环境司法协作机制,健全环境司法专门化体系**

继续推进环境资源审判协作机制建设。不断完善环境资源刑事、民事、行政审判和立案执行等业务部门既分工负责又密切合作的协同审判工作机制。理顺上下级法院之间的业务对口关系,加强环境资源审判业务对口指导和监督。加大检察机关内部公益诉讼检察业务部门与相关业务部门的协同工作机制,优化上下级检察院之间的业务指导和工作监督机制。

加强环境司法执法协同机制建设。建立生态环境行政执法机关与司法机关、审判机关与检察机关的信息共享、案情通报、案件移送制度,健全行诉对接、行检协调、法检协同机制。实现诉前行政内部预警、司法外部督促,诉中联动转化证据,诉后执行信息共享。〔63〕 积极推进建立“恢复性司法实践 + 社会化综合

〔63〕 王雅琪、张忠民:《现代环境治理体系中环境司法与行政执法协作机制的构建》,载《中国矿业大学学报(社会科学版)》2021 年第 1 期。

治理”审判结果执行机制。

加快促进环境纠纷多元解决方式的协同运行。积极推动成立包括司法机关、行政主管机关、人民调解组织、行业调解组织、仲裁机构在内的综合性纠纷调处中心。[64] 构建起衔接顺畅、协调有序的环境纠纷解决新格局。探索建立类案检索抗辩机制,充分保障社会公众的知情权、参与权,积极探索环境司法接受公共监督的新机制。

(二)坚定环境审判专业化方向不偏离

在环境审判专业化已经取得不俗成绩的基础上,加深对环境资源案件审判的特殊性、规律性认识,不断提高审判质量,将环境司法专门化制度优势转化成为实现社会公平正义的治理效能。

**1.加强《民法典》实施中的环境资源审判研究,推动形成民法与环境法有机结合的司法解释与法律适用规则体系**

精准把握《民法典》“绿色原则”对民事活动的整体性限制功能,建立“绿色原则”合理解释体系,明确“绿色原则”适用规则,确保“绿色原则”司法适用的严谨性、正当性。明确《民法典》物权编、合同编、侵权责任编相关制度与“绿色原则”的关系,探索建立《民法典》绿色制度的民法理论与环境法理论有机结合的体系性解释方法。[65]

正确把握《民法典》侵权责任编建立的生态环境责任的“生态恢复论”基础与传统侵权责任“损害补偿论”的根本差异,[66] 探索满足生态环境责任承担的司法解释路径与综合性解释方法,真正建立恢复性司法机制。

继续完善环境民事案件审理规则、证据规则、裁判规则,切实解决环境损害鉴定机构规范化、损失认定标准化问题。

**2.完善环境行政案件审判规则,建构行政行为合理性审查的绿色标准**

准确界分环境行政案件案由。建立以管理部门为基础、以环境执法内容为补充的双重界分标准,探索环境行政案件四级案由制,合理区分一般性行政案件与环境行政案件,切实解决行政案件“归口审理”不“专业”问题。

强化司法审查的绿色导向。建立“绿色原则”适用于行政案件的基本标准,

---

〔64〕 游劝荣:《践行习近平法治思想 推进非诉讼纠纷解决机制建设》,载《人民法院报》2020年12月28日,第002版。

〔65〕 吕忠梅:《〈民法典〉“绿色规则”的环境法透视》,载《法学杂志》2020年第10期。

〔66〕 吕忠梅、窦海阳:《以“生态恢复论”重构环境侵权救济体系》,载《中国社会科学》2020年第2期。

将其作为合理性审查的一般原则,加强对行政行为的合理性审查力度。

完善环境行政案件的事实认定与法律适用规则。进一步明确证据规则、裁判程序规则、民行交叉案件证据采信规则,明确行政附带环境民事诉讼审判规则。

**3. 优化环境刑事审判规则,强化刑事预防功能,精准打击环境刑事犯罪**

加强对《刑法修正案(十一)》规定的与生态环境保护相关罪名的研究,加大对生物多样性保护、景观多样性保护、重点生态区域保护等生态类案件的司法保障力度,注重刑法的预防性功能,发挥刑法规范在环境犯罪治理中的作用。

探索环境资源犯罪的常态化治理机制。深化以审判为中心的刑事诉讼制度改革,落实环境刑事领域的能动司法和职权主义模式。完善刑事证据认定规则、刑事附带民事公益诉讼案件程序规则,适度降低环境刑事案件证明标准。

实现以行为标准作为认定环境犯罪的基准、以结果标准作为定罪的裁量标准,进一步明确生态环境保护的基本边界。降低入罪门槛,将以环境为介质而产生危害的行为纳入污染环境罪的适用范围。以《民法典》"绿色原则"为指导确立环境犯罪的保护法益,重视刑事责任与民事责任的衔接,统筹适用刑事、行政和民事责任。

**4. 健全环境公益诉讼和生态环境损害赔偿规则,完善中国特色司法制度**

面对检察机关成为公益诉讼绝对主力的现实,着力解决检察公益诉讼制度发展面临的问题和困难。一方面,应结合中国司法体制实际,适时推动公益诉讼专门立法;另一方面,应加强实践探索,明确检察机关"公益诉讼代表人"的诉讼地位,在"国家利益和社会公共利益"的实体权益享有者是国家和社会公众的情况下,通过立法将"国家利益和社会公共利益"诉讼权益赋予检察机关。与此同时,应大力加强检察公益诉讼专业化建设,树立恢复性司法、整体环境治理、最严格环境责任等绿色司法理念,加强办案团队专业化、办案人员专业化建设;通过扩大解释或者修改立法的方式探索建立检察机关提起预防性环境公益诉讼制度;着力推进解决生态环境损害鉴定难问题,进一步完善检察公益诉讼这一具有鲜明中国特色的环境司法制度。

认真总结《若干规定》实施以来的司法实践经验,结合《民法典》第 1234 条、第 1235 条及《土壤污染防治法》《固体废物污染环境防治法》《森林法》相关规定的法律适用问题研究,推动修订正式生态环境损害赔偿案件审理规则,将司法实践的成熟经验固化为司法制度。着力解决生态环境损害赔偿诉讼案件审判中存在的赔偿主体、赔偿范围、赔偿方式以及赔偿程序、司法鉴定评估、赔偿资金管理、生态修复方案落实等问题。积极推动完善行政磋商程序及与诉讼程序有效衔接问题,一方面,推动解决磋商程序中实质审查环节适用不足、赔偿义务人的认定环节相对薄弱、磋商的时限无明确规定等问题;另一方面,着力加强磋商与诉讼衔接机制建设,在将磋商确定为诉讼前置程序的情况下,进一步明确磋商失败的司法判断标准、磋商与诉中调解的衔接关系、磋商协议的司法确认规则等问题。巩固生态环境损害赔偿制度改革成果,更好发挥其制度功能。

**5. 高度重视新型环境案件,更好发挥环境司法的政策形成功能**

"十四五"规划纲要明确提出了"广泛形成绿色生产生活方式,碳排放达峰后稳中有降,生态环境根本好转,美丽中国建设目标基本实现"的明确目标。将碳达峰、碳中和纳入生态文明建设总体布局是中国应对气候变化的重大战略举措。为此,国家陆续出台了系列"双碳"政策并建立了碳汇交易制度,正在大力促进相关政策的落实。可以预见,随着各项节能降碳、减排降碳、增绿增汇政策的实施,碳汇交易市场的建立以及双碳技术的发展,相关纠纷将会出现并可能呈现阶段性爆发趋势。在目前并无明确法律规定的情况下,司法机关应及早研究并制定司法政策,适用《大气污染防治法》建立的"气候变化物质与污染物协同控制"机制以及相关法律,规范社会秩序,引领市场健康发展。

于 2021 年 3 月 1 日开始实施的《长江保护法》,是中华人民共和国成立以来的第一部国家流域立法。这部法律首次将传统的"保护法"与"促进法"相结合,形成了贯彻"生态优先,绿色发展"新理念的"保护法 + 促进法"的新立法模式,并且为解决"流域性"问题创建了"国家流域协调机制",创立了许多新制度。这些新理念、新体制、新制度的实施,有赖于司法机关的积极作为,建立适应流域司法需要的体制机制,出台有针对性的司法政策和司法解释,充分发挥典型案例、指导性案例的示范、规范作用,确保"共抓大保护,不搞大开发"成为社会共识和普遍行动,也为促进黄河流域生态保护和高质量发展积累司法经验。

随着经济社会的不断发展和生态文明建设的不断进步,一些新兴生态环境保护问题开始出现。在环境污染方面,一些由人类活动造成、目前已明确存在、但尚无法律法规和标准予以规定或规定不完善、危害生活和生态环境的物质,如内分泌干扰物(EDCs)、药品与个人护理用品(PPCPs)、全氟化合物(PFCs)、溴代阻燃剂(BRPs)、饮用水消毒副产物、纳米材料、微塑料等新型污染物影响正在引起国际国内的高度关注。在生态保护方面,人兽冲突明显加剧,已经发生了不少事件;自然保护地体系建设、生物多样性保护领域也都出现了新情况、新问题。环境司法应高度重视新型生态环境保护问题,及时研究出台相关司法政策和裁判规则,充分发挥司法功能,巩固生态文明建设成果,保障人民群众环境权益。

2020年是“十三五”规划的收官之年,我们欣慰地看到,环境司法在构建“源头严防、过程严管、后果严惩”的生态文明制度体系,形成“全面加强党对生态环境保护的领导、压实地方责任、压实部门责任”的“大环保”格局中发挥了积极作用。我们期待,“十四五”规划开局之年,环境司法在构建“党委领导、政府主导、企业主体、社会组织与公众广泛参与”的现代生态环境治理体系,促进生态环境治理能力现代化,引领国际生态文明司法发展方面发挥更大作用。

# 重点分析篇

# 环境侵权案件的多维检视与重点剖析

刘　超　吴晓斌

## 一、来源与特征：样本概述

本报告的研究样本主要源于“中国裁判文书网”数据库中的环境侵权案件裁判文书，辅之以“无讼”数据库的资源。检索依据的案由为“环境污染责任纠纷”，即以最高人民法院《民事案件案由规定》中规定的民事案件案由的类型、层次与具体案由作为线索与依据，检索、下载、整理与分析《民事案件案由规定》中“第九部分”“三十一、侵权责任纠纷”之“377·环境污染责任纠纷”类案件。检索日期为2020年1月1日至12月31日，检索范围为各级人民法院2020年审结的环境污染民事责任案件的裁判文书。

通过前述方法，起初共收集到181件民事判决书、221件民事裁定书，经过具体分析、甄别、筛选后，最终纳入本报告研究样本的案件数量确定为141件民事判决书、194件民事裁定书。为研究便利，将贵州省高级人民法院(2018)黔民申1775号二审再审判决书、广西壮族自治区梧州市中级人民法院(2020)桂04民再1号二审再审民事判决书纳入二审判决书中统计梳理。未纳入研究样本的案件类型主要包括：判决方面，环境民事公益诉讼(29件)、其他侵权纠纷(3件)、追偿权纠纷(1件)、生命权、健康权和身体权纠纷(1件)、合同纠纷(4件)以及相邻纠纷(2件)等；裁定方面，环境民事公益诉讼(26件)、生命权、健康权和身体权纠纷(1件)。在剔除了不符合要求的类型案件、重复案件之后，共获得环境侵权案件判决书一审68件，二审73件，共计141件；共获得环境侵权案件裁定书一审143件，二审51件，共计194件。相关情况见表2-1和图2-1。

**表 2-1　研究样本的来源与筛选**

单位:件

| 样本类型 | 关键词搜索案件数 | 环境民事公益诉讼 | 其他侵权纠纷 | 追偿权纠纷 | 合同纠纷 | 生命权、健康权和身体权纠纷 | 相邻纠纷 | 实际研究样本 |
|---|---|---|---|---|---|---|---|---|
| 民事判决书 | 181 | 29 | 3 | 1 | 4 | 1 | 2 | 141 |
| 民事裁定书 | 221 | 26 | — | — | — | 1 | — | 194 |
| 总计 | 402 | 55 | 3 | 1 | 4 | 2 | 2 | 335 |

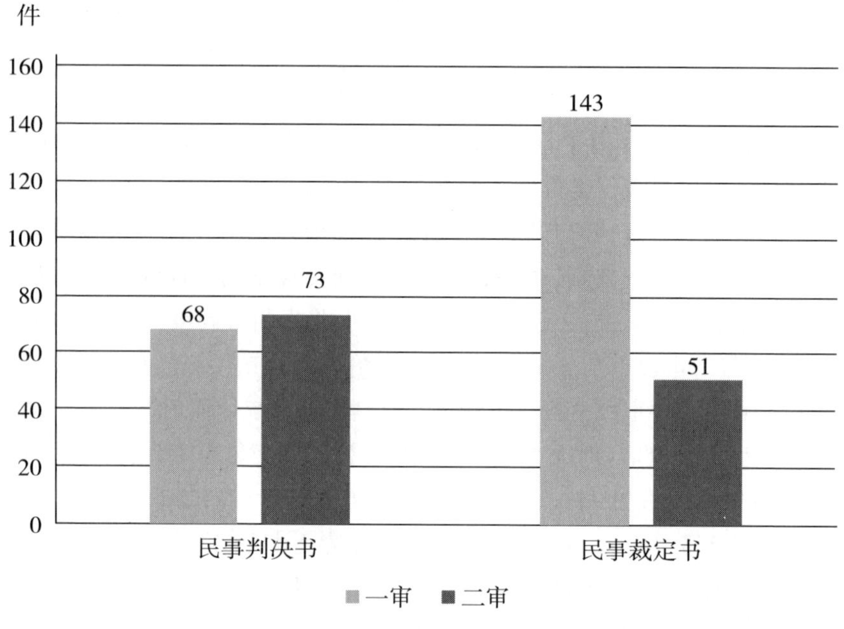


**图 2-1　环境侵权案件研究样本审级分布**

## 二、数据与规律:环境侵权案件的多维检视

下文将从案件的地域分布,原被告、上诉人与被上诉人主体的类型,污染的种类,责任形式,争议焦点以及环境污染受害人的胜败诉情况等几个方面剖析案件情况,以期为整体上认识 2020 年环境侵权纠纷司法解决提供多维视角。由于判决的基本事实、双方陈述、证据内容及庭审程序相对完整,笔者主要对判决予

以分析,故未作区分主要指的是判决,若需分析裁定,会在内容中特意明确。

(一)案件的地域分布

2020年各省市裁判文书一审、二审案件量分布情况见表2-2。

**表2-2 2020年各省市裁判文书一审、二审案件量分布情况**

单位:件

| 省区市 | 2020年的民事判决书 | | | 2019年的民事判决书 | | |
|---|---|---|---|---|---|---|
| | 一审 | 二审 | 合计 | 一审 | 二审 | 合计 |
| 北京 | 1 | 2 | 3 | 2 | 1 | 3 |
| 天津 | 2 | | 2 | 1 | 3 | 4 |
| 上海 | | | 0 | | | 0 |
| 重庆 | 5 | 1 | 6 | | 4 | 4 |
| 河北 | 2 | 1 | 3 | 4 | 3 | 7 |
| 山西 | 2 | 2 | 4 | | | 0 |
| 辽宁 | 11 | 4 | 15 | 7 | 4 | 11 |
| 吉林 | 2 | 3 | 5 | 3 | 1 | 4 |
| 黑龙江 | 1 | 3 | 4 | | 2 | 2 |
| 江苏 | 1 | 4 | 5 | 3 | 3 | 6 |
| 浙江 | 2 | | 2 | 1 | | 1 |
| 安徽 | 1 | 4 | 5 | 3 | 1 | 4 |
| 福建 | 1 | 6 | 7 | | | 0 |
| 江西 | 1 | 4 | 5 | | 1 | 1 |
| 山东 | 2 | 6 | 8 | 5 | 9 | 14 |
| 河南 | 6 | 7 | 13 | 2 | 4 | 6 |
| 湖北 | 2 | 3 | 5 | 4 | 4 | 8 |
| 湖南 | 1 | 3 | 4 | 2 | 10 | 12 |
| 广东 | 2 | 6 | 8 | 4 | 5 | 9 |
| 海南 | | | 0 | 1 | | 1 |
| 四川 | 3 | 1 | 4 | 37 | 13 | 50 |

续表

| 省区市 | 2020 年的民事判决书 | | | 2019 年的民事判决书 | | |
|---|---|---|---|---|---|---|
| | 一审 | 二审 | 合计 | 一审 | 二审 | 合计 |
| 贵州 | 10 | 1 | 11 | | 1 | 1 |
| 云南 | 2 | 2 | 4 | 3 | 1 | 4 |
| 陕西 | 3 | 3 | 6 | 1 | | 1 |
| 甘肃 | | | 0 | | | 0 |
| 青海 | | | 0 | | | 0 |
| 内蒙古 | 2 | 2 | 4 | | | 0 |
| 广西 | 2 | 5 | 7 | | | 0 |
| 西藏 | | | 0 | | | 0 |
| 宁夏 | | | 0 | | 1 | 1 |
| 新疆 | 1 | | 1 | | 1 | 1 |
| 总数 | 68 | 73 | 141 | 83 | 72 | 155 |

为突出 2020 年环境侵权案件的地域性特征,笔者特意将 2019 年环境侵权案件的民事判决书纳入表格予以对比,梳理各省区市案件量的差异与单个省区市两年的案件判决增减变化情况。经比对,两年数据基本平稳,但仍存在以下明显特征。

1. 山西、福建、内蒙古、广西"从无到有",海南、宁夏"从有到无"。2020 年山西省(一审 2 件,二审 2 件,共计 4 件)、福建省(一审 1 件,二审 6 件,共计 7 件)、内蒙古自治区(一审 2 件,二审 2 件,共计 4 件)、广西壮族自治区(一审 2 件,二审 5 件,共计 7 件)共有 22 件环境侵权案件,2019 年四省(自治区)均未有环境侵权案件。2019 年海南省(一审 1 件,二审 0 件,共计 1 件)、宁夏回族自治区(一审 0 件,二审 1 件,共计 1 件)尚有 2 件环境侵权案件,2020 年两省(自治区)均未有环境侵权案件。上海市、甘肃省、青海省、西藏自治区四省两年均未有环境侵权案件。

2. 部分省市出现骤增或骤减现象。该现象产生的原因主要是:系列案件导致单年案件量暴增。贵州省增幅最大。2019 年贵州省一审、二审仅有 1 件,2020 年一审、二审达 11 件。其中,2020 年一审均是"某某与荔波县茂兰镇盛源煤矿环境污染责任纠纷"系列案件。四川省减幅最大。2019 年四川省一审、二审达到50件,2020年一审、二审仅有4件。其中,2019年一审“某某与四川内江舟诚电源有限公司环境污染责任纠纷”系列案件20件,“某某与四川峨眉山西南水泥有限公司环境污染责任纠纷”系列案件8件,“某某与四川屏山天金化工股份有限公司环境污染责任纠纷”系列案件6件;二审“某某与国网四川省电力公司环境污染责任纠纷”系列案件4件,“某某与四川兰丰水泥有限公司环境污染责任”系列案件3件。

(二)原被告、上诉人与被上诉人主体的类型

通过对样本裁判文书梳理发现,环境侵权案件的原告主要是自然人,而被告主要是企业或者公司,图2-2和图2-3分别标明了环境侵权案件中原告、上诉人和被告、被上诉人的类型分布。

1.自然人是环境污染的主要受害者,亦是二审的主要上诉人。通过梳理发现,原告是自然人的一审案件为54件,占一审案件的84.00%。可见,环境污染日益破坏自然人的生活、生产环境,自然人作为环境污染的主要受害者是提起环境侵权案件的主力军。自然人(大部分为原审原告)作为二审上诉人的案件为30件,占二审案件的41.10%;公司或者企业(大部分为原审被告)作为二审上诉人的案件为26件,占二审案件的35.62%。值得注意的是,样本判决文书中有11份判决互为上诉人。其中,5件双方为自然人与公司或者企业,1件双方为自然人与政府单位,6件纳入多种主体类别统计;4件双方均为自然人,纳入自然人类别统计;1件双方均为公司,纳入公司或者企业类别统计。环境侵权案件的判决结果并未支持或者完全支持自然人的诉讼请求,自然人提起上诉的比例最大。公司或者企业亦未满意判决结果,提起上诉欲重新厘清自身责任。环境侵权案件矛盾大、证明责任复杂、因果关系判定模糊等问题加大了环境侵权案件审理的难度。

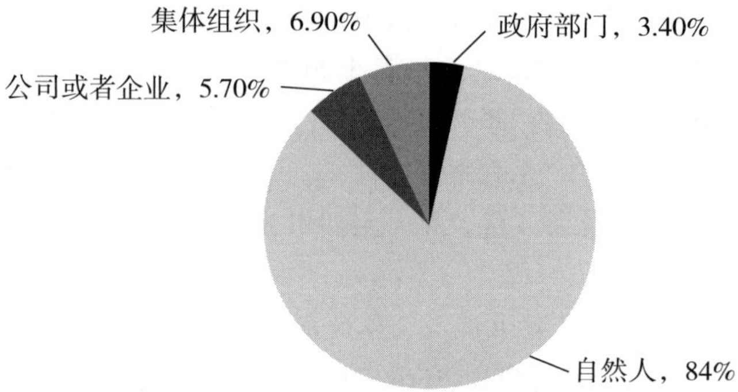


（a）一审原告

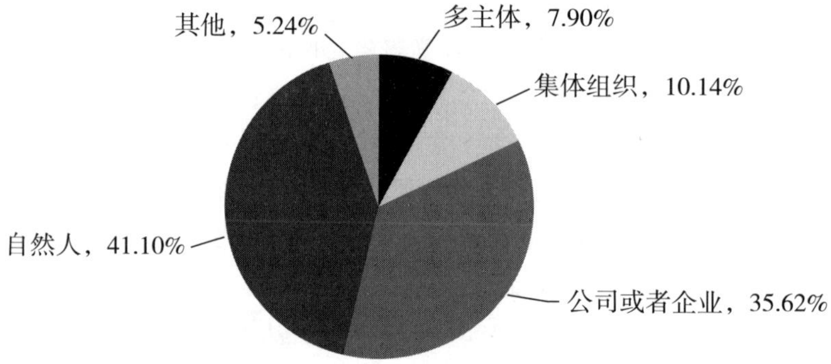


（b）二审上诉人

**图 2-2　2020 年环境侵权案件原告、上诉人主体情况分布**

2. 公司或者企业是环境污染的主要实施者,亦是二审的主要被上诉人。通过梳理发现,被告是企业或者公司的一审案件为 48 件,占一审案件的 70.59%。公司或者企业生产作业是造成环境污染的主要因素。公司或者企业作为被上诉人的二审案件为 29 件,占二审案件的 39.73%;自然人作为被上诉人的二审案件为 21 件,占二审案件的 28.77%。样本判决文书中有 11 份判决互为上诉人,也即互为被上诉人。其中,5 件双方为自然人与公司或者企业,1 件双方为自然人与政府单位,6 件纳入多种主体类别统计;4 件双方均为自然人,纳入自然人类别统计;1 件双方均为公司,纳入公司或者企业类别统计。公司或者企业与自然人作为被上诉人的比例较大,与前述分析二者作为上诉人比例较大的原因相同,二者均通过积极提起上诉以期重新分配环境污染后果的责任。

被上诉人涉及政府或者集体组织的案件达 15 件。其中,有 13 件案件政府或者集体组织均作为一审被告。一审驳回原告关于政府或者集体组织承担责任的诉讼请求,二审维持原判的有 7 件,[1] 二审改判要求承担责任的有 1 件;[2] 一审判决政府或者集体组织承担具体赔偿数额,二审维持赔偿金额的有 3 件,[3] 增加赔偿金额的有 2 件。[4]

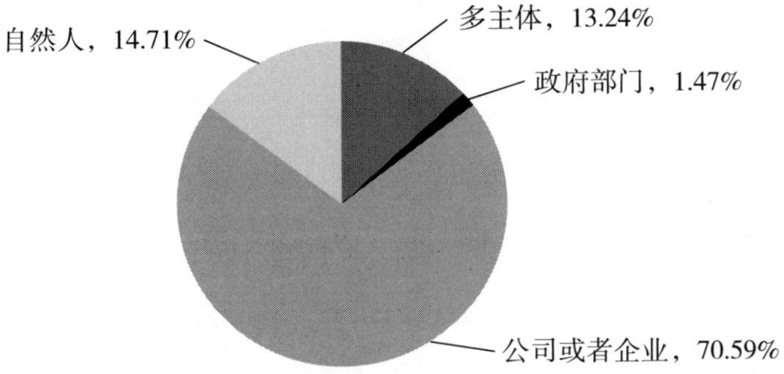


（a）一审被告

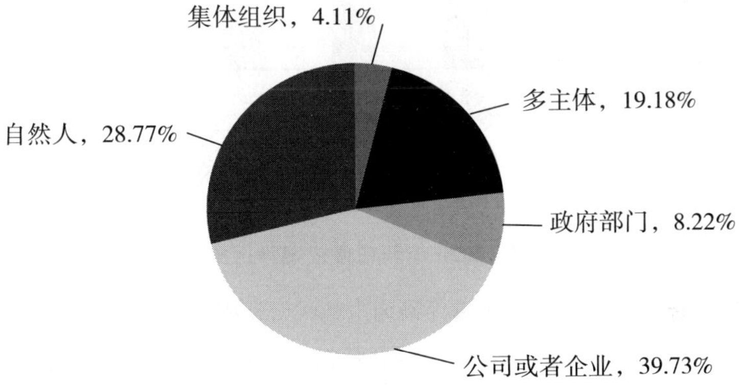


（b）二审被上诉人

**图 2-3　2020 年环境侵权案件被告、被上诉人主体情况分布**

---

〔1〕 河南省平顶山市中级人民法院二审民事判决书,(2020)豫 04 民终 2018 号;河南省洛阳市中级人民法院二审民事判决书,(2020)豫 03 民终 3485 号;江西省吉安市中级人民法院二审民事判决书,(2020)赣 08 民终 690 号;广东省广州市中级人民法院二审民事判决书,(2020)粤 01 民终 8580 号;内蒙古自治区鄂尔多斯市中级人民法院二审民事判决书,(2020)内 06 民终 1257 号;呼和浩特市中级人民法院二审民事判决书,(2020)内 01 民终 2665 号;陕西省延安市中级人民法院二审民事判决书,(2020)陕 06 民终 427 号。

〔2〕 河南省驻马店市中级人民法院二审民事判决书,(2020)豫 17 民终 935 号。

〔3〕 北京市高级人民法院二审民事判决书,(2020)京民终 76 号;河南省信阳市中级人民法院二审民事判决书,(2020)豫 15 民终 664 号;安徽省淮北市中级人民法院二审民事判决书,(2020)皖 06 民终 804 号。

〔4〕 安徽省六安市中级人民法院二审民事判决书,(2020)皖 15 民终 783 号;黑龙江省牡丹江市中级人民法院二审民事判决书,(2020)黑 10 民终 96 号。

### (三)污染的种类

图 2－4 梳理了 2020 年一审、二审环境侵权案件环境污染类型情况,通过梳理 2020 年环境侵权案件裁判文书的污染类型发现,环境污染类型以水污染、大气污染、土壤污染为主,多种污染类型交叉发生,并且各种新型污染类型相继出现。

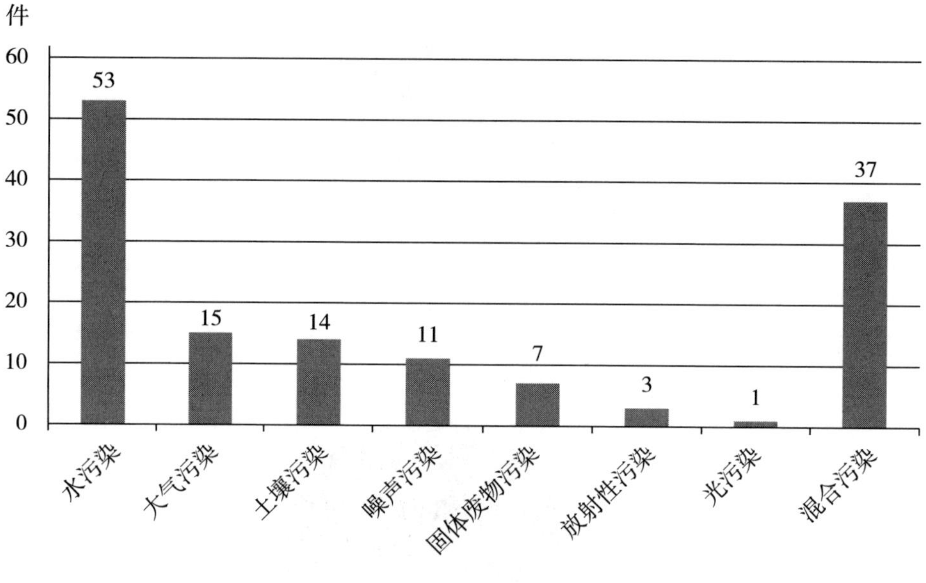


**图 2－4　2020 年环境侵权案件污染类型数量情况**

1. 水污染、大气污染、土壤污染为主要污染类型。2020 年,水污染类型一审、二审合计 53 件,占一审、二审案件污染类型的 37.59%。水污染依然是各类污染中最普遍、最严重的类型,因其与生产生活息息相关,极易引发纠纷并诉诸法律。一审、二审中,大气污染共计 15 件、土壤污染共计 14 件,二者从数量上看虽不及水污染,但因其具有污染后恢复周期长、恢复成本高等特征,这两类污染类型也不容忽视。

2. 污染类型交叉化发生致使侵权行为复杂化。2020 年,混合污染一审、二审合计 37 件,占一审、二审案件污染类型的 26.24%,相比 2019 年混合污染占当年一审、二审案件的 14.84%,比例显著提升。如拌合站在生产过程中会产生废水、扬尘,未经处理直接排放会导致水污染、土壤污染、大气污染;[5] 养殖场的牲畜、禽类可能会导致大气污染、噪声污染、固体废物污染等。[6]

〔5〕 福建省泉州市中级人民法院二审民事判决书,(2020)闽 05 民终 1173 号。

〔6〕 辽宁省大连市普兰店区人民法院一审民事判决书,(2020)辽 0214 民初 5150 号。

3. 新型污染相继出现。随着社会技术日新月异,各类非传统污染类型频发。最高人民法院印发《关于修改〈民事案件案由规定〉的决定》的通知(法〔2020〕346号)明确在第三级案由"377·环境污染责任纠纷"项下,增加"(7)光污染责任纠纷"。在原告熊某伟与被告重庆医科大学附属第三医院、重庆重报传媒有限公司环境污染责任纠纷一案中,〔7〕原告反映被告设置、运营涉案电子显示屏播放固定画面广告发出的亮光造成光污染。法院虽未支持其诉求,但新型污染已引起相应关注。

(四)责任的形式

根据《民法典》第179条的规定,承担民事责任的方式主要有:"(一)停止侵害;(二)排除妨碍;(三)消除危险;(四)返还财产;(五)恢复原状;(六)修理、重作、更换;(七)继续履行;(八)赔偿损失;(九)支付违约金;(十)消除影响、恢复名誉;(十一)赔礼道歉。法律规定惩罚性赔偿的,依照其规定。本条规定的承担民事责任的方式,可以单独适用,也可以合并适用。"通过对样本裁判文书梳理,发现如下特征。

1. 赔偿损失是环境侵权案件的主要责任形式。2020年一审51件判决被告需承担责任的环境侵权案件中(17件驳回),有44件案件单独适用"赔偿损失"责任形式,占比为86.27%;如果再加上复合责任形式中合并适用"赔偿损失"的案件5件,总共有49件案件中单独适用或者合并适用"赔偿损失"这种责任形式,占比为96.08%。2020年二审44件判决被告需承担责任的环境侵权案件中(28件驳回,1件再审),有36件案件单独适用"赔偿损失"责任形式,占比为81.82%;如果再加上复合责任形式中合并适用"赔偿损失"的案件7件,总共有43件案件中单独适用或者合并适用"赔偿损失"这种责任形式,占比为97.73%。(见图2-5)

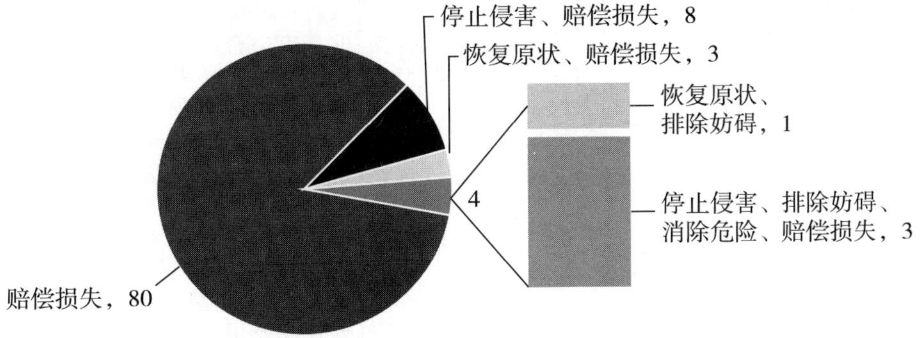


**图2-5 2020年一审、二审环境侵权案件判决环境侵权人承担的责任形式情况**

〔7〕重庆市渝北区人民法院一审民事判决书,(2018)渝0112民初11588号。

2. 单一责任形式为主,复合责任形式为辅。《民法典》第 179 条规定了 11 种责任形式后规定,“本条规定的承担民事责任的方式,可以单独适用,也可以合并适用”。通过梳理一审、二审样本文书发现,在 95 件判决被告需承担责任的环境侵权案件中,适用单一责任形式的案件有 80 件,占比为 84.21%;适用复合责任形式的案件有 15 件,占比为 15.79%。(表 2-3)

**表 2-3 2020 年环境侵权案件中除赔偿损失外的责任形式案件梳理**

| 案件名称 | 判决书字号 | 当事人诉求 | 法院判决要点 | 责任形式 |
|---|---|---|---|---|
| 杨某灿与王某义环境污染责任纠纷案 | (2018)豫 1526 民初 3020 号 | 1. 被告停止侵害,赔偿原告树木损失 39700 元<br>2. 由被告承担本案诉讼费、评估费等其他费用 | 被告王某义停止侵害并于本判决生效之日起 10 日内赔偿原告杨某灿樱花树损失 7200 元 | 停止侵害、赔偿损失 |
| 杨某亮与潢川县宏源养殖有限责任公司环境污染责任纠纷案 | (2019)豫 1526 民初 2137 号 | 1. 判决被告停止侵害、赔偿原告杨某亮经济损失总 100000 元(待追加)<br>2. 本案诉讼费由被告承担 | 责令被告潢川县宏源养殖有限责任公司于本判决生效之日起立即停止侵害。限被告潢川县宏源养殖有限责任公司于本判决生效之日起 10 日内赔偿原告杨某亮经济损失 54180 元 | 停止侵害、赔偿损失 |
| 苏某与北京珠江世纪物业管理有限公司等环境污染责任纠纷案 | (2019)京 0106 民初 36114 号 | 1. 请求判令二被告立即停止侵害、排除妨碍<br>2. 请求判令二被告支付原告检测费 5500 元<br>3. 请求判令二被告赔偿原告精神损害抚慰金 20000 元<br>4. 诉讼费由被告承担 | 1. 北京珠江世纪物业管理有限公司于本判决生效之日起 60 日内对位于北京市丰台区骏景园南区 1 号楼电梯采取降噪措施,使上述电梯的运行噪声在北京市丰台区骏景园南区 1 号楼 7 层 701 号房屋内不超过《社会生活环境噪声排放标准》(GB22337-2008)的标准<br>2. 北京珠江世纪物业管理有限公司于本判决生效之日起 7 日内给付苏某噪声检测费用 5500 元<br>3. 驳回苏某的其他诉讼请求 | 停止侵害、赔偿损失 |

续表

| 案件名称 | 判决书字号 | 当事人诉求 | 法院判决要点 | 责任形式 |
|---|---|---|---|---|
| 丹东市元宝区纯华养殖场与中铁九局集团第七工程有限公司环境污染责任纠纷案 | (2019)辽7104民初21号 | 1.判令被告赔偿原告三个养鱼池2018年鱼死亡和2019年不能养殖的损失409248元<br>2.判令被告按设计图于20日内修复三个养鱼池和一口水井,否则给付原告修复费426767.34元<br>3.被告承担本案的公证费1000元、修复设计费12000元、资产评估鉴定费10250元、工程造价鉴定费12000元和案件受理费 | 1.赔偿原告丹东市元宝区纯华养殖场2018年养殖鱼死亡损失292320元、2019年不能养殖的经营损失116928元、公证费1000元,合计410248元<br>2.将原告丹东市元宝区纯华养殖场三个养鱼池和一口水井修复完毕,否则于逾期5日内,赔偿原告修复费426767.34元<br>3.驳回原告的其他诉讼请求 | 赔偿损失、恢复原状 |
| 刘某庆等与邹某红等环境污染责任纠纷案 | (2020)辽0214民初5150号 | 1.请求依法判令二被告立即停止使用位于普兰店区的两个养鸡场并依法将案涉两个养鸡场予以拆除<br>2.请求依法判令二被告赔偿原告丧葬费43796元,被扶养人生活费22698元、死亡赔偿金816500元及精神损害抚慰金100000元,共计982994元<br>3.诉讼费由被告承担 | 1.被告邹某红、刘某杰于本判决生效后10日内停止使用其经营的位于大连市普兰店区的两个养鸡场,并将该两个养鸡场拆除<br>2.驳回三原告其他诉讼请求 | 停止侵害、排除妨碍 |

续表

| 案件名称 | 判决书字号 | 当事人诉求 | 法院判决要点 | 责任形式 |
|---|---|---|---|---|
| 孙某嘉等与沈阳惠天热电股份有限公司环境污染责任纠纷案 | (2020)辽0114民初2287号 | 1. 判令被告停止噪声扰民、粉尘污染<br>2. 判令被告修复受损房屋、更换窗户、维修受损路面<br>3. 判令被告赔偿精神损失15万元、医疗费2万元<br>4. 误工费1万元、交通费3000元 | 1. 被告沈阳惠天热电股份有限公司从2020年冬季供暖期开始,其凤凰热源厂在运输、生产过程中产生的噪声每日22时至次日6时,不得超过45分贝;其他时间不得超过55分贝(以××小区23-4号、25-4号楼为检测点位)<br>2. 驳回原告孙某嘉、解某生、刘某红、张某、张某珠的其他诉讼请求 | 停止侵害、排除妨碍 |
| 伊金霍洛旗台格苏木昌榆化工厂与中天合创能源有限责任公司环境污染责任纠纷案 | (2018)内0627民初1252号 | 1. 判令被告中天合创公司立即停止侵害、排除妨碍、消除危险<br>2. 判令被告中天合创公司赔偿因排放污水给原告昌榆化工厂造成的直接经济损失2205394元<br>3. 判令被告中天合创公司赔偿因排放污水致使原告昌榆化工厂从2012年起至2018年止的停产停业损失4053455元<br>4. 判令被告中天合创公司赔偿因排放污水致使原告昌榆化工厂2019年至2020年停产停业的损失1657416元<br>5. 诉讼费、鉴定费及证人出庭所支出的费用由被告中天合创承担 | 1. 被告中天合创能源有限责任公司于本判决生效之日起20日内对原告伊金霍洛旗台格苏木昌榆化工厂已经淹没在水中的进出厂区的道路停止侵害、排除妨碍、消除危险<br>2. 被告中天合创能源有限责任公司于本判决生效之日起5日内赔偿原告伊金霍洛旗台格苏木昌榆化工厂厂房、设备、产成品、原材料等直接经济损失38万元<br>3. 被告中天合创能源有限责任公司于本判决生效之日起5日内赔偿原告伊金霍洛旗台格苏木昌榆化工厂从2014年4月至2020年3月17日的停产停业损失30万元<br>4. 被告查干淖尔嘎查委员会不承担赔偿责任<br>5. 驳回原告伊金霍洛旗台格苏木昌榆化工厂的其他诉讼请求 | 停止侵害、排除妨碍、消除危险、赔偿损失 |

续表

| 案件名称 | 判决书字号 | 当事人诉求 | 法院判决要点 | 责任形式 |
|---|---|---|---|---|
| 宁国市汪溪街道办事处联合村山口第六村民组等与安徽田歌生态牧业有限公司环境污染责任纠纷案 | (2020)皖18民终838号 | 1.判令田歌牧业公司停止侵害,排除妨碍,将有关的自然灌溉流水恢复原状<br>2.判令田歌牧业公司停止侵害,排除妨碍,将上山道路恢复原状<br>3.判令田歌牧业公司停止侵害,排除妨碍,消除影响,判令田歌牧业公司不得将羊场污水直接向其生产、生活区排放,不得将羊粪直接运至其生产、生活区堆放 | 维持一审判决。一审判决:<br>1.被告安徽田歌生态牧业有限公司于判决生效之日起30日内修建两条直径不低于30厘米的涵管,将羊场上游的蓄水池与下游仍存的原有自然水沟连通<br>2.被告安徽田歌生态牧业有限公司负责维护围墙外新修道路,并负有三村民需要运输山上林木时,保证其从羊场内水泥道路通行下山的义务<br>3.驳回原告宁国市汪溪街道办事处联合村山口第六村民组、宁国市汪溪街道办事处联合村山口第七村民组、宁国市汪溪街道办事处联合村山口第八村民组的其他诉讼请求 | 恢复原状、排除妨碍 |
| 北京珠江世纪物业管理有限公司与北京珠江房地产开发有限公司等环境污染责任纠纷案 | (2020)京02民终9152号 | 1.请求判令珠江开发公司、珠江物业公司立即停止侵害、排除妨碍<br>2.请求判令珠江开发公司、珠江物业公司支付原告检测费5500元<br>3.请求判令珠江开发公司、珠江物业公司赔偿原告精神损害抚慰金20000元<br>4.诉讼费由珠江开发公司、珠江物业公司承担 | 维持一审判决。一审判决:<br>1.北京珠江世纪物业管理有限公司于判决生效之日起60日内对位于北京市丰台区××号楼电梯采取降噪措施,使上述电梯的运行噪声在北京市丰台区骏景园南区1号楼7层701号房屋内不超过《社会生活环境噪声排放标准》(GB22337－2008)的标准<br>2.北京珠江世纪物业管理有限公司于判决生效之日起7日内给付苏某噪声检测费用5500元<br>3.驳回苏某的其他诉讼请求 | 停止侵害、赔偿损失 |

续表

| 案件名称 | 判决书字号 | 当事人诉求 | 法院判决要点 | 责任形式 |
| --- | --- | --- | --- | --- |
| 中铁九局集团第七工程有限公司与丹东市元宝区纯华养殖场环境污染责任纠纷案 | (2020)辽71民终7号 | 1. 判令第七公司赔偿纯华养殖场三个养鱼池2018年鱼死亡和2019年不能养殖的损失409248元<br>2. 判令第七公司按设计图于20日内修复三个养鱼池和一口水井,否则给付纯华养殖场修复费426767.34元<br>3. 第七公司承担本案的公证费1000元、修复设计费12000元、资产评估鉴定费10250元、工程造价鉴定费12000元和案件受理费 | 维持一审判决。一审判决:<br>1. 第七公司于本判决发生法律效力之日起10日内,赔偿纯华养殖场2018年养殖鱼死亡损失292320元、2019年不能养殖的经营损失116928元、公证费1000元,合计410248元<br>2. 第七公司于本判决发生法律效力之日起30日内,根据庄河市水利建筑勘测设计院出具的纯华养殖场修复加固工程施工图,将纯华养殖场三个养鱼池和一口水井修复完毕,否则于逾期5日内,赔偿纯华养殖场修复费426767.34元<br>3. 驳回纯华养殖场的其他诉讼请求 | 恢复原状、赔偿损失 |
| 周某兰与吕某范环境污染责任纠纷案 | (2019)辽71民终38号 | 1. 判令锦赤铁路公司降低噪声措施及机车运行产生震(振)动的侵害行为,并排除妨碍行为<br>2. 判令锦赤铁路公司赔偿周某兰、吕某范造成的身心、财产损失80万元(具体数额在机构评估后确定)<br>3. 判令锦赤铁路公司承担全部诉讼费用 | 1. 撤销锦州运输法院(2019)辽7102民初2号民事判决<br>2. 被上诉人锦赤铁路有限责任公司于本判决生效后2个月内采取有效措施,将上诉人周某兰、吕某范居住的内蒙古自治区赤峰市元宝山区一层房屋达到《声环境质量标准》(GB3096-2008)2类标准(以环保部门测试为准),费用由被上诉人锦赤铁路有限责任公司承担<br>3. 被上诉人锦赤铁路有限责任公司于本判决生效后10日内赔偿上诉人 | 停止侵害、赔偿损失 |

续表

| 案件名称 | 判决书字号 | 当事人诉求 | 法院判决要点 | 责任形式 |
|---|---|---|---|---|
| | | | 周某兰、吕某范因噪声污染造成的损失 45080 元（计算至 2018 年 4 月 12 日）<br>4. 驳回上诉人周某兰、吕某范其他诉讼请求。如果未按本判决指定的期间履行给付金钱义务，应当依照《民事诉讼法》第 253 条规定，加倍支付迟延履行期间的债务利息。一审案件受理费 11800 元，由上诉人周某兰、吕某范承担 5900 元，由被上诉人锦赤铁路有限责任公司承担 5900 元。二审案件受理费 11800 元，由上诉人周某兰、吕某范承担 5900 元，由被上诉人锦赤铁路有限责任公司承担 5900 元 | |
| 桂林融创城投资有限公司因与杨某柳、原审第三人深圳市万象美物业管理有限公司桂林万达城分公司、桂林市国家高新技术产业开发区环境保护局环境污染责任纠纷案 | （2020）桂 03 民终 301 号 | 1. 判令被告融创投资公司限期将原告屋顶 3 套油烟设备拆除<br>2. 判令被告融创投资公司赔偿原告房屋租金损失费 20000 元（以同小区同户型市场最低租金 2500 元/月为标准，从 2018 年 9 月被告制造噪声算起，暂计算至 2019 年 4 月 30 日），精神损失费 5000 元<br>3. 判令被告融创投资公司承担本案的全部诉讼费用 | 维持一审判决。一审判决：<br>1. 被告桂林融创城投资有限公司在本判决生效之日起 60 日内对位于桂林市七星区油烟设备采取相应的减轻震动、隔声降噪，以及完善油烟设备的排烟口等措施，使原告杨某柳 1 – 17 – 01 号房屋的震动、噪声和油烟达到国家标准、行业标准或者按照通常标准<br>2. 被告桂林融创城投资有限公司赔偿原告杨某柳精神损失费 5000 元<br>3. 驳回原告杨某柳的其他诉讼请求 | 停止侵害、赔偿损失 |

续表

| 案件名称 | 判决书字号 | 当事人诉求 | 法院判决要点 | 责任形式 |
|---|---|---|---|---|
| 奚某全与中国建筑第二工程局有限公司环境污染责任纠纷案 | (2020)粤03民终5559号 | 1. 判令被告停止噪声污染,停止违法施工行为<br>2. 判令被告向原告赔偿噪声污染导致原告房屋住宅权所受侵害造成的损失50000元(自2018年7月4日起至被告停止侵害之日止每月10000元,暂计至2018年12月4日)<br>3. 判令被告在深圳市市级以上报刊向原告公开赔礼道歉<br>4. 判令被告如继续其违法行为则每月支付10000元补偿金给原告另行租住房屋,免受其侵害<br>5. 判令本案全部诉讼费及诉讼过程中可能产生的其他费用,包括但不限于鉴定费、检测费、医疗费、交通费、复印费由被告承担 | 1. 撤销广东省深圳市福田区人民法院(2018)粤0304民初42801号民事判决<br>2. 被上诉人中国建筑第二工程局有限公司停止实施环境噪声污染行为<br>3. 被上诉人中国建筑第二工程局有限公司应于本判决生效之日起10日内向上诉人奚某全赔偿15000元<br>4. 驳回上诉人奚某全的其他诉讼请求 | 停止侵害、赔偿损失 |
| 伊金霍洛旗台格苏木昌榆化工厂因与中天合创能源有限责任公司、查干淖尔嘎查委员会财产损害赔偿纠纷案 | (2020)内06民终1257号 | 1. 判令中天合创公司立即停止侵害、排除妨碍、消除危险<br>2. 判令中天合创公司赔偿因排放污水给昌榆化工厂造成的直接经济损失2205394元<br>3. 判令中天合创公司赔偿因排放污水致使昌榆化工厂从2012年起至2018年的停产停业损失4053455元<br>4. 判令中天合创公司赔偿因排放污水致使昌榆化工厂2019年至2020年停产停业 | 1. 维持内蒙古自治区伊金霍洛旗人民法院(2018)内0627民初1252号民事判决第三、四项,即被告中天合创能源有限责任公司于本判决生效之日起5日内赔偿原告伊金霍洛旗台格苏木昌榆化工厂从2014年4月至2020年3月17日的停产停业损失30万元;被告查干淖尔嘎查委员会不承担赔偿责任<br>2. 撤销内蒙古自治区伊金霍洛旗人民法院(2018)内0627民初1252号民事判决第一、二、五 | 停止侵害、赔偿损失 |

续表

| 案件名称 | 判决书字号 | 当事人诉求 | 法院判决要点 | 责任形式 |
| --- | --- | --- | --- | --- |
| | | 的损失 1657416 元<br>5. 诉讼费、鉴定费及证人出庭所支出的费用由中天合创公司承担 | 项<br>3. 中天合创能源有限责任公司停止向伊金霍洛旗台格苏木昌榆化工厂附近的碱湖内排放废水<br>4. 中天合创能源有限责任公司于本判决生效之日起 5 日内赔偿伊金霍洛旗台格苏木昌榆化工厂厂房、设备、产成品、原材料、进出厂区道路等直接经济损失 105 万元<br>5. 驳回伊金霍洛旗台格苏木昌榆化工厂的其他诉讼请求 | |
| 中国石油天然气股份有限公司吉林油田分公司因与李某伟环境污染责任纠纷案 | (2020)吉 07 民终 1926 号 | 1. 要求本案吉林油田公司支付因侵权造成李某伟承包的鱼塘全部损失合计 438623.21 元<br>2. 本案诉讼费、鉴定费等一切费用均由吉林油田公司承担。庭审中,李某伟变更诉讼请求,不再主张 2018 年的损失,从鉴定报告结论中去掉 2018 年的损失 11,300 元,变更为吉林油田公司的侵权行为共造成李某伟的损失合计 427323.21 元 | 1. 维持松原市宁江区人民法院(2018)吉 0702 民初 402 号民事判决第三项,即"鉴定费 4.8 万元,由被告中国石油天然气股份有限公司吉林油田分公司承担"<br>2. 撤销松原市宁江区人民法院(2018)吉 0702 民初 402 号民事判决第一项、第二项<br>3. 上诉人中国石油天然气股份有限公司吉林油田分公司于本判决生效后立即赔偿被上诉人李某伟经济损失 19.19 万元<br>4. 上诉人中国石油天然气股份有限公司吉林油田分公司于 2021 年 10 月 1 日前完成受损鱼塘的功能恢复义务,即按黑龙江北方农业司法鉴定中心出具的司法鉴定意见书(黑北农[2018]渔司鉴字 | 赔偿损失、恢复原状 |

续表

| 案件名称 | 判决书字号 | 当事人诉求 | 法院判决要点 | 责任形式 |
|---|---|---|---|---|
| | | | 108 号)中污染池塘恢复养殖方案要求,采用清洗稀释法和土层清除法恢复鱼塘原状,并经相关职能部门验收合格。如未按期履行完毕,执行法院有权委托第三方机构实施上述行为,相关费用(不少于 8.05 万元)由中国石油天然气股份有限公司吉林油田分公司承担。<br>5. 驳回李某伟的其他诉讼请求 | |

(五)争议的焦点

案件的争议焦点是双方当事人的实质争执点,包括案件事实与证据的认定、法律法规的适用及责任分配等均可成为案件的主要矛盾点,一个案件亦可存在多个争议焦点。通过梳理样本文书发现,环境侵权案件的争议焦点种类较多,有其自身特征。

第一,赔偿责任分配及承担问题、被告是否存在侵害事实,以及被告侵害行为与原告的利益损害之间是否存在因果关系是环境侵权案件的主要争议焦点。一审、二审样本判决文书 141 件中,将赔偿责任分配及承担问题作为争议焦点的有 72 件,被告是否存在侵害事实的有 57 件,被告侵害行为与原告的利益损害之间是否存在因果关系的有 56 件。赔偿责任的分配与承担问题作为环境侵权案件主要的争议焦点,还在于绝大多数环境侵权案件均有要求被告承担赔偿责任的诉讼请求,赔偿责任的承担主体、赔偿金额的数量等都是双方当事人的主要争执点。被告往往以不存在侵害事实予以抗辩,认为未实施环境侵害行为或者实施的行为符合法律规范。被告亦可能承认存在侵害行为,但经常以自身的侵害行为与原告的利益损害之间不存在因果关系予以抗辩。

第二,环境侵权案件双方的争议焦点日趋多样化。除了上述主要三种争议焦点外,纠纷责任类型,即一般侵权还是环境责任纠纷(13 件)、双方合同的法律效力认定(13 件)、原告的诉讼主体是否适格(10 件)、证据认定(7 件)、诉讼时效认定(4 件)、举证责任分配问题(4 件)、污染类型判断(1 件)、一审对法律的适用(1 件)等争议焦点在侵权案件中的比例逐步加大,这将导致案件争议双方的矛盾、环境侵权案件的审理难度显著加大。(见图 2-6)

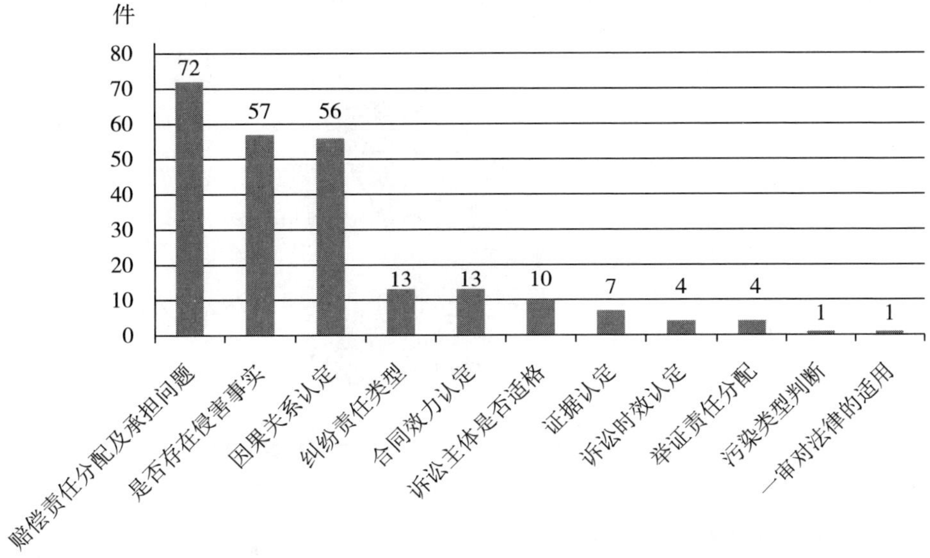


**图 2-6　2020 年一审、二审环境侵权案件争议焦点的主要类型**

(六)受害人的胜败诉情况

研究环境污染受害人的胜败诉情况,梳理样本判决中环境污染受害人胜败诉的原因,有助于明确当前环境侵权案件司法实践中的因果关系认定。此处的因果关系不是指狭隘的环境污染侵权行为与损害后果之间的因果关系认定,而是指案件的事实与证据的认定、法律的适用等与法院作出判项之间的因果关系认定。本报告在对胜败诉情况进行统计时,明确了几个统计标准:(1)一审原告及二审案件的原一审原告应是此处所谓的环境污染受害人;(2)原告诉求被一审法院或者二审法院完全支持视为环境污染受害人胜诉;(3)原告诉求被一审法院或者二审法院部分支持视为环境污染受害人部分胜诉;(4)原告诉求被一审法院或者二审法院完全驳回视为环境污染受害人败诉。

通过探究司法实践中对环境侵权案件事实与证据的认定、法律的适用,从而得出判项的过程,研究环境侵权案件胜诉、败诉或者部分败诉的原因,有助于厘清环境侵权案件的审判规则适用,为环境污染受害人维护受损权益提供实践指导。通过对环境侵权案件一审、二审案件的梳理可以看到,2020 年,一审案件环境污染受害人胜诉 9 件,败诉 17 件,部分胜诉 42 件,胜诉率 13.24%,败诉率达 25%;二审案件环境污染受害人胜诉 3 件,败诉 29 件,部分胜诉 41 件,胜诉率仅为 4.11%,败诉率达 39.73%。根据梳理结果可知,败诉率与部分胜诉率的占比较高,2020 年一审、二审环境侵权案件完全胜诉的比例极低,仅有 8.51%。(见图 2-7)

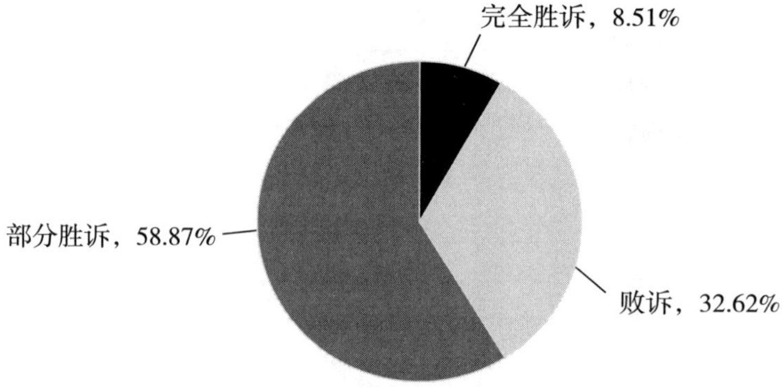


**图 2-7　2020 年一审、二审环境侵权案件胜诉、败诉、部分胜诉比例**

**1. 胜诉案件的原因分析**

最高人民法院《关于审理环境侵权责任纠纷案件适用法律若干问题的解释》(法释〔2015〕12 号)第 6 条规定:"被侵权人根据侵权责任法第六十五条规定请求赔偿的,应当提供证明以下事实的证据材料:(一)污染者排放了污染物;(二)被侵权人的损害;(三)污染者排放的污染物或者其次生污染物与损害之间具有关联性。"因此,若环境污染受害人能举证环境侵权人存在侵害的事实,侵害行为与损害后果有初步关联,并且具有损失数额的证据,法院往往会支持原告的全部诉求。(见图 2-8)如上诉人全州县徐锦阳食品经营部因与被上诉人全州县水南苗圃环境污染责任纠纷一案,上诉人(原审被告)存放食用油等物品的租用房发生火灾,导致食用油、洗洁精等液体大量排放至被上诉人(原审原告)的苗圃,并致被上诉人种植的林木毁损。事故发生后,全州镇人民政府委托全州县林业调查规划设计队对涉讼林木损失进行了评估,计算出损失金额。一审、二审均全部支持环境污染受害人的诉讼请求。[8]

---

〔8〕 广西壮族自治区桂林市中级人民法院二审民事判决书,(2020)桂 03 民终 3134 号。

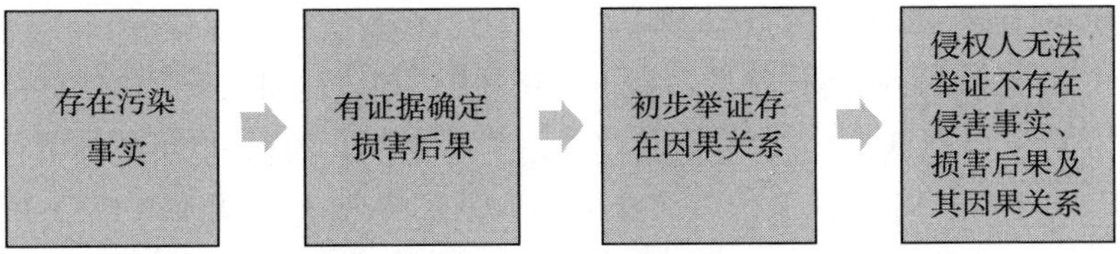


**图 2-8　2020 年一审、二审环境侵权案件胜诉条件示意**

**2. 败诉案件的原因分析**

梳理环境侵权案件一审、二审 46 件败诉案件的败诉原因发现，无法初步证明污染行为与损害后果之间存在因果关系、无法证明存在污染事实、无法证明具体损失数额、侵权人已履行义务、侵权纠纷的性质及环境污染受害人占有物的合法性等均可导致环境侵权案件败诉。现对主要败诉原因分析如下。

（1）环境污染受害人无法完成环境污染侵权行为与环境污染后果之间的因果关系的初步举证。虽然环境污染责任纠纷适用举证责任倒置，但环境污染受害人仍需要提供初步证据。实践中，有时提供初步证据的难度较大，而且各法院衡量初步证据的标准不一，许多案件以此为由判决原告败诉。在原告张某因与被告桦甸市山威硅灰石矿业有限公司环境污染责任纠纷一案中，张某未能提供其水库中鱼的死亡原因的证据材料，因而无法确定鱼的死亡与桦甸市山威硅灰石矿业有限公司的排水之间具有关联性，法院判决张某败诉。〔9〕

（2）环境污染受害人无法证明存在环境污染侵害事实。环境侵权人经常以未实施环境污染行为或者实施行为符合规范抗辩为由，认为不存在侵权行为。上诉人深圳市新瑞商置有限公司因与被上诉人深圳市布吉海鲜市场有限公司环境污染责任纠纷一案中，法院以原审被告已对水泵和排污管采取相应改造措施，政府处罚决定书未认定其排水排污行为属于环境污染行为，以不存在环境侵害行为为由判决上诉人的上诉请求不能成立。〔10〕

（3）环境污染受害人无法证明因环境污染造成的损失。污染行为发生后，由于环境侵权受害人未留存损失证据或者受损物无法留存等原因无法证明损失后果。在上诉人高淳区森源食用菌专业合作社与被上诉人南京固瑞橡胶有限公司环境污染责任纠纷一案中，因上诉人未能举证证明其受损种植蘑菇的品种、数量、成本、受损的规模等基础资料，致使受损情况无法计算或参照计算，故法院判

〔9〕　吉林省桦甸市人民法院一审民事判决书，(2018)吉 0282 民初 2242 号。
〔10〕　广东省深圳市中级人民法院二审民事判决书，(2019)粤 03 民终 29255 号。

决驳回上诉,维持原判。[11]

(4)侵权人已履行义务。在诉讼过程中,环境侵权人可能因积极履行义务,停止侵害、排除妨碍或者提前赔偿环境污染受害人的损失,法院判决被告承担责任已无必要。在上诉人重庆三峡电缆(集团)有限公司与被上诉人重庆昕晖房地产开发(集团)有限公司等环境污染责任纠纷一案中,因案涉管道预留口已不再排出生活污水,原审被告已经实际履行,再无事实依据,法院不予支持其停止侵害、排除妨碍的诉讼请求。[12]

(5)案件属于一般侵权纠纷,不适用举证责任倒置。若案件为一般侵权纠纷而非环境污染责任纠纷,就会加重原告的举证责任,如果被侵权人无法举证侵权行为与损害后果之间的因果关系,就会承担败诉的法律后果。在上诉人胜利油田石油开发中心胜裕有限公司与被上诉人刘某安财产损害赔偿纠纷一案中,一审认为该案属于环境污染责任纠纷,适用举证责任倒置。二审认为本案是公民以其个人财产受损为由提起的诉讼,属于物权纠纷范畴,应为财产损害赔偿纠纷,故予以改判。[13]

(6)环境污染受害人使用的土地性质不合规范。司法实践中,针对此种问题存在分歧,即若环境侵权人实施了污染行为,但环境侵权受害人使用的土地性质与其用途不符,环境侵权人是否要承担责任。在伊金霍洛旗台格苏木昌榆化工厂与中天合创能源有限责任公司、查干淖尔嘎查委员会财产损害赔偿纠纷一案中,法院认为违章建筑占有人可以行使占有保护请求权,当然也可以行使因占有物被侵害而发生的赔偿损失请求权,二审改判一审判决,支持原审原告该部分诉求。[14] 在上诉人晋中龙城高速公路有限责任公司与被上诉人太谷区敦坊村振兴养殖专业合作社环境污染责任纠纷一案中,法院认为被上诉人用地不符合国家关于规模化畜禽养殖用地的相关规定,故驳回原审原告的诉讼请求。[15](见表 2-4)

〔11〕 江苏省南京市中级人民法院二审民事判决书,(2019)苏 01 民终 11556 号。
〔12〕 重庆市第五中级人民法院二审民事判决书,(2020)渝 05 民终 3299 号。
〔13〕 山东省东营市中级人民法院二审民事判决书,(2019)鲁 05 民终 2383 号。
〔14〕 内蒙古自治区鄂尔多斯市中级人民法院二审民事判决书,(2020)内 06 民终 1257 号。
〔15〕 山西省晋中市中级人民法院二审民事判决书,(2020)晋 07 民终 1803 号。

**表 2－4　2020 年环境侵权案件一审、二审 46 件败诉案件的败诉原因梳理**

单位：件

| 序号 | 败诉原因 | 一审 | 二审 | 合计 |
|---|---|---|---|---|
| 1 | 环境污染受害人无法完成环境污染侵权行为与环境污染后果之间的因果关系的初步举证 | 15 | 22 | 37 |
| 2 | 环境污染受害人无法证明存在环境污染侵害事实 | 9 | 16 | 25 |
| 3 | 环境污染受害人无法证明因环境污染造成的损失 | 1 | 3 | 4 |
| 4 | 侵权人已履行义务 | | 3 | 3 |
| 5 | 案件属于一般侵权纠纷，不适用举证责任倒置，被侵权人无法举证侵权行为与损害后果之间的因果关系 | | 1 | 1 |
| 6 | 环境污染受害人使用的土地性质不合规范 | | 1 | 1 |

**3. 部分败诉案件的原因分析**

梳理环境侵权案件一审、二审 83 件部分败诉案件的败诉原因，如表 2－5 所示，第 1 项环境污染受害人无法证明败诉部分因环境污染造成的损失、第 4 项环境污染受害人无法完成环境污染侵权行为与环境污染后果之间的因果关系的初步举证、第 8 项案件属于一般侵权纠纷，不适用举证责任倒置，被侵权人无法举证侵权行为与损害后果之间的因果关系、第 9 项部分被告认定未实施环境侵权行为以及第 10 项侵权人已履行或者部分履行义务等已在上述部分“败诉案件的原因分析”予以阐述，现主要对其他败诉原因予以分析。

**表 2－5　2020 年环境侵权案件一审、二审 83 件部分败诉案件的败诉原因梳理**

单位：件

| 序号 | 部分败诉原因 | 一审 | 二审 | 合计 |
|---|---|---|---|---|
| 1 | 环境污染受害人无法证明败诉部分因环境污染造成的损失 | 19 | 16 | 35 |
| 2 | 环境污染受害人诉求的赔偿标准适用有误 | 12 | 2 | 14 |
| 3 | 环境污染受害人存在过错，一般是没有采取措施防止污染的扩大 | 3 | 8 | 11 |
| 4 | 环境污染受害人无法完成环境污染侵权行为与环境污染后果之间的因果关系的初步举证 | 6 | 4 | 10 |
| 5 | 环境污染受害人要求赔偿内容无法律依据 | 2 | 5 | 7 |

续表

| 序号 | 部分败诉原因 | 一审 | 二审 | 合计 |
|---|---|---|---|---|
| 6 | 自然、环境等因素可能导致环境污染 | | 6 | 6 |
| 7 | 环境污染受害人虽无法证明损失,但因存在环境侵权行为,根据盖然性规则,法院酌定补偿金额 | | 6 | 6 |
| 8 | 案件属于一般侵权纠纷,不适用举证责任倒置,被侵权人无法举证侵权行为与损害后果之间的因果关系 | 1 | 3 | 4 |
| 9 | 部分被告被认定未实施环境侵权行为 | | 4 | 4 |
| 10 | 侵权人已履行或者部分履行义务 | 1 | 1 | 2 |
| 11 | 属于紧急避险行为,侵权人仅需适当补偿 | 1 | 1 | 2 |
| 12 | 鉴定报告因鉴定范围、鉴定资质等影响,适当下调赔偿金额或者不予认定为合法证据 | | 1 | 1 |

(1)因环境污染受害人依法、适当下调赔偿数额。环境污染受害人起诉时使用的赔偿标准偏高、要求侵权人承担赔偿无法律依据以及存在没有采取措施防止污染的扩大的过错等原因,法院均会依据案件实际情况,下调环境侵权人的赔偿金额,导致环境污染受害人部分败诉。如原告陈某与被告徐某刚等环境污染责任纠纷一案中,原告陈某在其养殖的大池南面自行安装软管通至相邻河道应合理预见风险,且在发现水位增高流入大池时,并未采取有效措施阻止外围水源进一步流入存在过错,因此适当减轻侵权人的损害赔偿责任。[16]

(2)环境侵权人非故意导致环境污染或者非环境污染形成的唯一因素。当环境侵权人污染环境属于紧急避险行为时,环境侵权人只需要适当补偿。当自然、环境也会影响或者加重环境污染时,法院也会适当减轻环境侵权人的责任。在原告赵某意与被告淮北市重点工程建设管理局等紧急避险损害赔偿责任纠纷一案中,徐庄社区安排人员挖开排水口将积水引流到鱼塘排除了该小区的险情但导致原告鱼塘中鱼的死亡,应属于紧急避险,依法补偿损失。[17] 在上诉人陈某文、上诉人林某旺水污染责任纠纷一案中,法院考虑到潮汐对损失确实有着不可忽视的影响,因此适当下调赔偿数额。[18]

---

〔16〕 苏州市姑苏区人民法院一审民事判决书,(2019)苏 0508 民初 896 号。

〔17〕 安徽省淮北市杜集区人民法院一审民事判决书,(2019)皖 0602 民初 2427 号。

〔18〕 福建省宁德市中级人民法院二审民事判决书,(2020)闽 09 民终 1364 号。

(3)法院依据公平原则予以适当调整。如环境污染受害人虽无法证明损失,但因存在环境侵权行为,根据盖然性规则,法院酌定补偿金额。或者鉴定报告因鉴定范围、鉴定资质等影响,法院适当下调赔偿金额或者不予认定为合法证据。如在上诉人奚某全与被上诉人中国建筑第二工程局有限公司环境污染责任纠纷一案中,综合考虑案件事实,虽然上诉人无法证明损害后果,但主张的事实具有高度盖然性,法院结合上诉人居住地址、周围建筑情况及其与被上诉人施工现场的距离,以及被上诉人施工期限、施工频率、噪声强度的事实,酌定被上诉人赔偿金额。[19]

(七)裁定的主要内容

裁定是法院在审理民事案件时,对诉讼过程中的程序性问题作出的决定。研究环境侵权案件裁定书,对常见的裁定内容及其作出的理由予以梳理,可以了解司法实践中环境侵权案件的程序性问题的决定过程,帮助理解环境侵权案件在实体方面的决定与处理。一审裁定(包括一审再审裁定),因未在指定期限内预交案件受理费而按撤诉处理的裁定及因原告自愿申请撤诉而准予撤诉的裁定均为47件,每种类型占比高达32.87%,合计占比65.73%。因原审法院不符合管辖条件而移送管辖法院的裁定18件,因主体不适格、诉求不明或者重复起诉等而驳回起诉的裁定17件,分别占比12.59%、11.89%。二审裁定(包括二审再审裁定),因不符合再审条件而驳回再审申请的裁定18件,占比35.29%,因原审法院作出裁定并无不当而作出“驳回上诉,维持原裁定”的裁定14件,占比27.45%,因一审缺少诉讼主体、事实不清、程序违法或者适用法律不当等缘由而发回重审的裁定8件,占比15.69%。(见表2-6)

**表2-6　2020年环境侵权案件裁定书类型及其作出理由梳理**

单位:件

| 一审裁定 | | | 二审裁定 | | |
|---|---|---|---|---|---|
| 裁定结果 | 理由 | 案件数 | 裁定结果 | 理由 | 案件数 |
| 按撤诉处理 | 未在指定期限内预交案件受理费 | 47 | 驳回再审申请 | 不符合再审条件 | 18 |
| 准予撤诉 | 原告申请撤诉 | 47 | 驳回上诉,维持原裁定 | 原审法院作出的裁定并无不当 | 14 |

〔19〕 广东省深圳市中级人民法院二审民事判决书,(2020)粤03民终5559号。

续表

| 一审裁定 | | | 二审裁定 | | |
|---|---|---|---|---|---|
| 裁定结果 | 理由 | 案件数 | 裁定结果 | 理由 | 案件数 |
| 移送管辖裁定 | 按规定移送管辖法院 | 18 | 发回重审 | 一审缺少诉讼主体、事实不清、程序违法或者适用法律不当 | 8 |
| 驳回起诉 | 主体不适格、诉求不明或者重复起诉 | 17 | 指令法院再审 | 适用法律有误、认定事实不清 | 4 |
| 驳回再审申请 | 不符合再审条件 | 4 | 准予撤回上诉 | 上诉人申请撤诉 | 2 |
| 转为普通程序 | 案情复杂,不适宜用简易程序审理 | 3 | 撤回再审申请 | 申请人申请撤回再审 | 2 |
| 查封、冻结财产 | 申请人提出申请,且提供担保 | 3 | 决定本院提审 | 检察院提出抗诉 | 1 |
| 驳回管辖权异议 | 本案所涉环境损害行为实施地、损害结果发生地均属本院管辖地域,有权依法审理本案 | 1 | 补正裁定 | 判决内容有误 | 1 |
| 退还鉴定费 | 鉴定公司不具备资质 | 1 | 按撤回上诉处理 | 未在指定期限内预交案件受理费 | 1 |
| 决定再审 | 调解书确有错误 | 1 | | | |
| 准予参加诉讼 | 当事人申请,主体适格 | 1 | | | |
| 合计 | | 143 | 合计 | | 51 |

## 三、现状与成因:环境侵权二审改判案件的梳理与检讨

上诉审的基本功能在于纠正下级判决的错误,保证解释和适用法律的正确性是设置上诉程序的首要目的。[20] 改判,是指第二审人民法院依据法律规定、

〔20〕 傅郁林:《论民事上诉程序的功能与结构——比较法视野下的二审上诉模式》,载《法学评论》2005 年第 4 期。

依照法律程序，直接以判决的形式撤销一审判决的全部或者部分内容，对第一审人民法院原审判决的更改。改判权是二审法院及其法官享有的审判监督权的一种表现形式。[21] 我国现行《民事诉讼法》第170条明确规定了第二审人民法院对上诉案件的几种处理方式，其中，包括"原判决、裁定认定事实错误或者适用法律错误"或"原判决认定基本事实不清的"，二审法院可以改判。[22] 在法院的审判绩效考核体系中，一审法院发回重审和改判的数量是衡量其审判质量的指标之一，根据相关实证研究，案件的复杂与难办的程度与发改率呈正相关关系。[23] 梳理现有研究文献可知，涉及民事案件改判的法理与实证研究较少，对环境侵权案件改判的针对性研究更为鲜见，本研究报告从2020年环境侵权二审改判案件实证分析的角度，梳理与检视当前的环境侵权司法现状及其折射的规则问题。

### （一）环境侵权二审改判案件的法理与意义

二审各种程序是以当事人的上诉权和上级法院的审判监督权力为基础的法定审判程序。[24] 在二审程序中，二审法院依法改判是我国现行《民事诉讼法》等法律规范和司法解释中规定的一项法定制度，是法院享有和行使审判监督权的重要形式之一。从民事诉讼法理上看，二审法院通过复核一审法院的裁判，既可以对一审法院错误的事实认定加以改判，又可以对一审法院的错误法律适用加以改判。二审改判的制度设计具有的价值与功能表现为：第一，对一审裁判中存在的错误加以纠正，有助于实现当事人的合法权益；第二，相对于发回重审来说，依法改判可以使纠纷获得及时解决；第三，依法改判有助于法律的统一解释和统一适用；第四，依法改判有助于发挥程序正当化的功能，依法改判是程序正当化自身的表征；第五，依法改判有助于发挥上级法院对下级法院的监督作用，使下级法院保持经常性的警惕，同时也给下级法院施加一种潜在的压力，防止发

[21] 席月民：《民商事案件二审改判的标准及其规则之治》，载《中国政法大学学报》2018年第3期。

[22] 《民事诉讼法》第170条规定："第二审人民法院对上诉案件，经过审理，按照下列情形，分别处理：（一）原判决、裁定认定事实清楚，适用法律正确的，以判决、裁定方式驳回上诉，维持原判决、裁定；（二）原判决、裁定认定事实错误或者适用法律错误的，以判决、裁定方式依法改判、撤销或者变更；（三）原判决认定基本事实不清的，裁定撤销原判决，发回原审人民法院重审，或者查清事实后改判；（四）原判决遗漏当事人或者违法缺席判决等严重违反法定程序的，裁定撤销原判决，发回原审人民法院重审。原审人民法院对发回重审的案件作出判决后，当事人提起上诉的，第二审人民法院不得再次发回重审。"

[23] 李杰：《博弈下的合作——民事二审发回重审与改判的实证研究》，载《法律适用》2013年第11期。

[24] 刘家兴主编：《新中国民事程序理论与适用》，中国检察出版社1997年版，第23页。

生错误的裁判。[25]

从司法原理来看,改判是上诉中的正当程序设计,是诉讼制度的有机组成部分,改判针对的是一审法院案件审理中的事实与法律问题,以下因素使案件审理中事实认定与法律适用存在不同认识与争议:第一,判决必须以事实为依据,而诉讼中涉及的事实是认识论上的事实,而非本体论上的事实;第二,法律规范的适用必须经历一个从抽象到现实、从一般到具体、从应然到实然的运行过程;第三,法律程序和时效的限制、当事人和其他诉讼参加人的作用、其他社会因素的影响,使诉讼成为一个充满变数的博弈过程;第四,任何法律制度都不可能是一个完美无缺的封闭体系,只能是一个不完全或开放的体系。[26] 因此,虽然我国在司法实践中一直将发回重审改判率作为评判案件质量和审判公正的重要评价指标,现实中以降低案件发回重审改判率为抓手的指标评价考核工作,的确对于提升审判质效、促进司法公正、提高司法的可接受度方面起到了积极作用。但是,基于司法过程的性质,二审法院发回重审与改判的数量与比例,属于相关关系而非因果关系。改判并非意味着一审法院案件中对案件的事实认定错误或者适用法律错误,诸多原因导致了案件事实认定与法律适用存在不确定性与认知上的差异性,不同案件的疑难复杂程度为不同法院在认知与判断上的差异性提供了较大的空间。这也是我们需要在司法报告中针对性梳理与分析二审改判案件的原因。

相对于传统民事案件而言,环境侵权案件总体而言更为复杂,在事实认定与法律适用层面更具有疑难性。这是因为,首先在事实层面,环境侵权纠纷中的"事实"为认识论上的事实,规制视野中的环境污染或生态破坏行为,并非简单地针对自然界的排放或对自然资源攫取这一客观事实,需要结合自然科学规律与各种复杂的环境标准进行判断与认定。纳入法律救济范围的"损害"也需要借助系列技术手段与人为标准去捕获与界定。环境侵权案件中的法律适用则更为复杂,环境侵权案件的审理过程是相关法律规范从静止状态向运动状态转化的过程。环境侵权案件的争议往往是因为法律规范供给不足、法律解释歧见迭出导致。因此,梳理环境侵权二审改判案件,是分析当前的环境侵权责任实体制

---

〔25〕 参见刘伟、张丹:《二审改判权行使的限度——以二审改判存在的问题为视角》,载《山东审判》2010 年第 5 期。

〔26〕 参见王晨光:《改判带来的思考》,载许章润主编:《清华法学》第六辑,清华大学出版社 2005 年版,第 186 ~ 189 页。

度与程序机制的一个重要的维度。

(二)环境侵权二审改判案件的样本分析

本报告研究的2020年环境侵权案件中:环境侵权判决一审68件,二审73件,共141件;环境侵权案件裁定一审163件,二审65件,共228件。二审中,维持原判59件;改判13件;发回重审1件。现将二审改判的13件环境侵权案件梳理如下,见表2-7。

**表2-7　2020年环境侵权二审改判案件梳理**

| 序号 | 案件名称 | 二审案号 | 二审法院 | 上诉请求 | 二审判决结果 | 一审判决结果 | 改判理由 |
| --- | --- | --- | --- | --- | --- | --- | --- |
| 1 | 上诉人驻马店开发区百合种植农民专业合作社驻马店市城市管理局固体废物污染责任纠纷案 | (2020)豫17民终935号 | 河南省驻马店市中级人民法院 | 撤销驿城区人民法院(2019)豫1702民初6056号民事判决,依法改判或者发回重审 | 1. 撤销驿城区人民法院(2019)豫1702民初6056号民事判决<br>2. 驻马店市环境卫生管理处于判决生效后10日内赔偿驻马店开发区百合种植农民专业合作社损失95358元<br>3. 驳回驻马店开发区百合种植农民专业合作社的其他诉讼请求 | 驳回驻马店开发区百合种植农民专业合作社的诉讼请求。案件受理费13336元,由驻马店开发区百合种植农民专业合作社承担 | 1. 属于环境污染责任纠纷<br>2. 被告无法举证因果关系<br>3. 管理局非污染者,不应担责 |
| 2 | 上诉人胜利油田石油开发中心胜裕有限公司刘某安财产损害赔偿纠纷案 | (2019)鲁05民终2383号 | 山东省东营市中级人民法院 | 撤销一审判决,依法改判或发回重审;诉讼费用由被上诉人承担 | 1. 撤销东营经济技术开发区人民法院(2019)鲁0591民初416号民事判决<br>2. 驳回刘某安的诉讼请求 | 1. 胜利油田石油开发中心胜裕有限公司于本判决生效之日起10日内赔偿刘某安损失91570元<br>2. 驳回刘某安的其他诉讼请求。如果未按本判决指定的期间履行给付金钱义务,应当加倍支付迟延履行期间的债务利息。案件受理费3041元,由刘某安承担1009元,胜利油田石油开发中心胜裕有限公司承担2032元 | 1. 二审认定财产损害赔偿纠纷,不适用举证责任倒置<br>2. 无法证明污染事实及损害情况<br>3. 不予采信鉴定报告、处罚书<br>4. 无法证明因果关系 |

续表

| 序号 | 案件名称 | 二审案号 | 二审法院 | 上诉请求 | 二审判决结果 | 一审判决结果 | 改判理由 |
|---|---|---|---|---|---|---|---|
| 3 | 上诉人赵某前山东昌邑石化有限公司环境污染责任纠纷案 | (2019)鲁07民终6130号 | 山东省潍坊市中级人民法院 | 撤销一审判决,依法改判 | 1. 维持山东省昌邑市人民法院(2015)昌民重字第3号民事判决第二项,即"二、驳回原告赵某前的其他诉讼请求。"<br>2. 变更山东省昌邑市人民法院(2015)昌民重字第3号民事判决第一项为:上诉人山东昌邑石化有限公司赔偿上诉人赵某前因污染造成的损失共计1385106.15元,于本判决生效之日起10日内履行完毕 | 1. 被告原告经济损失5295399.8元,于判决生效之日起10日内付清<br>2. 驳回原告其他诉讼请求。案件受理费64603元,由原告承担19252元,被告承担45351元;初次鉴定费用228214元(原告已支付18214元,被告已支付210000元),鉴定人出庭费用3747元,共计231961元,由原告承担18980元,被告承担212981元;重新鉴定费用115698元(原告已支付31421元,被告已支付84277元),由原告承担34478元,被告承担81220元 | 1. 评估机构不具备资质,评估公司评估的各项损失均无法成立,其损失评估报告明显依据不足,不应采信<br>2. 无法证明部分损失下调赔偿数额<br>3. 原告有过错 |
| 4 | 上诉人泰兴声威乐器有限公司与被上诉人江苏凤鸣化学科技有限公司大气污染责任纠纷案 | (2020)苏12民终129号 | 江苏省泰州市中级人民法院 | 1. 请求撤销江苏省泰兴市人民法院(2019)苏1283民初451号民事判决,依法改判或发回重审,依法支持泰兴声威乐器有限公司的一审诉讼请求<br>2. 本案一审、二审诉讼费由江苏凤鸣化学科技有限公司承担 | 1. 撤销江苏省泰兴市人民法院(2019)苏1283民初451号民事判决<br>2. 江苏凤鸣化学科技有限公司于判决生效之日起10日内赔偿泰兴声威乐器有限公司76691.6元<br>3. 驳回泰兴声威乐器有限公司的其他诉讼请求 | 驳回泰兴声威乐器有限公司的诉讼请求 | 1. 原告已初步举证,被告应适用举证责任倒置规则<br>2. 部分损失无法证明,下调赔偿金额 |

续表

| 序号 | 案件名称 | 二审案号 | 二审法院 | 上诉请求 | 二审判决结果 | 一审判决结果 | 改判理由 |
|---|---|---|---|---|---|---|---|
| 5 | 上诉人许某胜、上诉人霍邱县排灌管理总站因与被上诉人霍邱县水利局、霍邱县高塘镇人民政府财产损害赔偿责任纠纷案 | (2020)皖15民终783号 | 安徽省六安市中级人民法院 | 1. 许某胜的上诉请求:(1)撤销原判第一、第二项,依法改判支持上诉人一审的全部请求或发回重审<br>(2)本案一、二审诉讼费以及其他费用均由被上诉人承担<br>2. 霍邱县排灌管理总站的上诉请求:(1)依法撤销六安市霍邱县人民法院(2019)皖1522民初4703号民事判决第一、二项<br>(2)改判驳回被上诉人的一审诉讼请求 | 1. 撤销霍邱县人民法院(2019)皖1522民初4703号民事判决第三项<br>2. 变更霍邱县人民法院(2019)皖1522民初4703号民事判决第一项为:霍邱县排灌管理总站赔偿许某胜各项经济损失20000元,于本判决生效后三日内一次性清讫,霍邱县水利局承担连带清偿责任<br>3. 变更霍邱县人民法院(2019)皖1522民初4703号民事判决第二项为:霍邱县高塘镇人民政府赔偿许某胜各项经济损失20000元,于本判决生效后3日内一次性清讫<br>4. 驳回许某胜其他诉讼请求 | 1. 被告霍邱县排灌管理总站赔偿原告许某胜各项经济损失15000元,于判决生效后3日内一次性清讫,被告霍邱县水利局承担连带清偿责任<br>2. 被告霍邱县高塘镇人民政府赔偿原告许某胜各项经济损失15000元,于判决生效后3日内一次性清讫<br>3. 驳回原告其他诉讼请求 | 酌定分配责任,加重被告责任。其他内容与一审相同 |
| 6 | 晋中龙城高速公路有限责任公司太谷区敦坊村振兴养殖专业合作社环境污染责任纠纷案 | (2020)晋07民终1803号 | 山西省晋中市中级人民法院 | 1. 请求依法撤销山西省晋中市榆次区人民法院(2019)晋0702民初2490号民事判决书,发回重审或依法改判驳回被上诉人全部诉讼请求<br>2. 请求依法判决案件受理费由被上诉人承担 | 1. 撤销山西省榆次区人民法院(2019)晋0702民初2490号民事判决<br>2. 驳回太谷区敦坊村振兴养殖专业合作社的诉讼请求 | 1. 被告晋中龙城高速公路有限责任公司应在本判决生效之日起10日内赔付原告太谷区敦坊村振兴养殖专业合作社房屋和附着物拆迁补偿及设备搬迁费用5306500元<br>2. 驳回原告太谷区敦坊村振兴养殖专业合作社的其他诉讼请求 | 被上诉人振兴养殖合作社的土地未经批准,不符合规划条件 |

续表

| 序号 | 案件名称 | 二审案号 | 二审法院 | 上诉请求 | 二审判决结果 | 一审判决结果 | 改判理由 |
|---|---|---|---|---|---|---|---|
| 7 | 周某兰吕某范环境污染责任纠纷案 | (2019)辽71民终38号 | 沈阳铁路运输中级法院 | 1. 请求二审法院依法改判,判令锦赤铁路公司赔偿因铁路运营噪声污染及机车振动的侵害行为给周某兰、吕某范造成的身心、酒店财产损失80万元(具体数额以评估鉴定为准)<br>2. 请求二审法院判令锦赤铁路公司对于周某兰、吕某范在原有房屋扩建的二层房屋29.74平方米窗户上安装通风隔声窗及房屋所在地铁路沿线安装声屏障<br>3. 一审、二审诉讼费用由锦赤铁路公司承担 | 1. 撤销锦州运输法院(2019)辽7102民初2号民事判决<br>2. 被上诉人锦赤铁路有限责任公司于本判决生效后2个月内采取有效措施,将上诉人周某兰、吕某范居住的内蒙古自治区赤峰市元宝山区一层房屋达到《声环境质量标准》(GB3096-2008)2类标准(以环保部门测试为准),费用由被上诉人锦赤铁路有限责任公司承担<br>3. 被上诉人锦赤铁路有限责任公司于本判决生效后10日内赔偿上诉人周某兰、吕某范因噪声污染造成的损失45080元(计算至2018年4月12日)<br>4. 驳回上诉人周某兰、吕某范其他诉讼请求 | 1. 锦赤铁路公司于本判决生效后10日内给周某兰、吕某范安装70平方米的通风隔声窗<br>2. 驳回周某兰、吕某范的其他诉讼请求。本案案件受理费11800元,由周某兰、吕某范承担5900元,由锦赤铁路公司承担5900元 | 1. 一审法院未明确锦赤铁路公司应依照何种噪声标准采取降噪措施,应予纠正<br>2. 原告虽无法证明因果关系,但噪声必然会对身心产生影响 |
| 8 | 上诉人胡某与上诉人沅江市煜香园食品有限公司环境污染责任纠纷案 | (2020)湘09民终1837号 | 湖南省益阳市中级人民法院 | 1. 胡某上诉请求:撤销一审判决,改判支持胡某的全部诉讼请求,即在一审判决的基础上增加赔偿91263元,并由煜香园公司承担本案诉讼费<br>2. 煜香园公司上诉请求:撤销一审判决,发回重审或 | 1. 撤销湖南省沅江市人民法院(2019)湘0981民初2301号民事判决<br>2. 由沅江市煜香园食品有限公司赔偿胡某鱼苗死亡损失228159.5元,赔偿鉴定相关费用支出32018元,两项合计260177.5元,限于本判决生效之日起10日内付清<br>3. 驳回胡某的其他诉讼请求 | 1. 由煜香园公司赔偿胡某鱼苗死亡损失365055.2元,赔偿鉴定相关费用支出64036元,两项合计429091.2元,限于判决生效之日起10日内付清<br>2. 驳回胡某的其他诉讼请求 | 1. 鉴定报告有误(鉴定范围),损失需下调<br>2. 被告实施侵权行为<br>3. 原告有过错 |

续表

| 序号 | 案件名称 | 二审案号 | 二审法院 | 上诉请求 | 二审判决结果 | 一审判决结果 | 改判理由 |
|---|---|---|---|---|---|---|---|
| | | | | 依法改判驳回胡某的全部诉讼请求，煜香园公司不承担赔偿责任并由胡某承担本案诉讼费 | | | |
| 9 | 上诉人桃源县田间大叔蔬菜专业合作社、梅某成因与被上诉人罗某君、黄某红环境污染责任纠纷案 | （2020）湘07民终739号 | 湖南省常德市中级人民法院 | 撤销湖南省桃源县人民法院（2019）湘0725民初1500号民事判决，依法改判或发回重审 | 1. 撤销湖南省桃源县人民法院（2019）湘0725民初1500号民事判决<br>2. 罗某君、黄某红于本判决生效后10日内赔偿桃源县田间大叔蔬菜专业合作社、梅某成经济损失74000元<br>3. 驳回田间大叔蔬菜专业合作社、梅某成的其他诉讼请求 | 驳回桃源县田间大叔蔬菜专业合作社、梅某成的诉讼请求 | 1. 原告已初步举证，被告应适用举证责任倒置规则<br>2. 部分损失未鉴定，下调赔偿金额 |
| 10 | 上诉人奚某全因与被上诉人中国建筑第二工程局有限公司环境污染责任纠纷案 | （2020）粤03民终5559号 | 广东省深圳市中级人民法院 | 1. 撤销原审判决，改判支持上诉人全部诉讼请求<br>2. 本案原审、二审诉讼费等相关费用由被上诉人承担 | 1. 撤销广东省深圳市福田区人民法院（2018）粤0304民初42801号民事判决<br>2. 被上诉人中国建筑第二工程局有限公司停止实施环境噪声污染行为<br>3. 被上诉人中国建筑第二工程局有限公司应于本判决生效之日起10日内向上诉人奚某全赔偿15000元<br>4. 驳回上诉人奚某全的其他诉讼请求 | 驳回原告奚某全的全部诉讼请求 | 1. 被告需承担举证责任倒置；<br>2. 因噪声必然威胁健康，酌定赔偿被告部分损失 |

续表

| 序号 | 案件名称 | 二审案号 | 二审法院 | 上诉请求 | 二审判决结果 | 一审判决结果 | 改判理由 |
|---|---|---|---|---|---|---|---|
| 11 | 上诉人唐某龙与被上诉人东宁市住房和城乡建设局财产损害赔偿纠纷案 | (2020)黑10民终96号 | 黑龙江省牡丹江市中级人民法院 | 1. 撤销一审判决,依法改判支持唐某龙的诉讼请求或发回重审<br>2. 一审、二审案件受理费由东宁住建局负担 | 1. 撤销黑龙江省东宁市人民法院(2019)黑1024民初1425号民事判决<br>2. 被上诉人东宁市住房和城乡建设局于本判决生效之日起15日内给付上诉人唐某龙43700元<br>3. 驳回上诉人唐某龙的其他诉讼请求 | 1. 东宁住建局于本判决生效之日起10日内给付唐某龙因木耳菌袋浸泡遭受的损失21200元<br>2. 驳回唐某龙的其他诉讼请求 | 一审损失数量判定有误 |
| 12 | 伊金霍洛旗台格苏木昌榆化工厂因与中天合创能源有限责任公司、查干淖尔嘎查委员会财产损害赔偿纠纷案 | (2020)内06民终1257号 | 内蒙古自治区鄂尔多斯市中级人民法院 | 1. 伊金霍洛旗台格苏木昌榆化工厂的上诉请求:<br>(1)撤销一审判决<br>(2)依法改判支持上诉人的诉讼请求<br>(3)本案一、二审的诉讼费全部由中天合创能源有限责任公司承担<br>2. 中天合创有限责任公司的上诉请求:<br>(1)请求撤销一审判决第一项判决内容,或予以改判中天合创能源有限责任公司补偿30万元<br>(2)判令本案一审案件受理费、二审案件受理费全部由被上诉人承担 | 1. 维持内蒙古自治区伊金霍洛旗人民法院(2018)内0627民初1252号民事判决第三、四项<br>2. 撤销内蒙古自治区伊金霍洛旗人民法院(2018)内0627民初1252号民事判决第一、二、五项<br>3. 中天合创能源有限责任公司停止向伊金霍洛旗台格苏木昌榆化工厂附近的碱湖内排放废水<br>4. 中天合创能源有限责任公司于本判决生效之日起5日内赔偿伊金霍洛旗台格苏木昌榆化工厂厂房、设备、产成品、原材料、进出厂区道路等直接经济损失105万元<br>5. 驳回伊金霍洛旗台格苏木昌榆化工厂的其他诉讼请求 | 1. 被告中天合创能源有限责任公司于本判决生效之日起20日内对原告伊金霍洛旗台格苏木昌榆化工厂已经淹没在水中的进出厂区的道路停止侵害、排除妨碍、消除危险<br>2. 被告中天合创能源有限责任公司于本判决生效之日起5日内赔偿原告伊金霍洛旗台格苏木昌榆化工厂厂房、设备、产成品、原材料等直接经济损失38万元<br>3. 被告中天合创能源有限责任公司于本判决生效之日起5日内赔偿原告伊金霍洛旗台格苏木昌榆化工厂从2014年4月至2020年3月17日的停产停业损失30万元<br>4. 被告查干淖尔嘎查委员会不承担赔偿责任<br>5. 驳回原告伊金霍洛旗台格苏木昌榆化工厂的其他诉讼请求。案件受理费 | 1. 根据年报有失公平,参考财产的原物价值、使用年限、受损害的程度、修复难度等进行综合判定,提升赔偿数额,且被告自愿增加30万元<br>2. 排除妨害、消除危险没有必要性 |

续表

| 序号 | 案件名称 | 二审案号 | 二审法院 | 上诉请求 | 二审判决结果 | 一审判决结果 | 改判理由 |
|---|---|---|---|---|---|---|---|
| | | | | | | 67214 元，由伊金霍洛旗台格苏木昌榆化工厂承担 56614 元，由中天合创能源有限责任公司承担 10600 元 | |
| 13 | 上诉人中国石油天然气股份有限公司吉林油田分公司因与被上诉人李某伟环境污染责任纠纷案 | (2020)吉07民终1926号 | 吉林省松原市中级人民法院 | 1. 依法撤销并改判(2018)吉0702民初402号民事判决书第一项判决，驳回李某伟一审的全部诉讼请求，裁判吉林油田公司无需向李某伟承担赔偿责任<br>2. 本案一审、二审诉讼费、鉴定费由李某伟承担 | 1. 维持松原市宁江区人民法院(2018)吉0702民初402号民事判决第三项，即“鉴定费4.8万元，由被告中国石油天然气股份有限公司吉林油田分公司承担”<br>2. 撤销松原市宁江区人民法院(2018)吉0702民初402号民事判决第一项、第二项<br>3. 上诉人中国石油天然气股份有限公司吉林油田分公司于本判决生效后立即赔偿被上诉人李某伟经济损失19.19万元<br>4. 上诉人中国石油天然气股份有限公司吉林油田分公司于2021年10月1日前完成受损鱼塘的功能恢复义务，如未按期履行完毕，执行法院有权委托第三方机构实施上述行为，相关费用(不少于8.05万元)由中国石油天然气股份有限公司吉林油田分公司承担<br>5. 驳回李某伟的其他诉讼请求 | 1. 被告中国石油天然气股份有限公司吉林油田分公司于本判决生效后立即赔偿原告李某伟经济损失27.95万元<br>2. 驳回原告李某伟的其他诉讼请求<br>3. 鉴定费4.8万元，由被告中国石油天然气股份有限公司吉林油田分公司承担。如果未按本判决指定的期间履行给付金钱义务，应当加倍支付迟延履行期间的债务利息。案件受理费7709.85元，其中5043元，由被告承担，剩余2666.85元，由原告自行承担 | 1. 因受害人未再承包，一审判给受害人恢复原状赔偿金，二审改判，因涉及环境公益，增加恢复原状判项<br>2. 受害人非法养殖不是侵权人的免责理由<br>3. 一审计算错误 |

表 2 -7 梳理了 2020 年 73 件环境侵权二审案件判决书中的 13 个二审改判案件,呈现如下一些特征。

**1. 改判案件数量在二审环境侵权案件中占比不高**

2020 年搜集整理的二审环境侵权案件为 73 件,其中,13 件为改判案件,59 件为维持原判,改判案件在二审环境侵权案件中占比为 17.8%。这体现在 2020 年环境侵权纠纷司法解决过程中,没有争议的案件数量远多于存在争议的案件数量。

**2. 改判案件以部分改判为主**

在 13 件二审改判环境侵权案件中,11 件为部分改判,2 件为全部改判,在 2020 年环境侵权二审案件中,全部改判的情况较为少见,这也符合一般规律和总体情况。

在民事诉讼过程中,二审判决全部改判的情况较为少见,对 2020 年环境侵权二审判决全部改判案件进行具体梳理,可以从中归纳环境侵权纠纷司法解决的争议焦点与法律适用难点:(1)二审判决全部改判的案件,均是一审判决中法院认定环境侵权责任,并要求侵权行为人承担侵权责任,而二审法院审理结论为不存在侵权法律关系,审判结果为“原审法院认定事实不清,适用法律不当,本院予以纠正。”(2)两个全部改判的案件的判决虽然以二审法院认定“原审法律认定事实不清,适用法律不当”为前提,但细致梳理发现,仍存在较大差异:第一,表 2 -7 中序号 2 的“上诉人胜利油田石油开发中心胜裕有限公司刘某安财产损害赔偿纠纷案”[(2019)鲁 05 民终 2383 号]中,二审法院认定有财产受损的事实存在,因此,二审法院认定这是一种侵权纠纷,只不过,认为“公民以其个人财产受损为由提起的诉讼,属于物权纠纷范畴,因此本案案由应为财产损害赔偿纠纷”而非水污染纠纷,不属于环境污染责任纠纷类案由;第二,表 2 -7 中序号 6 的“晋中龙城高速公路有限责任公司太谷区敦坊村振兴养殖专业合作社环境污染责任纠纷案”[(2020)晋 07 民终 1803 号],二审法院则从根本上否认了侵权纠纷,理由是“民事主体的合法权益受法律保护,被上诉人振兴养殖合作社用地不符合国家关于规模化畜禽养殖用地的相关规定”,故被上诉人一审中被认定为被侵权人并予以救济,但在二审中则因其主张权利救济的载体土地“不符合国家关于规模化畜禽养殖用地的规定”而不享有土地使用权,因此,其不是侵权纠纷的适格原告(被侵权人)。

(三)环境侵权二审改判案件折射的法律问题

根据《民事诉讼法》第 170 条的规定,第二审人民法院对上诉案件,认为原判决、裁定认定事实错误或者适用法律错误的,可以判决、裁定方式依法改判,认为原判决认定基本事实不清的,可以裁定撤销原判决,查清事实后改判。这是我国当前的民事诉讼中,第二审人民法院依法改判的法律依据。前述内容梳理了2020年环境侵权纠纷司法实践中13件二审改判案件的现状及其特征,虽然从制度设计与功能定位角度看,二审改判制度是为了纠正一审判决的错误、保障审判公正,但从法理与实证角度综合考察,并不代表被改判的一审案件就一定是"错案"。〔27〕 通过对第二审改判案件的分析更有利于从争议甚至矛盾中归类该案件的疑难点与争议焦点。因此,第二审人民法院的依法改判能够预期矫正第一审人民法院在审理案件中可能出现的事实认定与法律适用问题。环境侵权二审改判案件较为集中地折射出环境侵权审理中出现的一些法律问题,现归纳如下。

**1. 案由确定上的分歧**

有几个二审改判案件的改判理由是二审法院认为一审法院在确定案件案由上存在错误。民事案件的案由反映案件涉及的民事法律关系的性质,不同案由适用的法律框架和审理逻辑是不同的。人民法院在审理案件过程中,须根据当事人之间实际存在的法律关系,准确确定民事案件的案由。案由确定后,可以进一步厘清纠纷的法律性质,决定法律规范的选择适用。在"上诉人胜利油田石油开发中心胜裕有限公司刘某安财产损害赔偿纠纷案"[(2019)鲁05民终2383号]中,一审法院认为纠纷属于水污染责任纠纷,二审法院认为一审法院在案由确定上错误,"公民以其个人财产受损为由提起的诉讼,属于物权纠纷范畴,因此本案案由应为财产损害赔偿纠纷"而非水污染纠纷,不属于环境污染责任纠纷类案由。与之相反,在"上诉人驻马店开发区百合种植农民专业合作社驻马店市城市管理局固体废物污染责任纠纷一案"[(2020)豫17民终935号]中,一审法院认定该纠纷属于一般侵权责任纠纷,适用一般侵权责任的构成要件,但二审法院河南省驻马店市中级人民法院认为,一审法院对案件定性错误,本案应为环境污染责任纠纷(固体废物污染责任纠纷),应当适用特殊侵权责任规则。

---

〔27〕 理由包括:第一,案件性质越复杂、规则供给越不足,导致事实认定、法律解释适用的空间越大,这使一审、二审在事实认定与法律适用中分歧存在的空间较大,不是简单的对与错的区别;第二,细致阅读前述梳理的环境侵权二审改判案件判决书得出,第二审人民法院在事实认定与法律适用中对争议问题的解释,并不必然优于第一审人民法院,其之所以能够对于上诉案件审理结果改判,更主要是基于其作为终审法院的地位;第三,在前述梳理的环境侵权二审改判案件中,对于同一问题,不同的第二审人民法院存在不同甚至是矛盾的解释。

因为污染各种环境要素引发的财产损害纠纷,不同的人民法院对于通过确定案由进行的案件定性、法律适用,存在较大的差异甚至是截然相反的观点。这至少说明两个问题:第一,虽然我国《民事案件案由规定》规定了体系化的案由,“三十一、侵权责任纠纷”之“377、环境污染责任纠纷”在《民事案件案由规定》中被统摄在“三十一、侵权责任纠纷”这一类型层级之下,作为一类“侵权责任纠纷”,这种结构层次明晰的案由规定有助于指引案件性质,但具体案件解释与定性依然存在较大分歧;第二,对环境要素的污染进一步导致的财产损害到底是一般侵权纠纷还是特殊侵权纠纷,在实践中往往会受到污染是否能够被举证证明、财产损害的性质与范围等诸多因素的影响,不同法院会存在较大认识分歧,这也在一定程度上反映了规则供给的不足,至少是没有针对性,导致以案由作为案件定性依据与分类工具引起争议与混淆。因此,最高人民法院 2021 年 1 月 4 日印发的《环境资源案件类型与统计规范(试行)》在完善规则供给上具有重要意义,有助于将环境资源案件进行专门的类型化,进而指引环境资源案件法律适用,避免各级人民法院在事实认定与法律适用的混淆。

**2. 被侵权人初步证明责任标准粗疏**

即使环境侵权纠纷被一、二审法院认定为污染责任纠纷没有争议,亦在适用包括举证责任倒置的特殊侵权责任规则上没有分歧,但梳理二审改判案件发现,不同法院往往在认定被侵权人是否履行了初步证明责任、以及环境侵权因果关系证明中“初步证据”的证明标准上依然有分歧,这也是二审法院改判的一个重要原因。最高人民法院《关于审理环境侵权责任纠纷案件适用法律若干问题的解释》(法释〔2015〕12 号)第 6 条规定:“被侵权人根据侵权责任法第六十五条规定请求赔偿的,应当提供证明以下事实的证据材料:(一)污染者排放了污染物;(二)被侵权人的损害;(三)污染者排放的污染物或者其次生污染物与损害之间具有关联性。”根据该规定,即使被认定为环境侵权纠纷,被侵权人也需要承担初步证明责任,要提供污染者排放了污染物、被侵权人遭受损害、污染者排放污染物或其次生污染物与损害之间具有关联性的证据材料。现实中,被侵权人往往基于信息不对称、证据保存困难、费用高昂等诸多因素,难以履行初步证明责任。关键在于,即使上述司法解释在规则具体化方面更加细致,但现实中对于初步证据的要求与标准依然粗疏,有待具体化。

在“周某兰吕某范环境污染责任纠纷二审民事判决书”[(2019)辽 7102 民初 2 号]中,二审法院与一审法院均认为,环境污染责任纠纷实行因果关系举证责任倒置的规则,但被侵权人仍应提供证据证明被侵权人的具体损害并承担污染行为与损害之间具有关联性的初步举证责任。上诉人(一审原告)主张的其患有的心脏病、肠胃病、高血压等疾病是现实中具有多发性,且属于普遍的类型化常见疾病,上诉人(一审原告)主张上述疾病是因为噪声污染所致,但没有提供可能存在因果关系证明。一审、二审法院均基于此,要求被上诉人采取有效措施让上诉人房屋达到相关声环境质量标准,一审法院驳回其他诉讼请求,而二审法院的部分改判在于,基于社会经验和价值观酌定一定数额的赔偿。"但是,噪声肯定会对人们正常生活产生影响,长期处于高噪声环境下的居民,其身心健康势必受到不同程度的影响和一定程度的损害,这亦为公众所普遍认可。本案如果因为当事人不能对具体损失数额进行举证而丧失了对其损害的救济并不符合民法的公平合理原则和我们国家倡导的社会主义核心价值观的基本理念,综合考虑上述因素,法院酌定锦赤铁路公司每月赔偿上诉人因噪声污染造成的损失700元(每人每月350元)。"

**3. 环境侵权损害鉴定制度缺陷与损害认定困境**

梳理环境侵权案件裁判文书得出,几乎每个环境污染责任纠纷中均存在环境侵权损害认定的困境与争议,这些争议在二审改判案件中体现得尤为明显,有些直接影响二审案件的改判结果。通过分析每一个环境侵权二审案件可以看到,虽然改判的原因各有差异,但在改判内容上无一例外地涉及从一审案件判决到二审案件判决赔偿金额的变化(包括从无到有5件、从有到无2件、从多到少3件、从少到多3件),如表2-8所示。

**表2-8 环境侵权二审改判案件赔偿金额变化**

单位:元

| 案件类型 | 案件名称 | 二审案号 | 一审赔偿金额 | 二审赔偿金额 |
|---|---|---|---|---|
| 从无到有 | 上诉人驻马店开发区百合种植农民专业合作社驻马店市城市管理局固体废物污染责任纠纷案 | (2020)豫17民终935号 | 0 | 953580.00 |
| | 上诉人泰兴声威乐器有限公司与被上诉人江苏凤鸣化学科技有限公司大气污染责任纠纷案 | (2020)苏12民终1291号 | 0 | 76691.60 |
| | 周某兰吕某范环境污染责任纠纷二审民事判决书 | (2019)辽71民终38号 | 0 | 45080.00 |

续表

| 案件类型 | 案件名称 | 二审案号 | 一审赔偿金额/元 | 二审赔偿金额/元 |
| --- | --- | --- | --- | --- |
| | 上诉人桃源县田间大叔蔬菜专业合作社、梅某成因与被上诉人罗某君、黄某红环境污染责任纠纷案 | (2020)湘 07 民终 739 号 | 0 | 74000.00 |
| | 上诉人奚某全因与被上诉人中国建筑第二工程局有限公司环境污染责任纠纷案 | (2020)粤 03 民终 5559 号 | 0 | 15000.00 |
| 从有到无 | 上诉人胜利油田石油开发中心胜裕有限公司刘某安财产损害赔偿纠纷案 | (2019)鲁 05 民终 2383 号 | 91570 | 0.00 |
| | 晋中龙城高速公路有限责任公司太谷区敦坊村振兴养殖专业合作社环境污染责任纠纷二审民事判决书 | (2020)晋 07 民终 1803 号 | 5306500 | 0.00 |
| 从多到少 | 上诉人赵某前山东昌邑石化有限公司环境污染责任纠纷案 | (2019)鲁 07 民终 6130 号 | 5295399.80 | 1385106.15 |
| | 上诉人胡某与上诉人沅江市煜香园食品有限公司环境污染责任纠纷案 | (2020)湘 09 民终 1837 号 | 429091.20 | 260177.50 |
| | 上诉人中国石油天然气股份有限公司吉林油田分公司因与被上诉人李某伟环境污染责任纠纷案 | (2020)吉 07 民终 1926 号 | 279500 | 191900.00 |
| 从少到多 | 上诉人许某胜、上诉人霍邱县排灌管理总站因与被上诉人霍邱县水利局、霍邱县高塘镇人民政府财产损害赔偿责任纠纷案 | (2020)皖 15 民终 783 号 | 30000 | 40000.00 |
| | 上诉人唐某龙与被上诉人东宁市住房和城乡建设局财产损害赔偿纠纷民事判决书 | (2020)黑 10 民终 96 号 | 21200 | 43700.00 |
| | 伊金霍洛旗台格苏木昌榆化工厂因与中天合创能源有限责任公司、查干淖尔嘎查委员会财产损害赔偿纠纷案 | (2020)内 06 民终 1257 号 | 680000 | 1050000.00 |

表2－8梳理了13个环境侵权二审改判案件中赔偿金额变化，从中可知，虽然第二审人民法院在审理上诉案件中，可能是基于多种案件事实认定或法律适用的原因改判，但在结果上均会导致赔偿金额发生变化。赔偿金额的变化进一步可以归纳为两种类型：(1)因为纠纷类型与责任性质变化引发的环境侵权责任赔偿金额在一、二审程序中发生的变动，比如，从一审中认定为环境侵权责任到二审中不被认定为环境侵权责任或相反；或从一审中被认为一般侵权责任到二审中被环境污染责任(特殊侵权责任)或相反，这四种情况均会相应地引发赔偿金额的变化，如表格上梳理的“从无到有”“从有到无”两种类型的几个案件，均是因为责任性质认定发生变化，引起赔偿金额发生相应的变更。(2)在侵权纠纷类型与侵权责任性质认定没有发生变化的前提下，一审、二审法院因为损害考量因素的差异，也会导致损害赔偿金额的变化，这包括：第一，环境损害鉴定制度不完善会影响不同法院对于环境侵权损害的不同界定，比如，“上诉人赵某前山东昌邑石化有限公司环境污染责任纠纷案”[(2019)鲁07民终6130号]的损失鉴定程序中，二审法院因为一审程序中鉴定机构的评估资质的瑕疵、评估合理性的存疑等，认定“其损失评估报告明显依据不足，依照法律规定该证据不应采信”；第二，环境侵权损害计算标准存在较大不确定性，比如，在“伊金霍洛旗台格苏木昌榆化工厂因与中天合创能源有限责任公司、查干淖尔嘎查委员会财产损害赔偿纠纷一案”[(2020)内06民终1257号]，二审法院认为一审法院根据年报判决有失公平，认为应当“参考财产的原物价值、使用年限、受损害的程度、修复难度等进行综合判定，提升赔偿数额”；第三，在当前环境侵权损害没有确定依据与计算标准的情况下，二审法院还会根据社会主义核心价值观、法律目的与价值、法律公平与社会功能等方面的考量，改判一审判决内容，比如，在“周某兰吕某范环境污染责任纠纷二审民事判决书”[(2019)辽7102民初2号]中，在一审法院驳回原告损害赔偿诉讼请求的情况下，二审法院基于法律价值与社会功能的考量，酌定一定数额的赔偿：“……本案如果因为当事人不能对具体损失数额进行举证而丧失了对其损害的救济并不符合民法的公平合理原则和我们国家倡导的社会主义核心价值观的基本理念，综合考虑上述因素，法院酌定锦赤铁路公司每月赔偿上诉人因噪声污染造成的损失700元(每人每月350元)。”

根据前述引用的《民事诉讼法》的规定，第二审人民法院审理上诉案件，可以改判的法定理由是案件事实认定错误或法律适用错误，或者在原审基本事实不清时可以查清事实后改判。而表2－8梳理的2020年全部环境侵权责任二审改判案件中,均涉及环境侵权损害赔偿金额作为改判内容,由此,需要进一步反思的是,环境侵权损害赔偿金额可以作为改判内容的独立判项吗？若可以,则一审法院判决环境侵权损害赔偿金的数额属于事实认定或法律适用吗？若不可以,则当二审没有对纠纷类型与法律责任性质的认定发生变更时,二审法院是否不能变更损害赔偿金额？或者说,在这种情况下,是否属于自由裁量权行使范围？当前在环境侵权损害鉴定与认定领域的困境,在很大程度上因为规则供给上的不足,在环境损害鉴定制度上没有更具体的规定,也没有对环境侵权损害认定与计算形成明确的、细致的指引性规范。

## 四、结论:进展与建议

本报告以检视与剖析 2020 年全国环境侵权司法现状为研究目标。为实现此研究目标,本报告从“中国裁判文书网”数据库中检索环境侵权案件裁判文书,作为环境侵权司法案件的主要来源,以最高人民法院《民事案件案由规定》规定的民事案件案由的类型、层次与具体案由作为线索与依据,检索、下载、整理与分析《民事案件案由规定》中“第九部分”“三十一、侵权责任纠纷”之“377、环境污染责任纠纷”类案件。检索日期为 2020 年 1 月 1 日至 2020 年 12 月 31 日,检索范围为各级人民法院 2020 年审结的环境污染民事责任案件的裁判文书。本报告共获得的研究样本为:环境侵权案件判决书一审 68 件,二审 73 件,共 141 件;共获得环境侵权案件裁定书一审 143 件,二审 51 件,共 194 件。

本报告首先从案件的地域分布,原被告、上诉人与被上诉人主体的类型,污染的种类,责任形式,争议焦点,环境污染受害人的胜败诉情况,环境侵权案件裁定的主要内容这 7 个方面分别对 2020 年全国的环境侵权案件进行系统梳理和多维检视,预期从宏观和整体层面呈现我国 2020 年环境侵权责任司法机制运行概况;进而在系统的多维审视的基础上,进一步选取一个具体切入点作为本年度环境司法报告的研究重点。本报告选取 2020 年全国环境侵权二审案件中的改判案件作为重点分析个案,从对环境侵权二审改判案件的详细梳理和深入剖析,来揭示环境侵权二审改判案件审理与判决中折射的规则供给与实践运行问题。

### (一)环境侵权司法的新进展

#### 1. 规则供给的进展

通过梳理 2020 年环境侵权案件,我们可以总结 2020 年我国在环境侵权规则供给取得的进展,这表现为以下几个方面:(1)首先是 2020 年 5 月 28 日颁布的《民法典》,我国《民法典》的鲜明特色之一是承继了原《民法总则》中规定的“绿色原则”,它在世界上首次规定“绿色原则”并在各分编用近30个条文建立了“绿色规则”体系。《民法典》为民事活动确立了“绿色”规范,为直接从源头上控制环境污染和破坏活动提供了民法依据。[28] 《民法典》对于环境侵权责任规则供给最直接的意义在于,《民法典》侵权责任编第七章“环境污染和生态破坏责任”用7个条文规定了绿色制度,从权利救济的范围、程度和方式三个方面进行了系统创新。[29] 虽然,《民法典》自2021年1月1日起施行,不能作为2020年环境侵权案件适用的法律依据,但在《民法典》已经颁布且近两年有不少环境侵权案件援引原《民法总则》“绿色原则”作为法律依据的背景下,《民法典》的相关规定会对环境司法理念与环境侵权责任实施机制具有重要的积极意义。(2)2020年最高人民法院修改《民事案件案由规定》(法〔2020〕347号),在“第九部分”“三十一、侵权责任纠纷”之“377 · 环境污染责任纠纷”新增“(7)光污染责任纠纷”以及新增“378 · 生态破坏责任纠纷”。虽然最新修改的《民事案件案由规定》于2021年1月1日生效,但其修改过程也引发了广泛关注和讨论,也会对环境侵权纠纷司法解决的专门化、专业化产生积极影响。(3)修改的最高人民法院《关于民事诉讼证据的若干规定》,该规定于2019年10月14日经最高人民法院审判委员会第1777次会议通过,自2020年5月1日起施行。修改的最高人民法院《关于民事诉讼证据的若干规定》成为多个环境侵权案件适用的法律依据。

**2. 司法实践的进展**

环境侵权司法实践进展主要表现为以下几个方面:(1)环境侵权案件数量与环境污染纠纷现状呈正相关性,这说明环境侵权责任的规则设计、机制建设和司法实践能较好地回应现实问题与纠纷,且自然人是环境污染的主要受害者和二审的主要上诉人,公司或者企业是环境污染的主要实施者和二审的主要被上诉人,这种环境侵权司法实践现状契合现实社会中的多方主体关系特征;(2)环境侵权案件的原因行为回应社会现实环境问题,2020年环境侵权案件中,水污染、大气污染、土壤污染为主要污染类型,在符合现实污染类型中,水污染、大气污染、土壤污染为主要污染类型;(3)环境司法专门化机制建设的效果逐渐彰显,比如,在一些环境侵权二审改判案件中,法院在缺失明确的具体上位法依据、

〔28〕 参见吕忠梅:《〈民法典〉“绿色规则”的环境法透视》,载《法学杂志》2020年第10期。
〔29〕 参见刘超:《〈民法典〉侵权责任编的绿色制度创新》,载《法学杂志》2020年第10期。

行使裁量权时,逐渐更多地从环境司法的价值目标、环境司法承担的社会功能的实现机制方面,发挥环境司法的救济功能,这些是我国近几年环境资源法律体系、环境侵权规则体系完善和环境司法专门化改革的良性效果的综合体现。

(二)环境侵权司法的完善建议

通过对 2020 年环境侵权案件的概括梳理、多维检视,尤其是重点针对 2020 年环境侵权二审改判案件的研析,我们也可以进一步归纳与检讨我国当前的环境侵权司法制度与司法实践存在的不足,进而在此基础上,有针对性地提出完善建议。

**1. 环境侵权责任制度的完善**

近几年来,尤其是 2015 年以来,我国在生态文明战略下和环境司法体制改革背景下,包括环境侵权责任制度在内的环境资源法律制度建设取得了重要成就,这一成就突出表现在制度建设因应了环境侵权纠纷的特殊性,规则设计重视了现实的环境侵权纠纷解决提出的特殊的、独立的制度需求。在我国当前的法律体系主要是成文法的背景下,环境侵权责任制度建设方面的成就,主要是由最高人民法院主导推动的,制度建设创新的方式是通过最高人民法院出台专门的系列司法解释实现的。[30] 前文也梳理与归纳了 2020 年我国在环境侵权规则供给取得的新进展,因此可以归纳,我国的环境侵权制度建设与机制完善一直在动态发展。但是,在肯认制度建设成就的同时,也需要通过环境侵权案件梳理与检讨,归纳当前存在的环境侵权制度供给的不足。本报告以 2020 年环境侵权二审改判案件为重点分析对象,总结其呈现的制度供给不足与完善需求:(1)环境侵权责任构成要件专门规则的不足。最高人民法院《关于审理环境侵权责任纠纷案件适用法律若干问题的解释》(法释〔2015〕12 号)对环境侵权责任规则的具体化进行了有效推进,但具体到环境侵权司法实践中,规则解释适用依然从结果上呈现供给不足的特性,其中,关于"初步证据"的内涵与构成的界定、初步证明标准的统一、污染者排放的污染物或者其次生污染物与损害之间具有关联性的标准,在不同环境侵权二审改判案件中均呈现较大的解释空间与争议点;(2)环境损害鉴定制度不成熟,在多个环境侵权二审改判案件中,围绕环境损害鉴定机构评估资质、鉴定机构的损失评估过程与方法、损失评估报告和"专家评估"的证明力等均存在较大争议,同样的评估报告在一审、二审法院中是否可以作为

---

〔30〕 刘超、吴晓斌:《环境侵权案件的整体回溯与规则检讨》,载吕忠梅等:《中国环境司法发展报告(2019 年)》,法律出版社 2020 年版,第 83 页。

"定案依据"甚至有截然相反的结论。

为了应对前述归纳的环境侵权责任制度供给的不足,应当相应地完善制度。需要强调的是,经过几年的环境司法机制改革和制度建设,我国环境侵权救济领域的基本制度框架已经构建,当前的制度完善应当从前几年的填补空白走向制度精细化、从之前的构建主体制度迈入配套制度的完善。针对前述归纳的从环境侵权二审改判案件折射出来的制度供给不足问题,相应的完善路径应当包括:(1)加强环境侵权特色制度体系化建设,在法理研析、规律研究和逻辑推导的同时,更应注重归纳环境法治实践,尤其是环境司法实践提出的制度需求,比如,针对环境侵权司法实践中解释适用最高人民法院《关于审理环境侵权责任纠纷案件适用法律若干问题的解释》等规定的环境侵权责任制度时呈现的问题,在广泛研究司法实践经验基础上,归纳"初步证据"的内涵与构成,界定并统一初步证明标准、界定并类型化地总结污染者排放的污染物或者其次生污染物与损害之间具有关联性的判断标准;(2)加快配套制度建设,针对环境损害鉴定机构规范化、损失认定标准化等内容,进行统一规范。

**2. 环境侵权司法实践的改进**

在近些年的环境司法专门化改革进程中,环境侵权司法实践有了长足进步并日趋完善,但从环境侵权案件实证分析角度来审视,我国当前的环境侵权司法实践依然呈现一些不足:(1)环境侵权司法机制在充分因应现实需求、有效解决社会环境纠纷、应对环境问题的回应性上依然有待提升。笔者在上一年的研究报告中将环境侵权案件的受理没有充分回应现实需求作为近5年环境侵权司法实践存在的不足,[31]本研究报告梳理分析了2020年的环境侵权案件地域分布数据,并将2019年的环境侵权案件的民事判决书纳入表格予以对比,对比发现,两年数据基本平稳。二者均体现的一个特征是,不同省域环境侵权案件数量并没有与不同地域的经济社会发展程度、经济活跃程度等因素呈正相关关系,而与一些偶发因素相关。这表明我国当前的环境侵权案件的受理与审理在回应现实需求、解决现实社会环境侵权纠纷等方面仍任重道远。(2)环境司法依然有待突破"法条主义"的桎梏。在成文法背景下,坚持法律原则、恪守法律依据成为法律传统,但若过于僵化地坚守"法条主义"则会导致大量的新型环境侵权纠纷不能纳入司法途径予以解决,2020年的环境侵权案件已呈现光污染等新型污染

〔31〕 刘超、吴晓斌:《环境侵权案件的整体回溯与规则检讨》,载吕忠梅等:《中国环境司法发展报告(2019年)》,法律出版社2020年版,第85页。

纠纷被侵权人未获法院支持的情况。(3)环境司法专门化改革有待深入推进和制度定型。当前环境司法专门化改革已取得重大进展,但尚未完成,2020 年环境侵权案件梳理显示,基于路径依赖,司法机关往往将一些环境污染责任纠纷纳入传统侵权机制内予以审视与解决。(4)法官对环境司法专业性认识有待进一步深化。在当前我国环境司法专门化改革已经系统推进数年的背景下,有些法院法官的环境司法专业性知识与理念有待更新以与时俱进。这典型地体现在前述梳理的 2020 年环境侵权二审改判案件中,多个二审改判的重要原因在于二审与一审法院关于诉争纠纷到底属于一般侵权纠纷还是环境污染责任纠纷上存在的分歧。相对而言,前述排放水污染、固定废弃物污染而引起的财产权纠纷中,坚持性质为一般侵权纠纷(相应地归责原则和举证责任等)的案件多坚持比较保守的苛刻的认定标准。

针对前述归纳的环境侵权司法实践中存在的不足,相应的改进建议包括:(1)在环境侵权案件的受理与审理中加强环境司法的实践导向与社会面向,多方协力共同推进环境侵权司法回应现实社会需求、解决社会矛盾、应对环境纠纷在频繁地域与领域的功能实现;(2)在环境司法实践中,司法机关及其工作人员摒弃"法条主义"桎梏,在法治框架下能动地因应环境污染来源复杂性、多样性,解决频繁涌现的新型环境污染纠纷;(3)通过继续优化专门审判机构、加强环境审判队伍建设、不断提升环境审判能力和水平等方式促成环境司法专门化制度定型化,[32]形塑环境司法文化,矫正出现环境侵权纠纷与一般侵权纠纷交叉或叠合时就选择启动传统侵权责任机制的路径依赖,坚定审判专业化导向,采取多种措施,协力将环境司法推行专门化、深入化和长效化。

---

〔32〕 吕忠梅、张忠民、王雅琪、欧恒:《2019 年环境司法回顾与展望:持续推进环境司法制度成熟定型》,载吕忠梅等:《中国环境司法发展报告(2019 年)》,法律出版社 2020 年版,第 36 ~ 43 页。

# 环境行政案件类型化的现在与未来

刘长兴

环境司法专门化在环境资源审判组织的普遍设立、审判程序的逐步完善等方面取得了重大进展,“三审合一”乃至“四审合一”也在不断推进。尽管仍然面临不少质疑,但是环境司法专门化对于企业环境治理的促进作用能够得到实证分析的支持,[1]而且国外也有环境法院和法庭建设的成功经验,[2]在我国大力推进生态文明建设的过程中,环境司法专门化的方向势必将坚持下去。伴随各级法院环境资源审判庭的普遍设立、环境资源法庭乃至环境法院建设的展开,不同类型的环境资源案件集中、统一管辖是大势所趋,即环境民事案件、环境刑事案件、公益诉讼案件和环境行政案件统一划归环境资源审判庭或法庭审理。其前提是将环境资源类案件从所有案件中区分出来,这在刑事案件、公益诉讼案件中并无太大困难,民事案件虽然面临一些困难,但基本形成了分辨环境资源类民事案件的标准,而环境行政案件的区分却面临更多困难。虽然从 2018 年 7 月开始,最高人民法院环境资源审判庭已经承担了环境行政案件的审理职责,但是环境行政案件的范围及类型仍不清晰,这不仅可能妨碍环境司法专门化的发展,更不利于环境行政案件的正确审理。本报告以环境行政的基本理论为指导、以近年特别是 2020 年法院审理的环境保护类行政案件为分析对象,探讨环境行政案件的范围和类型,以期为环境行政案件的分类提供参考、推动环境司法专门化和环境行政案件审判质量的提升。

## 一、环境行政案件的概况与样本选择

目前,环境行政案件还不是一个明确的概念,在范围上还存在诸多模糊之

---

〔1〕 参见翟华云、刘亚伟:《环境司法专门化促进了企业环境治理吗? ——来自专门环境法庭设置的准自然实验》,载《中国人口 · 资源与环境》2019 年第 6 期。

〔2〕 参见[英]吉檀迦利 · 纳因 · 吉尔:《印度环境司法:国家绿色法庭》,李华琪等译,中国社会科学出版社 2019 年版,第 23 ~ 37 页。

处。最高人民法院《关于规范行政案件案由的通知》(法发〔2004〕2 号,以下简称《行政案件案由通知》)规定,按照"行政管理范围"划分的案由中"环境保护行政管理""资源行政管理"案由,可以大致区分出环境行政案件,但是其中有些案件并非以环境保护或者资源保护为目标,从而造成环境行政案件范围界定的模糊。在此暂时按照"环境保护"类检索相关案件进行分析,以进一步界定环境行政案件并对其进行具体分类。

(一)环境行政案件概况

环境保护是针对环境问题提出的理论、方法、制度、措施等总称,一般认为环境问题包括环境污染和环境破坏两个类型,在非严格的意义上,针对环境污染和环境破坏采取的行政管理措施都属于环境行政,前者即环境污染防治管理,后者即自然资源管理。环境行政案件也包括污染防治类案件和自然资源管理类案件,一般对前者属于环境行政案件并无争议,而自然资源管理的目的未必是环境保护,也可能是以经济利用为目标,因此需要进一步的分析和判断。

综合来看,环境行政案件具有多样性特征,无论是其外部边界还是内部类型都不是特别清晰,表现在环境行政管理主体多元化、环境行政管理职权边界不清、实体争议和程序争议交织、行政管理方式的多样化等方面。〔3〕 环境行政案件的类型化需要针对多样化的特征寻找明确的界分标准和分类方案。

从已有环境行政案件的类型来看,主要呈现以下特征:一是行政处罚案件居多。按照行政行为的类型划分,行政处罚、行政许可、行政命令导致的行政纠纷都比较常见,其中行政处罚类案件占了大部分。二是以污染管理纠纷为主。按照行政管理领域划分,环境污染防治中的行政争议是环境行政案件的主要类型,而且主要的污染类型都有环境行政案件发生,水污染、大气污染、噪声污染等是常见的环境行政案件发生领域。另外,相对复杂的环境行政案件的上诉率比较高,〔4〕而且有些案件虽经二审也没有真正解决纠纷,申请再审的环境行政案件仍然占有一定比例。〔5〕

〔3〕 参见刘长兴:《环境行政案件司法审查的多维审视——以典型案例为对象》,载《南京工业大学学报(社会科学版)》2020 年第 3 期。

〔4〕 参见刘长兴:《环境行政案件司法审查的多维审视——以典型案例为对象》,载《南京工业大学学报(社会科学版)》2020 年第 3 期。

〔5〕 在北大法宝网司法案例数据库,设定检索条件为:案由"环境保护",案件类型"行政审判监督",审结日期"2020.01.01 - 2020.12.31",共检索到 50 个案例。

### （二）分析样本的选择

虽然涉及环境保护行政管理的诉讼案件数量庞大，但其中多数案件的分析意义不大。例如，裁定结案的环境行政案件多涉及行政强制执行程序，梳理案件的工作量庞大但是基本不涉及实体争议，涉及的程序问题也比较简单。一审后未上诉的环境行政案件基本上也属于争议不大的案件，进行理论分析的空间较小，而且其中的争议点基本上可以被较复杂的案件覆盖。因此，本报告选取2020年各级人民法院审理的二审环境保护行政案件作为分析样本，[6]并在必要时观察和分析其他环境行政案例。

在筛选出的95个样本案例中，行政处罚案件81件，占比较高，说明行政处罚是环境管理的常用措施并且相对比较容易引起争议；行政强制措施案件3件，是由于查封、关闭等行政行为引起的，此类案件因为涉及行政相对人的基本权益，关系补偿等问题而有较大争议；行政许可案件2件，都是由环境影响评价审批引起的，此类案件的起诉主体可能是申请方或者有利益关系的第三人，而排污许可引起的行政争议较少，可能与目前环境行政管理方式有关；行政给付案件2件，是由环境行政补贴追回引起的，反映了环境保护财政专项资金管理中的一些问题；行政处理案件3件，是由责令改正违法行为的行政处理决定引起的，本质上属于行政命令纠纷，但最高人民法院《关于行政案件案由的暂行规定》（法发〔2020〕44号，以下简称《行政案件案由规定》）未规定行政命令案由，“行政处理”二级案由下包括“责令改正”三级案由，据此，环境保护行政管理中常见的“责令改正违法行为”应当属于行政处理争议；行政协议案件1件，环境行政合同管理的性质、特征等都在该案件中有所反映；不履行职责案件1件，行政不作为是环境行政管理中的常见争议，但是进入诉讼程序的案件较少，该案例是原告方主张政府环保部门不履行职责，但未获判决支持，反映了环境行政不作为案件司法审查的基本思路；另有2个案件涉及不可诉行为，反映了环境行政中一些特殊行为的特点，并且有助于分辨环境行政案件的受案范围。

---

〔6〕 样本源于北大法宝网司法案例数据库，检索条件为：案由“环境保护”，案件类型“二审”，文书类型“判决书”，审结日期“2020.01.01－2020.12.31”，共检索到132个案例，剔除类型划分错误（如将环保类公司提起的诉讼归入环境保护类案件）、系列案重复等案件后，获得95个案例样本。“环境保护”是按照“行政管理范围”划分的具体案由，虽不准确但基本可以涵盖环境保护类行政争议案件，包括以地方人民政府为被告的环境管理争议案件。限定“二审”是考虑到经过上诉的案件更具有典型意义，同时为了减少样本数量。

(三)代表性案例的基本情况

对于样本案例的基本情况不再详细表述,在此仅在每个类型的案例中选取一个代表性案件进行介绍和简单评述,作为后面分析的基础。环境行政案件代表性案例介绍与评述见表3-1。

**表3-1　环境行政案件代表性案例介绍与评述**

| 类型 | 案件及来源 | 基本案情 | 审判情况 | 案例评述 |
| --- | --- | --- | --- | --- |
| 行政处罚 | 广州市番禺区环境保护局与广州佳旺餐具消毒有限公司环保处罚纠纷上诉案<br>广州铁路运输中级法院(2019)粤71行终4369号行政判决书 | 原告广州佳旺餐具消毒有限公司排放恶臭气体污染环境,法定罚款幅度10万元至100万元,根据《广州市环境保护局关于环境处罚自由裁量权裁量标准(试行)》中序号3违法情节3-4注明,超标110%以下的,罚款50万元以上52万元以下。被告广州市番禺区环境保护局作出罚款52万元的决定 | 原告起诉,认为存在从轻、减轻情节,处罚不当,一审法院判定处罚不当,撤销处罚决定。被告上诉后与原告达成调解协议,变更罚款数额为10万元。二审法院判决撤销一审判决,变更罚款数额为10万元 | 环境行政处罚往往有较大的裁量空间,地方执法文件已经尝试对裁量行为进行规范,但是最终的裁量结果仍然可能不符合"过罚相当"原则。本案中,行政处罚决定的罚款额度是否合理是争议焦点,对于处罚适当性的考量需要更深入地研究。行政机关与相对人的行政和解也存在法律上的争议,法院判决对调解协议进行认定,其权力基础也值得探讨 |
| 行政强制措施 | 广州市白云区石井俊标汽车美容部与广州市白云区人民政府石门街道办事处环境行政处理纠纷案<br>广州铁路运输中级法院(2020)粤71行终610号行政判决书 | 原告广州市白云区石井俊标汽车美容部存在未办理环保审批手续、固废处置无转运合同等问题,被告石门街道办所属的环保办人员检查后提出"停止违法排污、查封生产经营用电"的整改意见。后原告被查封用电,产生租金损失5253元、工人工资损失18186元、装修损失8万余元 | 一审法院确认被告查封原告用电的行为违法,石门街道办无查封用电的职权,判决赔偿原告损失23439元。不支持装修费用的赔偿请求二审法院判决维持原判 | 环境行政执法职权应有明确的法律依据。《环境保护法》规定,生态环境行政主管部门对资源保护和污染防治等环境保护工作实施监督管理。对违法排污造成或者可能造成严重污染的,县级以上人民政府环境保护主管部门和其他负有环境保护监督管理职责的部门可以查封、扣押造成污染物排放的设施、设备。从主体和查封对象看,本案被诉行为都无法律依据 |

续表

| 类型 | 案件及来源 | 基本案情 | 审判情况 | 案例评述 |
|---|---|---|---|---|
| 行政许可 | 诉讼代表人姬某、孙某等与上海市普陀区生态环境局环境影响报告表审批意见纠纷案<br>上海市第三中级人民法院(2019)沪03行终607号行政判决书 | 原告姬某等74人系上海某小区业主。某电力公司在小区附近建设变电站,向被告上海市普陀区生态环境局申请环境影响评价报告表审批,被告公示后同意并发布审批意见。原告提起行政诉讼 | 一审法院认定被告普陀区环保局有权作出案涉审批意见,所做审批意见符合国家强制性标准、适用法律得当,审批程序合法。判决驳回原告诉讼请求。二审维持原判 | 对环境影响评价文件的审批行为,本质上是许可行为,首先需要审批机关有相应职权、程序合法。其次对于环境影响评价文件的审查标准,符合强制性标准是基本要求,是否需要进一步的合理性审查仍有争议。最后,环境行政许可的利益相关人对许可行为提起诉讼是常见情形,说明环境行政许可行为的利益关系更加复杂 |
| 行政处理 | 福州市罗源生态环境局、罗源县和谐农牧业专业合作社环境保护行政管理纠纷案<br>福建省福州市中级人民法院(2019)闽01行终716号行政判决书 | 原告罗源县和谐农牧业专业合作社从事畜牧养殖,被告罗源生态环境局执法中发现原告养猪场未办理环保审批手续,并且属于在禁止养殖区域建设畜禽养殖场,作出责令改正违法行为决定书。原告认为无法直接证明养殖场所在位置为县政府规划的禁止养殖区域范围,诉请撤销责令改正违法行为决定书 | 一审法院认为争议焦点是原告养殖场是否位于县政府规划的禁止养殖区域内,被告提供的证据无法证明,所作责令改正违法行为决定书事实不清、证据不足,判决撤销所诉决定书。二审法院判决维持原判 | 责令改正违法行为是环境行政执法过程中常见的处理方式,往往还伴随行政处罚。一般认为,责令改正违法行为属于行政命令,引起的争议是行政处理争议。责令改正违法行为与行政处罚的性质和目标存在差异,可以同时或者先后作出,二者并不冲突。案涉责令改正违法行为决定书的问题在于事实基础不清,因此被撤销 |

续表

| 类型 | 案件及来源 | 基本案情 | 审判情况 | 案例评述 |
|---|---|---|---|---|
| 行政给付 | 巢湖市石山生态养殖有限公司、巢湖市环境保护局环境保护行政管理纠纷案<br>安徽省合肥市中级人民法院(2020)皖 01 行终 177 号行政判决书 | 2012 年,原告石山生态养殖有限公司向环保部门申报污染治理项目,巢湖市发改部门同意备案,项目补贴财政环保专项资金 200 万元,后分期拨付 104 万元。2019 年仍未申请项目验收,被告巢湖市环境保护局决定收回财政专项资金 104 万元。原告不服,请求撤销被告的行政处理决定 | 一审法院查明,原告获得 104 万元财政环保专项资金补贴,但项目竣工后,原告未能提供证据证明向被告提出项目验收申请。被告多次督办,仍未完成验收。决定收回财政专项资金符合相关规定,判决驳回诉讼请求。二审法院维持原判 | 为激励企业减少污染、保护资源和环境,财政补贴是常用的环境行政管理手段,本质上属于行政给付行为。但是目前对于环保财政补贴的范围、适用、监管都存在不少问题。本案中,经历多年拖延,原告仍不能证明受补贴项目完工、投入使用并取得效益,追回补贴是最低限度的纠正措施,是否可以追究其他责任值得研究。与一般的行政给付不同,环境保护领域的财政补贴具有更强的政策性、灵活性,需要强化司法审查 |
| 行政协议 | 东丰县润丰牧业有限公司与东丰镇人民政府、东丰县农业农村局等其他行政行为纠纷案<br>吉林省辽源市中级人民法院(2020)吉 04 行终 16 号行政判决书 | 2018 年,原告东丰县润丰牧业有限公司与被告东风镇人民政府、东丰县农业农村局签订协议书,约定原告方关闭养殖场并清圈,之后被告方补贴 60 万元,如未按期完成则强制处理并不予补贴、不予赔偿。后原告发现养殖场评估价值达 124 万元,并且协议签订前被告明知评估价值,存在欺诈,诉请判令协议无效 | 一审法院认为协议有效,判决驳回原告诉讼请求。二审法院认定协议签订人无权代表原告方签订合同,因此协议无效。判决撤销一审判决,所诉协议无效,原告方应退还补贴款,被告方应当与原告方重新签订关闭清圈补贴协议 | 合同是环境行政管理中的常用方式,优势是可以调动行政相对人的积极性,争取当事人的配合,实现环境行政管理目标。但是行政协议的性质、法律适用等都存在诸多争议。本案中原告方主张被告方欺诈、合同无效是遵循了民事合同的处理原则和规则,但是民事合同无效规则在行政协议中的适用性本身存在疑问。二审法院以合同签订代理权问题否定合同效力,更有说服力,但并未真正解决案件的实体争议及不退额数额争议 |

续表

| 类型 | 案件及来源 | 基本案情 | 审判情况 | 案例评述 |
|---|---|---|---|---|
| 不履行职责 | 史某某、杭州市人民政府环境保护行政管理纠纷案<br>浙江省高级人民法院(2020)浙行终16号行政判决书 | 原告史某某向杭州市拱墅区环保分局投诉该小区半夜有恶臭,并怀疑该恶臭来自天子岭垃圾填埋场。后者以不属于其管辖范围为由对投诉进行答复,原告向被告杭州市人民政府申请复议,复议认为原告投诉属于环境信访行为,不属于复议受案范围。原告起诉,认为查处大气污染违法属于拱墅区环保局的职责,复议决定违法 | 一审法院认为,原告史某某在申请中并未明确其反映的大气污染行为的实施主体或者提供明确线索,亦未明确其要求查具体的违法行为及所依据的法律规定,因此其行为属于信访投诉,不是履职申请。判决驳回诉讼请求,二审维持原判 | 环境行政不作为纵容了环境违法行为,如何促使生态环境主管部门履职是亟待解决的问题,目前环境行政公益诉讼等可以发挥作用,行政诉讼也可以针对不履行职责行为进行监督。但是行政不作为的认定要有一定的标准,不能无限扩大行政机关的义务和责任。本案中,原告的诉求是接受投诉的机关履行职责,除了程序争议之外,其请求是否构成履职请求是法院能够认定被告和生态环境行政主管部门不履行职责的关键,法院以投诉内容不明为由判定其请求不是履职请求,回避了对是否存在不履行职责情形的判定 |
| 不可诉行为 | 俞某生、杭州市西湖区人民政府行政复议纠纷案<br>浙江省高级人民法院(2020)浙行终160号行政判决书 | 2016年,杭州市西湖区双浦镇人民政府作出麦岭沙社区环境综合整治方案。后与原告协商一致,签订搬迁安置补偿协议。2019年,原告向西湖区人民政府申请行政复议,申请撤销整治方案,被被告以不属于行政复议受案范围为由驳回。遂起诉 | 一审法院认为整治方案没有直接设定权利义务,在房屋搬迁方面不具有法律强制力,不构成行政法上的行政行为,不属于行政复议的受案范围。判决驳回诉讼请求。二审判决维持原判 | 不可诉行为是比较特殊的一类行政机关作出的行为,对于指导和推进工作具有重要意义,但是往往不直接决定当事人的权利义务,因此不纳入行政复议和行政诉讼的受案范围。环境行政管理过程中,柔性措施的采用日益增多,其司法审查的范围和界限需要进一步明确 |

## 二、环境行政案件的类型化需求

环境司法专门化建立在环境资源案件独特性的基础之上,即环境资源案件能够从一般诉讼案件中分离出来成为一个独特的类型,进而根据需要区分为不同的具体类型。因此对于环境行政案件的类型,需要从内外两个层次上认识,一是环境行政案件与其他行政案件的界分,二是环境行政案件内部的不同类型。

(一)行政案件体系中的环境行政案件

行政审判实践中,通常按照案由对案件进行分类和体系化,即将行政案件按照不同的标准划分为不同的类型,从而展现行政案件的基本特征和结构关系,但是分类标准并不像刑事案件、民事案件那样清晰明了。《行政案件案由通知》将行政案件的案由分为作为类案件、不作为类案件和行政赔偿类案件,其中作为类案件再按照行政管理范围和具体行政行为的种类进行划分,"环境保护"是行政管理范围的一个具体类型,构成一个相对独立的案由,但是按照具体行政行为种类划分的案由中无法区分出环境行政案件。2020 年最高人民法院颁布的《行政案件案由规定》调整了行政案件案由的划分思路,取消了按照行政管理范围进行划分的类型,将"行政行为"作为一级案由,二级案由基本按照行政行为种类进行划分,分为行政处罚等具体行政行为类型以及行政赔偿、不履行职责和公益诉讼等。

新的《行政案件案由规定》势必导致环境行政案件淹没在一般行政案件中,难以明确区分,这不符合环境司法专门化发展的方向。按照行政管理范围来划分环境行政案件本来就具有模糊性,因为所谓行政管理范围往往是围绕某项核心职责的一系列管理职责的综合,具体的行政行为可能是不同性质和目标的行为。虽然按照被告身份可以区分环境管理部门实施的行政行为导致的纠纷案件,但是事实上存在环境管理部门实施的非环境管理行为,以及各级人民政府及其他行政管理部门实施的环境管理行为,因此被告身份并非环境行政案件界分的合理标准,也不符合环境司法专门化的初衷。

(二)环境行政案件类型化的必要性

环境司法专门化是明确环境行政案件范围的外在需要。我国的环境司法专门化肇始于地方的实践探索,正式的制度化推行以最高人民法院于 2015 年设置环境资源审判庭为标志。在案件类型上,最初仅审理环境资源民事案件和公益诉讼案件,[7] 然后逐步朝着"四审合一"的目标推进,但是环境行政案件纳入环境资源专门审判必须将其从一般行政案件中区分出来,而这一区分并非一目了然,无论是从争议行政行为的职权主体角度还是行为内容角度,明确界定环境行

---

[7] 公益诉讼案件纳入环境资源审判存在另外一重意义上的范围争议,即公益诉讼不仅限于环境公益诉讼,消费者公益诉讼等并非环境保护争议。

政案件都存在模糊之处。司法实践中以被告身份作为区分标准,将生态环境行政主管部门和自然资源行政主管部门为被告的行政案件纳入环境资源审判,并未真正解决环境行政案件的范围问题。

环境资源审判的科学化需要对环境行政案件进行类型化。更进一步看,对环境行政案件的界分不能仅仅停留在环境审判的“分案”层次上,还需要对具体的环境行政案件类型进行分析和整合,这是环境行政案件审理精细化、科学化的需要。即使环境保护作为一个相对独立的行政管理领域,可以作为环境行政案件范围界定的基础,但是其中也必然包括不同类型的行政案件。对环境行政案件的分类是否可以按照行政案件的一般分类标准进行,或者说在多大程度上可以参照一般行政案件的分类,需要结合环境行政案件的特征进行分析,发现和比较环境行政案件的特征和规律。

### (三)环境行政案件类型化的基础

从环境司法专门化发展角度,需要解决的问题是:如何界分环境行政案件,将哪些案件纳入专门化环境司法途径进行专业审理,以及更进一步的如何划分环境行政案件的具体类型以提升审判的科学性。在根据最高人民法院发布的《行政案件案由规定》难以进行辨别的条件下,对环境行政案件的界分和类型划分需要回到环境行政的基本法理并结合环境行政案件的审判实践展开。首先是准确辨识环境行政案件的独特性。由于环境问题的特殊性,环境保护的行政管理具有显著的风险管理、技术管理特征,是典型的风险行政。[8] 抓住环境行政的风险行政和环境保护专业技术性特征,是将环境行政案件从一般行政案件区分出来的关键。其次要总结环境行政案件审判的实践经验,从已有环境行政案件中发现不同的审判关注点、案件特征和裁判规律,将之作为环境行政案件类型化的基础。

## 三、环境行政案件类型化的形式与实质

环境保护是一个宽泛的概念,通常包括污染防治、资源保护和节约利用、生态保护等多个方面,[9] 反映在行政管理上,多个行政管理领域都与环境保护有

---

〔8〕 参见赵鹏:《风险社会的行政法回应:以健康、环境风险规制为中心》,中国政法大学出版社 2018 年版,第 72 页。

〔9〕 参见宋豫秦、陈昱昊:《近 20 年国际环境保护研究热点变化与趋势分析》,载《科技管理研究》2017 年第 19 期。

关,因此对于环境行政及环境行政案件的界分和类型化,就存在管理部门、管理目标、管理内容等不同的标准,需要分析不同标准的内涵和特征。

(一)环境行政案件界分的形式标准及其问题

最初归入环境资源审判的环境行政案件是按照被告来划分的,一是将被告为生态环境行政主管部门、自然资源行政主管部门的行政案件纳入环境司法专门化范围,二是按照环境管理和自然资源管理划分案件的具体类型。这是界定环境行政案件的最为形式化的标准,在其他界定标准难以实行的背景下有其合理性,但是并未解决环境行政案件认定的争议,例如,大量征地补偿案件以自然资源行政管理部门为被告,从而被纳入环境资源审判,但是征地补偿案件特别是城镇地区的征地补偿基本上是经济权益争议,并不涉及环境保护问题。

进而以行政管理目标为标准来界定环境行政案件,即以环境保护为目标的行政管理行为争议应当纳入环境行政案件。但是,环境保护目标也不是容易把握的标准,典型的环境行政行为当然以环境保护为目标,同时也存在虽然以环境保护为目标但采用了其他管理措施的案件,例如,关于生活垃圾处理特许经营的争议,虽然以环境保护为目标,但是本质上是特许经营合同争议。〔10〕

环境行政案件划分的形式标准导致的问题是,部分案件虽然是由环境行政管理部门作出的行为引起争议,或者是以为了保护环境作出行政行为引起争议,但是本质上是行政管理中经济等权益的纠纷,与其他领域的行政案件具有更多的共通性,作为环境资源案件审理反而导致不必要的特殊化和非专业化。进而,无论是被告标准还是环境保护目标标准,都无法支持环境行政案件的进一步分类,而将环境行政案件以类型为标准做粗略划分不足以支持开展针对性审判。因此,需要环境行政案件界分的实质性标准。

(二)环境行政案件的独立及分类的理论依据

从行政案件案由的调整来看,最高人民法院对于行政案件的类型化经历多年的“行政管理范围”和“行政行为种类”双规标准适用后,已经明确转向行政行为种类单一标准,意味着行政行为性质和种类成为区分不同类型行政案件的唯一标准。这否定了按照被告身份(基本等同于行政管理范围)来界定环境行政案件的思路,但是并未给出辨识环境行政案件的其他标准,表面上看与环境司法专门化的现实需要相悖,不利于从行政案件中区分环境行政案件并将其纳入环

〔10〕 参见盐山合创环保科技有限公司、盐山县人民政府不服收回特许经营权决定案,河北省高级人民法院行政判决书,(2020)冀行终 467 号。

境资源专门审判机制的实现。但是,行政案件案由确立行政行为种类为唯一划分标准,代表了对行政案件分类的实质化方向,即不再关注行政管理领域、管理主体等表面特征,而是根据行政行为的模式来划分案件类型、展开审理工作,这为环境行政案件的类型化指明了方向。行政行为的模式是某类行政行为的典型特征的理论化和固定化,表现为行政行为的概念或范畴,如抽象行政行为、行政处罚、行政许可等,[11]尽管还存在一些不同观点,但对于行政行为的类型化存在基本的共识,《行政案件案由规定》确定行政案件的一级案由为"行政行为"、二级案由为"行政处罚""行政强制措施""公益诉讼"等,即反映了行政行为划分的理论共识。

环境行政立法和环境行政执法是国家环境管理权的基本实现方式,[12]环境司法的审查对象也包括环境行政行为,[13]但是对于环境行政行为的基本概念、特征还缺乏系统和深入的分析,这与行政法上对行政行为理论的重视形成了极大反差,也与环境立法中主要规定环境管理制度的实践不相适应,在很大程度上是环境行政案件范围不清、类型不明的根本原因。事实上,环境问题被认为是"阳光下的新事物",[14]相对于人类社会长期以来处理的其他事务具有极大的特殊性,环境管理过程为了应对环境问题必须作出改变,环境行政具有区别于一般行政的特征,应当从一般行政中独立出来成为实质上不同的行政领域,进而环境行政行为也需要适应环境管理的需要作出适应性调整,在行为目的、方式特别是行政权力行使模式上表现不同的特征。相比于一般行政领域,环境行政和环境行政行为的独特性是区分环境行政案件的基础,而环境行政行为的多样性和规律性是对环境行政案件进行分类的基础。

对环境行政案件的实质划分需要以环境行政行为的特征和性质为依据,摒弃行政管理主体和行政管理目标的表面化标准,这需要对环境行政、环境行政行为及其类型化进行深入的分析,在充分认识环境行政特殊性以界定环境行政之范围的基础上,深入认识环境行政行为的基本要素、基本规律和基本特征,实现对环境行政行为的合理分类。

---

〔11〕 叶必丰:《行政行为原理》,商务印书馆 2019 年版,第 71 页。

〔12〕 参见吕忠梅主编:《环境法导论》(第 3 版),北京大学出版社 2015 年版,第 90 ~ 93 页。

〔13〕 参见辛帅:《我国环境执法诉讼制度的矫正》,载《学习与探索》2019 年第 3 期。

〔14〕 [美]J. R. 麦克尼尔:《阳光下的新事物:20 世纪世界环境史》,韩莉、韩晓雯译,商务印书馆 2013 年版,第 1 页。

## 四、环境行政案件类型化的判断与标准

环境行政和环境行政行为的特殊性是通过与一般行政行为的对比显现的,包括理论上的比较和实证案例的对比分析。基于环境行政行为的概念分析欠缺,理论上的对比需要基于行政法上的基本概念、结合环境管理的特殊性来完成。实证案例的对比,需要发掘环境保护类行政案件的特殊之处,但是从样本案例的情况看,基本的案件类型并无明显特征,都属于常见的行政案件类型。而具体争议点呈现的特殊之处,需要结合环境行政理论进行分析。

(一)环境行政的特殊性

环境管理是行政管理的一个专门化领域,其综合性和复杂性淡化了其行政色彩,但不能从根本上否定环境管理的行政属性。相比较而言,环境行政具有风险性、技术性、程序性等特征,实践中也主要由专业化的管理部门实施具体的管理行为,这些特征决定了环境行政可以成为一个相对独立的行政领域。

首先,环境行政是典型的风险行政。环境法上注重预防原则,原因就在于环境问题的风险属性。风险行政法应关注风险概念的界定、预防原则与国家的风险保护义务、风险行政活动方式革新即风险责任,〔15〕对环境风险的关注是环境行政的基本特征,相应的基本原则、行政方式、行政程序和行政裁量权等也应有不同的安排,从而形成环境行政的最根本特征。

其次,技术性和复杂性是环境行政的基本特征。环境问题的风险性具体体现为技术复杂性,导致人类对于环境问题的成因和后果缺乏确定性的认识。科学技术性是环境法的基本特征,与一般行政决策的作出建立在相对可靠的信息基础之上不同,环境行政通常需要在既定的技术条件下、基于风险不确定性作出决策。因而环境行政决定也呈现高度的专业技术性,相对更依赖行政机关的专业技术判断,〔16〕甚至需要借助专家意见来完成行政决策。

最后,环境行政更依赖行政程序保障其公正性。由于环境行政具有风险性和技术性,意味着作出行政决定具有更大的主观性,因此风险规制的"民主化"尤为重要,应当引入公众参与等程序,〔17〕甚至需要统一的风险行政程序法,以结

---

〔15〕 宋华琳:《中国行政法学分论研究:体系、课题与立场》,载《安徽大学学报(哲学社会科学版)》2020 年第 3 期。

〔16〕 一般认为,行政机关相对司法机关等更适合作出专业性判断。参见张冬霞、马民鹏:《对公安机关治安处罚判断余地的司法审查》,载《人民法院报》2008 年 4 月 25 日,第 6 版。

〔17〕 参见金自宁:《风险规制与行政法治》,载《法制与社会发展》2012 年第 4 期。

构化的方式规范风险治理主体行为,克服风险治理主体的"知识贫乏"和"价值冲突"问题。[18] 程序的重要意义是环境行政的基本特征,决定了环境行政案件中应当重视程序合法性判断。程序规则是行政自由裁量权合理行使的保障,但只是间接的约束而非直接的判定标准。实践中,有案例回避对于实体问题的司法判断,而主要根据程序违法等作出判决,形式上作出了无可争议的判决,但实质上并不利于对环境行政行为的监督,也不是司法权行使的合理方式。

(二)环境行政行为及其类型化

环境行政行为是环境行政的具体表现形式,因此从总体上也应当反映环境问题的风险性、技术性,并更加注重程序正当性。按照行政管理范围划分的形式意义上的环境行政案件,可能包括按照行政行为类型划分的所有行政案件类型,包括行政处罚、行政许可等常见类型和行政确认、不履行职责等非常见类型。但是,并非所有的环境保护领域的行政行为都具有环境行政的基本特征,或者说构成实质上的环境行政行为。对环境行政行为的辨识要基于环境行政的特征,从行政行为的环境风险预防属性、决策的技术考量、对污染防治和资源保护效果的直接追求等方面进行衡量,并结合环境保护法律的规定进行界定。

具体来说,依据环境保护法律作出的、直接以环境污染防治和资源保护为目标的行政行为,应当属于环境行政行为,所引起的行政争议属于环境行政争议。事实上,我国《环境保护法》等环境法律规定的基本制度是围绕环境行政的需要设计的,从制度规则上已经反映了环境行政的基本特征,典型如环境影响评价制度、排污许可制度、"三同时"制度等,[19] 生态环境行政主管部门、人民政府以及自然资源行政主管部门等在实施这些制度过程中作出的行政行为,原则上都属于环境行政行为。当然,环境保护法律的范围也存在模糊之处,特别是农业法等主要规范农业经济管理、同时涉及环境保护的法律是否属于环境保护法存在不同观点,在此情形下,可以结合行政行为的直接目的、作出机关等因素进行综合判断。

这样选择的结果是,环境行政行为的具体类型仍与行政行为的具体类型高度重合,《行政案件案由规定》明确的行政处罚等 22 类二级案由都可能是环境行政案件的案由。但是不能因此否定环境行政案件界分的意义,无论是回应环

---

〔18〕 戚建刚、余海洋:《统一风险行政程序法的学理思考》,载《理论探讨》2019 年第 5 期。

〔19〕 韩德培主编:《环境保护法教程》(第 8 版),法律出版社 2018 年版,第 68 ~ 96 页。

境司法专门化的需求,还是建立能够有效应对环境问题的环境行政体系,都应当基于环境行政的特征来认识环境行政行为。

(三)环境行政案件类型化的实质判断与形式标准

因此,对于环境行政案件的类型化应当建立在对环境行政行为的实质判断基础之上,针对环境行政行为的具体类型对环境行政案件进行类型化,从而划分纳入环境资源审判的行政案件的合理范围,并形成环境行政案件的类型体系。但是,由于环境行政实质判断的理论设想未必能够完全对应环境保护行政管理的实践,因此应当结合行政行为的法律依据、作出主体和直接目标等形式化标准进行综合判断,以完成环境行政案件的类型化。

## 五、环境行政案件的界分与类型

上述思路的落实需要对照环境行政和环境司法的实践。从本报告研究的95 个样本案例来看,无论是环境行政案件与其他行政案件的界分,还是环境行政案件具体类型的划分,都还存在一些混乱。在此结合环境行政和环境行政行为的基本特征,针对司法实践中环境行政案件的外部界分和内部分类问题,提出环境行政案件类型化的建议。

(一)环境行政案件的实质界分

将环境行政案件与其他行政案件区分开来,需要基于环境行政的特征辨识环境行政行为,将针对环境行政行为提起的诉讼作为环境行政案件进行专门化审理。从实践情况来看,需要从以下几个方面进行衡量以区分出环境行政行为。一是直接以污染防治和资源保护为目标。环境行政的目标在于保护环境,但是具体行政行为直接针对的可能是特许经营资格、产品质量等,只是间接实现环境保护目标,此类行政行为不宜作为环境行政行为纳入环境行政诉讼的对象。二是以污染防治和资源保护法律为依据。环境行政法律制度规定在环境保护法律中,包括环境保护基本法和综合性单行法、污染防治法、自然资源法等,其中综合性环境保护制度和污染防治法律制度直接以环境保护为目标,将其纳入环境行政基本不存在争议;但是自然资源管理涉及资源利用和资源保护两个角度,而且二者难免存在交叉,但资源利用更多体现经济目标,对应的管理行为如土地权属登记、土地征收补偿等不宜作为环境行政行为,但是直接以资源保护为目标的行政行为应当属于环境行政行为,如针对自然资源破坏作出的责令采取补救措施等。三是作为环境行政权行使的结果。行政权是行政行为成立的基本要件甚至唯一一般要件,[20]环境行政权是环境行政行为的职权基础,行使环境行政权作出的行为当属环境行政行为。环境行政权需根据权力的法律来源结合行政机关的职权设置方案进行识别。

司法实践中,将污水处理厂的特许经营权纠纷、土地征收补偿纠纷作为环境行政案件审理并不恰当。虽然污水处理经营与污染防治有关,土地征收涉及土地资源管理,但是这些行政争议的本质并非环境保护问题,不宜作为环境行政案件进行审理。

(二)环境行政案件的基本类型

在界分环境行政案件的基础上,进一步的案件类型划分应当遵循行政行为类型化的基本思路。尽管对行政行为的界定还存在学理争议,[21]对行政行为的分类也存在不同观点,[22]但行政行为的基本类型仍有规律可循,并且反映在《行政案件案由规定》确定的22类二级案由中。对照该案由规定,并考察司法实践中环境行政案件的具体情况,可以初步归纳环境行政案件包括以下类型。

一是环境行政处罚和环境行政强制。行政处罚和行政强制是典型的行政行为,相关立法基本成熟,相关理论朝向精准化发展,[23]也是环境行政领域常用的行为方式。环境行政的技术考量等需要反映在行政处罚和行政强制的决定过程中,因此环境行政处罚和环境行政强制应当成为行政处罚和行政强制的特殊类型。在95个样本案例中,行政处罚案件有81件、行政强制措施案件有3件,都属于比较典型的环境行政争议。

由于行政处罚和行政强制都有比较严格的程序规定,对环境行政处罚和环境行政强制案件的审理也主要关注程序合法,在证据取得、样本检测、听证参与、集体决策等方面都应当严格依照程序规定,否则作出的行政处罚或者行政强制措施的效力就存在法律上无效的可能。特别是环境行政处罚案件的取证程序可能成为争议的焦点,包括取证方法、频率甚至采样点的选择、时间点选择等都可能成为程序合法与否的争议焦点,而且对于环境监测和样品检测的资格也存在质疑的可能,有案件判决行政机关败诉就是因为取样程序不严谨导致证据的证明效力不足。

---

[20] 周伟:《论行政权是行政行为成立的唯一一般要件》,载《政治与法律》2016年第7期。

[21] 章志远:《行政行为概念之科学界定》,载《浙江社会科学》2003年第1期。

[22] 参见叶必丰:《行政行为原理》,商务印书馆2019年版,第60~74页。

[23] 参见章志远:《当代中国行政行为法理论发展的新任务》,载《学习与探索》2018年第2期。

对于行政处罚的裁量是环境行政处罚案件中常见的争议,也反映了对环境行政行为合理性的审查思路。从行政处罚的过罚相当原则出发,行政处罚的方式、行政罚款的数额应当与环境违法行为的危害程度相关,但是由于环境违法造成的危害后果的不确定性,对于行政处罚的裁量经常存在争议,甚至出现依赖生态环境行政主管部门与行政相对人协商罚款数额得到法院认定的案件,〔24〕也存在法院直接判决变更行政罚款额度的案件,〔25〕行政处罚方式也经常成为争议的焦点。

二是环境行政许可案件。《行政许可法》对行政许可进行了界定,但是许可的范围和类型仍有模糊之处,行政许可与行政审批的统合问题仍有待研究。〔26〕环境行政中有大量许可和审批,第一,排污许可和自然资源利用许可,排污许可和取水等自然资源利用许可是环境行政的基本方式,在全面推行排污许可和自然资源利用许可过程中,已经产生的行政争议是行政许可案件的重要类型。第二,环境影响评价审批,建设项目的环境影响评价文件由生态环境行政主管部门审批,产生的行政争议被归入行政许可类案件,〔27〕或者被笼统归入环境保护争议,〔28〕应当属于行政许可案件。但是《行政案件案由规定》中将"行政批复"作为独立的二级案由,实践中环境影响评价文件的审批也多用批复的形式,将环境影响评价文件审批行为的争议归入行政许可案件还是行政批复案件似可斟酌。

对于行政许可条件的把握是环境行政管理的难点之一,也是环境行政许可案件中常见的争议焦点。申请事项符合强制性标准通常被作为批准环境影响评价文件的关键因素,例如,在诉讼代表人姬某、孙某等与上海市普陀区生态环境局环境影响报告表审批意见纠纷案中,〔29〕生态环境行政主管部门即以项目的污染排放符合强制性标准为由批准了环境影响评价文件,法院也予以认可。但是,环境行政许可除了合法性裁量之外,是否需要实质的合理性裁量,如何确保环境

---

〔24〕 参见广州市番禺区环境保护局与广州佳旺餐具消毒有限公司环保处罚纠纷上诉案,广州铁路运输中级法院行政判决书,(2019)粤 71 行终 4369 号。

〔25〕 参见济源市生态环境局与济源市北方耐火材料有限公司环保处罚纠纷上诉案,河南省济源中级人民法院行政判决书,(2020)豫 96 行终 26 号。

〔26〕 参见章志远:《当代中国行政行为法理论发展的新任务》,载《学习与探索》2018 年第 2 期。

〔27〕 例如李某平与河北鹿泉经济开发区管理委员会、石家庄市鹿泉区人民政府等申请撤销行政批复案,河北省石家庄市中级人民法院行政判决书,(2020)冀 01 行终 140 号。

〔28〕 例如诉讼代表人姬某、孙某等与上海市普陀区生态环境局环境影响报告表审批意见行政行为案,上海市第三中级人民法院行政判决书,(2019)沪 03 行终 607 号。

〔29〕 参见上海市第三中级人民法院行政判决书,(2019)沪 03 行终 607 号。

行政行为主体充分且正确地运用了裁量权,才是环境行政许可案件司法审查的关键。

三是环境行政处理案件。责令改正违法行为是环境行政中常见的行政行为类型,样本案例中有3个案件是不服行政机关针对环境违法行为作出的责令改正违法行为的决定而提起的。尽管责令停止违法行为通常与行政处罚并列规定,而且行政命令和行政处罚之间还存在模糊之处,但是一般认为责令停止违法行为属于行政命令,[30]《行政案件案由规定》的"行政处理"二级案由下明确了"责令改正"三级案由,针对环境违法的责令停止决定的争议应当归入行政处理案件。

责令改正违法行为与行政处罚的关系,特别是两者能否并处可能存在争议,但法院明确责令改正决定的目的是及时纠正违法行为,作出责令改正决定后,并不影响作出罚款的行政处罚决定。[31] 另外一个争议是,责令改正或者责令停止的决定是否必须以法律特别是法律责任规则的明确规定为依据。环境行政管理过程中需要及时制止行政相对人的不适法行为,行政命令是最直接高效的方式,但是在缺乏法律明确规定时,行政机关作出的责令停止或者责令改正决定可能受到质疑。

四是环境行政协议案件。行政合同已经成为重要行政行为类型,环境行政合同也是实现环境管理目标的重要方式,[32]但也产生了不少争议并形成行政案件,[33]而且成为达成环境保护目标需要的特殊协议内容。对于行政协议纠纷的处理还存在不少争议,但是将其作为单独的一类行政案件已经为《行政案件案由规定》所确认,环境行政协议当属行政协议的一个重要类别,作为行政协议案件进行审理。

关于行政协议的范围还存在比较大的争议,有观点认为应以非市场行为性作为识别行政协议的关键要素,国有自然资源使用权出让协议等本质上应属于

---

[30] 曹实:《行政命令与行政处罚的性质界分》,载《学术交流》2016年第2期。

[31] 河南三诚机械设备有限公司与濮阳市华龙区环境保护局环保处罚纠纷上诉案,河南省濮阳市中级人民法院行政判决书,(2020)豫09行终37号。

[32] 张锋:《协商规制视阈下环境行政合同制度研究》,载《环境保护》2020年第9期。

[33] 例如东丰县润丰牧业有限公司与东丰镇人民政府、东丰县农业农村局等其他行政行为案,吉林省辽源市中级人民法院行政判决书,(2020)吉04行终16号。

民事合同的范畴,[34]但法院更倾向于认为国有土地使用权出让合同属于行政协议。[35] 环境行政协议特别是自然资源权出让协议的认定,应当以环境行政权的行使为判断要点,将行使环境行政权包括资源管理权的协议纳入行政协议的范畴,通过对行政协议的审理实现对环境行政权的司法监督。

五是环境行政给付案件。为实现环境保护目标,政府为企业提供资金补贴以促使企业履行一定的环境义务也是常见的管理措施,在补贴资金的发放或者收回中可能产生行政争议。[36] 行政给付最初主要限于民生领域特别是社会福利制度,近年已经逐步转向了社会建设,行政案件中的"给付"多用于社会福利金、抚恤金、行政奖励、农业补贴给付等。[37] 《行政案件案由规定》中"行政给付"二级案由下的三级案由仍以社会福利给付为主,但是环境保护财政补贴在性质上属于政府的行政给付,可以归入行政给付案件类别。

财政补贴是环境行政管理中常用的激励措施,有助于调动企业积极性并实现政府的环境保护目标,但是对于环保财政补贴的制度研究和立法规范都比较缺乏,如何确保财政补贴的合法性、合理性仍存在制度发展的空间。在立法不明确的前提下,对于政府财政补贴行为的司法审查应当起到规范环保财政补贴行为的作用,但是目前来看此类案件还比较少,检索到的案件是因为收回财政补贴资金而导致的,现实中更多的情况是发放财政补贴之后并不导致法律争议,或者即使存在争议也不会进入诉讼程序,环保财政补贴制度的完善和监督机制的健全都还有很大空间。

六是不履行环境管理职责案件。环境管理中行政不作为可能导致严重的环境损害特别是人身健康损害,而行政不作为的可诉性已经在立法上确认,《行政案件案由规定》也将不履行职责列为二级案由,不履行环境管理职责当归入不履行职责类行政案件。

行政不作为包括行政机关拒绝履行法定职责、未全面履行法定职责、迟延履行法定职责、缺乏事实和法律依据等情形,[38]而且行政不作为导致损害的,应根

---

[34] 王利明:《论行政协议的范围——兼评〈关于审理行政协议案件若干问题的规定〉第 1 条、第 2 条》,载《环球法律评论》2020 年第 1 期。

[35] 杨科雄:《国有土地使用权出让合同属于行政协议》,载《人民法院报》2017 年 2 月 8 日,第 6 版。

[36] 例如巢湖市石山生态养殖有限公司、巢湖市环境保护局环境保护行政管理案,安徽省合肥市中级人民法院行政判决书,(2020)皖 01 行终 177 号。

[37] 胡敏洁:《给付行政范畴的中国生成》,载《中国法学》2013 年第 2 期。

[38] 李云霖、晏赛舟:《行政不作为诉讼应对之实证研究》,载《江苏行政学院学报》2016 年第 2 期。

据过错推定原则追究不作为的赔偿责任。[39] 环境行政不作为是目前环境污染和破坏问题严重的重要原因，对环境行政不作为的司法监督必不可少，在环境行政公益诉讼之外，[40]一般行政诉讼也应当发挥重要的监督作用。在审判实践中，需要把握环境管理职责履行的标准，并根据履职条件、程序等判断行政机关是否存在不履行职责的情形。

另外，环境行政管理中的一些行政行为因非强制性等原因不属于可诉的行政行为，所引起的争议应当遵循其他途径解决，这在环境保护类行政案件中也有反映。我国行政法受管理论范式影响，大量的行政法律具有不可诉性，[41]但在当事人针对特定行政行为起诉时应当立案进行审查，环境行政管理中的不可诉行为应当作为相对独立的案件类型进行审查。从环境行政案件的范围划分角度，对环境行政管理中不可诉行为的认定也具有重要意义。

随着行政诉讼实践的发展，可能出现更多类型的环境管理领域的行政诉讼案件，是否按照环境行政案件纳入环境资源审判范围需要结合环境行政的特征进行具体分析。

## 六、展望：环境行政案件在环境司法体系中的坐标

环境行政的特殊性是对环境行政案件进行界分和分类的基础，而环境司法的专门化又产生了环境行政案件类型化的客观需求，立足于环境行政法律理论和环境司法实践开展环境行政案件的类型化研究仍有很长的路要走，其目标是提升环境行政审判的质量。从环境行政的基本目标出发，环境行政的风险性、技术性特征，决定了环境行政行为的作出需要更多的技术判断和预测，这需要更大的行政自由裁量空间。因此，对于环境行政行为的司法审查不仅要注重合法性审查，更要注重合理性审查，无论是环境行政的目标还是具体的行政措施都应当注重合理性。相对而言，行政行为的合理性审查是比合法性审查更加复杂的过程，这也是环境行政案件专业化审理的基本理由，而提升环境行政行为的合理性也是环境司法要追求的重要目标。换个角度来看，环境司法专门化发展有助于环境行政案件的专业化审理。

---

〔39〕 魏建新：《违法抑或过错：行政不作为赔偿归责原则的重构》，载《江汉论坛》2018 年第 11 期。

〔40〕 关于环境行政公益诉讼中行政不作为的司法审查，参见王清军：《环境行政公益诉讼中行政不作为的审查基准》，载《清华法学》2020 年第 2 期。

〔41〕 杨海坤、蔡翔：《行政行为概念的考证分析和重新建构》，载《山东大学学报（哲学社会科学版）》2013 年第 1 期。

在环境司法体系中,环境行政案件的审理还需要考虑与环境民事案件、环境刑事案件的衔接问题。环境案件的民行交叉问题已经引起理论界和实务界的关注,在环境民事案件审判中对行政管制措施、行政行为的效力问题已有一些考虑,在环境行政案件审理中,对环境行政行为合理性的审查也应当将其民事效果考虑进来,将行政行为对相关当事人民事权利的影响作为判断其合理性的因素。在民事诉讼和行政诉讼分立的制度框架下,环境民事案件和行政案件审理中应当在操作层面建立相互之间的联系,以便推进环境纠纷的综合处理。2021 年《行政处罚法》的修改明确了行政处罚和刑罚处罚的程序衔接规则,也为环境行政案件和环境刑事案件审理的相互衔接指明了方向,对于环境行政案件审理过程中发现的涉嫌犯罪等问题如何处理,都需要在环境司法体系化的框架下进一步研究,以推动不同类型环境案件审理程序的衔接。

# 环境资源刑事案件的分布与司法样态

焦艳鹏

## 一、研究对象与研究方法

本报告对2020年我国环境资源刑事司法状况进行了基于统计的分析。报告以中国司法大数据研究院提供的以中国裁判文书网数据库的2020年我国环境资源审判相关数据为基础,辅以个案分析,力图描绘出生态文明建设与审判体系和审判能力现代化建设背景下,我国环境资源刑法保护的基本情况与司法效能的实现程度等,以资为我国生态文明法治建设、刑事法治建设的发展提供相应的观察与分析坐标。

本报告主要对2020年我国《刑法》第六章第六节所包括罪名的审结情况进行了统计分析。涉及罪名包括:(1)污染环境罪(《刑法》第338条);(2)非法捕捞水产品罪(《刑法》第340条);(3)非法猎捕、杀害珍贵、濒危野生动物罪(《刑法》第341条);(4)非法收购、运输、出售国家重点保护的野生动物、珍贵、濒危野生动物制品罪(《刑法》第341条);(5)非法狩猎罪(《刑法》第341条);(6)非法占用农用地罪(《刑法》第342条);(7)非法采矿罪(《刑法》第343条);(8)破坏性开采罪(《刑法》第343条);(9)非法采伐、毁坏国家重点保护植物罪(《刑法》第344条);(10)非法收购、运输、加工、出售国家重点保护植物、国家重点保护植物制品罪(《刑法》第344条);(11)盗伐林木罪(《刑法》第345条);(12)滥伐林木罪(《刑法》第345条);(13)非法收购、运输盗伐、滥伐的林木罪(《刑法》第345条)。[1]

## 二、环境资源刑事案件的地区分布

案件数量是反映案件发生情况的重要指标。案件数量的地区分布对分析案

〔1〕 我国《刑法》第339条规定了非法处置进口的固体废物罪与擅自进口固体废物罪,但因中国裁判文书网中没有上述两个罪名的司法文书,故本报告缺乏对上述两个罪名的分析。

件的发案情况具有重要意义。下文将对 2020 年我国环境资源刑事案件的发案数量进行统计与分析。

(一)全国及省级行政区数量的分布概况

表 4 - 1 为 2020 年各地审判机关审理的环境资源刑事案件数量表,图 4 - 1 为全国及各省级行政区域的数量统计与按照数量从高到低的柱状分布图。

**表 4 - 1　2020 年全国省级行政区域环境资源刑事案件数量**

单位:件

| 地区 | 案件数量 | 地区 | 案件数量 |
|---|---|---|---|
| 河南省 | 1998 | 辽宁省 | 713 |
| 云南省 | 1893 | 山东省 | 701 |
| 广西壮族自治区 | 1861 | 黑龙江省 | 654 |
| 湖南省 | 1566 | 内蒙古自治区 | 589 |
| 江西省 | 1327 | 上海市 | 270 |
| 广东省 | 1274 | 陕西省 | 245 |
| 湖北省 | 1241 | 山西省 | 194 |
| 重庆市 | 1190 | 新疆维吾尔自治区 | 153 |
| 吉林省 | 1141 | 甘肃省 | 143 |
| 浙江省 | 1105 | 天津市 | 95 |
| 四川省 | 1070 | 青海省 | 84 |
| 安徽省 | 974 | 北京市 | 57 |
| 江苏省 | 936 | 海南省 | 52 |
| 河北省 | 919 | 宁夏回族自治区 | 36 |
| 贵州省 | 843 | 西藏自治区 | 16 |
| 福建省 | 843 | 其他 | 10 |
| 总计 | 24193 | | |

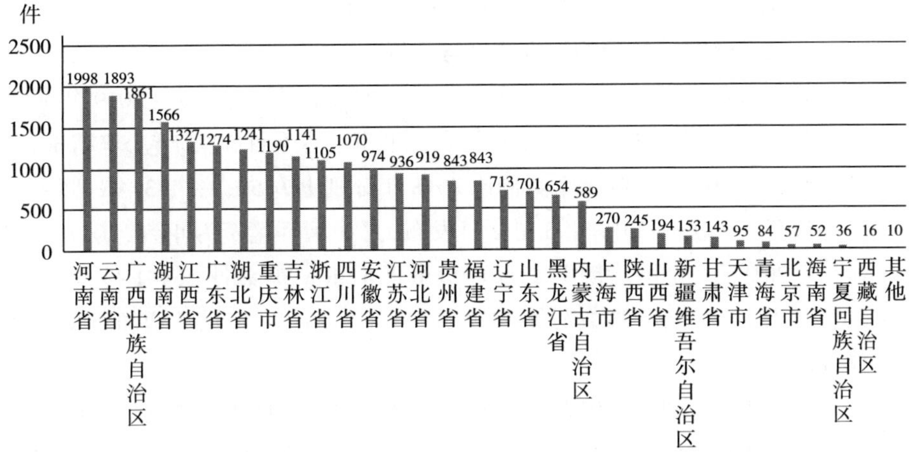


**图 4－1　2020 年全国省级行政区域环境资源刑事案件数量**

从表 4－1、图 4－1 可知，2020 年全国审判机关审理的环境资源类刑事案件共计 24193 件。将上述案件按照我国传统的 31 个省级行政区的方式进行数量排列，可分为数量高位、数量中位、数量低位三种类型。

**1. 数量高位省份及数量**

数据显示，2020 年环境资源刑事案件数量最多的为河南省，达 1998 件；其次为云南省，为 1893 件；再次为广西壮族自治区，为 1861 件。排名第 4 的为湖南省，为 1566 件；排名第 5 的为江西省，为 1327 件。排名第 6 至第 10 的分别为广东省、湖北省、重庆市、吉林省、浙江省，数量分别为 1274 件、1241 件、1190 件、1141 件、1105 件。案件数量排名第 11 的为四川省，为 1070 件。上述 11 个省级行政区域 2020 年的环境资源刑事案件数量均超过了 1000 件。

**2. 数量中位省份及数量**

2020 年环境资源类刑事案件数量排名第 12 至第 21 的分别是：安徽省，974 件；江苏省，936 件；河北省，919 件；贵州省，843 件；福建省，843 件；辽宁省，713 件；山东省，701 件；黑龙江省，654 件；内蒙古自治区，589 件；上海市，270 件。

**3. 数量低位省份及数量**

2020 年环境资源类刑事案件数量排名后 10 的分别是（按照数量最少倒序排列）：西藏自治区，16 件；宁夏回族自治区，36 件；海南省，52 件；北京市，57 件；青海省，84 件；天津市，95 件；甘肃省，143 件；新疆维吾尔自治区，153 件；山西省，194 件；陕西省，245 件。

### (二)全国及省级行政区数量的基本分析

#### 1. 对全国案件数量的初步评价与分析

最高人民法院 2020 年 5 月发布的《中国环境资源审判(2019 年)》显示:"2019 年,全国法院共受理各类环境资源刑事一审案件 39957 件,审结 36733 件,判处罪犯 114633 人,收结案数同比 2018 年分别上升 50.9%、43.4%"。[2]

最高人民法院 2019 年 3 月 2 日发布的《中国环境资源审判(2017-2018)》显示:"2018 年,全国法院共受理环境资源刑事一审案件 26481 件,审结 25623 件。同比 2017 年,受理数增加 3752 件,上升 16.51%;审结数增加 2986 件,上升 13.19%。"[3]

由上述信息可知,2017 年、2018 年、2019 年全国环境资源刑事案件的审结数量分别为 22637 件、25623 件、36733 件。上述数量呈现逐年上升且在 2019 年大幅上升的态势。相比于上文中所言的 2020 年全国环境资源刑事案件审结数量为 24193 件而言,2020 年的案件数量比 2019 年大幅下降,且比 2018 年数量还少。2020 年比 2019 年的下降数量为 12540 件,降幅达到了 34.4%。

关于 2020 年全国环境资源刑事审结案件数量比 2019 年大幅下降的原因,笔者认为,首要原因可能是新冠肺炎疫情对全国经济与社会、人民群众生活的影响较大。2020 年上半年尤其是 2020 年 2~4 月,受新冠肺炎疫情影响,全国不少区域的生产、生活活动受到严重影响,一些地区的生产活动甚至处于基本停滞状态,这对于以林木、水产、矿产、土地等生态要素为犯罪对象的环境资源犯罪的发案形成了客观影响,成为案件数量下降的主要原因。

虽受疫情等因素影响,2020 年全国环境资源刑事案件数量比 2019 年显著下降,但绝对数量仍达到了 24193 件,与 2017 年的 22637 件基本属于同一数量级。笔者认为,这表明中国环境资源类刑事案件数量与宏观经济运行虽具有一定的关联度,但与微观的环境资源类开发、利用、使用等生产类或生活类活动具有更高的关联度,其与环境资源特别是自然资源所在地居民的生活活跃度有密切关系。

---

[2] 《中国环境资源审判(2019 年)》,载 http://www.court.gov.cn/zixun-xiangqing-228351.html,最后访问日期:2021 年 2 月 11 日。

[3] 《中国环境资源审判(2017-2018)》,载 http://www.court.gov.cn/zixun-xiangqing-228351.html,最后访问日期:2021 年 2 月 11 日。

**2. 对省级区域案件数量分布情况的初步分析**

从上述省级行政区域2020年环境资源刑事案件的数量统计,我们可归纳出如下几个特点。

第一,环境资源刑事案件的数量与地理自然环境、生态环境资源总量、人口数量等存在紧密的正相关关系。由表4－1和图4－1可知,2020年环境资源刑事案件数量处于高位的10个省级行政区域中,除吉林省外,其余9个均为中国中南部省份,典型的如云南省、广西壮族自治区、江西省、湖南省、广东省等。这些省份区域面积较大、生态要素多样、植被良好。在生态要素方面,如云南省,是我国的"动物王国""植物王国",涉及动植物犯罪的数量相对其他地区数量更多一些。关于人口因素,如河南省,有近1亿人口,近年来经济发展较为活跃,人与生态环境交互较多,使得该省的环境资源刑事案件数量居于全国首位,2020年达到了1998件。

第二,环境资源刑事案件的数量与经济总量、经济发展水平不存在直接的正相关关系,而是表现出复杂的相互影响关系。数量统计显示,2020年环境资源刑事案件数量最多的10个省区市中,排名前5的河南省、云南省、广西壮族自治区、湖南省、江西省,均为我国经济总量与经济发展水平处于中位的省区市,而我国经济总量处于最前列的广东省、浙江省、江苏省、山东省,在2020年环境资源刑事案件数量排名中分别居于第6、第10、第13、第18的位置,这表明,经济总量与环境资源刑事案件的数量并不存在直接的正相关关系。众所周知,广东省是我国经济总量最大的省级行政区,其经济总量已超过10万亿元人民币,相当于加拿大等国家的经济体量,但其环境资源类案件的数量却比河南省、广西壮族自治区、云南省等省区市要低,这其中的原因值得深入思考与研究。

第三,数量低位省区市的原因多样,应高度关注环境资源领域的"犯罪黑数"现象。由上文统计数据可知,2020年环境资源刑事案件数量处于全国低位的10个省级行政区中既包括北京市、天津市、海南省等面积较小的行政区域,也包括西藏自治区、新疆维吾尔等国土面积较大的省级行政区,笔者认为,上述两类地区案件数量较少的原因并不相同。北京市、天津市这样的地区,基本上于处于平原地带,生态环境要素数量与种类有限,所以其案件数量较少,而对于新疆维吾尔、西藏自治区等国土面积巨大的省级行政区而言,案件数量较少,可能与经济开发活动相对较少,生态环境受到的干预较少有一定关系。

但需引起高度重视的是,在案件数量较少的陕西省、甘肃省,青海省等,近年来均发生了引起全国关注的严重破坏生态环境的重大恶性事件,如陕西省的秦岭开发别墅事件、甘肃省的祁连山生态破坏事件、青海省的木里保护区非法露天采煤事件等,破坏生态的行为是否在这些地区全部进入了刑事案件范畴,这些地区案件数量较少,是否是因为存在“犯罪黑数”现象,值得高度关注。

## 三、环境资源刑事案件的罪名分布

《刑法》第6章第6节规定了15个罪名。统计资料显示,上述15个罪名在“中国裁判文书网”数据库中2020年共有13个罪名存在相应的刑事判决书,其中《刑法》第339条规定的“非法处置进口的固体废物罪”与“擅自进口固体废物罪”不存在司法判决书。因此本文中对2020年环境资源刑事案件的统计分析实际上包括除上述两个罪名之外的13个罪名的全国审结案件的数量情况。

表4-2为前述《刑法》第6章第6节13个罪名2020年全国环境资源刑事案件分罪名数量统计表。需要说明的是,非法占用耕地罪并非严格意义上的独立罪名,而是非法占用农用地罪的具体形式之一,但在中国裁判文书网中由于字段的设计,将9个属于非法占用耕地形式的非法占用农用地犯罪作为独立罪名进行了统计(表4-2和图4-2中有显示)。本统计分析报告将不对上述9件案件做专门分析。

**表4-2 2020年全国环境资源刑事案件分罪名数量统计**

单位:件

| 罪　　名 | 数量 |
|---|---|
| 滥伐林木罪 | 4614 |
| 非法捕捞水产品罪 | 4608 |
| 非法采矿罪 | 2834 |
| 非法占用农用地罪 | 2832 |
| 非法狩猎罪 | 2681 |
| 污染环境罪 | 1986 |
| 非法收购、运输、出售珍贵、濒危野生动物、珍贵、濒危野生动物制品罪 | 1544 |
| 盗伐林木罪 | 1477 |
| 非法猎捕、杀害珍贵、濒危野生动物罪 | 709 |
| 非法采伐、毁坏国家重点保护植物罪 | 661 |
| 非法收购、运输、加工、出售国家重点保护植物、国家重点保护植物制品罪 | 134 |

续表

| 罪　　名 | 数量 |
| --- | --- |
| 非法收购、运输盗伐、滥伐的林木罪 | 102 |
| 非法占用耕地罪 | 9 |
| 破坏性开采罪 | 2 |
| 总计 | 24193 |

图 4－2 为 2020 年基于罪名的环境资源刑事案件数量的统计图。

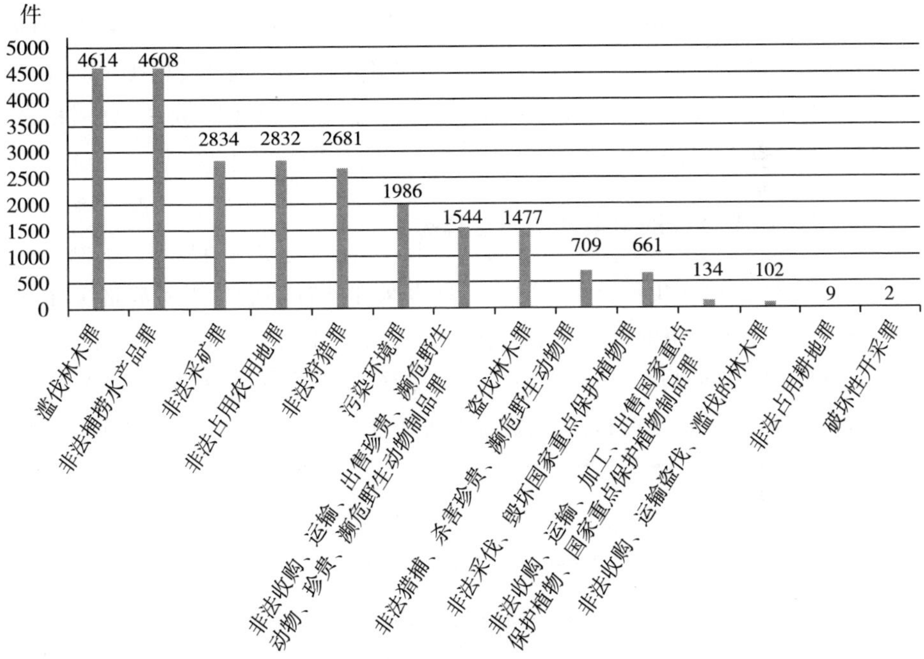


**图 4－2　2020 年全国环境资源刑事案件分罪名数量统计**

从表 4－2、图 4－2 可知，2020 年我国环境资源刑事案件中发案数量排名前 5 的分别为滥伐林木罪（4614 件）、非法捕捞水产品罪（4608 件）、非法采矿罪（2834 件）、非法占用农用地罪（2832 件）、非法狩猎罪（2681 件），上述 5 个罪名的案件数量总和为 17569 件，占 2020 年我国环境资源刑事案件总数（24193 件）的 72.6%。

从上述案件分罪名的数量统计可知，13 种犯罪的年度发案数量存在巨大差异，其中滥伐林木罪以 4614 件居于环境资源类案件数量首位；非法捕捞水产品罪案件数量紧随其后，达 4608 件。前述两类案件的总数占 2020 年全国环境资源刑事案件数量的 38.1% 。

涉林木类犯罪案件数量较大。除滥伐林木罪案件数量(4614 件)处于该类犯罪数量首位外,盗伐林木罪的案件数量达 1477 件,非法收购、运输盗伐、滥伐的林木罪的犯罪案件数量也有 102 件,上述三类涉林木类犯罪案件的总量达 6193 件,占 2020 年全国环境资源类刑事案件总量的 25.6% ,是各类生态要素犯罪案件中数量最多的一类犯罪。

污染环境罪案件数量处于中位。近年来,污染环境犯罪的惩治受到社会各界的广泛关注。但从上述 2020 年全国环境资源刑事案件数量的分罪名统计中我们发现,《刑法》第 338 条所确立的污染环境罪 2020 年的审结数量为 1986 件。在本报告的 13 种环境资源类犯罪中,位居第 6 位,处于中位,相比于滥伐林木罪(4614 件)、非法捕捞水产品罪(4608 件)而言,数量并不算太大,分别相当于上述两类案件数量的 43.0% 与 43.1% 。

## 四、环境资源刑事案件的司法样态

下文将对 2020 年我国环境资源刑事案件进行基于分罪名数量统计的综合分析。我们将环境资源类刑事案件区分为污染环境类犯罪与破坏生态类犯罪;在破坏生态类犯罪中,根据生态要素的差异,又区分为涉水环境犯罪、动物资源类犯罪、植物资源类犯罪、土地资源类犯罪、矿产资源类犯罪、涉林环境犯罪等。

### (一)污染环境犯罪案件的样态

以下是《刑法》第 338 条规定的污染环境罪在 2020 年的审结案件数量及省级行政区域分布的数量表(见表 4 - 3)与数量图(见图 4 - 3)。

**表 4 - 3　2020 年全国污染环境罪审结案件分省区市数量**

单位:件

| 地区 | 案件数量 | 地区 | 案件数量 |
|---|---|---|---|
| 河北省 | 374 | 江西省 | 80 |
| 广东省 | 313 | 安徽省 | 69 |
| 山东省 | 232 | 辽宁省 | 67 |
| 江苏省 | 196 | 福建省 | 50 |
| 河南省 | 155 | 湖南省 | 47 |
| 浙江省 | 152 | 重庆市 | 38 |

续表

| 地区 | 案件数量 | 地区 | 案件数量 |
|---|---|---|---|
| 山西省 | 34 | 陕西省 | 9 |
| 广西壮族自治区 | 31 | 黑龙江省 | 8 |
| 湖北省 | 24 | 宁夏回族自治区 | 7 |
| 四川省 | 19 | 贵州省 | 5 |
| 天津市 | 16 | 甘肃省 | 2 |
| 云南省 | 14 | 青海省 | 2 |
| 上海市 | 12 | 海南省 | 1 |
| 内蒙古自治区 | 10 | 新疆维吾尔自治区 | 1 |
| 北京市 | 9 | 西藏自治区 | 0 |
| 吉林省 | 9 | 其他 | 0 |
| 总计 | 1986 | | |

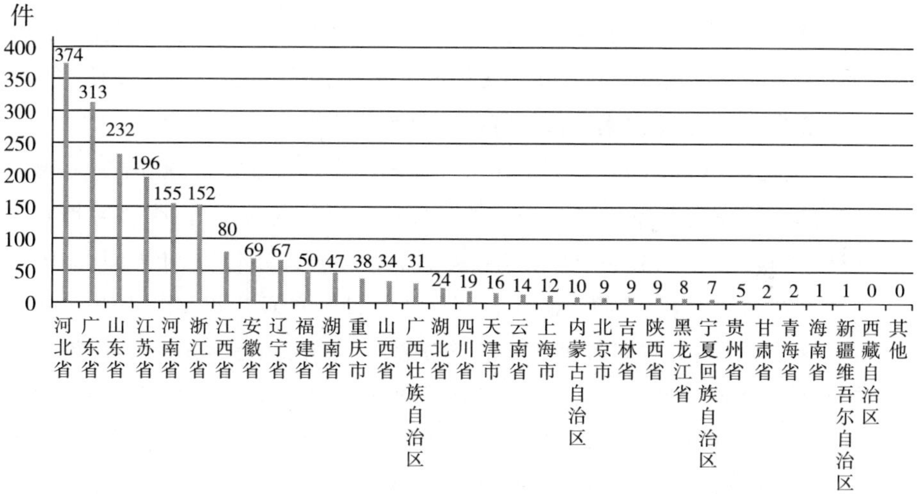


**图 4－3　2020 年全国污染环境罪审结案件分省区市数量**

**1. 污染环境犯罪案件全国总量的分析**

从表 4－3 和图 4－3 可知，2020 年我国污染环境罪全国审结案件数量为 1986 件。数据显示，2017 年、2018 年、2019 年我国污染环境罪的审结案件数量大致为 1883 件、2027 件、1949 件。[4] 对比上述数据可知，相比于过往几年，

〔4〕 参见吕忠梅等：《中国环境司法发展报告(2019 年)》，法律出版社 2020 年版。

2020 年的数据既没有明显增加,也没有明显减少,这表明,污染环境犯罪的发案率在我国当前具有相对稳定性。这与笔者过去几年对该领域案件数量的研判基本吻合。关于污染环境犯罪案件数量相对稳定的理由,笔者在上一年度的报告中已进行过分析,本报告不再累述。[5]

值得思考的是:新冠肺炎疫情是否对 2020 年污染环境罪的发案造成了一定影响?笔者认为,这是不容忽视的重要因素。2020 年上半年,全国大部分地区工业开工不足,尤其是中小型企业因外贸订单减少或供应链断裂而产生了停工停产现象。另外,也不排除部分地区复工复产后,生态环境监督管理可能存在一定程度的放松。但因上述 1986 件的年度发案数与前一年度相比,不存在明显下降趋势,因此我们也不能将 2020 年污染环境犯罪案件数量有一定比例的下降的主要原因归结为新冠肺炎疫情的影响。另外,我们也需注意,由于刑事司法程序的影响,上述 2020 年审结案件的案发时间有相当大比例是在 2019 年甚至更早一些时间的,而是否因受新冠肺炎疫情影响导致部分地区污染环境犯罪案件数量下降,将可能在 2021 年的案件审结数量中体现。因此从这个角度而言,也不能得出新冠肺炎疫情与 2020 年案件数量略有下降存在直接关系的结论。

**2. 污染环境犯罪案件省级行政区数量的分析**

从表 4 - 3 和图 4 - 3 可知,2020 年全国污染环境罪案件的分省区市数量呈现较大差异。案件数量排名前 5 的省级行政区域分别为:河北省(374 件)、广东省(313 件)、山东省(232 件)、江苏省(196 件)、河南省(155 件)。年度超过 100 件的还有浙江省(152 件)。我们注意到,江西省以 80 件位列第 7,安徽省以 69 件位列第 8。

将 2020 年分省区市案件数量结合表 4 - 4 中 2015 ~ 2019 年污染环境罪发案数量处于高位的 5 个省份的案件数量变化表进行对比可发现:第一,河北省案件数量居高不下,已连续两年居于全国首位;第二,浙江省污染环境罪案件数量近年来持续下降,2020 年已下降至全国第 6 位,这与 2015 ~ 2019 年浙江省污染环境罪案件总量为 1505 件(居于全国第 2 位)形成强烈反差;第三,广东省污染环境罪案件数量呈上升趋势,2020 年达 313 件,其数量仅次于河北省且与河北省同处年度 300 ~ 400 件的数量级;第四,河南省污染环境罪案件数量首次进入全国前 5(2020 年为 155 件);第五,江西省 2020 年污染环境犯罪案件数量居于全国第 7 位(为 80 件)、安徽省居于全国第 8 位(为 69 件)。

---

〔5〕 参见吕忠梅等:《中国环境司法发展报告(2019 年)》,法律出版社 2020 年版。

**表 4－4　2015～2019 年部分地区污染环境罪一审案件年度数量统计**

单位：件

| 省份 | 2015 年 | 2016 年 | 2017 年 | 2018 年 | 2019 年 | 总计 |
|---|---|---|---|---|---|---|
| 河北省 | 292 | 257 | 274 | 330 | 377 | 1530 |
| 浙江省 | 504 | 413 | 254 | 189 | 145 | 1505 |
| 广东省 | 73 | 199 | 308 | 361 | 248 | 1189 |
| 山东省 | 130 | 214 | 283 | 223 | 213 | 1063 |
| 江苏省 | 97 | 113 | 158 | 188 | 201 | 757 |
| 检索信息如下：<br>检索日期：2020 年 2 月 14 日；检索数据库：中国裁判文书网；<br>检索内容：上述数据库中河北省、浙江省、广东省、山东省、江苏省 5 省基层人民法院作出的以污染环境罪为确定罪名的刑事一审判决书的年度数量 | | | | | | |

资料来源：吕忠梅等：《中国环境司法发展报告（2019 年）》，法律出版社 2020 年版。

针对上述分析结果，对比过去 5 年污染环境罪的地区发案率，可发现一个重大的趋势性变化，即虽然污染环境罪的发案数量仍然呈现“东部多、中西部少”的整体样态，但东部地区省份与中部地区省份的案件数量的不均衡状态发生了明显变化，东部地区省份案件数量出现了相对稳定（如河北省、山东省）或显著下降（如浙江省、江苏省）趋势，但中部地区一些省份（如河南省、江西省、安徽省）出现了显著增加趋势。

上述发现表明，我国污染环境罪的发案情况发生了显著的时空变化。其可能存在的原因是：

第一，东部地区省份环境行政执法与刑事司法的效能得到了较好实现。由于环保巡查、环保督察等新治理模式以及常态化的生态环境行政执法等因素，东部地区一些省份（如浙江省、江苏省）的污染环境罪案件数量较之以往明显下降；上述地区的环境行政执法与刑事司法已经发挥了较好效能，在污染环境犯罪领域，刑法的惩罚与预防功能实现了较好配置，多种原因促使上述地区污染环境犯罪新发案件数量下降。

第二，中部地区省份环境行政执法与刑事司法的效能开始逐步显现。自 2011 年《刑法修正案（八）》修改《刑法》第 338 条确立“污染环境罪”以来，我国确立了常态性运用刑法惩治污染环境犯罪的刑事政策，但东中西部发案数量差异极大，浙江省年度案件数量一度达到 300～500 件的数量级，且一度占到全国近 1/3，而中西部地区案件数量稀少，部分省份甚至为个位数。出现这种情况的重要原因之一在于,中西部地区环境行政执法的力度有限,向审判机关移送的涉嫌污染环境犯罪的案件数量有限。其深层次的原因在于,这些地区对落实国家的生态环境刑事政策的理解力、执行力相对有限,从而处于能力建设时期。我们可喜地发现,经过近些年来的能力建设,中部地区省份在打击污染环境犯罪,移送涉嫌污染环境犯罪案件、判处污染环境犯罪案件方面的能力已大大提高。

(二)破坏生态犯罪案件的样态

**1. 涉水环境犯罪案件**

涉水环境犯罪案件,是指我国《刑法》第 340 条规定的“非法捕捞水产品罪”。表 4－5 和图 4－4 为 2020 年我国法院审结的“非法捕捞水产品罪”案件数量的总量及分省区市的案件数量图表:

**表 4－5　2020 年全国非法捕捞水产品罪审结案件分省区市数量**

单位:件

| 地区 | 案件数量 | 地区 | 案件数量 |
|---|---|---|---|
| 重庆市 | 859 | 福建省 | 29 |
| 湖南省 | 529 | 云南省 | 28 |
| 河南省 | 500 | 吉林省 | 21 |
| 浙江省 | 375 | 辽宁省 | 15 |
| 湖北省 | 334 | 天津市 | 13 |
| 四川省 | 331 | 陕西省 | 6 |
| 江苏省 | 317 | 内蒙古自治区 | 4 |
| 贵州省 | 248 | 北京市 | 4 |
| 广西壮族自治区 | 229 | 青海省 | 4 |
| 上海市 | 226 | 海南省 | 3 |
| 安徽省 | 173 | 其他 | 1 |
| 广东省 | 135 | 山西省 | 0 |
| 江西省 | 73 | 宁夏回族自治区 | 0 |
| 河北省 | 61 | 甘肃省 | 0 |
| 山东省 | 45 | 新疆维吾尔自治区 | 0 |
| 黑龙江省 | 45 | 西藏自治区 | 0 |
| 总计 | 4608 | | |

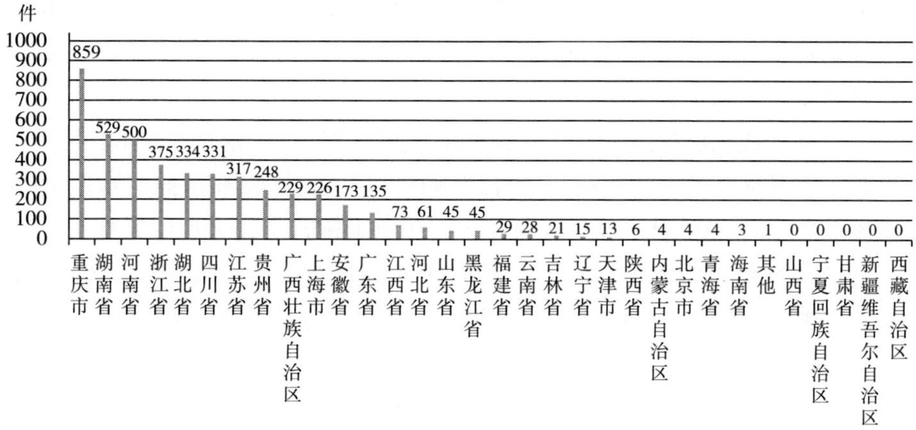


**图 4－4　2020 年全国非法捕捞水产品罪审结案件分省区市数量**

从表 4－5、图 4－4 可知，2020 年全国非法捕捞水产品罪刑事案件达 4608 件，仅次于滥伐林木罪，为我国第二高发的环境资源类刑事案件。依据《刑法》第 340 条以及相关司法解释的规定："在内陆水域非法捕捞水产品 500 公斤或价值 5000 元以上"或"在海洋区域非法捕捞水产品 2000 公斤或价值 2 万元以上的"即达到非法捕捞水产品罪的刑事立案标准。考察相应司法文书可知，上述入罪方式是非法捕捞水产品罪在实践中最常见和比例最大的入罪方式。依据对"捕捞"行为以及上述"500 公斤"与"2000 公斤"的数量级的理解，该类行为在实践中多表现为用网等工具在内陆水域或海洋非法捕捞鱼类等水产品的行为。

从上述 2020 年非法捕捞水产品罪的数据表可知，数量前 15 的省级行政区分别为：重庆市（859 件）、湖南省（529 件）、河南省（500 件）、浙江省（375 件）、湖北省（334 件）、四川省（331 件）、江苏省（317 件）、贵州省（248 件）、广西壮族自治区（229 件）、上海市（226 件）、安徽省（173 件）、广东省（135 件）、江西省（73 件）、河北省（61 件）、山东省（45 件）。

上述 15 个省级行政区，全部为海洋经济或内陆水域较为发达的省级行政区。上述区域中 6 个属沿海区域（浙江省、广东省、江苏省、山东省、河北省、上海市）。长江流域流经的省级行政区域，除青海省、云南省两个长江上游省份外，其他所有省级行政区全部在前述案件总数前 15 位之列。这表明，长江流域是我国非法捕捞水产品犯罪的集中区、高发区。在上下游关系中，我们发现，处于长江上游地区的重庆市 2020 年非法捕捞水产品罪的数量高居全国首位，达到了

859 件。长江干流流经区域较大的湖北省、安徽省、江苏省等非法捕捞水产品犯罪的数量也相对较多,分别达到了 334 件、173 件、317 件。长江下游的上海市案件数量也达到了 226 件。

在上述长江流域的案件数量分析中,除上海市、江苏省的案件中存在一定比例的海洋区域的非法捕捞行为外,我们可以初步认为,非法捕捞水产品的行为在长江上中下游全流域是普遍存在且各地也进行了较为严厉的打击。这既与长江流域面积广大、干流长、支流多,非法捕捞行为绝对数量多有关,也与近年来长江流域落实"共抓大保护"背景下较为严厉的渔业行政执法与刑事司法相关。

在上述分省区市非法捕捞水产品罪的数量统计中,也有些数据值得我们进一步思考与查找原因,如:第一,海南省作为我国海洋经济发达的重要省份,其 2020 年案件数量仅为 3 件,原因何在?第二,福建省既有内陆水域,又是东部沿海省份,案件数量相对也较小,其原因是否也值得分析?第三,青海省、宁夏回族自治区、甘肃省、陕西省、山西省等沿黄河省份,案件数量稀少,甚至案件数量为 0,与长江流域案件数量形成极大反差,除了流域面积、水量等比长江较小之外,是否存在渔业行政执法与刑事司法力度较弱的可能?这些问题值得深入思考。

**2. 野生动物资源犯罪案件**

野生动物资源犯罪案件,是指以野生动物为犯罪对象的资源类刑事案件。该类犯罪涉及三个罪名,即非法猎捕、杀害珍贵、濒危野生动物罪;非法收购、运输、出售珍贵濒危野生动物、珍贵、濒危野生动物制品罪;非法狩猎罪。下文分别对其案发情况进行简要分析。

(1)非法猎捕、杀害珍贵、濒危野生动物罪

下面为 2020 年全国非法猎捕、杀害珍贵、濒危野生动物罪数量与分省区市数量图表(见表 4-6、图 4-5)。

**表 4－6　2020 年全国非法捕猎、杀害珍贵、濒危野生动物罪审结案件分省区市数量**

单位：件

| 地区 | 案件数量 | 地区 | 案件数量 |
|---|---|---|---|
| 云南省 | 208 | 黑龙江省 | 11 |
| 四川省 | 73 | 安徽省 | 8 |
| 广东省 | 46 | 吉林省 | 7 |
| 福建省 | 40 | 河北省 | 6 |
| 江西省 | 39 | 江苏省 | 4 |
| 贵州省 | 31 | 山东省 | 4 |
| 青海省 | 27 | 辽宁省 | 4 |
| 河南省 | 24 | 西藏自治区 | 4 |
| 陕西省 | 23 | 宁夏回族自治区 | 3 |
| 重庆市 | 22 | 天津市 | 2 |
| 湖南省 | 22 | 内蒙古自治区 | 2 |
| 浙江省 | 21 | 海南省 | 2 |
| 湖北省 | 21 | 山西省 | 2 |
| 新疆维吾尔自治区 | 18 | 其他 | 2 |
| 广西壮族自治区 | 16 | 北京市 | 1 |
| 甘肃省 | 16 | 上海市 | 0 |
| 总计 | 709 | | |

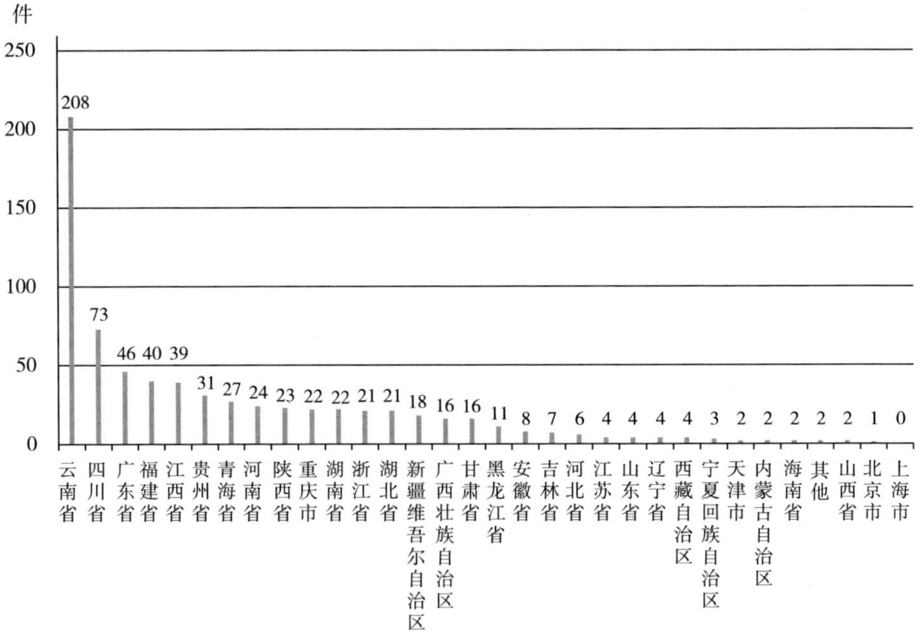


**图 4－5　2020 年全国非法捕猎、杀害珍贵、濒危野生动物罪审结案件分省区市数量**

由表 4－6 和图 4－5 可知,2020 年全国非法猎捕、杀害珍贵、濒危野生动物罪共审结 709 件。上述 709 件案件呈现较大的不规则分布,其中数量最多的为云南省,数量为 208 件。其次为四川省,为 73 件;再次为广东省,为 46 件;排名第 4 至第 10 的分别为:江西省(39 件)、贵州省(31 件)、青海省(27 件)、河南省(24 件)、陕西省(23 件)、重庆市(22 件)、湖南省(22 件)。

我们注意到,有 14 个省级行政区该类案件 2020 年的审结数量为个位数,即安徽省、吉林省、河北省、江苏省、山东省、辽宁省、西藏自治区、宁夏回族自治区、天津市、内蒙古自治区、海南省、山西省、北京市、上海市。

上述数据表明:第一,非法猎捕、杀害珍贵、濒危野生动物罪的发案与野生动物资源的地理分布有直接关系。云南省、四川省是我国珍贵、濒危野生动物资源最为集中的地区,这两个省级行政区案件数量分列第 1 位与第 2 位与此直接相关。第二,我国南方地区此类犯罪的案件数量明显高于北方。数量排名前 10 的省级行政区中除河南省、陕西省之外,其余皆为我国南方地区省份。第三,全国有近半数省级行政区该类犯罪数量为个位数,表明该类犯罪并非普遍性犯罪。

(2)非法收购、运输、出售珍贵、濒危野生动物、珍贵、濒危野生动物制品罪

表4－7和图4－6为2020年全国非法收购、运输、出售珍贵、濒危野生动物、珍贵、濒危野生动物制品罪的全国数量与分省区市数量图表。

**表4－7　2020年全国非法收购、运输、出售珍贵、濒危野生动物、珍贵、濒危野生动物制品罪分省区数量**

单位:件

| 地区 | 案件数量 | 地区 | 案件数量 |
| --- | --- | --- | --- |
| 云南省 | 360 | 天津市 | 24 |
| 广东省 | 171 | 上海市 | 24 |
| 浙江省 | 125 | 陕西省 | 23 |
| 江苏省 | 103 | 安徽省 | 19 |
| 四川省 | 83 | 青海省 | 16 |
| 福建省 | 74 | 吉林省 | 15 |
| 广西壮族自治区 | 74 | 贵州省 | 14 |
| 河南省 | 66 | 黑龙江省 | 13 |
| 湖南省 | 59 | 内蒙古自治区 | 12 |
| 河北省 | 49 | 山西省 | 9 |
| 江西省 | 35 | 北京市 | 9 |
| 辽宁省 | 35 | 海南省 | 6 |
| 湖北省 | 32 | 甘肃省 | 4 |
| 新疆维吾尔自治区 | 30 | 宁夏回族自治区 | 3 |
| 重庆市 | 28 | 其他 | 3 |
| 山东省 | 24 | 西藏自治区 | 2 |
| 总计 | 1544 | | |

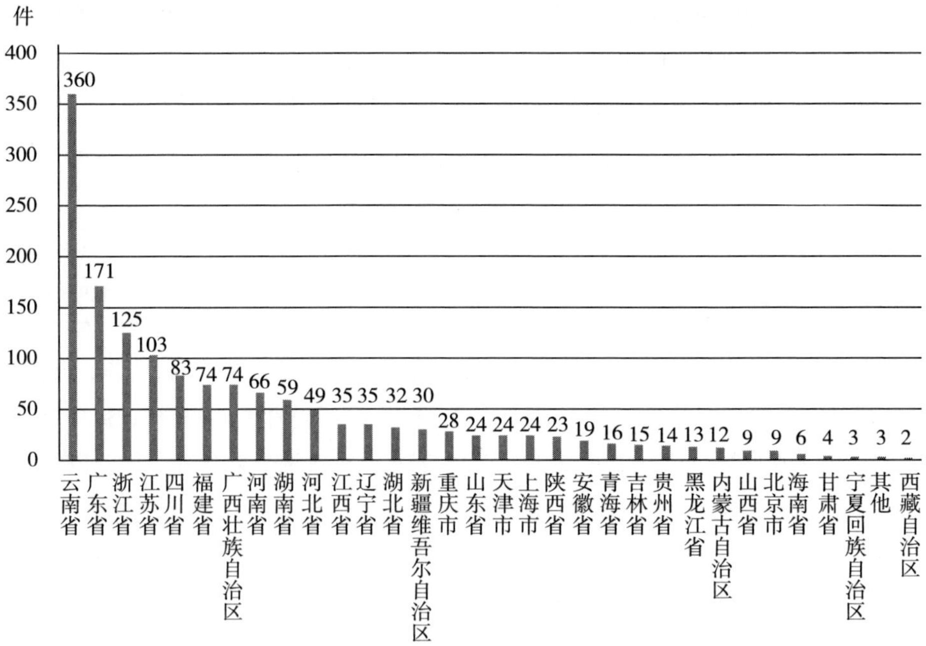


**图 4 - 6　2020 年全国非法收购、运输、出售珍贵、濒危野生动物、珍贵、濒危野生动物制品罪分省区市数量**

由表 4 - 7、图 4 - 6 可知,2020 年全国非法收购、运输、出售珍贵、濒危野生动物、珍贵、濒危野生动物制品罪的总量为 1544 件。这个数据大于同期全国非法猎捕、杀害珍贵、濒危野生动物罪的数量(2020 年的 709 件)。前者是后者数量的 2 倍多。这两个数据的差异性可能表明,在以珍贵、濒危野生动物为犯罪对象的相关犯罪中,过程性犯罪(如非法收购、运输、出售)比行为性犯罪(如非法猎捕、杀害)的数量更多一些。这也表明,该类犯罪具有明显的经济性,即非法猎捕、杀害行为绝大多数情形下是为了出售,而与出售相关的非法运输与非法收购行为也构成相关犯罪,因此惩治与打击针对珍贵、濒危野生动物的犯罪,核心在于斩断其利益链条。

由表 4 - 7、图 4 - 6 可知,该类犯罪也存在明显的地区差异性,且与前文中的非法猎捕、杀害珍贵、濒危野生动物罪的发案数量存在明显的地区相关关系,如云南省、广东省、四川省等的案件数量较多。需注意的是,浙江省、江苏省、天津市、上海市等省级行政区该类犯罪案件的数量明显多于本行政区域内前述非法猎捕、杀害珍贵、濒危野生动物罪的数量,其可能存在的原因是,上述区域属于东部经济发达地区,是野生动物及其制品的流入地,虽然不是非法猎捕、杀害珍贵、濒危野生动物的地理位置所在地,但却成为利益链条的一环,非法收购、非法运输、非法出售等行为环节往往在这些地区发生,从而构成了与野生动物相关的犯罪。

(3)非法狩猎罪

我国《刑法》第341条第2款规定:"违反狩猎法规,在禁猎区、禁猎期或者使用禁用的工具、方法进行狩猎,破坏野生动物资源,情节严重的,处三年以下有期徒刑、拘役、管制或者罚金。"此即为我国《刑法》规定的非法狩猎罪。相关司法解释对上述条文进行了解释,确立了非法狩猎罪的入罪标准。

表4-8和图4-7为2020年全国非法狩猎罪案件的总数及分省区市案件数量图表。

**表4-8 2020年全国非法狩猎罪案件分省区市数量**

单位:件

| 地区 | 案件数量 | 地区 | 案件数量 |
|---|---|---|---|
| 河南省 | 371 | 云南省 | 46 |
| 湖南省 | 277 | 内蒙古自治区 | 46 |
| 江西省 | 257 | 河北省 | 40 |
| 湖北省 | 220 | 山东省 | 37 |
| 吉林省 | 208 | 甘肃省 | 32 |
| 浙江省 | 171 | 山西省 | 29 |
| 江苏省 | 134 | 广西壮族自治区 | 27 |
| 四川省 | 133 | 天津市 | 19 |
| 广东省 | 98 | 北京市 | 8 |
| 福建省 | 98 | 上海市 | 3 |
| 安徽省 | 81 | 青海省 | 3 |
| 重庆市 | 80 | 宁夏回族自治区 | 3 |
| 黑龙江省 | 70 | 新疆维吾尔自治区 | 2 |
| 辽宁省 | 69 | 海南省 | 2 |
| 贵州省 | 61 | 其他 | 2 |
| 陕西省 | 54 | 西藏自治区 | 0 |
| 总计 | 2681 | | |

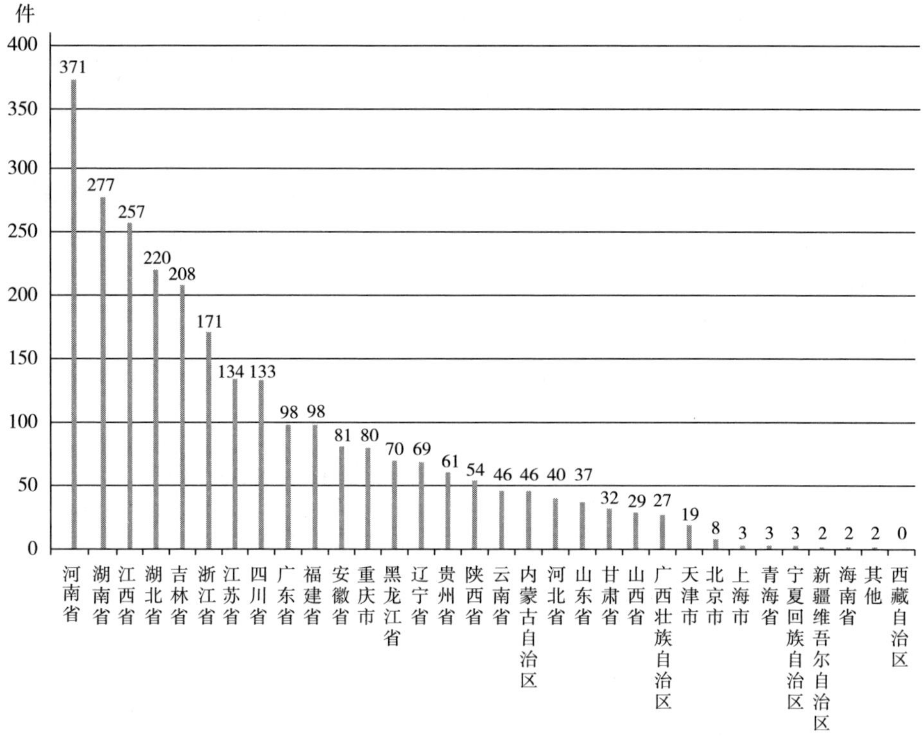


**图 4－7　2020 年全国非法狩猎罪案件分省区市数量**

从表 4－8 和图 4－7 可知,2020 年非法狩猎罪的案件绝对数量为 2681 件,在纳入本年度统计的 13 种环境资源类刑事案件中总数仅次于滥伐林木罪、非法捕捞水产品罪、非法采矿罪、非法占用农用地罪而处于第 5 位,属于较为高发的环境资源类犯罪。

通过上述分省区的 2020 年非法狩猎罪审结案件数量,可归纳出如下基本事实:河南省、湖南省、江西省、湖北省、吉林省 5 个中部省份的案件数量居于全国前五位,2020 年审结数量分别为 371 件、277 件、257 件、220 件、208 件。浙江省、江苏省、四川省 3 个省份的案件数量也超过 100 件,分别为 171 件、134 件、133 件。北京市、上海市、青海省、宁夏回族自治区、新疆维吾尔自治区、海南省、西藏自治区 7 个省级行政区域案件数量在个位数,分别为 8 件、3 件、3 件、3 件、2 件、2 件、0 件。

上述 5 个中部省份案件数量较大具有一定的客观性,反映了中部地区的人口、资源、环境与经济发展状况。河南作为人口大省,面积较大,且河南北部等地区有一定的山区面积。湖南省、江西省、湖北省均有较大的山区与林区面积，吉林省的林区面积在国内也较大。需引起注意的是，青海省、新疆维吾尔自治区、西藏自治区均为我国地域辽阔之地，且地域面积位居全国前三位，也有一定的野生动物资源分布，但非法狩猎罪的案件数量极为稀少。海南省的动植物资源丰富，但2020年案件数量仅为2件，也是值得关注与分析的。

还需引起注意的是，研究个案可知，非法狩猎罪的对象除了传统的陆生野生动物之外，近年来一些“三有动物”（国家保护的有益的或者有重要经济、科学研究价值的陆生野生动物名录〔6〕），除了野猪等体型较大的野生动物外，松鼠、壁虎、蜜蜂等一些小型动物以及一些常见的鸟类等也成为非法狩猎罪规制与管控的对象。〔7〕由于我国一些地方长期以来存在食用野味的陋习，从大自然中狩猎各种大大小小的动物的非法狩猎行为在一些地方长期存在，这也是这类案件数量较大的重要原因。

需要特别说明的是，新冠肺炎疫情发生以来，国内在一段时间内曾认为非法食用野生动物是新冠肺炎疫情发生的可能原因之一，2020年全国各地严厉打击包括非法狩猎在内的针对野生动物的犯罪，这在一定程度上遏制了这类犯罪的高发。但就目前来说，尚无确凿证据表明这次疫情与野生动物具有直接的因果关系，各地对野生动物犯罪的高压态势是否还将继续保持，值得我们持续关注。

**3. 土地资源犯罪案件**

土地资源犯罪案件，是指以耕地、林地等土地资源为犯罪对象的资源类犯罪，具体而言包括我国《刑法》第342条规定的非法占用农用地罪。

我国《刑法》第342条规定：“违反土地管理法规，非法占用耕地、林地等农用地，改变被占用土地用途，数量较大，造成耕地、林地等农用地大量毁坏的，处五年以下有期徒刑或者拘役，并处或者单处罚金。”

下面是2020年我国法院审结的非法占用农用地罪的案件数量总量及分省区市数量图和表（见表4－9、图4－8）。

---

〔6〕 国家林草局发布的相关资料显示，《国家保护的有益的或者有重要经济、科学研究价值的陆生野生动物名录》中各类物种合计5纲46目177科1591种及昆虫120属的所有种和另外110种。载 http://www.forestry.gov.cn/main/3951/content－957039.html，最后访问日期：2021年2月13日。

〔7〕《壁虎、鹌鹑、鳖等列入“三有”保护动物　禁止捕猎》，载 http://www.xzwyu.com/article－12732－1.html，最后访问日期：2021年2月13日。

**表 4－9　2020 年全国非法占用农用地罪案件分省区市数量**

单位:件

| 地区 | 案件数量 | 地区 | 案件数量 |
|---|---|---|---|
| 云南省 | 441 | 陕西省 | 49 |
| 内蒙古自治区 | 402 | 安徽省 | 47 |
| 黑龙江省 | 260 | 山西省 | 42 |
| 吉林省 | 236 | 新疆维吾尔自治区 | 41 |
| 河南省 | 157 | 浙江省 | 36 |
| 江西省 | 133 | 甘肃省 | 28 |
| 辽宁省 | 131 | 重庆市 | 17 |
| 广西壮族自治区 | 129 | 青海省 | 15 |
| 河北省 | 121 | 宁夏回族自治区 | 10 |
| 湖南省 | 94 | 北京市 | 9 |
| 广东省 | 92 | 天津市 | 7 |
| 湖北省 | 74 | 江苏省 | 5 |
| 福建省 | 70 | 上海市 | 2 |
| 贵州省 | 65 | 海南省 | 2 |
| 山东省 | 63 | 西藏自治区 | 1 |
| 四川省 | 53 | 其他 | 0 |
| 总计 | 2832 | | |

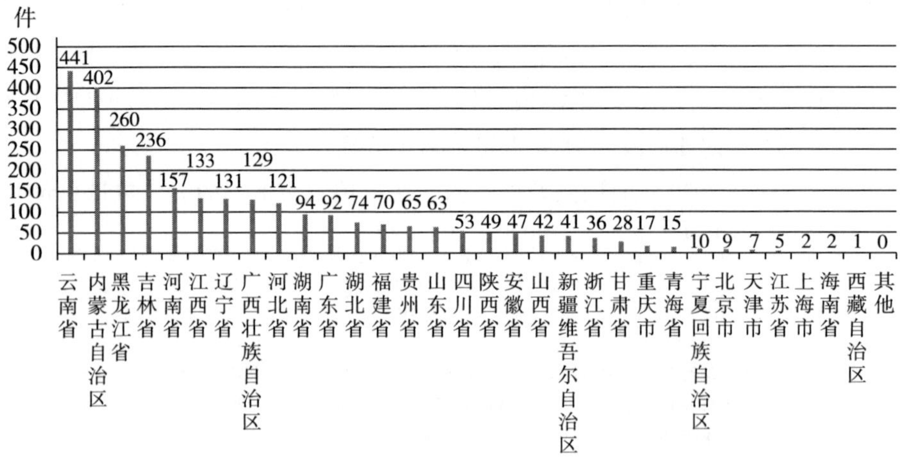


**图 4－8　2020 年全国非法占用农用地罪案件分省区市数量**

从表4－9、图4－8可知，2020年我国非法占用农用地罪案件的绝对数量是较大的，年度审结案件数量达2832件，在《刑法》第6章第6节规定的环境资源刑事案件中处于中高位。

从表4－9、图4－8可知，在分省区市数量排行中，云南省、内蒙古自治区、黑龙江省、吉林省、河南省5个省级行政区该类犯罪案件数量居于全国前5，分别为441件、402件、260件、236件、157件。

研读判决书可知，当前非法占用农用地的类型主要有：第一，非法占用草原。如内蒙古自治区、黑龙江省均存在较多以草地为犯罪对象的该类犯罪。〔8〕第二，非法占用林地。如吉林省、云南省的非法占用农用地犯罪中均有相当大比例的此类犯罪。〔9〕第三，非法占用耕地。全国各地均普遍存在非法占用耕地从事非农业生产经营活动的违法犯罪行为。

非法占用耕地罪，是上述非法占用农用地罪的亚罪名之一，严格意义上而言，非法占用农用地罪包括非法占用耕地罪。中国裁判文书网的数据统计表明，2020年各地审判机关以“非法占用耕地罪”判处的案件有9件。但由于前述“非法占用农用地罪”的数量中已包含“非法占用耕地”的形式，故2020年“非法占用耕地”构成犯罪地的实际发生数量应远远多于9件。

**4. 植物资源犯罪案件**

植物资源犯罪，是指以植物资源特别是以珍贵树木或国家重点保护的其他植物为犯罪对象的资源类犯罪。就我国刑法而言，植物资源犯罪主要包括《刑法》第344条规定的“非法采伐、毁坏国家重点保护植物罪”以及“非法收购、运输、加工、出售国家重点保护植物、国家重点保护植物制品罪”两个罪名。

(1)非法采伐、毁坏国家重点保护植物罪

我国《刑法》第344条规定：“违反国家规定，非法采伐、毁坏珍贵树木或者国家重点保护的其他植物的，或者非法收购、运输、加工、出售珍贵树木或者国家重点保护的其他植物及其制品的，处三年以下有期徒刑、拘役或者管制，并处罚金；情节严重的，处三年以上七年以下有期徒刑，并处罚金。”

---

〔8〕内蒙古自治区呼伦贝尔市中级人民法院(2019)内07刑终203号判决书，载明：“本院认为，那某开采石料的审批手续，只有鄂温克苏木和孟根诺尔嘎查签字，并没有经过上级行政机关的审批。那某在未经上级主管部门审批的情况下，在草原上非法采石，占用基本草原57.4亩，改变草原用途，数量较大，其行为构成非法占用农用地罪。”

〔9〕内蒙古自治区赤峰市中级人民法院(2020)内04刑终88号的判决书，载明：“本院认为，上诉人刘某违反土地管理法规，改变承包林地用途，非法占用林地，数量较大，其行为已构成非法占用农用地罪。”

下面是 2020 年我国法院审结的非法采伐、毁坏国家重点保护植物罪的案件数量总量及分省区市数量图和表(见表 4 – 10、图 4 – 9)。

**表 4 – 10　2020 年全国非法采伐、毁坏国家重点保护植物罪案件分省区市数量**

单位:件

| 地区 | 案件数量 | 地区 | 案件数量 |
|---|---|---|---|
| 江西省 | 169 | 安徽省 | 3 |
| 吉林省 | 157 | 内蒙古自治区 | 2 |
| 四川省 | 62 | 陕西省 | 2 |
| 云南省 | 49 | 山西省 | 2 |
| 湖南省 | 49 | 河北省 | 1 |
| 贵州省 | 30 | 江苏省 | 1 |
| 广西壮族自治区 | 28 | 海南省 | 1 |
| 重庆市 | 26 | 西藏自治区 | 1 |
| 黑龙江省 | 21 | 山东省 | 0 |
| 福建省 | 17 | 新疆维吾尔自治区 | 0 |
| 辽宁省 | 11 | 青海省 | 0 |
| 广东省 | 8 | 宁夏回族自治区 | 0 |
| 湖北省 | 8 | 北京市 | 0 |
| 河南省 | 5 | 天津市 | 0 |
| 浙江省 | 4 | 上海市 | 0 |
| 甘肃省 | 4 | 其他 | 0 |
| 总计 | 661 | | |

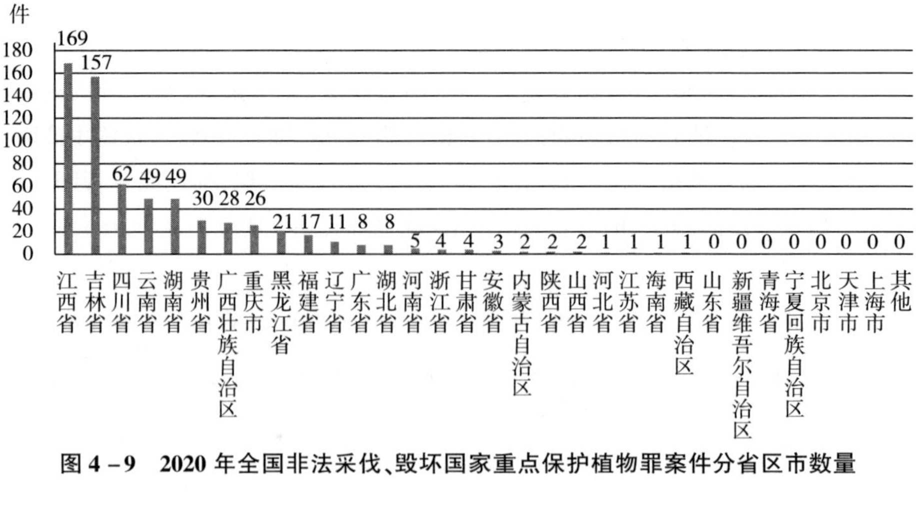


**图 4 – 9　2020 年全国非法采伐、毁坏国家重点保护植物罪案件分省区市数量**

从表4－10、图4－9可知，2020年我国非法采伐、毁坏国家重点保护植物罪案件的绝对数量不大，年度审结案件数量为661件，在《刑法》第6章第6节规定的环境资源刑事案件中处于中位。

在分省区市数量排行中，江西省、吉林省、四川省的案件数量居于前3，其中江西省、吉林省两个省份的案件数量超过100件，分别为169件、157件。案件数量排名第3至第10的分别为四川省(62件)、云南省(49件)、湖南省(49件)、贵州省(30件)、广西壮族自治区(28件)、重庆市(26件)、黑龙江省(21件)、福建省(17件)。

研读判决书可知，非法采伐、毁坏国家重点保护植物罪的量刑相比前述非法占用农用地罪稍重一些。如江西省新余市中级人民法院作出的案号为(2020)赣05刑终153号的判决书中载明："本院认为，上诉人梁某珠伙同他人违反国家规定，非法收购、采伐、出售国家重点保护的野生香樟树一株(立木蓄积7.2258立方米)，其行为构成非法采伐国家重点保护植物罪，情节严重。上诉人梁某珠犯非法采伐国家重点保护植物罪，判处有期徒刑二年，缓刑三年，并处罚金人民币二万五千元。"

(2)非法收购、运输、加工、出售国家重点保护植物、国家重点保护植物制品罪

下面是2020年我国法院审结的非法收购、运输、加工、出售国家重点保护植物、国家重点保护植物制品罪的案件数量总量及分省区市数量图表(见表4－11、图4－10)。

**表4－11　2020年全国非法收购、运输、加工、出售国家重点保护植物、国家重点保护植物制品罪案件分省区市数量**

单位：件

| 地区 | 案件数量 | 地区 | 案件数量 |
|---|---|---|---|
| 江西省 | 33 | 湖北省 | 2 |
| 云南省 | 32 | 广西壮族自治区 | 1 |
| 贵州省 | 13 | 广东省 | 1 |
| 四川省 | 12 | 河南省 | 1 |
| 福建省 | 12 | 内蒙古自治区 | 1 |
| 湖南省 | 11 | 陕西省 | 1 |
| 重庆市 | 9 | 辽宁省 | 0 |
| 黑龙江省 | 3 | 浙江省 | 0 |
| 吉林省 | 2 | 甘肃省 | 0 |

续表

| 地区 | 案件数量 | 地区 | 案件数量 |
|---|---|---|---|
| 安徽省 | 0 | 新疆维吾尔自治区 | 0 |
| 山西省 | 0 | 青海省 | 0 |
| 河北省 | 0 | 宁夏回族自治区 | 0 |
| 江苏省 | 0 | 北京市 | 0 |
| 海南省 | 0 | 天津市 | 0 |
| 西藏自治区 | 0 | 上海市 | 0 |
| 山东省 | 0 | 其他 | 0 |
| 总计 | 134 | | |

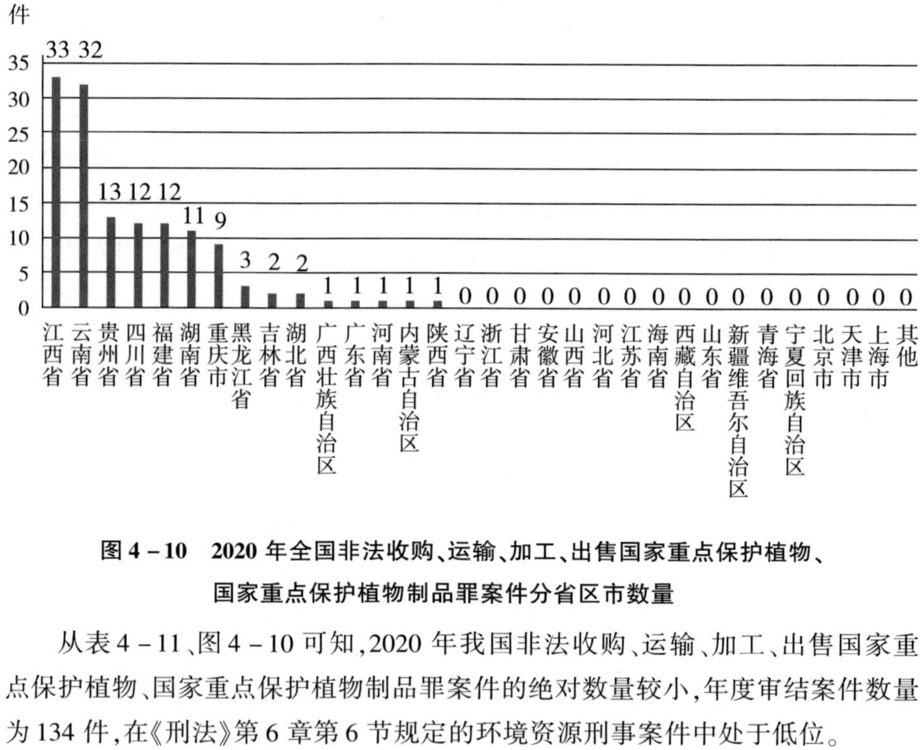


**图 4－10　2020 年全国非法收购、运输、加工、出售国家重点保护植物、国家重点保护植物制品罪案件分省区市数量**

从表 4－11、图 4－10 可知,2020 年我国非法收购、运输、加工、出售国家重点保护植物、国家重点保护植物制品罪案件的绝对数量较小,年度审结案件数量为 134 件,在《刑法》第 6 章第 6 节规定的环境资源刑事案件中处于低位。

在分省区市数量排行中,江西省、云南省、贵州省的案件数量居于前 3,案件数量分别为 33 件、32 件、13 件。与前述非法采伐、毁坏国家重点保护植物罪的分省区市数量的联系分析可知,该类犯罪的数量与前述犯罪的数量具有正相关关系,这表明,前述的非法采伐、毁坏与本罪中的非法收购、运输、加工、出售行为具有数量上的关联关系。

**5. 矿产资源犯罪案件**

矿产资源犯罪，是指以矿产资源为犯罪对象的资源类犯罪，具体包括我国《刑法》第 343 条规定的非法采矿罪与破坏性开采罪两个罪名。

(1)非法采矿罪

我国《刑法》第 343 条第 1 款规定："违反矿产资源法的规定，未取得采矿许可证擅自采矿，擅自进入国家规划矿区、对国民经济具有重要价值的矿区和他人矿区范围采矿，或者擅自开采国家规定实行保护性开采的特定矿种，情节严重的，处三年以下有期徒刑、拘役或者管制，并处或者单处罚金；情节特别严重的，处三年以上七年以下有期徒刑，并处罚金。"

表 4－12 和图 4－11 是 2020 年我国法院审结的非法采矿罪的案件数量总量及分省区市数量图表。

**表 4－12　2020 年全国非法采矿罪案件分省区市数量**

单位：件

| 地区 | 案件数量 | 地区 | 案件数量 |
|---|---|---|---|
| 安徽省 | 301 | 黑龙江省 | 46 |
| 湖北省 | 259 | 山西省 | 42 |
| 湖南省 | 238 | 内蒙古自治区 | 39 |
| 江西省 | 231 | 重庆市 | 31 |
| 山东省 | 228 | 陕西省 | 29 |
| 河南省 | 212 | 贵州省 | 23 |
| 广东省 | 155 | 新疆维吾尔自治区 | 23 |
| 河北省 | 144 | 青海省 | 14 |
| 浙江省 | 139 | 北京市 | 12 |
| 福建省 | 128 | 甘肃省 | 11 |
| 江苏省 | 120 | 海南省 | 11 |
| 吉林省 | 91 | 宁夏回族自治区 | 5 |
| 广西壮族自治区 | 91 | 天津市 | 4 |
| 四川省 | 70 | 西藏自治区 | 1 |
| 云南省 | 68 | 上海市 | 1 |
| 辽宁省 | 67 | 其他 | 0 |
| 总计 | 2834 | | |

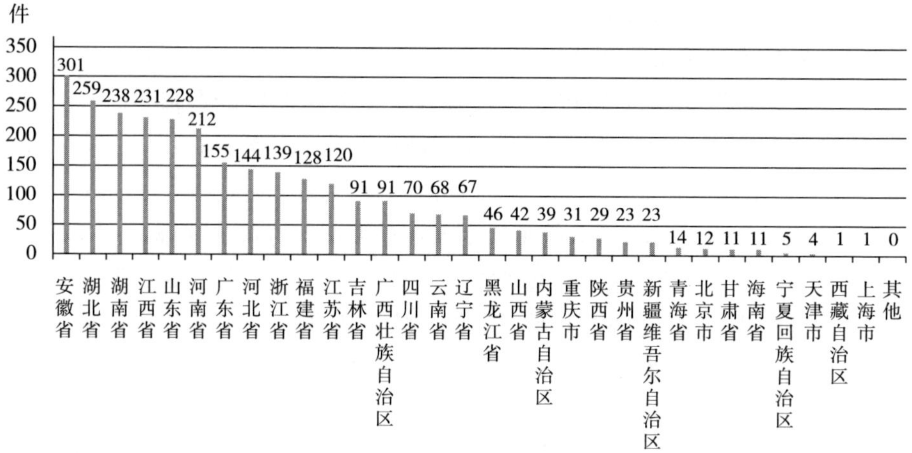


**图4-11　2020年全国非法采矿罪案件分省区市数量**

从表4-12、图4-11可知,2020年我国非法采矿罪案件的绝对数量较大,年度审结案件数量达2834件,在《刑法》第6章第6节规定的环境资源刑事案件中处于中高位。

从分省区市案件数量的排行中我们大致可得出如下结论:第一,该类案件在省级行政区域内的绝对数量并非高位,300件左右是省域高位。2020年全国共有11个省级行政区域该类案件数量超过100件。第二,煤炭资源较为丰富的山西、内蒙古自治区、陕西、新疆维吾尔自治区4个省区该类犯罪案件数量并非高位,而处于中低位,案件数量分别为42件、39件、29件、23件,说明非法采煤并非当前非法采矿罪的主要样态。第三,区域面积较小的海南省2020年有11件非法采矿罪,相对较多,值得进一步深入研究。

将上述数据结合个案研究发现:第一,煤炭、石油、天然气、有色金属等矿产资源并非当前非法采矿罪的主要对象,原因是上述矿种一般深埋地壳,开采需要相应的技术且国家在上述领域具有严格管控,即便存在巨大利益,自然人一般无力开采,且非法获取上述自然资源当属犯罪的认知在绝大多数地区已形成共知。第二,非法盗采河砂是当前非法采矿罪的主要形式。这一方面是因为,由于房地产行业的发展,获得建材原料成为近些年来各地需求旺盛的行业,河砂因其开采成本较低,往往成为一些人觊觎的对象;另一方面,一些人认为河砂并非自然资源,甚至认为是无主物,错误地认为采掘河砂不是犯罪行为,或者因地方政府对河砂的监管并非常态,所以该类犯罪较为多发与高发。

(2)破坏性开采罪

我国《刑法》第343条第2款规定:“违反矿产资源法的规定,采取破坏性的开采方法开采矿产资源,造成矿产资源严重破坏的,处五年以下有期徒刑或者拘役,并处罚金。”

下面是2020年我国法院审结的破坏性开采罪的案件数量总量及分省区市数量图表。(见图4-12、表4-13)

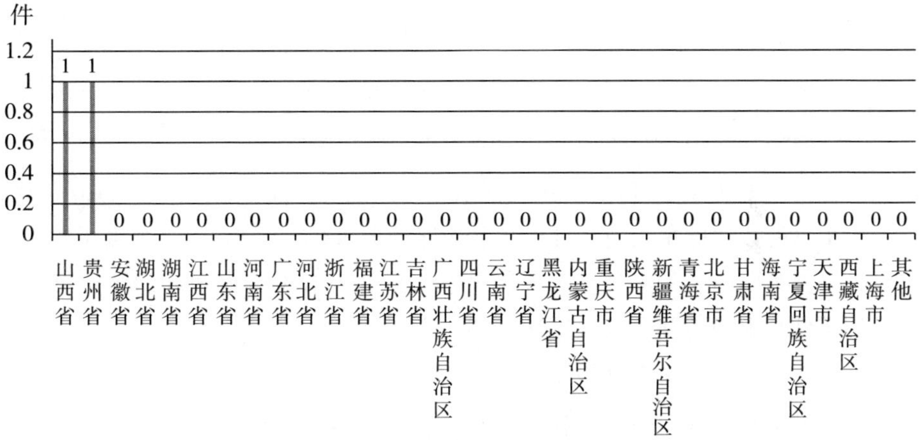


**图4-12　2020年全国破坏性开采罪案件分省区市数量**

**表4-13　2020年全国破坏性开采罪案件分省区市数量**

单位:件

| 地区 | 案件数量 | 地区 | 案件数量 |
|---|---|---|---|
| 山西省 | 1 | 浙江省 | 0 |
| 贵州省 | 1 | 福建省 | 0 |
| 安徽省 | 0 | 江苏省 | 0 |
| 湖北省 | 0 | 吉林省 | 0 |
| 湖南省 | 0 | 广西壮族自治区 | 0 |
| 江西省 | 0 | 四川省 | 0 |
| 山东省 | 0 | 云南省 | 0 |
| 河南省 | 0 | 辽宁省 | 0 |
| 广东省 | 0 | 黑龙江省 | 0 |
| 河北省 | 0 | 内蒙古自治区 | 0 |

续表

| 地区 | 案件数量 | 地区 | 案件数量 |
|---|---|---|---|
| 重庆市 | 0 | 海南省 | 0 |
| 陕西省 | 0 | 宁夏回族自治区 | 0 |
| 新疆维吾尔自治区 | 0 | 天津市 | 0 |
| 青海省 | 0 | 西藏自治区 | 0 |
| 北京市 | 0 | 上海市 | 0 |
| 甘肃省 | 0 | 其他 | 0 |
| 总计 | 2 | | |

根据上述图表可知,破坏性开采罪在我国并非常发性犯罪。2020 年中国裁判文书网数据库中仅有 2 件该罪名犯罪的刑事司法文书,一件为贵州省的案件、另一件为山西省的案件。其中贵州省的案件为刑事二审案件的裁定书,山西省的案件为山西省闻喜县人民法院的一审刑事判决书。

在中国裁判文书网检索后可知,2015 ~ 2020 年上述破坏性开采罪的全国司法文书仅有 7 件,其中涉及破坏性开采罪的案件仅有 4 件,分别为山西 1 件(山西闻喜,采煤,2020 年)、广东 1 件(广东博罗,开采陶瓷土,2016 年)、贵州 1 件(贵州贵阳,采煤,2020 年)、甘肃 1 件(甘肃白银,采煤,2017 年)。

上述数据表明,破坏性开采罪在我国并非常态性犯罪。笔者认为,该类犯罪案件数量稀少的主要原因可能在立法方面,即破坏性开采罪与非法采矿权的界限在实践中可能并不清晰,侦查机关、公诉机关与审判机关对实践中发生的涉及矿产资源犯罪的案件可能多数以非法采矿罪予以定罪量刑。当然,其深层次原因还有待进一步探究。

**6. 涉林环境犯罪案件**

涉林环境犯罪案件,是指我国《刑法》第 345 条规定的盗伐林木罪、滥伐林木罪以及非法收购、运输盗伐、滥伐林木罪 3 个罪名的相应案件。

(1)盗伐林木罪

我国《刑法》第 345 条第 1 款规定:"盗伐森林或者其他林木,数量较大的,处三年以下有期徒刑、拘役或者管制,并处或者单处罚金;数量巨大的,处三年以上七年以下有期徒刑,并处罚金;数量特别巨大的,处七年以上有期徒刑,并处罚金。"

最高人民法院《关于审理破坏森林资源刑事案件具体应用法律若干问题的解释》第4条规定："盗伐林木'数量较大'，以二至五立方米或者幼树一百至二百株为起点；盗伐林木'数量巨大'，以二十至五十立方米或者幼树一千至二千株为起点；盗伐林木'数量特别巨大'，以一百至二百立方米或者幼树五千至一万株为起点。"

下面是2020年我国法院审结的盗伐林木罪的案件数量总量及分省区市数量图表。（见表4－14、图4－13）

**表4－14　2020年全国盗伐林木罪案件分省区市数量**

单位：件

| 地区 | 案件数量 | 地区 | 案件数量 |
|---|---|---|---|
| 吉林省 | 285 | 浙江省 | 23 |
| 云南省 | 189 | 山西省 | 20 |
| 黑龙江省 | 120 | 山东省 | 16 |
| 广西壮族自治区 | 108 | 陕西省 | 15 |
| 辽宁省 | 99 | 重庆市 | 15 |
| 福建省 | 88 | 内蒙古自治区 | 15 |
| 河南省 | 69 | 江苏省 | 12 |
| 江西省 | 68 | 新疆维吾尔自治区 | 8 |
| 贵州省 | 63 | 西藏自治区 | 7 |
| 四川省 | 52 | 天津市 | 7 |
| 湖北省 | 49 | 海南省 | 4 |
| 广东省 | 33 | 青海省 | 0 |
| 河北省 | 30 | 宁夏回族自治区 | 0 |
| 湖南省 | 29 | 上海市 | 0 |
| 安徽省 | 27 | 北京市 | 0 |
| 甘肃省 | 26 | 其他 | 0 |
| 总计 | 1477 | | |

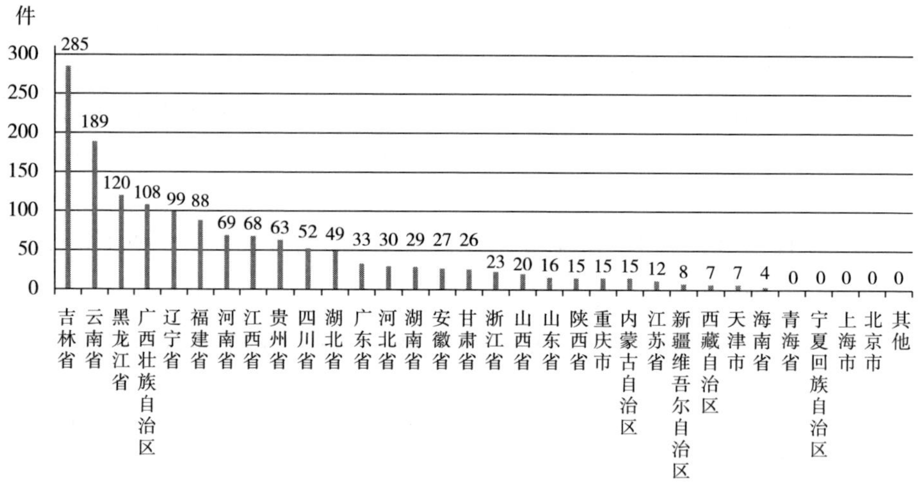


**图 4-13　2020 年全国盗伐林木罪案件分省区市数量**

从上述图表可知,2020 年我国盗伐林木罪案件的绝对数量较大,年度审结案件数量达 1477 件,在《刑法》第 6 章第 6 节规定的环境资源刑事案件中处于中高位。

在分省区市数量排行中,吉林省、云南省、黑龙江省、广西壮族自治区 4 个省区的案件数量超过 100 件,案件数量分别为 285 件、189 件、120 件、108 件。需注意的是,该类案件在 31 个省级行政区中的 26 个均有发生,且有 22 个省级行政区的案件数量在 100 件以内,表明该类案件虽非高发,但较为普遍。

(2)滥伐林木罪

我国《刑法》第 345 条第 2 款规定:"违反森林法的规定,滥伐森林或者其他林木,数量较大的,处三年以下有期徒刑、拘役或者管制,并处或者单处罚金;数量巨大的,处三年以上七年以下有期徒刑。并处罚金。"〔10〕

最高人民法院《关于审理破坏森林资源刑事案件具体应用法律若干问题的解释》第 5 条对"滥伐林木罪"的两种类型进行了规定:"(一)未经林业行政主管部门及法律规定的其他主管部门批准并核发林木采伐许可证,或者虽持有林木采伐许可证,但违反林木采伐许可证规定的时间、数量、树种或者方式,任意采伐本单位所有或者本人所有的森林或者其他林木的;(二)超过林木采伐许可证规

〔10〕 最高人民法院《关于审理破坏森林资源刑事案件具体应用法律若干问题的解释》第 6 条规定,滥伐林木"数量较大",以 10~20 立方米或者幼树 500~1000 株为起点;滥伐林木"数量巨大",以 50~100 立方米或者幼树 2500~5000 株为起点。

定的数量采伐他人所有的森林或者其他林木的。”

下面是2020年我国法院审结的滥伐林木罪的案件数量总量及分省区市数量图表。（见表4－15、图4－14）

**表4－15　2020年全国滥伐林木罪案件分省区市数量**

单位：件

| 地区 | 案件数量 | 地区 | 案件数量 |
|---|---|---|---|
| 广西壮族自治区 | 1121 | 内蒙古自治区 | 55 |
| 云南省 | 450 | 浙江省 | 52 |
| 河南省 | 425 | 山东省 | 52 |
| 贵州省 | 288 | 江苏省 | 44 |
| 安徽省 | 241 | 陕西省 | 34 |
| 福建省 | 228 | 新疆维吾尔自治区 | 29 |
| 辽宁省 | 210 | 海南省 | 19 |
| 湖北省 | 210 | 甘肃省 | 18 |
| 广东省 | 207 | 山西省 | 13 |
| 湖南省 | 205 | 宁夏回族自治区 | 5 |
| 江西省 | 199 | 北京市 | 5 |
| 四川省 | 174 | 天津市 | 3 |
| 吉林省 | 106 | 青海省 | 3 |
| 河北省 | 92 | 其他 | 2 |
| 重庆市 | 65 | 上海市 | 2 |
| 黑龙江省 | 57 | 西藏自治区 | 0 |
| 总计 | 4614 | | |

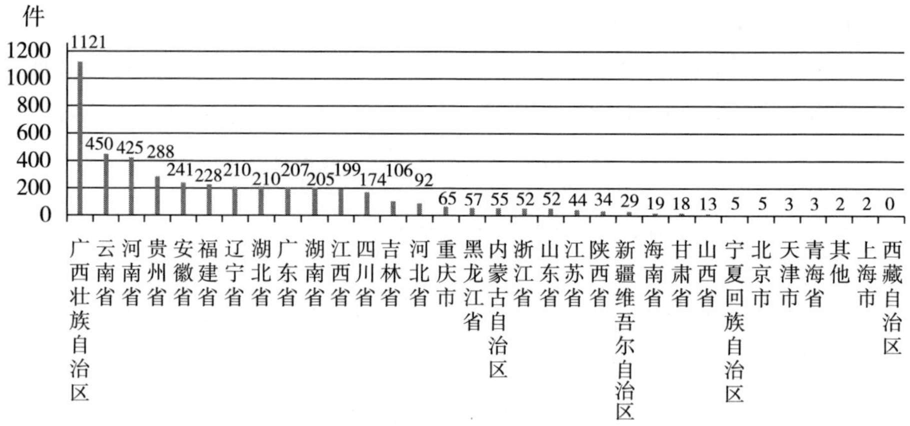


**图 4-14 2020 年全国滥伐林木罪案件分省区市数量**

从上述图表可知,2020 年我国滥伐林木罪案件的绝对数量很大,年度审结案件数量达 4614 件,是我国《刑法》第 6 章第 6 节规定的环境资源刑事案件中数量最多的犯罪类型。

分省区市数据显示,广西壮族自治区、云南省、河南省、贵州省、安徽省 5 个省级行政区该类犯罪的案件数量居于全国前 5 位。其中广西壮族自治区 2020 年案件数量超过 1000 件。

由研究个案可知,实践中存在将非滥伐林木罪纳入滥伐林木罪范畴的个案。如相关判决书中载明的下列犯罪事实即被评价为滥伐林木罪:"2018 年 4 月,被告人郑某在未申请办理林木采伐许可证的情况下,擅自到宁洱县大半山林地内采伐思茅松,断梢后用于种植茯苓。经普洱市绿海司法鉴定中心鉴定,被告人郑某采伐的林木为思茅松共计 56 株,活立木蓄积 24.7890 立方米,可产经济木材 18.344立方米,经宁洱县发展和改革局价格认证中心认定,涉案木材价值人民币 3669 元。"[11] 上述案例中行为人没有办理林木采伐许可证但对自己没有所有权的林木进行了非法采伐,显然不属于前述司法解释规定的两类滥伐林木罪的范畴。

(3)非法收购、运输盗伐、滥伐林木罪

我国《刑法》第 345 条第 3 款规定:"非法收购、运输明知是盗伐、滥伐的林木,情节严重的,处三年以下有期徒刑、拘役或者管制,并处或者单处罚金;情节特别严重的,处三年以上七年以下有期徒刑,并处罚金。"

---

〔11〕 云南省宁洱哈尼族彝族自治县人民法院刑事判决书,(2021)云 0821 刑初 15 号。

下面是2020年我国法院审结的非法收购、运输盗伐、滥伐的林木罪的案件数量总量及分省区市数量图表。（见表4－16、图4－15）

**表4－16　2020年全国非法收购、运输盗伐、滥伐林木罪案件分省区市数量**

单位：件

| 地区 | 案件数量 | 地区 | 案件数量 |
|---|---|---|---|
| 河南省 | 13 | 内蒙古自治区 | 1 |
| 江西省 | 10 | 海南省 | 1 |
| 福建省 | 9 | 重庆市 | 0 |
| 云南省 | 8 | 黑龙江省 | 0 |
| 湖北省 | 8 | 山东省 | 0 |
| 四川省 | 8 | 江苏省 | 0 |
| 广东省 | 7 | 陕西省 | 0 |
| 浙江省 | 7 | 新疆维吾尔自治区 | 0 |
| 广西壮族自治区 | 6 | 山西省 | 0 |
| 湖南省 | 6 | 宁夏回族自治区 | 0 |
| 安徽省 | 5 | 北京市 | 0 |
| 辽宁省 | 5 | 天津市 | 0 |
| 吉林省 | 4 | 青海省 | 0 |
| 甘肃省 | 2 | 上海市 | 0 |
| 贵州省 | 1 | 西藏自治区 | 0 |
| 河北省 | 1 | 其他 | 0 |
| 总计 | 102 | | |

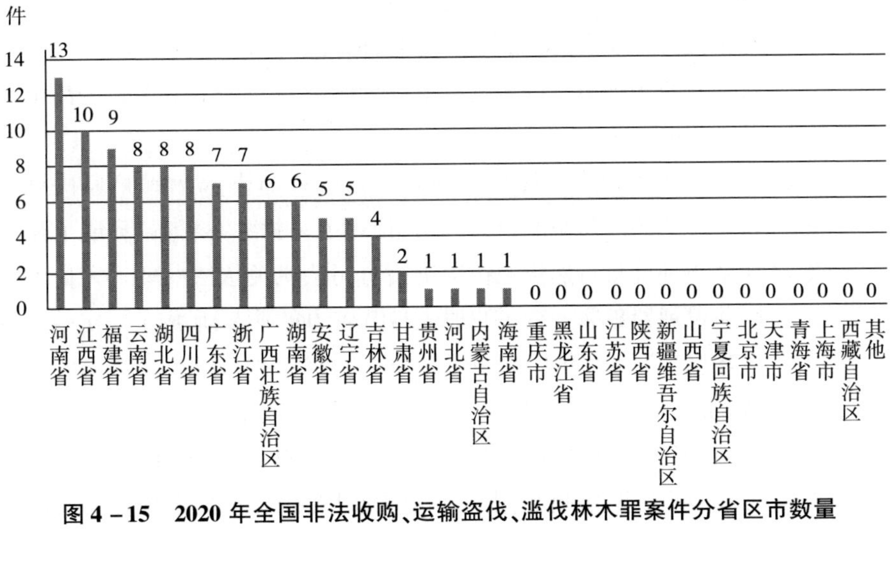


**图4－15　2020年全国非法收购、运输盗伐、滥伐林木罪案件分省区市数量**

从上述图表可知,2020 年我国非法收购、运输盗伐、滥伐的林木罪案件的绝对数量不大,年度审结案件数量为 102 件,属于我国《刑法》第 6 章第 6 节规定的环境资源刑事案件中数量处于低位的犯罪类型。

根据上述案件的分省区市数量表可知,该类犯罪的案件数量与盗伐林木罪、滥伐林木罪的案发区域具有紧密关联,河南省、江西省、福建省的案件数量比其他省级行政区域多,符合与该类犯罪作为与盗伐林木、滥伐林木相关联的犯罪的基本规律与特征。

## 五、主要结论与建议

通过前述对 2020 年全国环境资源刑事案件统计与分析,我们大致可得出如下基本结论。

1. 受疫情等因素影响,2020 年我国环境资源刑事案件数量有较大下降。相关研究表明,我国环境资源刑事案件发案数量呈现在一定范围内波动的相对稳定甚至下降态势。

2020 年我国环境资源类刑事审结案件数量为 24193 件,在近年来的年度数据中处于中低位。2020 年的新冠肺炎疫情对环境资源刑事案件的发案数量形成了一定的抑制,是造成该类案件数量比 2019 年有较大幅度下降的主要原因。

但观察与分析 2015 年来我国环境资源类案件数量的变化,初步认为,我国环境资源类刑事案件的数量顶峰可能在 2019 年时已出现(2019 年审结案件数量为 36733 件)。上述下降趋势体现在环境资源类刑事案件中的多发罪名(如盗伐林木罪、滥伐林木罪、污染环境罪等)案件数量的同步下降方面。

笔者认为,我国环境资源类刑事案件发案数量整体上呈现稳定甚至下降态势的主要原因如下。

(1)党的十八大以来,我国生态文明建设进程加快,党和政府坚决打击污染环境、破坏生态的违法与犯罪行为,督办处理了一批大案要案,形成了强有力的震慑,各地生态环境与自然资源执法机关与司法机关依法办理了大量环境资源刑事案件,通过惩罚犯罪教育了犯罪人与潜在的犯罪人,形成了一定的一般预防功能,生态环境犯罪的"防火墙"初步建立。

(2)党的十八大以来,我国生态文明综合体制改革进程加快,生态文明体制改革的核心制度的建设卓有成效,国土空间规划制度、生态红线制度、生态补偿制度、生态环境损害赔偿制度、生态环境党政同责制度、生态环境督察制度等开始发挥制度效能，生态环境与自然资源的治理水平、治理能力大大增强，生态环境与自然资源的前端管理空前提高，从而减少了后端刑事案件的发案率。

(3)扶贫攻坚等政策在生态环境领域产生了溢出效应，对降低环境资源犯罪产生了良好效果。近年来，我国大力加强扶贫攻坚战略，通过产业扶贫、精准扶贫等方式加大了扶贫攻坚力度，“绿水青山就是金山银山”的生态经济观与扶贫政策结合在一起，在一定程度上改变了贫困地区居民对待山林、野生动植物等的态度，生活条件的改善也降低了贫困地区居民对自然资源的非法利用，从而在一定程度上降低了基于生态环境与自然资源为对象的违法犯罪行为。

2. 污染环境犯罪刑法惩治情况的时空分布发生显著变化，中部地区省份发案数量明显升高，污染环境犯罪有从东部地区向中西部地区转移的态势。

污染环境犯罪的时空分布呈现鲜明的变化。数据分析与相关研究表明，近年来，污染环境罪的发案情况呈现较之以往的较大变化，即东部地区省份案件数量呈相对下降态势，而中部地区省份则有显著上升，2020 年的分省区市污染环境罪数量统计充分说明了这一点。河南省、安徽省、江西省等中部地区省份污染环境罪案件数量出现较大幅度的增加即是明证。

由于东部地区环境行政执法与刑事司法较为严格，要防止一些容易导致污染环境违法与犯罪行为的产业或行业(如电镀行业以及容易产生危险废物的行业)为逃避犯罪打击而向中西部地区转移的可能。东部地区要巩固来之不易的污染环境犯罪惩治效果，继续加大惩治与打击力度。中西部地区要严格执行国家的污染环境犯罪刑事政策，坚决按照刑法及其司法解释确定的入罪标准侦办案件、移送案件、审理案件，通过惩罚犯罪，产生特殊预防与一般预防相结合的环境刑事司法效能。

3. 资源类犯罪的发案数量显著高于污染环境犯罪，但其外部性比污染环境犯罪相对较小，应针对两类犯罪的不同特征进行差异化治理。

污染环境犯罪案件的外部性大于资源类犯罪。所谓案件的外部性，是指案件的后果除对案件的当事人造成影响外，亦对案件当事人的外部如周边社区、案件发生地等造成影响。污染环境犯罪案件往往涉及向大气、水体、土壤等非法排放、倾倒、处置有毒或有害物质，对当地群众的生命或身体健康往往造成严重威胁，而滥伐林木、非法捕捞等行为，虽然也构成对当地生态环境的破坏，但其后果往往并不是在当时显现，故当地居民或社会舆论对该类犯罪的谴责度相较污染环境行为会弱一些。也正是在这种原因之下，我们应注意，污染环境罪虽非案发数量最多的环境资源刑事案件,但其外部性巨大。在依法惩治环境资源犯罪过程中,应加强治理方案的有效供给,针对污染环境与破坏资源两类犯罪的不同特点,制定差异化的治理策略。

我国是一个正在快速发展的大国。未来相当长时期内,经济发展仍是国家发展与建设的主线,经济发展对环境与资源保护所形成的压力巨大,环境资源犯罪的多发、高发仍将长期存在。虽然该类犯罪的数量顶峰可能已经显现,但环境资源犯罪在短期内仍将呈现较大的绝对数量,各级生态环境与自然资源管理机关、司法机关等应进一步加强治理体系与治理能力建设,依法惩治环境资源犯罪、保护绿水青山,保障人民群众的美好生活。

# 检察机关提起环境公益诉讼的探索发展与完善建议

黄　凯

探索建立检察机关提起公益诉讼制度，是党的十八届四中全会作出的一项重大改革部署，也是以法治思维和法治方式推进国家治理体系和治理能力现代化的一项重要制度设计。2015年7月1日第十二届全国人大常委会第十五次会议通过《关于授权最高人民检察院在部分地区开展公益诉讼试点工作的决定》，标志着我国检察公益诉讼[1]试点工作正式拉开帷幕；2017年6月28日第十二届全国人大常委会第二十八次会议作出《关于修改〈中华人民共和国民事诉讼法〉和〈中华人民共和国行政诉讼法〉的决定》，标志着我国检察公益诉讼制度得到立法确立并开始全面实施；2019年10月31日党的十九届四中全会提出了"拓展公益诉讼案件范围""完善生态环境公益诉讼制度"的新要求与新期望。截至2020年6月30日，检察机关提起公益诉讼制度的实践运行已满5年。5年以来，检察公益诉讼制度从顶层设计到实践落地，从局部试点到全面推开、健康发展，形成了公共利益司法保护的"中国方案"，受到国内外社会各界的广泛关注。[2]

生态环境和资源保护领域是检察公益诉讼工作的重点领域，无论是试点期间还是全面实施以来，检察机关提起的环境公益诉讼案件都占据着检察公益诉讼案件的"半壁江山"[3]。本文拟以中国裁判文书网上公开的检察机关提起的

---

[1] 检察公益诉讼制度是检察机关提起公益诉讼制度的简称，区别于社会组织或者行政机关提起的公益诉讼。

[2] 张军：《最高人民检察院关于开展公益诉讼检察工作情况的报告》，载最高人民检察院网，https://www.spp.gov.cn/spp/tt/201910/t20191024_435925.shtml。

[3] 根据最高人民检察院的统计，试点期间（2015年7月至2017年3月），全国检察机关收集的生态环境和资源保护领域公益诉讼案件线索5410件，占比72.38%；办理的环境公益诉讼诉前程序案件3691件，占比70.74%；向人民法院提起环境公益诉讼案件475件，占比72.7%。全面展开以来（2017年7月至2019年9月），全国检察机关共立案生态环境和资源保护领域公益诉讼案件118012件，占比54.96%。参见最高人民检察院民事行政检察厅编：《检察机关提起公益诉讼实践与探索》，中国检察出版社2017年版，第69~71页；《最高人民检察院关于开展公益诉讼检察工作情况的报告》，载最高人民检察院网，https://www.spp.gov.cn/spp/tt/201910/t20191024_435925.shtml。

环境公益诉讼[4]裁判文书为分析样本,对照参考最高人民检察院先后对外公开的检察公益诉讼办案数据,对五年半以来(2015 年 7 月至 2020 年 12 月)检察机关提起环境公益诉讼案件进行实践检视、制度剖析和理论研究,希望可以系统总结我国检察机关提起环境公益诉讼的经验做法,探索分析检察公益诉讼的实践困境和发展桎梏,提出完善的对策建议。

## 一、检察机关提起环境公益诉讼的办案现状

检察公益诉讼制度是一项重大的司法改革工作,国家通过赋予检察机关公益诉讼诉权来推进法治政府建设、维护公共利益,并进而优化司法职权配置。检察公益诉讼的改革成效取决于检察机关办理公益诉讼案件的数量、质量、效率和效果。通过整理分析中国裁判文书网公开的检察机关提起环境公益诉讼案件的裁判文书,发现我国检察机关提起环境公益诉讼案件主要体现出如下特征。

### (一)提起诉讼案件数量逐年递增

目前,检察机关办理的环境公益诉讼案件主要包括环境行政公益诉讼案件、环境民事公益诉讼案件和环境刑事附带民事公益诉讼案件三种类型。对于环境行政公益诉讼案件,通过检索案由中行政主体为“环境保护行政管理”“水利行政管理”“草原行政管理”“林业行政管理”“土地行政管理”“地质矿产行政管理”“渔业行政管理”“其他资源行政管理”的行政公益诉讼案件,再经过手动筛选排除,共得到 398 份一审环境行政公益诉讼裁判文书,其中 2015 年 0 件,2016 年 5 件,2017 年 168 件,2018 年 82 件,2019 年 108 件,2020 年 35 件。对于环境民事公益诉讼案件,通过检索检察机关为原告提起的民事公益诉讼案件,进行手动筛选排除,共得到 663 份一审环境民事公益诉讼裁判文书,其中 2015 年 0 件,2016 年 12 件,2017 年 28 件,2018 年 57 件,2019 年 186 件,2020 年 380 件。对于环境刑事附带民事公益诉讼案件,通过检索刑事案由《刑法》第 6 章“妨害社会管理秩序罪”第 6 节“破坏环境资源保护罪”中的刑事附带民事公益诉讼案件,进行手动筛选排除,共得到 5905 件一审环境刑事附带民事公益诉讼案件,其中 2015 年 0 件,2016 年 1 件,2017 年 39 件,2018 年 933 件,2019 年 1917 件,2020 年 3015 件。通过对上述三类案件累加,可以得到 2015 年 7 月至 2020 年 12 月,检察机关提起的环境公益诉讼案件数分别为:2015 年 0 件,2016 年 18 件,2017

[4] 本文所指的环境公益诉讼,是指检察机关提起的生态环境和资源保护领域行政公益诉讼案件、民事公益诉讼以及刑事附带民事公益诉讼案件。

年 233 件,2018 年 1072 件,2019 年 2211 件,2020 年 3432 件(见图 5 - 1)。可见,我国检察机关提起的环境公益诉讼案件数量呈现逐年递增的发展趋势,特别是自 2017 年检察公益诉讼全面实施以来,检察机关办理的环境公益诉讼案件逐年大幅增长。

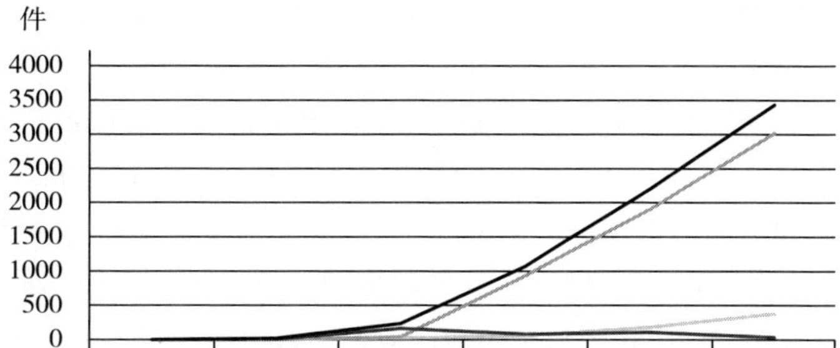


| | 2015年 | 2016年 | 2017年 | 2018年 | 2019年 | 2020年 |
|---|---|---|---|---|---|---|
| 环境民事公益诉讼案件 | 0 | 12 | 28 | 57 | 186 | 380 |
| 环境刑事附带民事公益诉讼案件 | 0 | 1 | 39 | 933 | 1917 | 3015 |
| 环境行政公益诉讼案件 | 0 | 5 | 168 | 82 | 108 | 35 |
| 合计 | 0 | 18 | 235 | 1072 | 2211 | 3430 |

**图 5 - 1　2015 ~ 2020 年检察机关提起的环境公益诉讼案件趋势**

最高人民检察院公布的检察公益诉讼办案数据以及检察系统专家学者的研究结果显示,检察机关办理的环境公益诉讼案件逐年递增。检察公益诉讼制度试点第一年(2015 年 7 月 1 日至 2016 年 6 月 30 日),全国检察机关提起环境公益诉讼案件仅 23 件;[5] 试点第二年(2016 年 7 月 1 日至 2017 年 3 月 30 日),全国检察机关提起环境公益诉讼增长为 452 件;[6] 检察公益诉讼制度全面实施之后(2017 年 7 月至 2019 年 9 月),全国检察机关提起环境公益案件 4408 件,占检察机关提起全部公益诉讼案件的 69.39%。[7]

(二)提起诉讼案件领域占比较高

目前,我国检察机关办理公益诉讼案件范围的法定领域为"4 + 1",即我国《民事诉讼法》《行政诉讼法》《英雄烈士权益保障法》确定的生态环境和资源保

---

[5] 胡卫列、田凯:《检察机关提起行政公益诉讼试点情况研究》,载《行政法学研究》2017 年第 2 期。

[6] 最高人民检察院民事行政检察厅:《检察机关提起公益诉讼实践与探索》,中国检察出版社 2017 年版,第 71 页。

[7] 《最高人民检察院关于开展公益诉讼检察工作情况的报告》,载最高人民检察院网,https://www.spp.gov.cn/spp/tt/201910/t20191024_435925.shtml,最后访问日期:2021 年 2 月 26 日。

护、食品药品安全、国有土地使用权出让、国有财产保护以及英雄烈士权益保护共 5 个领域。在五大办案领域中,生态环境和资源保护领域一直是检察机关提起公益诉讼的重点领域。根据中国裁判文书网的统计,2015 年 7 月 1 日至 2020 年 12 月 30 日,检察机关提起的生态环境和资源保护领域公益诉讼案件在检察机关提起的所有公益案件中占比较高,五年半期间,检察机关提起的环境行政公益诉讼案件数量 398 件,占检察机关提起的所有行政公益诉讼案件的比例为 51. 63% ;检察机关提起的环境民事公益诉讼案件数量 663 件,占检察机关提起的所有民事公益诉讼案件的比例为 66. 16% ;检察机关提起的环境刑事附带民事公益诉讼案件数量 5905 件,占检察机关提起的所有民事公益诉讼案件的比例为 71. 52% 。整体而言,五年半期间检察机关提起环境公益诉讼案件的数量为 6966 件,占检察机关提起的所有公益案件比例为 63. 10% (见图 5 – 2)。

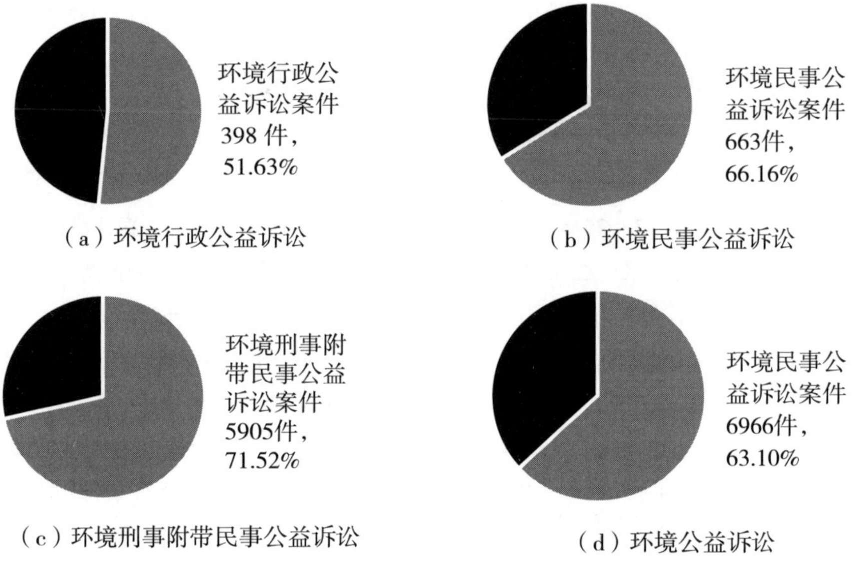


**图 5 – 2　2015 ~ 2020 年检察机关提起环境公益诉讼案件占比**

长期以来,检察公益诉讼工作聚焦生态环境和资源保护领域。在 2015 年 7 月 1 日公布的《检察机关提起公益诉讼试点方案》中甚至明确提出“试点期间,重点是对生态环境和资源保护领域的案件提起行政公益诉讼”。当然,将生态环境和资源保护领域确立为检察公益诉讼办案重点,其出发点也在于回应当前我国环境资源方面面临的严峻形势。最高人民检察院官方公开的数据也支持这一结论,检察公益诉讼制度试点期间(2015 年 7 月至 2017 年 3 月),全国检察机关共收集生态环境和资源保护领域公益诉讼案件线索5410件，占比72.38%；共发出生态环境和资源保护领域公益诉讼诉前检察建议或公告案件3691件，占比70.74%；共提起生态环境和资源保护领域诉讼公益诉讼案件475件，占比72.70%。[8] 检察公益诉讼制度全面展开之后(2017年7月至2019年9月)，全国检察机关共在生态环境和资源保护领域提起公益诉讼案件124046件，占公益诉讼案件立案总数的55.47%；[9] 全国检察机关共提起生态环境和资源保护领域公益诉讼案件4408件，占公益诉讼案件起诉总数的69.39%。(见图5-3)[10]

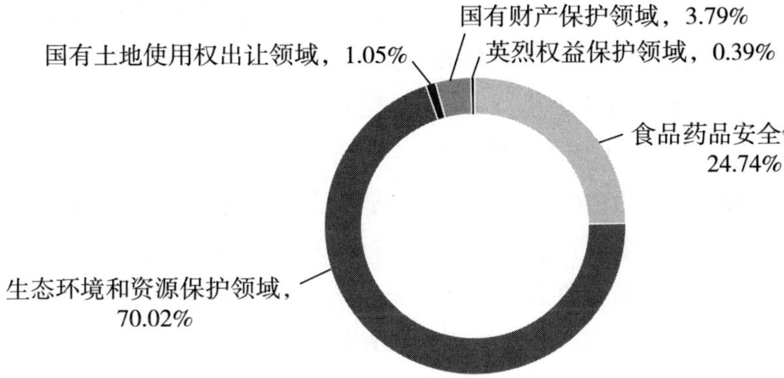


**图5-3　2017年7月至2019年9月检察机关提起环境公益诉讼案件占比**

(三)提起诉讼案件区域分布较不平衡

以中国裁判文书网收集的6966份检察机关提起环境公益诉讼判决书为分析样本，从省级分布来看，31个省(自治区、直辖市)域检察机关和新疆生产建设兵团检察院均有提起环境公益诉讼案件。但是，各个省域检察机关提起的环境公益诉讼案件分布广但不均衡(见图5-4)。其中，安徽省、四川省、贵州省、湖南省、湖北省、广东省、江西省、江苏省、浙江省、云南省10个省份检察机关提起的环境公益诉讼案件数量均在300件以上，提起诉讼案件总量达到3927件，约占全国检察机关提起诉讼案件总量的56.37%。北京市、上海市、天津市、山西

---

[8] 最高人民检察院民事行政检察厅：《检察机关提起公益诉讼实践与探索》，中国检察出版社2017年版，第69~72页。

[9] 张军：《最高人民检察院关于开展公益诉讼检察工作情况的报告》(2019年10月23日在第十三届全国人民代表大会常务委员会第十四次会议上最高人民检察院公益诉讼检察专项报告)，载最高人民检察院网，https://www.spp.gov.cn/spp/tt/201910/t20191024_435925.shtml，最后访问日期：2021年3月1日。

[10] 窦晓峰：《守好这一方蓝天碧水净土——检察机关服务打好污染防治攻坚战综述》，载《检察日报》2019年12月22日，第1版。

省、青海省、海南省、宁夏回族自治区、西藏自治区 8 个省市区检察机关和新疆生产建设兵团检察院提起诉讼案件数量均在 100 件以下,提起诉讼案件总量仅为 343 件,约占全国检察机关提起诉讼案件总量的 4.92%。

分析各省域判决书的区域分布图,发现案件数量与试点省份之间呈现联系性。2015 年 7 月 1 日,第十二届全国人大常委会授权最高人民检察院开展提起公益诉讼试点工作,试点地区确定为北京市、内蒙古自治区、吉林省、江苏省、安徽省、福建省、山东省、湖北省、广东省、贵州省、云南省、陕西省、甘肃省 13 个省、自治区、直辖市。经过两年试点,13 个试点省、自治区、直辖市的检察机关已经熟悉了公益诉讼制度,积累了办案经验,形成了办案机制。因此,这 13 个试点省、自治区、直辖市的检察机关提起环境公益诉讼更有经验、更有动力,提起诉讼案件数量也一直处于全国前列。图 5 - 4 也反映出部分试点省区市检察机关提起诉讼的案件数量在全国排序更为靠前:安徽省(600 件)、贵州省(420 件)、湖北省(378 件)、广东省(358 件)、江苏省(333 件)、云南省(302 件)。试点结束后,非试点省区市检察机关提起环境公益诉讼案件数量发展很快,从图5 - 4 中可知四川省、湖南省、江西省、浙江省等省份检察机关提起的案件数量也居全国前列。当然,囿于各地方法院对于裁判文书网上的数量要求不一,上述裁判文书省域分布图显示的结果不一定真实反映了各省域人民法院审结的环境公益诉讼案件数量,但在一定程度上也可以反映各省域检察机关开展公益诉讼工作的情况。

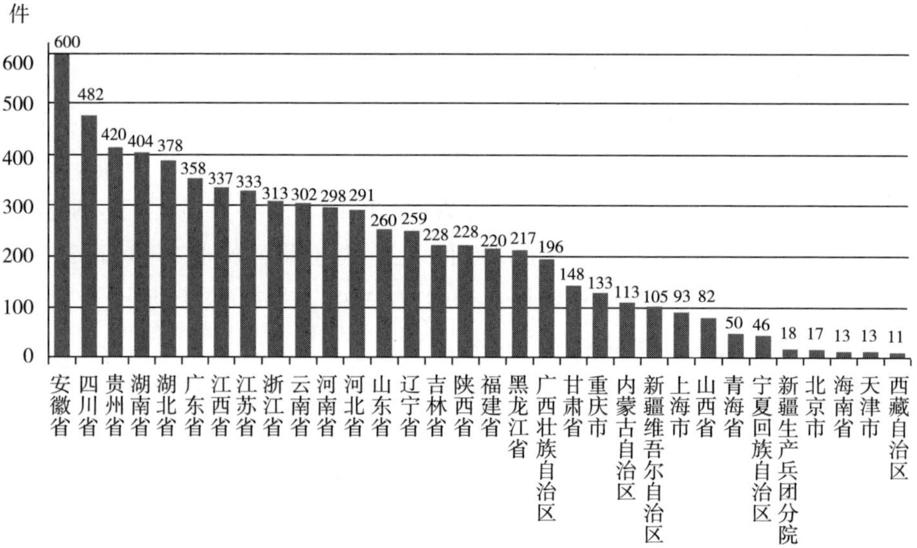


**图 5 - 4　2015 ~ 2020 年检察机关提起环境公益诉讼案件区域分布**

（四）提起诉讼案件类型“民重行轻”

以中国裁判文书网收集的6966份检察机关提起环境公益诉讼判决书为分析样本，从提起诉讼的案件类型来看，五年半期间检察机关提起环境行政公益诉讼案件数量398件，占比5.71%；提起环境民事公益诉讼案件数量663件，占比9.52%；提起环境刑事附带民事公益诉讼案件数量5905件，占比84.77%（见图5－5）。可见，检察机关提起的环境公益诉讼案件中，环境刑事附带民事公益诉讼案件“一支独大”。由于环境刑事附带民事公益诉讼案件本质上也属于民事公益诉讼案件，因此检察机关提起环境民事公益诉讼案件与环境行政公益诉讼案件之间的数量比为398∶6568，后者是前者的16.5倍，可见检察机关提起环境公益诉讼案件类型呈现“民重行轻”的特点。

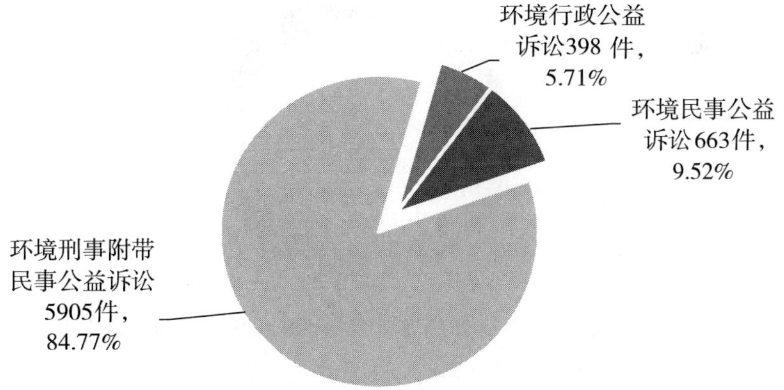


**图5－5　2015～2020年检察机关提起环境公益诉讼案件类型分布**

从最高人民检察院官方公开的数据情况来看，检察机关提起公益诉讼案件类型在试点前后发生过明显转变。在检察公益诉讼试点期间（2015年7月至2017年6月），全国检察机关提起公益诉讼案件总量为1150件，其中行政公益诉讼案件1029件（占比89.48%），民事公益诉讼案件94件（占比8.17%），刑事附带民事公益诉讼仅25件（占比2.174%）。[11] 2018年3月2日施行的最高人民法院、最高人民检察院《关于检察公益诉讼案件适用法律若干问题的解释》第

〔11〕《检察机关提起公益诉讼试点工作情况》（2017年6月30日最高人民检察院新闻通报稿）。

20 条正式确立了刑事附带民事公益诉讼制度的合法地位。[12] 由此,检察机关提起刑事附带民事公益诉讼案件驶入了“快车道”。自检察公益全面实施以来(2017 年 7 月至 2019 年 9 月),全国检察机关提起刑事附带民事公益诉讼 4944 件(占比 77.82%),提起行政公益诉讼案件 995 件(占比 15.66%),提起民事公益诉讼案件 414 件(占比 6.52%)。[13] (见图 5 - 6)虽然,上述数据显示的是检察机关提起公益诉讼数量,并未直接反映检察机关提起环境公益诉讼案件数量情况,由于生态环境和资源保护领域在检察公益诉讼案件中的比例较为稳定,因此这些数据也可以从侧面反映出检察机关提起环境公益诉讼案件类型试点前后发生的转变。

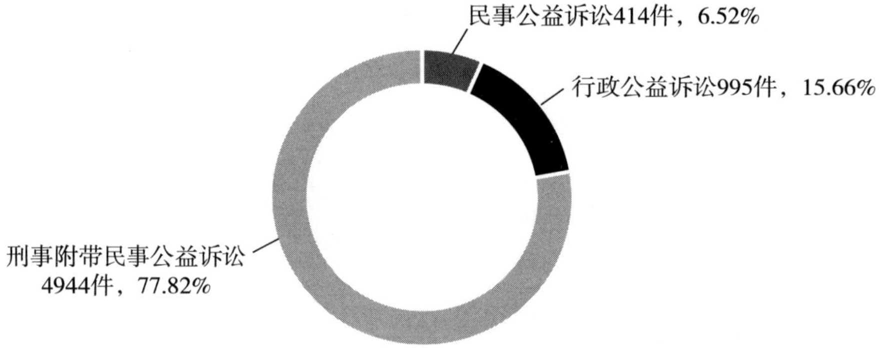


**图 5 - 6　2017 年 7 月至 2019 年 9 月检察机关提起公益诉讼案件类型分布**

检察机关提起环境公益诉讼案件呈现“民重行轻”的态势显然背离了检察公益诉讼制度的设计初衷。习近平总书记在党的十八届四中全会上对建立检察公益诉讼的制度目的进行了说明,他突出强调“由检察机关提起公益诉讼,有利于优化司法职权配置、完善行政诉讼制度,也有利于推进法治政府建设”。可见,检察公益诉讼制度是一项以法治思维和法治方式推进国家治理体系和治理能力现代化的重要司法制度设计,优化司法职权配置、推进法治政府建设的职能

[12] 2018 年 3 月 2 日施行的最高人民法院、最高人民检察院《关于检察公益诉讼案件适用法律若干问题解释》第 20 条规定:“人民检察院对破坏生态环境和资源保护,食品药品安全领域侵害众多消费者合法权益等损害社会公共利益的犯罪行为提起刑事公诉时,可以向人民法院一并提起附带民事公益诉讼,由人民法院同一审判组织审理。人民检察院提起的刑事附带民事公益诉讼案件由审理刑事案件的人民法院管辖。”

[13] 张军:《最高人民检察院关于开展公益诉讼检察工作情况的报告》(2019 年 10 月 23 日在第十三届全国人民代表大会常务委员会第十四次会议上最高人民检察院公益诉讼检察专项报告),载最高人民检察院网,https://www.spp.gov.cn/spp/tt/201910/t20191024_435925.shtml,最后访问日期:2021 年 3 月 2 日。

只能由行政公益诉讼而非民事公益诉讼来担当。因此,"民重行轻"的检察公益诉讼案件类型不符合检察公益诉讼的制度定位。

(五)行政公益诉讼以诉前程序解纷为主

诉前程序是行政公益诉讼制度的特有程序,也是由我国《行政诉讼法》立法确认的法定程序、必经程序。由于行政公益诉讼是督促之诉,提起诉讼仅是手段,督促履职方为目的。因此,在行政公益诉讼领域,最高人民检察院致力于推行"诉前实现保护公益目的是最佳司法状态"的工作理念。我国检察公益诉讼的实践表明,检察机关依法发出诉前检察建议之后,大部分行政机关均能积极行动、依法履职,绝大多数案件均在诉前程序环节得以解决,这不仅节约了司法资源,而且提高了公益保护效率。试点期间(2015 年 7 月至 2017 年 6 月),13 个试点地区检察机关共办理了行政公益诉讼诉前程序案件 7676 件,除未到一个月回复期的 984 件外,行政机关纠正违法或履行职责案件 5162 件,占比 77.14%。[14] 全面实施以来(2017 年 7 月至 2019 年 9 月),全国检察机关共办理了行政公益诉讼诉前程序案件 182802 件,行政机关回复整改率达 97.37%,检察机关对仍未依法全面履职提起行政公益诉讼案件 995 件,提起率仅为 0.54%。[15] (见图 5-7)由于检察机关办理的生态环境和资源保护领域行政公益诉讼案件在检察机关办理的行政公益诉讼案件中占比较为固定,因此,上述行政公益诉讼诉前程序结案情况也可以反映环境行政公益诉讼的情况。

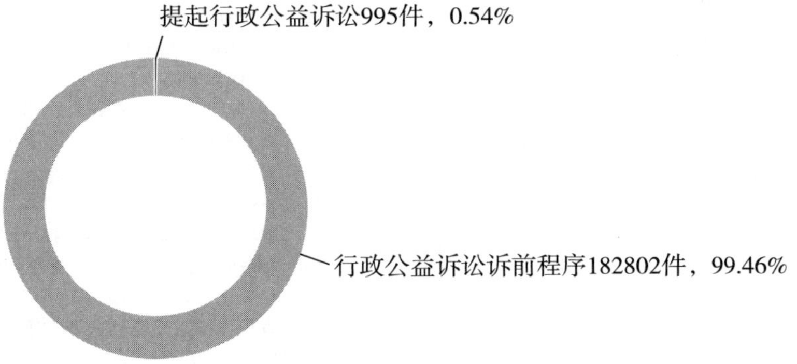


**图 5-7　2017 年 7 月至 2019 年 9 月全国检察机关办理行政公益诉讼诉前程序案件与提起诉讼案件对比**

〔14〕《检察机关提起公益诉讼试点工作情况》(2017 年 6 月 30 日最高人民检察院新闻通报稿)。

〔15〕冯涛:《最高人民检察院关于开展公益诉讼检察工作情况的报告》,载最高人民检察院网,https://www.spp.gov.cn/spp/tt/201910/t20191024_435925.shtml,最后访问日期:2021 年 3 月 2 日。

自检察公益诉讼试点以来,全国检察机关在行政公益诉讼诉前程序中探索多种办案方式,通过诉前磋商、公开宣告送达检察建议、召开圆桌会议、组织听证等方式,督促行政机关在诉前程序阶段主动履职整改。特别是对于一些"九龙治水"的行政疏漏,需要多个行政机关齐抓共管的"老大难"问题,检察机关在行政公益诉讼诉前程序阶段积极助推地方政府统筹协调多个行政职能部门综合发力、全面施治,注重通过典型个案办理,引导协同行政机关开展领域、区域或行业整治,从源头上推动问题解决。比如,浙江省人民检察院在温州市鹿城区人民检察院办理实验室危险废物处置公益诉讼案件的基础上,开展专题调研,推动相关职能部门在全省范围开展全面排查、消除隐患。[16]

### (六)检察机关已成环境公益诉讼的"绝对主力"

2012 年我国修订的《民事诉讼法》第 55 条首次通过立法确认了公益诉讼制度,该条将公益诉讼诉权赋予了"法律规定的机关和有关组织"。[17] 2014 年我国修订的《环境保护法》第 58 条仅对社会组织提起环境民事公益诉讼进行了专门规定。[18] 因此,2015 年 7 月 1 日检察公益诉讼制度试点改革之前,可以提起环境民事公益诉讼的仅有符合条件的社会组织。[19] 在中国裁判文书网检索环境民事公益诉讼裁判文书,通过手动筛选排除,2015 年 7 月 1 日之前社会组织提起环境民事公益诉讼裁判文书仅 6 件。[20] 检察公益诉讼制度试点改革之后,检

〔16〕 雪晨、鹿轩:《温州首例! 公益诉讼助力 1.55 吨实验室危险废物清运》,载浙江新闻网,https://zj.zjol.com.cn/news.html? id = 1059124,最后访问日期:2021 年 3 月 2 日。

〔17〕 2012 年修订的《民事诉讼法》第 55 条规定:"对污染环境、侵害众多消费者合法权益等损害社会公共利益的行为,法律规定的机关和有关组织可以向人民法院提起诉讼。"

〔18〕 2014 年修订的《环境保护法》第 58 条规定:"对污染环境、破坏生态,损害社会公共利益的行为,符合下列条件的社会组织可以向人民法院提起诉讼:(一)依法在设区的市级以上人民政府民政部门登记;(二)专门从事环境保护公益活动连续五年以上且无违法记录。符合前款规定的社会组织向人民法院提起诉讼,人民法院应当依法受理。提起诉讼的社会组织不得通过诉讼牟取经济利益。"

〔19〕 2017 年我国修订的《海洋环境保护法》第 89 条规定:"造成海洋环境污染损害的责任者,应当排除危害,并赔偿损失;完全由于第三者的故意或者过失,造成海洋环境污染损害的,由第三者排除危害,并承担赔偿责任。对破坏海洋生态、海洋水产资源、海洋保护区,给国家造成重大损失的,由依照本法规定行使海洋环境监督管理权的部门代表国家对责任者提出损害赔偿要求。"上述规定确定了海洋生态环境损害赔偿制度,由于我国环境法学界对生态环境损害赔偿诉讼是否属于环境民事公益诉讼争议颇大,一般也认为上述规定中"海洋环境监督管理权的部门"并不属于 2012 年我国修订的《民事诉讼法》第 55 条规定的"法律规定的机关"。

〔20〕 这 6 件社会组织提起环境民事公益诉讼的裁判文书分别为:江苏省高级人民法院(2014)苏环公民终字第 00001 号民事判决书,北京市高级人民法院(2014)高民终字第 692 号民事裁定书,福建省高级人民法院(2015)闽民终字第 2060 号民事判决书,广州市中级人民法院(2015)穗中法民一终字第 3804 号民事判决书,南平市中级人民法院(2015)南民初字第 38 号民事判决书,镇江市中级人民法院(2015)镇民公初字第 00002 号民事判决书。

察机关逐渐成为提起环境民事公益诉讼的“绝对主力”。在中国裁判文书网检索环境民事公益诉讼裁判文书，通过手动筛选排除，2015 年 7 月 1 日至 2020 年 12 月 30 日，检察机关提起环境民事公益诉讼裁判文书 663 件，提起环境刑事附带民事公益诉讼裁判文书 5905 件，而各类社会组织提起环境民事公益诉讼裁判文书仅 115 件，二者比例为 98.3∶1.7。（见图 5－8）

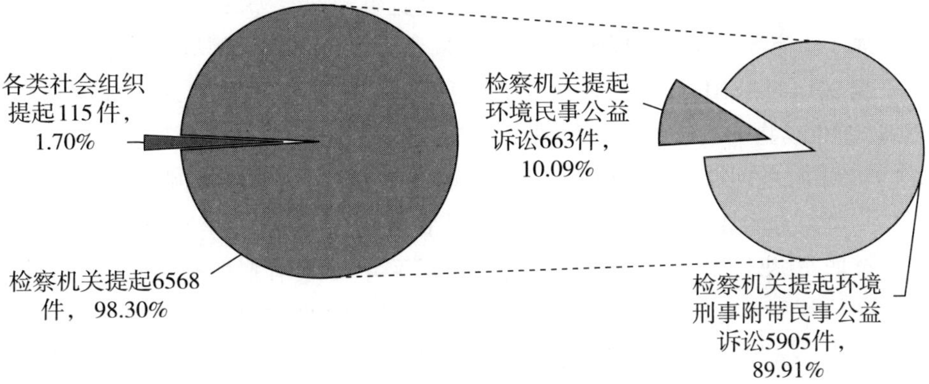


**图 5－8　2015～2020 年检察机关与社会组织提起环境民事公益诉讼案件对比**

通过统计分析，提起环境民事公益诉讼的社会组织比较集中，一般为中国生物多样性保护与绿色发展基金会、中华环保联合会、北京市朝阳区自然之友环境研究所三家具有全国影响力的环保组织。此外，一些地方性环保组织也积极提起了环境民事公益诉讼，主要包括北京市丰台区源头爱好者环境研究所、贵州省青年法学会、贵阳市公众环境教育中心、河南省环保联合会、河南省企业社会责任促进中心、成都市河流研究会、重庆市两江志愿服务发展中心、常州市环境公益协会、镇江市环境科学学会、淮安市环境科学学会、大连市环保志愿者协会、福建省绿家园环境友好中心、安徽省环保联合会、广东省环境保护基金会、上海市环境科学研究院、湘潭市环境保护协会、益阳市环境资源保护志愿者协会、山东省环境保护基金会等。

（七）检察机关积极拓展公益诉讼案件领域

党的十九届四中全会提出“拓展公益诉讼案件范围”的新要求，这不仅是对公益诉讼制度设计和实践成效的认可，也表达了对更好地发挥公益诉讼制度效用的期许。2020 年 9 月 18 日，最高人民检察院印发了《关于积极稳妥拓展公益诉讼案件范围的指导意见》，以规范和引导全国检察机关办理公益诉讼新领域案件，提出了“坚持积极稳妥的指导原则”，明确了“安全生产、公共卫生、生物安全、妇女儿童及残疾人权益保护、网络侵害、扶贫、文物和文化遗产保护等领域公益损害案件”为公益诉讼新领域的重点范围。据统计,党的十九届四中全会之后,检察机关办理的公益诉讼新领域案件数量大幅提升,新领域案件占比已经从 2019 年的 6.3% 上升到 2020 年 9 月底的 16.7%,大幅上升了 10 个百分点。〔21〕

其实,在公益诉讼新领域重点范围内,生物安全、文物和文化遗产保护仍然属于生态环境和资源保护领域,它们属于环境公益诉讼领域新的案件类型。根据 2014 年我国修订的《环境保护法》第 2 条规定,生物安全属于环境范畴中的“野生动物”,而文物和文化遗产保护则属于环境范畴的“人文遗迹”。〔22〕司法实践中,各地检察机关积极探索,办理了一批优秀的典型案例。例如,辽宁省宽甸满族自治县人民检察院督促宽甸县农业农村局对“中华蜜蜂资源保护”依法履职案中,检察机关督促有关行政机关采取有效措施保护“中华蜜蜂品种资源”,维护了生物多样性,实现了环境公益诉讼案件法律效果和生态效果的有机结合。再如,江西省龙南县人民检察院督促龙南县文化广电新闻出版旅游局履行客家围屋保护监管职责案中,检察机关督促有关行政机关重点保护赣南地区极具民族文化特色的“客家围屋”取得了良好效果。上述两个案件均被最高人民检察院检察公益诉讼研究基地(中国政法大学法治政府研究院)评选为“2019年十大检察公益诉讼典型案例”。〔23〕2020 年 12 月 2 日,为推动文物和文化遗产保护公益诉讼工作,最高人民检察院发布了 10 起文物和文化遗产保护公益诉讼典型案例。〔24〕

(八)检察机关维护环境公益方式渐趋多元

提起诉讼是检察机关保护国家利益和社会公共利益的主要工作方式,除此之外,检察机关还可以通过支持(社会组织)起诉或督促(政府)启动生态环境损害赔偿程序来维护遭受损害的生态环境和自然资源。

---

〔21〕 胡卫列:《当前公益诉讼检察工作需要把握的若干重点问题》,载《人民检察》2021 年第 2 期。

〔22〕 《环境保护法》第 2 条规定:“本法所称环境,是指影响人类生存和发展的各种天然的和经过人工改造的自然因素的总体,包括大气、水、海洋、土地、矿藏、森林、草原、湿地、野生生物、自然遗迹、人文遗迹、自然保护区、风景名胜区、城市和乡村等。”

〔23〕 《2019 年度十大检察公益诉讼典型案例》,载法制网,http://www.legaldaily.com.cn/environmental_protection/content/content_8254493.html,最后访问日期:2021 年 3 月 3 日。

〔24〕 《最高检发布 10 起文物和文化遗产保护公益诉讼典型案例》,载最高人民检察院网,https://www.spp.gov.cn/spp/xwfbh/wsfbt/202012/t20201202_487926.shtml#1,最后访问日期:2021 年 3 月 3 日。

**1. 支持起诉**

支持起诉是我国民事诉讼法的基本原则之一,根据我国《民事诉讼法》第15条规定,机关、社会团体、企业事业单位对损害国家、集体或者个人民事权益的行为,可以支持受损害的单位或者个人向人民法院起诉。根据2017年我国修订的《民事诉讼法》第55条第2款规定,如果法定的机关或者组织提起民事公益诉讼的,人民检察院可以支持起诉。在中国裁判文书网中检索环境民事公益诉讼中检察机关作为支持起诉单位的案件,共得到14件裁判文书。[25] 根据最高人民检察院通报,试点期间,检察机关对社会组织提起民事公益诉讼案件支持起诉共有28件。[26] 实践中,检察机关一般通过提供法律咨询,帮助调查取证或者出庭支持起诉等方式进行支持起诉。比如,在广东省东莞市人民检察院支持东莞市环境科学学会诉袁某某等三人环境污染民事公益诉讼案中,检察机关在积极获取案件线索后及时督促适格主体起诉,同时协助环保组织调查取证,准确固定起诉证据,提供法律咨询,并出庭支持起诉,系统化、全过程支持了环保组织提起民事公益诉讼。该案也被最高人民检察院检察公益诉讼研究基地(中国政法大学法治政府研究院)评选为"2019年十大检察公益诉讼典型案例"。[27]

**2. 督促启动生态环境损害赔偿程序**

根据2017年12月中共中央办公厅和国务院办公厅印发的《生态环境损害赔偿制度改革方案》,国务院授权省级、市地级政府作为本行政区域内生态环境损害赔偿权利人。司法实践中,检察机关经调查发现的生态环境损害案件线索,如果符合《生态环境损害赔偿制度改革方案》中生态环境损害赔偿情形的,可以

---

〔25〕 这14件检察机关支持起诉的民事公益诉讼案件相应的判决书包括:贵港市中级人民法院(2020)桂08民初39号民事判决书,长沙市开福区人民法院(2020)湘0105民初6324号民事判决书,岳阳市中级人民法院(2020)湘06民初31号民事判决书,广东省高级人民法院(2019)粤民终2169号民事判决书,湘潭市中级人民法院(2018)湘03民初196号民事判决书,广州市中级人民法院(2018)粤01民初707号民事判决书,广州市中级人民法院(2017)粤01民初201号民事判决书,广州市中级人民法院(2017)粤01民初220号民事判决书,江西省高级人民法院(2018)赣民终189号民事判决书,淮南市中级人民法院(2016)皖04民初73号民事判决书,(2016)民初51一审民事判决书,广州市中级人民法院(2016)粤01民初51号民事判决书,重庆市第二中级人民法院(2016)渝02民终772号民事判决书,徐州市中级人民法院(2015)徐环公民初字第5号民事判决书。

〔26〕《检察机关提起公益诉讼试点工作典型案例公布》,载中新网,http://www.chinanews.com/gn/2017/06-30/8265568.shtml,最后访问日期:2021年3月4日。

〔27〕《2019年度十大检察公益诉讼典型案例》,载法制网,http://www.legaldaily.com.cn/environmental_protection/content/content_8254493.html,最后访问日期:2021年3月4日。

向赔偿权利人发出《督促启动生态环境损害索赔程序书》,督促其及时开展调查、评估、磋商等程序,对遭受损害的生态环境及时予以修复和赔偿。比如,在内蒙古自治区通辽市人民检察院督促通辽市人民政府对霍林河露天煤业股份有限公司生态环境损害索赔案件中,通辽市人民检察院调查发现案件线索后,及时督促通辽市人民政府启动了生态环境损害赔偿程序,检察机关将调取的证据和鉴定意见移交给该市政府,并参加生态环境损害赔偿磋商程序,支持赔偿权利人与对方达成 2.85 亿元的《生态环境损害赔偿协议书》。该案被最高人民检察院检察公益诉讼研究基地(郑州大学检察公益诉讼研究院)评为“2019 年度检察公益诉讼十大精品案件”。〔28〕

## 二、检察机关提起环境公益诉讼的主要做法

检察公益诉讼制度试点以来,全国检察机关在充分发挥检察职能作用,聚焦“美丽中国”国家战略,针对生态环境和资源保护领域存在的突出问题办理了一批环境公益诉讼案件。具体而言,检察机关提起环境公益诉讼主要有以下经验做法值得肯定。

### (一)加强检察公益诉讼办案机构的专业化建设

2018 年 7 月 6 日,中央全面深化改革委员会第三次会议审议通过的《关于设立最高人民检察院公益诉讼检察厅的方案》中,强调“要以强化法律监督、提高办案效果、推进专业化建设为导向,构建配置科学、运行高效的公益诉讼检察机构,为更好履行检察公益诉讼职责提供组织保障”。〔29〕可见,加强办案机构专业化建设是中央全面深化改革委员会提出的检察公益诉讼发展方向。

2019 年 1 月 3 日,最高人民检察院内设机构改革方案正式公布,围绕“四大检察职能”成立了十大检察业务厅,其中第八检察厅专司公益诉讼检察职责,这也是落实中央全面深化改革委员会《关于设立最高人民检察院公益诉讼检察厅的方案》的必然举措。与此同时,各地方检察机关结合本地区内设机构改革并同步推进公益诉讼专业办案机构建设。据统计,全国已有 28 个省级检察院单设了公益诉讼检察机构,仅有天津市、江苏省、安徽省、青海省、宁夏回族自治区 5

---

〔28〕 张云峰:《诉前磋商!内蒙古自治区通辽市检察院探索民事公益诉讼诉前解决新路径》,载最高人民检察院网,https://www.spp.gov.cn/zdgz/201904/t20190421_415715.shtml,最后访问日期:2021 年 3 月 4 日。

〔29〕 《习近平主持召开中央全面深化改革委员会第三次会议》,载中国政府网,http://www.gov.cn/xinwen/2018-07/06/content_5304188.htm,最后访问日期:2021 年 3 月 4 日。

个省市区级检察院将行政检察和公益诉讼检察职能合并于一个部门。值得注意的是,福建省人民检察院第八检察部职能包括公益诉讼检察和生态检察,突出强调了检察公益诉讼重点维护生态环境权益的职能。(见表 5－1)此外,各地市、县两级检察院也分别组建了公益诉讼专门机构或专门办案组。

**表 5－1　全国省区市级检察院公益诉讼办案部门设置情况**

| 省区市级检察院 | 公益诉讼办案部门 | 职责和业务 |
| --- | --- | --- |
| 北京 | 第八检察部 | 公益诉讼检察 |
| 天津 | 第七检察部 | 行政检察、公益诉讼检察 |
| 河北 | 第八检察部 | 公益诉讼检察 |
| 山西 | 第八检察部 | 公益诉讼检察 |
| 内蒙古 | 第八检察部 | 公益诉讼检察 |
| 辽宁 | 第八检察部 | 公益诉讼检察 |
| 吉林 | 第八检察部 | 公益诉讼检察 |
| 黑龙江 | 第八检察部 | 公益诉讼检察 |
| 上海 | 第八检察部 | 公益诉讼检察 |
| 江苏 | 第七检察部 | 行政检察、公益诉讼检察 |
| 浙江 | 第八检察部 | 公益诉讼检察 |
| 安徽 | 第七检察部 | 行政检察、公益诉讼检察 |
| 福建 | 第八检察部 | 公益诉讼检察(生态检察) |
| 江西 | 第八检察部 | 公益诉讼检察 |
| 山东 | 第八检察部 | 公益诉讼检察 |
| 河南 | 第八检察部 | 公益诉讼检察 |
| 湖北 | 第八检察部 | 公益诉讼检察 |
| 湖南 | 第八检察部 | 公益诉讼检察 |
| 广东 | 第八检察部 | 公益诉讼检察 |
| 广西 | 第八检察部 | 公益诉讼检察 |

续表

| 省区市级检察院 | 公益诉讼办案部门 | 职责和业务 |
| --- | --- | --- |
| 海南 | 第八检察部 | 公益诉讼检察 |
| 重庆 | 第五检察部 | 公益诉讼检察 |
| 四川 | 第八检察部 | 公益诉讼检察 |
| 贵州 | 第八检察部 | 公益诉讼检察 |
| 云南 | 第八检察部 | 公益诉讼检察 |
| 西藏 | 第八检察部 | 公益诉讼检察 |
| 陕西 | 第八检察部 | 公益诉讼检察 |
| 甘肃 | 第八检察部 | 公益诉讼检察 |
| 青海 | 第七检察部 | 行政检察、公益诉讼检察 |
| 宁夏 | 第六检察部 | 行政检察、公益诉讼检察 |
| 新疆 | 第八检察部 | 公益诉讼检察 |
| 新疆生产建设兵团 | 第六检察部 | 公益诉讼检察 |

### (二)依托“专项行动”推动重点工作

检察机关作为“政治性极强的业务机关和业务性极强的政治机关”[30],擅于依托“专项行动”[31]这一行政执法方式推动检察公益诉讼重点工作。检察公益诉讼制度自全面实施以来,最高人民检察院连续部署了多个专项行动加强在生态环境和资源领域的公益诉讼工作。2018 年 12 月 7 日,最高人民检察院和水利部联合开展了“携手清四乱、保护母亲河”专项行动,专项整治沿黄九省区“乱占、乱采、乱堆、乱建”问题;2019 年 2 月,最高人民检察院开展“守护海洋”检察公益诉讼专项监督行动,部署沿海 11 个省区市检察机关重点围绕入海排污口设

---

〔30〕《以空前力度推进政治性很强的业务建设》,载最高人民检察院网,https://www.spp.gov.cn/zdgz/201902/t20190211_407560.shtml,最后访问日期:2021 年 3 月 4 日。

〔31〕专项行动,又称为专项整治、专项治理、集中治理,是指相关机关依据法律、法规的规定,对某类突出治安问题,在一定时期内集中人员、集中精力针对特定内容和对象开展集中打击或整治,扭转该领域违法犯罪突出的局面,继而建立该项工作安全管理的长效机制,实现社会治安的持续稳定。专项行动这一手段措施已经成为公安机关等行政执法部门熟练运用并且经常使用的执法方式,具有针对性强、投入大、时间短、见效快等特性。参见“专项行动”百度词条,载百度百科网,https://baike.baidu.com/item/%E4%B8%93%E9%A1%B9%E6%95%B4%E6%B2%BB/2581136?fr=aladdin,最后访问日期:2021 年 3 月 4 日。

置、陆源污染防治、海上污染防控等开展专项监督活动;2020 年 6 月 29 日,最高人民检察院部署全国检察机关开展为期三年的“公益诉讼守护美好生活”专项监督活动,在环境资源领域中重点围绕违法向水体排放污染物,违法产生、收集、贮存、运输、利用、处置固体废物,违法产生、排放尾矿,破坏野生动物保护等 6 个方面的违法行为开展专项监督。[32] 此外,全国各地方检察机关结合本地生态环境实际情况,因地制宜,部署开展符合地域特色的专项行动。比如,湖北省人民检察院部署开展了“长江流域生态保护公益诉讼”专项行动,为长江流域生态保护、绿色发展提供优质司法保障;贵州省检察机关部署开展了“碧水润家园”“农村人居环境整治”等具有地域特色的公益诉讼专项监督活动;云南省检察机关开展“金沙江流域(云南段)生态环境和资源保护及九大高原湖泊保护治理专项监督行动”,并联合云南省林草局、生态环境部门联合部署开展“生物多样性保护”公益诉讼专项活动;江西省检察机关部署开展“守护鄱阳湖”检察公益诉讼专项活动;安徽省检察机关部署开展“守护绿色江淮美好家园”专项检察监督深化年活动。[33]

由于公益诉讼工作是检察机关的一项新职能,全国检察机关依托公益诉讼专项活动,集中办理了一大批有影响的案件,产生了公益诉讼案件的规模效应。比如,最高人民检察院和水利部联合开展的“携手清四乱、保护母亲河”,沿黄九省区检察机关共立案公益诉讼案件 1097 件,督促清理污染水域 1707 亩、清理生活和建筑垃圾 138.7 万吨、拆除违法建筑 80.8 万平方米。[34] 最高人民检察院开展的“守护海洋”检察公益诉讼专项监督行动,沿海 11 个省级检察机关共摸排公益诉讼线索 2468 件,立案公益诉讼案件 1773 件,发出诉前检察建议 1411 件,向法院提起公益诉讼 152 件,共督促治理海域面积 815 平方公里,修复海岸线 25.3 公里、河道 168 公里,追缴各类赔偿修复金共 2.18 亿元。[35]

### (三)充分运用检察一体化办案机制

检察一体化办案工作机制是指按照检察工作整体性、统一性要求,实行上下

---

[32] 《全国检察机关开展为期三年的“公益诉讼守护美好生活”专项监督活动》,载最高人民检察院网,https://www.spp.gov.cn/zdgz/202006/t20200629_469693.shtml,最后访问日期:2021 年 3 月 4 日。

[33] 《最高人民检察院服务保障长江经济带发展检察白皮书(2020)》,载 https://baijiahao.baidu.com/s?id=1685758058354471809&wfr=spider&for=pc,最后访问日期:2021 年 3 月 4 日。

[34] 史兆琨:《最高检通报“携手清四乱 保护母亲河”专项行动情况》,载最高人民检察院网,https://www.spp.gov.cn/spp/zgrmjcyxwfbh/zgjxsqslbhmql/index.shtml,最后访问日期:2021 年 3 月 4 日。

[35] 《最高检通报“守护海洋”检察公益诉讼专项监督情况》,载搜狐网,https://www.sohu.com/a/390072833_120033572,最后访问日期:2021 年 3 月 5 日。

统一、横向协作、内部整合、总体统筹的一项工作机制。[36] 检察公益诉讼工作自全面实施以来,各地检察机关充分运用检察一体化办案机制,整合办案资源,提升工作合力,加强办案力度,提高办案质效,具体表现在以下几个方面。

**1. 成立公益诉讼指挥中心**

安徽省、福建省、陕西省、内蒙古自治区等省区级检察机关组建了公益诉讼办案指挥中心,以办案指挥中心为平台,对于有重大、疑难、复杂、敏感公益诉讼案件,统一研判办案策略、统一管理案件线索、统一指定案件管辖、统一调配办案力量、统一发布案件信息、统一指挥办案工作,统筹协调重大工作。

**2. 统一管理案件线索**

检察机关通过交办、督办、领办、参办重大公益诉讼案件线索方式加强检察公益诉讼一体化办案。比如,2018 年 1 月最高人民检察院对全国 33 起破坏生态环境公益诉讼案件进行挂牌督办;2019 年 8 月最高人民检察院将全国人大常委会审议水污染防治法执法检查报告中发现的 57 件公益诉讼案件线索集中挂牌督办,督导相关地方检察机关认真履职,促进问题整改到位;[37] 2020 年最高人民检察院又将《2019 年长江经济带生态环境警示片》所涉 152 个问题清单下发至相关省级检察院,要求及时掌握问题整改进展情况。此外,省级检察机关也通过挂牌督办方式推进检察公益诉讼一体化办案机制建设。[38] 比如,2020 年内蒙古自治区人民检察院先后分两批次挂牌督办 40 件野生动物公益诉讼案件线索,其中第二批专门围绕自治区区鸟“百灵鸟”挂牌督办了 10 件公益诉讼案件线索。[39]

**3. 统一调配办案力量**

对于有重大影响的复杂案件或者跨行政区划案件,上级检察院根据实际需要,在本辖区内统一指挥、统一调配办案力量,成立专案组进行办理。比如,陕西省宝鸡市人民检察院成立全市公益诉讼工作人才库,充实员额检察官,对于基层

[36] 谢鹏程:《正确把握检察工作一体化机制的内涵和价值》,载《人民检察(湖北版)》2007 年第 10 期。

[37] 《最高人民检察院关于开展公益诉讼检察工作情况的报告》(2019 年 10 月 23 日在第十三届全国人民代表大会常务委员会第十四次会议上最高人民检察院公益诉讼检察专项报告),载最高人民检察院网,https://www.spp.gov.cn/spp/tt/201910/t20191024_435925.shtml,最后访问日期:2021 年 3 月 5 日。

[38] 《服务保障长江经济带发展检察白皮书(2020)》,载最高人民检察院网,https://www.spp.gov.cn/spp/xwfbh/wsfbt/202012/t20201211_488710.shtml#2,最后访问日期:2021 年 3 月 5 日。

[39] 《内蒙古:筑牢织密野生动物公益诉讼保护的绿色防护网》,载搜狐网,https://www.sohu.com/a/424535176_162758,最后访问日期:2021 年 3 月 5 日。

检察院遇到的有阻力的案件,指挥中心从人才库中统一调集力量进行办理。对于案件少的基层检察院,可以随时抽调其公益诉讼检察人员到其他有案件的检察院工作。办案车辆也可以集中调配使用。[40]

**4. 加强内部协作配合**

河北省人民检察院制定《关于加强公益诉讼工作内部协作配合的规定》,[41]要求其他业务部门在办理刑事案件中发现公益诉讼案件线索后及时向公益诉讼检察部门移送,并建立联络员制度,指定专人作为联络员,负责日常联络和案件线索的移送。

(四)建立公益诉讼内外协作机制

公益诉讼工作是检察机关工作新的增长点和发力点,同时公益诉讼案件往往涉及多部门、跨地域、跨领域,需要检察机关加强内部联动和外部协作,形成公共利益的保护合力。

**1. 外部协作:构建公益保护共同体**

最高人民检察院一直推行"双赢多赢共赢"理念,认为公益诉讼检察的本质是助力依法行政,检察机关与政府部门并非"零和博弈",二者均属于公益保护共同体。2019年1月2日,最高人民检察院、生态环境部会同其他七部委共同发布了《关于在检察公益诉讼中加强协作配合依法打好污染防治攻坚战的意见》;2020年5月最高人民检察院、中央军委政法委员会联合印发《关于加强军地检察机关公益诉讼协作工作的意见》,军地检察机关将加强涉军公益诉讼案件协作配合。[42] 江西省人民检察院与该省监察委员会联合出台《关于加强公益诉讼工作协作配合的实施意见》。河南省人民检察院与该省河长办、黄河水利委员会积极联动,形成"河长+检察长"协作联动机制,并将全面推行"河长+检察长"纳入2020年度河南省重大改革事项。[43] 检察机关与行政机关的公益诉讼外部协作机制主要内容包括:联合开展专项行动、移送案件线索、联合巡视整改、

---

〔40〕《陕西:摸排公益诉讼案件线索1700件 建立一体化机制》,载正义网,http://news.jcrb.com/jszx/201808/t20180803_1892752.html,最后访问日期:2021年3月5日。

〔41〕左潇:《河北省人民检察院出台〈关于加强公益诉讼检察工作内部协作配合的暂行规定〉》,载河北高级人民检察院网,http://www.he.jcy.gov.cn/jcxw/jjyw/201907/t20190703_2623028.shtml,最后访问日期:2021年3月5日。

〔42〕《关于加强军地检察机关公益诉讼协作工作的意见》,载最高人民检察院网,https://www.spp.gov.cn/spp/xwfbh/wsfbt/202005/t20200511_460764.shtml#1,最后访问日期:2021年3月5日。

〔43〕《河南省开启生态治河新模式 全面推行"河长+检察长"制》,载新华网,http://www.ha.xinhuanet.com/news/2020-09/17/c_1126506994.htm,最后访问日期:2021年3月6日。

加强联动协作。比如,内蒙古自治区人民检察院与内蒙古自治区河长办创设“一问题两单制”,对于黄河“四乱”问题要求必须检察长与河长共同签字方能销号。[44]

**2. 内部协作:加强跨域检察协作机制**

由于破坏生态环境案件往往具有跨区域的特点,检察公益诉讼自试点以来,各地检察机关在建立跨域检察公益诉讼协作机制,移送案件线索、联合调查取证、配合协调解决、监督判决执行等方面开展检察办案协作配合,力图破解“上下游不同行、左右岸不同步”的治理难题,积极推动跨境跨流域河湖的系统治理、源头治理。2018 年 8 月河北省、山西省、内蒙古自治区、辽宁省 4 省(自治区)人民检察院在河北省承德市共同签署《祖国北部绿水青山蓝天护航联合行动实施意见》;[45] 2020 年 12 月上海市、江苏省、浙江省 3 省(直辖市)人民检察院在浙江省湖州市会签了《关于环太湖流域生态环境行政公益诉讼跨省际区划管辖协作意见》;[46] 重庆市、四川省、云南省、贵州省、西藏自治区、青海省 6 省(自治区)人民检察院会签《关于建立长江上游生态环境保护跨区域检察协作机制的意见》;[47] 湖北省十堰市与河南省南阳市、陕西省商洛市、安康市三地检察机关就南水北调中线工程水源区生态环境保护建立合作机制;[48] 内蒙古呼伦贝尔市检察院与蒙古国东方省检察机关建立跨境河湖生态保护协作机制。[49]

(五)践行生态检察恢复性司法理念

恢复性司法理念源于刑事司法,它认为刑事司法的任务不仅是惩罚犯罪,更要关注受害方利益,尊重被害人的意愿,修复被犯罪破坏的社会关系,预防犯罪

---

〔44〕《内蒙古:“河长 + 检察长”联动模式　助推河湖环境整治》,载新浪网,http://nmg. sina. com. cn/news/s/2020 - 05 - 27/detail - iircuyvi5229737. shtml? from,最后访问日期:2021 年 3 月 6 日。

〔45〕《冀晋蒙辽联合开展中国北部绿水青山蓝天护航行动》,载 https://baijiahao. baidu. com/s? id = 1608864016210256848&wfr = spider&for = pc,最后访问日期:2021 年 3 月 6 日。

〔46〕《上海、江苏、浙江三地检察机关签署〈关于环太湖流域生态环境行政公益诉讼跨省际区划管辖协作意见〉》,载最高人民检察院网,https://www. spp. gov. cn/zdgz/202012/t20201211_488712. shtml,最后访问日期:2021 年 3 月 6 日。

〔47〕《六省区市建跨区域检察协作机制》,载搜狐网,https://m. sohu. com/a/319088135_118060,最后访问日期:2021 年 3 月 6 日。

〔48〕高先虎:《鄂豫陕三省四市检察机关深化检察协作、共同加强南水北调中线工程水源区生态环境保护》,载 http://sy. hbjc. gov. cn/jcyw/201811/t20181119_1370161. shtml,最后访问日期:2021 年 3 月 6 日。

〔49〕《内蒙古举行全区检察机关加强“河湖”治理司法保障工作发布会》,载中华人民共和国国务院新闻办公室网,http://www. scio. gov. cn/xwfbh/gssxwfbh/xwfbh/neimenggu/Document/1683221/1683221. htm,最后访问日期:2021 年 3 月 6 日。

嫌疑人再次犯罪，实现“无害的正义”。[50] 检察机关在办理破坏生态环境领域案件时，除了追求对犯罪分子实现罚当其罪的处罚外，还在办案中贯彻恢复性司法理念，主动延伸检察职能，督促案件当事人补植复绿，修复受损的生态环境，避免“罪犯服刑，荒山依旧”，努力达到惩处犯罪和恢复生态的双重目的，实现办案法律效果、社会效果双统一。此外，检察机关在办理环境刑事附带民事公益诉讼案件时积极贯彻宽严相济的刑事司法政策，促进认罪认罚从宽制度与恢复性司法理念的有机衔接，将被告人修复生态环境情况作为批捕和起诉的重要参考，依法对符合条件的生态环境案件从宽处理，达到恢复环境、修复关系、促进和谐的目的。比如，湖南省岳阳县人民检察院在办理张某某、盛某某非法捕捞水产品刑事附带民事公益诉讼案件中，通过诉讼督促两名违法行为人购买 270 万尾鱼苗放流至东洞庭湖水域，以修复渔业资源与生态环境。[51] 内蒙古包头市昆都仑区检察院办理的朱某某非法出售珍贵、濒危野生动物案件中，检察机关综合考虑犯罪嫌疑人的犯罪动机、认罪态度和损害后果，让朱某某在野生动物救助站进行社会公益劳动，将其劳动表现纳入认罪认罚从宽制度中进行考量，作出了相对不起诉决定。[52] 上海市检察机关办理的卞某某等 4 人污染环境罪案通过适用认罪认罚从宽制度督促行为人签订生态修复协议并缴纳保证金 400 万元，破解了诉前难以完成的环境修复难题。[53]

（六）强调检察公益诉讼制度建设

检察公益诉讼作为一项全新的司法改革举措，我国现行诉讼法律一直缺乏有效的制度支撑和程序规范。最高人民检察院致力于加强检察公益诉讼的法律制度建设，保障公益诉讼工作做到有章可循、规范推进。试点期间，最高人民检察院先后颁布了《检察机关提起公益诉讼试点方案》《检察机关提起公益诉讼试点工作实施办法》，并推动最高人民法院颁布了《人民法院审理人民检察院提起公益诉讼案件试点工作实施办法》。检察公益诉讼自全面实施以来，最高人民检察院先后印发了《检察机关民事公益诉讼办案指南（试行）》《检察机关行政公

---

〔50〕 张光林、罗关洪：《贯彻恢复性司法理念、强化生态修复全程监督》，载《检察日报》2018 年 12 月 31 日，第 3 版。

〔51〕 《270 万尾鱼苗入洞庭　公益诉讼增殖放流助力生态环境保护》，载搜狐网，https://www.sohu.com/a/440268974_100180399，最后访问日期：2021 年 3 月 6 日。

〔52〕 《保护野生动物　公益诉讼不缺席》，载内蒙古新闻网，http://inews.nmgnews.com.cn/system/2020/10/26/013004550.shtml，最后访问日期：2021 年 3 月 7 日。

〔53〕 《上海市奉贤区卞某某等 4 人污染环境案》，载正义网，http://www.jcrb.com/jcjgsfalk/dxal/gjc/fuwuchangjiangjingjidai/202003/t20200320_2133168.html，最后访问日期：2021 年 3 月 7 日。

益诉讼办案指南(试行)》,对检察机关办理行政公益诉讼、民事公益诉讼案件的各个阶段进行了具体规范。2018 年 3 月 2 日最高人民检察院与最高人民法院颁布实施《关于检察公益诉讼案件适用法律若干问题的解释》,具体规定了检察机关提起民事公益诉讼、行政公益诉讼案件的管辖、起诉、审理和二审等程序问题。2020 年 9 月 18 日最高人民检察院第八检察厅颁发了《关于积极稳妥拓展公益诉讼案件范围的指导意见》,对全国检察机关办理公益诉讼新领域案件进行规范指导。

(七)加强新闻宣传和案例指导

社会公众对于公益诉讼案件普遍关注,检察机关在办理公益诉讼案件过程中注重新闻宣传和案例指导作用。

**1. 加强新闻宣传**

各级检察机关加强与媒体互动合作,综合运用广播、电视、报刊、网络、"两微一端"等媒体平台,注重案例化、故事化、可视化传播,选择重要节日、纪念日推出更符合时代要求和公众需求的检察宣传活动,邀请社会公众参加检察工作座谈调研、公开听证、旁听庭审等活动,让社会各界更加了解、重视和支持检察公益诉讼工作。上海市检察机关在"6·5 世界环境日"对全市首例非法猎捕、杀害中华鲟案和具有重大社会影响、典型宣传意义的案件,邀请人大代表、政协委员和人民监督员旁听庭审。浙江省绍兴市检察院在"世界环境日"之际,联合市中级人民法院共同举办生态环境和资源保护工作新闻发布会;浙江省安吉县检察院建立生态环境检察教育基地,展示检察机关保护生态环境的举措、成效和典型案例,加强警示教育和法治宣传。四川省泸州市检察院就一起非法猎捕珍贵、濒危野生动物案件在案发地举行公开听证会,邀请省人大代表、政协委员、人民监督员担任听证员,相关行政机关与案发地村民代表参加,以案释法并就长江"十年禁渔"政策进行普法宣传。[54]

**2. 加强案例指导**

案例是生动的法治教科书,案例也是检察办案的有益参考。检察公益诉讼自试点以来,最高人民检察院注重加强典型案例发布工作,在生态环境和资源保护领域先后发布了 8 个指导性案例和 132 个典型案例,先后专门发布过检察机关服务保障长江经济带发展典型案例(三批次),"携手清四乱　保护母亲河"专

〔54〕《服务保障长江经济带发展检察白皮书(2020)》,载最高人民检察院网,https://www.spp.gov.cn/spp/xwfbh/wsfbt/202012/t20201211_488710.shtml#1,最后访问日期:2021 年 3 月 7 日。

项活动典型案例，野生动物保护公益诉讼典型案例，“守护海洋”检察公益诉讼专项监督活动典型案例，文物和文化遗产保护公益诉讼典型案例等环境资源领域典型案例。（见表5-2）

**表5-2 最高人民检察院发布环境资源领域指导性案例和典型案例**

| 序号 | 案例发布批次 | 案例发布时间 | 案例名称 | 保护/治理对象 |
|---|---|---|---|---|
| 1 | 第八批指导性案例 | 2016年12月29日 | 江苏省常州市人民检察院诉许某惠、许某仙民事公益诉讼案（检例第28号） | 地下水 |
| 2 | | | 吉林省白山市人民检察院诉白山市江源区卫生和计划生育局及江源区中医院行政附带民事公益诉讼案（检例第29号） | 地下水 |
| 3 | | | 湖北省十堰市郧阳区人民检察院诉郧阳区林业局行政公益诉讼案（检例第30号） | 林地 |
| 4 | | | 福建省清流县人民检察院诉清流县环保局行政公益诉讼案（检例第31号） | 电子垃圾 |
| 5 | | | 贵州省锦屏县人民检察院诉锦屏县环保局行政公益诉讼案（检例第32号） | 河流 |
| 6 | 第十三批指导性案例 | 2018年12月21日 | 陕西省宝鸡市环境保护局凤翔分局不全面履职案（检例第49号） | 大气 |
| 7 | | | 湖南省长沙县城乡规划建设局等不依法履职案（检例第50号） | 饮用水 |
| 8 | 第十六批指导性案例 | 2019年12月20日 | 湖北省天门市人民检察院诉拖市镇政府不依法履行职责行政公益诉讼案（检例第63号） | 农村环境 |
| 9 | 提起公益诉讼试点工作典型案例 | 2016年1月6日 | 山东省庆云县检察院提起全国首例行政公益诉讼案件 | 河流 |
| 10 | | | 贵州省锦屏县人民检察院提起行政公益诉讼 | 河流 |
| 11 | | | 福建省清流县人民检察院对清流县环境保护局提起行政公益诉讼 | 电子垃圾 |
| 12 | | | 江苏省常州市人民检察院提起首例民事公益诉讼案件 | 土壤 |
| 13 | | | 江苏省徐州市人民检察院对徐州市鸿顺造纸有限公司污染环境案提起民事公益诉讼 | 河流 |

续表

| 序号 | 案例发布批次 | 案例发布时间 | 案例名称 | 保护/治理对象 |
|---|---|---|---|---|
| 14 | 提起公益诉讼试点工作典型案例 | 2016年1月6日 | 吉林省伊通满族自治县住房和城乡建设局怠于履行职责案 | 土壤 |
| 15 | | | 江苏省常熟市环保局怠于履行职责案 | 危险废物 |
| 16 | | | 安徽省繁昌县环保局怠于履行职责案 | 长江 |
| 17 | | | 安徽省阜阳市颍东区环保局怠于履行职责案 | 生活垃圾 |
| 18 | | | 福建省龙岩市新罗区环保局怠于履行职责案 | 河流 |
| 19 | | | 福建省惠安县市政公用事业管理局怠于履行职责案 | 危险废物 |
| 20 | | | 山东省莱州市环保局怠于履行职责案 | 危险废物 |
| 21 | | | 山东省青岛市李沧区安监局怠于履行职责案 | 大气 |
| 22 | | | 湖北省黄梅县环保局怠于履行职责案 | 大气 |
| 23 | | | 云南省马龙县环保局怠于履行职责案 | 大气 |
| 24 | | | 内蒙古自治区苏尼特左旗草原监督管理局怠于履行职责案 | 草原 |
| 25 | | | 广东省广州市天河区人民检察院督促广东省环境基金会提起民事公益诉讼案 | 河流 |
| 26 | 提起公益诉讼试点工作诉前程序典型案例 | 2017年6月30日 | 内蒙古草原保护公益诉讼系列案 | 草原 |
| 27 | | | 吉林省长白山生态环境和资源保护公益诉讼系列案 | 林地、湿地 |
| 28 | | | 陕西省秦岭生态环境保护专项监督活动公益诉讼系列案 | 林地 |
| 29 | | | 湖北省水资源保护公益诉讼系列案 | 饮用水 |
| 30 | | | 内蒙古自治区林西县人民检察院诉林西县国土资源局行政公益诉讼案 | 矿山 |
| 31 | | | 安徽省阜南县人民检察院诉阜南县住房和城乡建设局行政公益诉讼案 | 生活垃圾 |

续表

| 序号 | 案例发布批次 | 案例发布时间 | 案例名称 | 保护/治理对象 |
|---|---|---|---|---|
| 32 | 提起公益诉讼试点工作诉前程序典型案例 | 2017年6月30日 | 安徽省芜湖县人民检察院诉南陵县城市管理局行政公益诉讼案 | 建筑垃圾 |
| 33 | | | 山东省莱西市人民检察院诉莱西市水利局行政公益诉讼案 | 河道采砂 |
| 34 | | | 广东省清远市清新区人民检察院诉清新区浸潭镇人民政府公益诉讼案 | 建筑垃圾 |
| 35 | | | 云南省昆明市西山区人民检察院诉西山区城管局行政公益诉讼案 | 滇池 |
| 36 | | | 陕西省凤翔县人民检察院诉宝鸡市环保局凤翔分局行政公益诉讼案 | 大气 |
| 37 | | | 甘肃省永登县人民检察院诉永登县农林局行政公益诉讼案 | 天然林 |
| 38 | | | 江苏省徐州市人民检察院诉徐州市鸿顺造纸有限公司民事公益诉讼案 | 河流 |
| 39 | | | 北京市住房和城乡建设委员会不依法履行职责案 | 大气 |
| 40 | | | 北京市通州区城市管理综合行政执法监察局等单位不依法履行职责案 | 大气 |
| 41 | | | 吉林省白城市莫莫格自然保护区管理局等单位不依法履行职责案 | 湿地 |
| 42 | | | 贵州省册亨县国土资源局不依法履行职责案 | 矿山 |
| 43 | | | 云南省昆明市空港经济区管理委员会不依法履行职责案 | 河流 |
| 44 | | | 甘肃省阿克塞县环保局不依法履行职责案 | 矿山 |
| 45 | | | 江苏省昆山市人民检察院支持中华环保联合会对江苏长青农化股份有限公司等提起民事公益诉讼案 | 危险废物 |

续表

| 序号 | 案例发布批次 | 案例发布时间 | 案例名称 | 保护/治理对象 |
|---|---|---|---|---|
| 46 | “两高”司法解释新闻发布会典型案例 | 2018 年 3 月 2 日 | 湖南省蓝山县环保局不依法履行职责案 | 河流 |
| 47 | | | 吉林省白城市洮北区人民检察院诉洮北区畜牧业管理局行政公益诉讼案 | 草原 |
| 48 | | | 江苏省泰州市高港区人民检察院诉高港区水利局行政公益诉讼案 | 河道采砂 |
| 49 | | | 福建省清流县人民检察院诉清流县环境保护局行政公益诉讼案 | 电子垃圾 |
| 50 | | | 贵州省江口县人民检察院诉铜仁市国土资源局、贵州梵净山国家级自然保护区管理局行政公益诉讼案 | 矿产资源 |
| 51 | | | 山东省聊城市人民检察院诉路某太民事公益诉讼案 | 土壤 |
| 52 | | | 云南省普洱市人民检察院诉云南景谷矿冶有限公司民事公益诉讼案 | 土壤 |
| 53 | 检察公益诉讼典型案例 | 2018 年 12 月 25 日 | 重庆市石柱县水磨溪湿地自然保护区生态环境保护公益诉讼案 | 湿地 |
| 54 | | | 湖北省黄石市磁湖风景区生态环境保护公益诉讼案 | 湖泊 |
| 55 | | | 安徽省芜湖市镜湖区检察院诉李某等人跨省倾倒固体废物刑事附带民事公益诉讼案 | 固体废物 |
| 56 | 检察机关服务保障长江经济带发展典型案例 | 2019 年 2 月 20 日 | 吴某等 12 人非法捕捞水产品刑事附带民事公益诉讼案 | 水产资源 |
| 57 | | | 刘某等 16 人组织、领导、参加黑社会性质组织案 | 矿产资源 |
| 58 | | | 赵某春等 6 人非法采矿案 | 江砂 |
| 59 | | | 上海市崇明区人民检察院督促镇政府履职行政公益诉讼案 | 湖泊 |
| 60 | 跨行政区划管辖公益诉讼典型案例 | 2019 年 5 月 29 日 | 三门峡市湖滨区、陕州区人民政府不依法履职案 | 矿产资源 |
| 61 | | | 三门峡市灵宝市人民政府不依法履职案 | 湿地 |
| 62 | | | 河南省郑州市惠济区古荥镇政府等不依法履职案 | 黄河 |
| 63 | | | 洛阳市孟津县会盟镇人民政府等不依法履职案 | 湿地 |

续表

| 序号 | 案例发布批次 | 案例发布时间 | 案例名称 | 保护/治理对象 |
| --- | --- | --- | --- | --- |
| 64 | “携手清四乱保护母亲河”专项活动典型案例 | 2019年8月28日 | 河南省郑州市惠济区“法莉兰童话王国”违法建设破坏生态环境案 | 黄河 |
| 65 | | | 甘肃省岷县“慕丽水岸”茶楼影响行洪安全案 | 黄河 |
| 66 | | | 山东省东营市东营区武家大沟堤坝毁坏影响行洪安全案 | 黄河 |
| 67 | | | 宁夏回族自治区永宁县河道违法建筑侵占黄河河滩影响行洪安全案 | 黄河 |
| 68 | | | 内蒙古自治区阿拉善盟高新技术产业开发区黄河乌斯太段河道违法建设破坏生态环境案 | 黄河 |
| 69 | | | 山西省万荣县汾河河道管理范围内违法建设破坏生态环境案 | 黄河 |
| 70 | | | 陕西省府谷县黄河沿线非法排污非法采砂破坏生态环境系列案 | 黄河 |
| 71 | | | 河南省三门峡市两矿业公司违规采矿破坏黄河生态环境案 | 黄河 |
| 72 | | | 青海省化隆县查甫河、黑城河等河道垃圾污染破坏生态环境案 | 黄河 |
| 73 | | | 四川省若尔盖县白河唐克镇段河道垃圾污染破坏生态环境案 | 黄河 |
| 74 | 检察公益诉讼全面实施两周年典型案例 | 2019年10月10日 | 湖北省武汉市青山区长江武惠堤段违法堆存固体废物破坏生态环境系列案 | 长江 |
| 75 | | | 云南省安宁市温泉地下水资源保护公益诉讼系列案 | 地下水 |
| 76 | | | 陕西省扶风县渭河沿线砂石企业违法占地破坏资源环境案 | 渭河 |
| 77 | | | 山东省临清市人民检察院诉临清市林业局不依法履职案 | 森林 |
| 78 | | | 海南省文昌市人民检察院诉文昌市海洋与渔业局不依法履职案 | 渔业资源 |
| 79 | | | 四川省荣县国土资源局不依法全面履职公益诉讼案 | 耕地 |
| 80 | | | 内蒙古自治区呼和浩特市人民检察院诉内蒙古阜丰生物科技有限公司大气污染民事公益诉讼案 | 大气 |
| 81 | | | 安徽省池州市贵池区人民检察院诉原前江工业园固废污染刑事附带民事公益诉讼案 | 长江沿岸 |
| 82 | | | 江苏省泰州市人民检察院督促泰兴市政府依法履行生态环境损害赔偿职责公益诉讼案 | 土壤 |

续表

| 序号 | 案例发布批次 | 案例发布时间 | 案例名称 | 保护/治理对象 |
|---|---|---|---|---|
| 83 | 检察机关服务保障长江经济带发展典型案例 | 2019 年 11 月 21 日 | 上海市奉贤区卞某某等 4 人污染环境案 | 长江 |
| 84 | | | 江苏省苏州市张家港市“3・24”非法采矿系列案 | 长江 |
| 85 | | | 重庆市涪陵区张某某、王某某跨省非法处置危险废物污染环境案 | 长江 |
| 86 | | | 浙江省桐乡市检察院诉某制衣公司污染环境刑事附带民事公益诉讼案 | 长江 |
| 87 | | | 安徽省铜陵市郊区人民检察院诉蔡某某等人倾倒固体废物刑事附带民事公益诉讼案 | 长江 |
| 88 | | | 上海市人民检察院第三分院诉宁波某贸易公司等进口“洋垃圾”污染环境民事公益诉讼案 | 长江 |
| 89 | | | 江西省新余市石山水库生态环境保护行政公益诉讼案 | 长江 |
| 90 | | | 湖北省宜昌市长江岸线林地保护行政公益诉讼案 | 长江 |
| 91 | | | 湖南省长沙市柏家洲饮用水水源地保护行政公益诉讼系列案 | 长江 |
| 92 | | | 四川省、贵州省跨省协作保护赤水河生态环境行政公益诉讼案 | 长江 |
| 93 | | | 贵州省沿河县乌江流域生态环境保护行政公益诉讼案 | 长江 |
| 94 | | | 云南省昆明市东川区小江流域生态环境保护行政公益诉讼系列案 | 长江 |
| 95 | 野生动物保护公益诉讼典型案例 | 2020 年 2 月 28 日 | 江苏省常州市金坛区人民检察院诉袁某某等 21 人非法收购、出售珍贵、濒危野生动物及制品刑事附带民事公益诉讼案 | 野生动物 |
| 96 | | | 浙江省龙泉市人民检察院诉王某某等非法猎捕、杀害、收购、出售珍贵、濒危野生动物刑事附带民事公益诉讼案 | 野生动物 |
| 97 | | | 湖南省湘阴县人民检察院诉胡某某等人非法猎捕、杀害珍贵、濒危野生动物刑事附带民事公益诉讼案 | 野生动物 |
| 98 | | | 四川省绵阳市涪城区人民检察院督促规范快递收寄验视行政公益诉讼案 | 野生动物 |
| 99 | | | 江西省鹰潭市人民检察院督促整治野生动物非法收购和运输行政公益诉讼案 | 野生动物 |
| 100 | | | 江苏省扬中市人民检察院督促整治野生动物非法交易行政公益诉讼案 | 野生动物 |

续表

| 序号 | 案例发布批次 | 案例发布时间 | 案例名称 | 保护/治理对象 |
|---|---|---|---|---|
| 101 | “守护海洋”检察公益诉讼专项监督活动典型案例 | 2020年4月29日 | 天津市古海岸与湿地国家级自然保护区海洋生态环境保护行政公益诉讼案 | 海洋 |
| 102 | | | 辽宁省盖州市入海河流污染渤海生态环境行政公益诉讼案 | 海洋 |
| 103 | | | 江苏省如东县船舶修造企业危废污染环境行政公益诉讼案 | 海洋 |
| 104 | | | 浙江省平阳县守护南麂岛行政公益诉讼系列案 | 海洋 |
| 105 | | | 福建省福州市长乐区漳港海岸线餐饮酒楼违法排污行政公益诉讼案 | 海洋 |
| 106 | | | 山东省青岛市崂山区居民小区生活污水直排入海行政公益诉讼系列案 | 海洋 |
| 107 | | | 广西壮族自治区防城港市污水直排污染红树林生存环境行政公益诉讼案 | 海洋 |
| 108 | | | 海南省海口市海洋非法倾废行政公益诉讼案 | 海洋 |
| 109 | | | 海南省海口市秀英区定置网破坏渔业资源行政公益诉讼案 | 海洋 |
| 110 | | | 山东省招远市违建码头整治行政公益诉讼案 | 海洋 |
| 111 | | | 浙江省舟山市人民检察院诉杨某某等人破坏海洋野生动物资源保护民事公益诉讼系列案 | 海洋 |
| 112 | | | 河北省唐山市路北区人民检察院诉高某某等6人非法捕捞水产品刑事附带民事公益诉讼系列案 | 海洋 |
| 113 | | | 上海铁路运输检察院诉周某某非法捕捞水产品刑事附带民事公益诉讼案 | 海洋 |
| 114 | | | 广东省广州市南沙区人民检察院诉陈某某等10人5宗非法捕捞水产品刑事附带民事公益诉讼系列案 | 海洋 |

续表

| 序号 | 案例发布批次 | 案例发布时间 | 案例名称 | 保护/治理对象 |
|---|---|---|---|---|
| 115 | 文物和文化遗产保护公益诉讼典型案例 | 2020 年 11 月 30 日 | 新疆维吾尔自治区博乐市人民检察院诉谢某某等 9 人盗掘古墓葬刑事附带民事公益诉讼案 | 文物和文化遗产 |
| 116 | | | 陕西省府谷县人民检察院督促保护明长城镇羌堡行政公益诉讼案 | 文物和文化遗产 |
| 117 | | | 甘肃省敦煌市人民检察院督促保护敦煌莫高窟行政公益诉讼案 | 文物和文化遗产 |
| 118 | | | 福建省晋江市人民检察院督促保护安平桥文物和文化遗产行政公益诉讼案 | 文物和文化遗产 |
| 119 | | | 江苏省无锡市滨湖区人民检察院督促保护薛福成墓及坟堂屋行政公益诉讼案 | 文物和文化遗产 |
| 120 | | | 山西省左权县人民检察院督促保护八路军杨家庄兵工厂旧址行政公益诉讼案 | 文物和文化遗产 |
| 121 | | | 江西省龙南市人民检察院督促保护客家围屋行政公益诉讼案 | 文物和文化遗产 |
| 122 | | | 上海市虹口区人民检察院督促保护优秀历史建筑德邻公寓行政公益诉讼案 | 文物和文化遗产 |
| 123 | | | 浙江省嵊州市人民检察院督促保护中共浙江省工作委员会旧址行政公益诉讼案 | 文物和文化遗产 |
| 124 | | | 湖北省恩施市人民检察院督促保护崔家坝镇鸦鹊水村滚龙坝组传统村落行政公益诉讼案 | 文物和文化遗产 |

续表

| 序号 | 案例发布批次 | 案例发布时间 | 案例名称 | 保护/治理对象 |
|---|---|---|---|---|
| 125 | 服务保障长江经济带发展典型案例(第三批) | 2020年12月11日 | 江苏省张家港市夏某某等5人非法捕捞水产品刑事公诉案 | 长江 |
| 126 | | | 重庆市万州区曹某某等3人污染环境刑事公诉案 | 长江 |
| 127 | | | 上海市崇明区韩某甲、韩某乙非法捕捞水产品刑事公诉案 | 长江 |
| 128 | | | 四川省南部县沈某某非法捕捞水产品刑事公诉案 | 长江 |
| 129 | | | 浙江省嘉兴市秀洲区人民检察院诉姚某某等污染环境刑事附带民事公益诉讼案 | 长江 |
| 130 | | | 安徽省铜陵市郊区人民检察院诉李某某等非法采矿刑事附带民事公益诉讼案 | 长江 |
| 131 | | | 上海市崇明区东风西沙水库水源地保护行政公益诉讼案 | 长江 |
| 132 | | | 江苏省江阴市长江江滩生态环境保护行政公益诉讼案 | 长江 |
| 133 | | | 浙江省安吉县长江水域生态环境保护行政公益诉讼案 | 长江 |
| 134 | | | 江西省赣江沿线生态环境保护行政公益诉讼案 | 长江 |
| 135 | | | 湖北省宜昌市长江码头船舶污染治理行政公益诉讼案 | 长江 |
| 136 | | | 湖南省洞庭湖下塞湖非法矮围整治公益诉讼系列案 | 长江 |
| 137 | | | 重庆市嘉陵江右岸矿山地质环境保护行政公益诉讼案 | 长江 |
| 138 | | | 四川省江安县工业废气超标排放整治行政公益诉讼案 | 长江 |
| 139 | | | 贵州省石阡县月亮岩河道水体污染整治行政公益诉讼案 | 长江 |
| 140 | | | 云南省丽江市金沙江流域非法网箱养鱼整治系列行政公益诉讼案 | 长江 |

(八)注重检察公益诉讼的新科技手段运用

自检察公益诉讼试点以来,检察机关注重将新科技、新技术应用于公益诉讼办案,借助科技力量、建设智慧检务。各地检察机关通过运用公益诉讼随手拍微平台、无人机航拍取证、卫星遥感技术、三维全景影像技术、大数据分析研判等现代化科学技术,不断增强现代化办案手段在生态环境领域公益诉讼的实践应用。安徽检察机关利用大数据和人工智能技术,建成集案件线索挖掘、办案知识检索、远程指挥督导、管理决策支撑一体化的"智慧公益诉讼平台"。上海市、浙江省检察机关建设公益诉讼快速检测实验室,普遍配备快速检测装备或购买能够快速响应的检测服务,提高环境公益诉讼的调查取证能力,破解鉴定难题。湖南省长沙市开福区检察院在办理非法破坏湘江河道致使湘江饮用水源受到污染行政公益诉讼案过程中,使用无人机进行拍照及视频记录、委托国家遥感工程技术中心固定涉案证据。〔55〕

(九)高度重视检察公益诉讼的公共关系建设

公共关系是指组织机构与公众环境之间的沟通与传播关系。在 2019 年年初召开的全国检察长会议上,最高人民检察院张军检察长强调,各级检察机关要高度重视建设好检察公共关系,为新时代检察事业营造优良的司法环境和发展环境。〔56〕 检察公益诉讼试点以来,各级检察机关高度重视公共关系建设,为检察公益诉讼工作的开展营造良好环境。

**1. 积极获取地方党委政府支持**

公益诉讼作为一项重大的司法改革,离不开地方党委政府的支持帮助。试点以来,26 个省委政府专门发布支持检察机关开展公益诉讼工作的文件,一些市州和县级党委政府出台文件,将公益诉讼工作纳入地方政府的目标督查和绩效考核。

**2. 积极寻求人大、政协支持**

2019 年 10 月 23 日,最高人民检察院在第十三届全国人民代表大会常务委员会第十四次会议上对检察机关开展公益诉讼工作进行专项报告。〔57〕 2020 年 11 月 22 日,十三届全国政协围绕"协同推进公益诉讼检察工作"召开第三十次

---

〔55〕《服务保障长江经济带发展检察白皮书(2020)》,载最高人民检察院网,https://www.spp.gov.cn/spp/xwfbh/wsfbt/202012/t20201211_488710.shtml#2,最后访问日期:2021 年 3 月 7 日。

〔56〕 肖天奉:《不断深化检察公共关系建设》,载法制网,http://epaper.legaldaily.com.cn/fzrb/content/20190912/Articel05005GN.htm,最后访问日期:2021 年 3 月 7 日。

〔57〕 张军:《最高人民检察院关于开展公益诉讼检察工作情况的报告》(2019 年 10 月 23 日在第十三届全国人民代表大会常务委员会第十四次会议上最高人民检察院公益诉讼检察专项报告),载最高人民检察院网,https://www.spp.gov.cn/spp/tt/201910/t20191024_435925.shtml,最后访问日期:2021 年 3 月 7 日。

双周协商座谈会。[58] 截至2020年12月31日,全国共有24个省(自治区、直辖市)人大常委会颁布加强检察公益诉讼工作的决定,通过地方立法支持检察公益诉讼工作。

**3. 加强与社会组织、国际组织的交流合作**

最高人民检察院围绕环境保护中检察机关与环保组织如何发挥各自优势、加强合作以及如何共同推动环保领域社会协同和公众参与,与中华环保基金会、自然之友、山水自然中心等社会组织加强交流,分享经验、收获理解、凝聚共识;2019年12月由最高人民检察院第八检察厅和欧洲环保协会联合主办的"生物多样性司法保护"国际研讨会在昆明举行,中国检察官与巴西、英国、澳大利亚、荷兰等国环境领域的司法执法官员、专家学者就生物多样性保护、固废污染防治等问题交流研讨,介绍中国环境治理成绩、分享环境公益保护的"中国智慧"和"中国方案"。[59]

## 三、检察机关提起环境公益诉讼的发展桎梏

我国公益诉讼检察工作全面推开以来,整体发展态势良好,但由于尚处于起步阶段,检察公益诉讼工作在发展中仍然存在诸多障碍。

### (一)检察机关诉讼地位仍然模糊不清

检察公益诉讼试点以来,检察机关在公益诉讼中的诉讼地位争议不断。理论上分别有"原告""公诉人"两种针锋相对的观点。"原告说"认为,检察机关提起公益诉讼,其身份与公民、法人或其他组织因为自身合法权益提起诉讼并无不同。为自身合法权益提起诉讼的为私益诉讼原告,而检察机关为公共利益提起诉讼的是公益诉讼原告;"公诉人说"则认为,检察机关在公益诉讼中的诉讼地位应当与其刑事诉讼公诉人的身份相一致。理由是检察机关是法律监督机关,在三大诉讼中的目的是一致的,都是维护国家利益和社会公共利益,起诉是履行职务行为,诉讼目标是维护法治统一而非胜诉。[60] 一般认为,检察机关诉讼地

〔58〕《全国政协召开双周协商座谈会　围绕"协同推进公益诉讼检察工作"协商议政》,载新华网,http://www.xinhuanet.com/2019-11/22/c_1125264510.htm?ivk_sa=1023197a,最后访问日期:2021年3月7日。

〔59〕《检察公益诉讼为全球生态文明建设贡献"中国方案"》,载百度网,https://baijiahao.baidu.com/s?id=1652626638221150124&wfr=spider&for=pc,最后访问日期:2021年3月7日。

〔60〕占善刚、王译:《检察机关提起民事公益诉讼的角色困境及其合理解脱——以2018年〈检察公益诉讼解释〉为中心的分析》,载《学习与探索》2018年第10期。

位不同会影响到诉讼程序的设置,主要表现在以下几个方面:(1)关于出庭检察官是否要出具检察长授权委托书的问题。“原告说”认为需要出具,而“公诉人说”则认为检察官的出庭行为是履行职务行为,而不是普通当事人的委托代理行为。如果认定为履行职务行为,在诉讼过程中,检察机关可以更换检察官。(2)关于能否以传票方式告知检察机关的问题。“原告说”认为可以,而“公诉人说”则认为,传票可能会带来拘传的后果,不适用于作为公诉人的检察机关,可参照刑事诉讼中的做法使用“通知”。(3)检察机关提起二审程序应当是“上诉”还是“抗诉”?“原告说”认为是上诉。而“公诉人说”则认为是抗诉,其理由是:检察机关是国家的法律监督机关,它的诉讼目的不是维护自身利益而是维护国家利益和社会公共利益。

在司法文件中,最高人民法院、最高人民检察院采纳了一种“折中”的方案,既未称之“原告”,亦未称之“公诉人”,而是称为“公益诉讼人”或“公益诉讼起诉人”。2015 年 7 月 2 日在最高人民检察院公布的《检察机关提起公益诉讼改革试点方案》中明确,检察机关以“公益诉讼人”身份提起民事公益诉讼或者行政公益诉讼;〔61〕2016 年 2 月 25 日最高人民法院公布的《人民法院审理人民检察院提起公益诉讼案件试点工作实施办法》第 4 条、第 14 条亦认可了检察机关以“公益诉讼人”身份提起民事公益诉讼或者行政公益诉讼。〔62〕 2018 年 3 月 2 日施行的“两高”《关于检察公益诉讼案件适用法律若干问题的解释》第 4 条规定,检察机关应当以“公益诉讼起诉人”身份提起公益诉讼〔63〕。

但是,“公益诉讼起诉人”的诉讼地位到底倾向于民事诉讼或行政诉讼的“原告”,还是更偏于刑事诉讼的“公诉人”呢?从检察公益诉讼具体诉讼规则配置来看,检察机关在公益诉讼中的诉讼地位仍然模糊不清。比如,2016 年 12 月 8 日实施的最高人民法院《关于进一步做好检察机关提起公益诉讼案件登记立案工作的通知》中明确规定“人民法院登记立案时,可以不要求检察机关提交组

---

〔61〕 2015 年 7 月 2 日最高人民检察院《检察机关提起公益诉讼改革试点方案》中,在主要内容部分规定:“2. 诉讼参加人。检察机关以公益诉讼人身份提起民事公益诉讼。”

〔62〕 2016 年 2 月 25 日最高人民法院《人民法院审理人民检察院提起公益诉讼案件试点工作实施办法》第 4 条第 1 款:“人民检察院以公益诉讼人身份提起民事公益诉讼,诉讼权利义务参照民事诉讼法关于原告诉讼权利义务的规定。”第 14 条第 1 款:“人民检察院以公益诉讼人身份提起行政公益诉讼,诉讼权利义务参照行政诉讼法关于原告诉讼权利义务的规定。”

〔63〕 2020 年 12 月 28 日修订的最高人民法院、最高人民检察院《关于检察公益诉讼案件适用法律若干问题的解释》第 4 条:“人民检察院以公益诉讼起诉人身份提起公益诉讼,依照民事诉讼法、行政诉讼法享有相应的诉讼权利,履行相应的诉讼义务,但法律、司法解释另有规定的除外。”

织机构代码证、法定代表人身份证明和指派检察人员参加诉讼活动的授权文书”。2016年3月1日最高人民法院公布的《人民法院审理人民检察院提起公益诉讼案件试点工作实施办法》第22条规定，“人民检察院提起公益诉讼案件免交诉讼费用”，“两高”《关于检察公益诉讼案件适用法律若干问题的解释》规定，“人民法院向人民检察院送达出庭通知书”。可见，上述规定将检察机关提起公益诉讼视为履行职务行为，并未要求提供私益诉讼中必需的法定代表人身份证明、授权委托书等，同时规定免交诉讼费用等、并未使用传票通知开庭。但是，《人民法院审理人民检察院提起公益诉讼案件试点工作实施办法》规定，“人民检察院提起公益诉讼的诉讼权利义务参照民事诉讼法或行政诉讼法关于原告的诉讼权利义务的规定”，“两高”《关于检察公益诉讼案件适用法律若干问题的解释》亦规定“人民检察院提起公益诉讼依照民事诉讼法、行政诉讼法享有相应的诉讼权利，履行相应的诉讼义务”。可见，检察机关在具体诉讼权利设置上仍然类似于原告。此外，“两高”《关于检察公益诉讼案件适用法律若干问题的解释》规定，人民检察院不服人民法院第一审判决、裁定的，可以向上一级人民法院提起“上诉”而非“抗诉”。

（二）检察公益诉讼法律制度供给严重不足

5年多以来，检察公益诉讼制度形成了公共利益司法保护的“中国方案”，受到国内外社会各界广泛关注。根据最高人民检察院统计，2018年以来，全国检察机关每年办理的公益诉讼数量已经稳定在10万件以上，2020年更是首次突破了15万件。〔64〕随着检察公益诉讼案件数量的逐年递增，我国公益诉讼法律规则供给不足的问题日益突出，难以适应公益诉讼司法实践，甚至逐渐成为公益诉讼工作发展的桎梏。具体而言，我国公益诉讼立法主要存在以下几个方面的问题。

**1. 公益诉讼立法较为分散**

在实体法层面，2013年10月修改的《消费者权益保护法》，2014年4月修改的《环境保护法》，2018年4月制定的《英雄烈士保护法》和2020年10月修改的《未成年人保护法》中均用一个条文规定了公益诉讼条款，确立并拓展了公益诉讼的案件领域；从诉讼法层面来看，2012年8月《民事诉讼法》的修改，使民事公益诉讼首次在基本法律层面得以确立；2017年6月修改的《民事诉讼法》和《行

---

〔64〕 胡卫列：《履行公益诉讼检察职责促进国家治理现代化》，载最高人民检察院网，https://www.spp.gov.cn/spp/zdgz/202102/t20210222_509488.shtml，最后访问日期：2021年3月7日。

政诉讼法》,又使两年试点成效显著的检察公益诉讼正式入法。但是,上述公益诉讼实体法和诉讼法规定较为分散,难以形成统一的立法理念和立法制度。

**2. 公益诉讼规则供给不足**

《消费者权益保护法》《环境保护法》《英雄烈士保护法》《未成年人保护法》《民事诉讼法》《行政诉讼法》都只用一条或一款法律对公益诉讼进行概括式授权,仅在原则上解决了公益诉讼的诉讼资格问题。检察机关提起公益诉讼案件或人民法院审理公益诉讼案件主要依据"两高"《关于检察公益诉讼案件适用法律若干问题的解释》,但上述司法解释也仅有 27 条。数量如此之少的公益诉讼法律规则显然无法满足迅猛发展、丰富多样的公益诉讼司法实践。此外,以司法解释规范公益诉讼制度从长期来看也缺乏正当性和安定性。

**3. 公益诉讼类型衔接不畅**

我国现行立法规定民事公益诉讼与行政公益诉讼"二元并立",分别为两种不同的诉讼类型。但是,对于特定的公益诉讼案件既可以提起民事公益诉讼,也可以对怠于履行职责的行政主体提起行政公益诉讼。何者优先提起涉及公益诉讼两大类型的关系处理,现行公益诉讼立法并未作出回应。此外,现行立法对占公益诉讼案件总数 70% 以上的刑事附带民事公益诉讼也未规定。因此,需要制定专门、统一的公益诉讼法解决不同公益诉讼类型之间的衔接问题。

**4. 公益诉讼特性体现不足**

目前,无论是民事诉讼法还是行政诉讼法提供的基本诉讼构造都是以保护私人权利为核心的私益诉讼。民事诉讼以私人权利保护为核心自不必言。行政诉讼在理论上虽有主观诉讼和客观诉讼之争,但从实定法的规则上看,我国的行政诉讼同样是以保护个人合法权益为核心的主观诉讼,并体现在原告资格、审理程序、责任承担方式等方面。公益诉讼客观诉讼的性质与私益诉讼传统诉讼构造不能完全契合,目前的立法方式难以适应和满足客观诉讼的需要,在既有程序规范上不断增加特别条款又可能扰乱两大诉讼法的基本架构。比如,关于行政公益诉讼的起诉期限问题,我国《行政诉讼法》规定的 6 个月起诉期限对于国家利益或社会公共利益遭受侵害的公益诉讼显然过短。由于很多公共利益损害具有隐蔽性,而且行政机关很多行政行为具有内部性,如果公共利益遭受侵害状态仍然存在,行政机关怠于履职情形一直存在,仅以超过起诉期限为由驳回检察机关起诉显然极不合理。

(三)检察公益诉讼专业化建设不足

当前,我国检察机关在办理环境公益诉讼案件时呈现专业化建设不足的问题,主要表现在以下几个方面:(1)专业化办案理念尚未统一。理念是行动的先导,目前我国检察机关尚未形成统一的环境公益诉讼办案理念。目前,最高人民检察院将检察公益诉讼的办案理念总结为三个方面,即"双赢多赢共赢"理念、"诉前实现保护公益目的是最佳司法状态"理念、"持续跟进监督"理念。[65] 但是,对于专业性极强的环境资源领域的公益诉讼案件缺乏专业的办案理念,难以推动此领域公益诉讼工作长足发展。(2)专业化办案团队组建不足。当前,人民法院与检察机关在公益诉讼办案机构专业化建设方向和路径上分歧较大,2014 年最高人民法院设立了"环境资源审判庭"专司环境资源刑事、民事、行政案件,并要求各级人民法院分别设立环境资源审判庭或环境资源合议庭,提出了环境资源审判领域专业化发展路径;2019 年 1 月 3 日,最高人民检察院设立了"第八检察厅"专司公益诉讼检察业务,办理民事公益诉讼和行政公益诉讼案件,地方三级检察机关也分别设立公益诉讼办案机构或办案组。由于环境资源领域案件具有极强的专业性和科学性,我国各地检察机关在设立专业化办案团队上略显不足,并未结合本地环境资源案件类型组建专业的办案组。(3)专业化办案人员数量不足。公益诉讼检察涉及线索发现、调查取证、诉前程序、起诉审查、出席庭审、裁判和执行监督等环节,涉及经济、社会的方方面面,需运用的法律法规、掌握的专业知识点多面广,对检察人员业务技能和综合素能要求极高。特别是环境资源办案领域,具有环境资源专业能力的办案人员储备严重不足。一些检察人员司法理念跟不上,线索发现、调查取证、庭审应对能力欠缺,尚不适应公益诉讼业务带来的新挑战,对公益诉讼检察基础理论、运行规律掌握不够。

### (四)预防性环境公益诉讼开展不足

预防性环境公益诉讼与"事后救济性"环境公益诉讼相对应,是指在环境损害尚未发生,仅存在重大环境风险或环境危险时,法律规定机关或有关组织向人民法院提起公益诉讼,要求采取预防性救济措施,防止重大环境风险或环境危险发生的一种公益诉讼案件类型。2018 年 5 月 18 日,习近平总书记在全国生态环境保护大会上强调,"要有效防范生态环境风险。要把生态环境风险纳入常态

[65] 张军:《最高人民检察院关于开展公益诉讼检察工作情况的报告》(2019 年 10 月 23 日在第十三届全国人民代表大会常务委员会第十四次会议上最高人民检察院公益诉讼检察专项报告),载最高人民检察院网,https://www.spp.gov.cn/spp/tt/201910/t20191024_435925.shtml,最后访问日期:2021 年 3 月 7 日。

化管理,系统构建全过程、多层级生态环境风险防范体系”。预防性环境公益诉讼有利于有效防范生态环境风险,是多层次生态环境风险防范体系的重要一环。

2015 年 1 月 6 日公布的最高人民法院《关于审理环境民事公益诉讼案件适用法律若干问题的解释》将“具有损害社会公共利益重大风险的行为”列入可诉的案件范围,为预防性环境民事公益诉讼确定了法律依据。一些环保组织向人民法院提出了一系列预防性环境民事公益诉讼引起了公众关注。比如,2015 年 9 月“绿发会”在四川省甘孜藏族自治州中级人民法院提起了全国首例预防性保护濒危植物“五小叶槭”民事公益诉讼案,2017 年 7 月“自然之友”在云南省楚雄彝族自治州中级人民法院提起的全国首例预防性保护濒危野生动物“绿孔雀栖息地”民事公益诉讼案,2015 年 10 月“自然之友”在云南省昆明市中级人民法院提起的中石油云南炼油项目环境公益诉讼案,2018 年 2 月“自然之友”在云南省玉溪市中级人民法院提起的保护热带雨林和澜沧江下游珍贵鱼类唯一洄游通道案,2019 年 10 月“自然之友”在安徽省淮南市中级人民法院提起的在八公山风景区内违法开工建设环境民事公益诉讼案等。

检察公益诉讼制度设计之初包括了预防性公益诉讼类型案件。习近平总书记在十八届四中全会上代表中央政治局对中共中央《关于全面推进依法治国若干重大问题的决定》起草情况所作的说明中指出,“对一些行政机关违法行使职权或者不作为造成对国家和社会公共利益侵害或有侵害危险的案件……由检察机关提起公益诉讼,有利于优化司法职权配置、完善行政诉讼制度,也有利于推进法治政府建设”。可见,检察公益诉讼的办案范围在制度设计之初包括“造成对国家和社会公共利益侵害”和“有侵害危险”两类案件。但是,2015 年 7 月 2 日最高人民检察院发布的《检察机关提起公益诉讼改革试点方案》中检察机关“试点案件范围”中却仅限于“造成国家和社会公共利益受到侵害”一类案件,“有侵害危险”的案件并未列入检察机关办案范围。试点结束之后,2017 年 6 月 27 日修订的《民事诉讼法》、《行政诉讼法》以及 2018 年 2 月 23 日通过的最高人民法院、最高人民检察院《关于检察公益诉讼案件适用法律若干问题的解释》均沿用了试点方案中的“案件范围”,将检察机关提起公益诉讼案件范围限定在“损害社会公共利益的行为”和“致使国家利益和社会公共利益受到侵害”,均指向造成环境资源损害的案件,未给预防性环境公益诉讼留下法律空间。

### (五)环境损害鉴定评估难问题仍未解决

环境资源领域公益诉讼案件在起诉前,必须对生态环境破坏的程度、损害因果关系、环境损害赔偿数额、生态环境修复费用等予以确定,以便提出具体的诉讼请求。在司法实践中,囿于环境科学知识专业性较强,检察机关一般都是通过评估、鉴定的方式确定上述专业性问题,提起诉讼时鉴定意见或专家意见成为诉讼请求的主要依据。但是,鉴定机构少、鉴定费用高、鉴定周期长、鉴定程序乱已成为制约检察机关办理环境公益诉讼案件的一个瓶颈。

**1. 鉴定机构数量有限**

对生态环境损害评估、鉴定的专业性很强,符合要求的专业性鉴定机构不多,且一般位于一、二线城市,有些较为特殊的环境损害鉴定甚至需要跨省联系鉴定机构,给公益诉讼工作带来不便。为加强环境损害鉴定评估机构的建设,生态环境部曾分别于 2014 年、2016 年、2020 年向社会推荐过三批环境损害鉴定评估机构推荐名录,第一批仅推荐了 12 家,第二批推荐了 17 家,第三批也仅推荐 13 家,先后三批共推荐了 42 家,而且多集中在北京、上海、广东、江苏、浙江、山东等先进省、市域,远远不能满足检察公益诉讼的司法需求。此外,部分生态环境损害案件复杂度高,鉴定事项繁杂、范围较广或标准不明,甚至需要多家鉴定机构配合完成,这个过程可能造成案件的拖延办理。

**2. 鉴定费用过于昂贵**

有资质的环境损害鉴定评估机构少、收费标准不一,且无统一标准,导致鉴定费居高不下,实践中甚至出现鉴定费用比最后判决赔偿的费用还要高的现象,庭审中极易引起被告的质疑,也有违过错与责任相适应的原则。比如,云南兰坪铅锌案鉴定评估费为 365.8 万元,广西恭城海洋山非法采矿污染案为 192 万元,云南曲靖铬渣案为 70 万元,甚至在云南曲靖铬渣案调查早期,国内有鉴定资质的鉴定机构曾经报出 600 万元的价格。〔66〕

**3. 鉴定过程不够规范**

在环境损害鉴定评估中,鉴定结论本身面临很多科学不确定性的问题,导致鉴定结果差距较大。比如,污染环境需要区分短期污染环境行为和长期污染环境行为,前者往往造成突发性环境污染,鉴定机构通常以污染物迁移转化、数学推导等方式测算污染物数量,再依据监测数值估算排放量,受取证时间、环境变化等多种因素的影响,这种方式容易出现偏差;后者造成累积性环境损害,危害后果的发生可能是单独行为人的长期行为导致,也可能是事前无通谋的数个行

〔66〕《高昂环境损害鉴定费,如何不“绊住”公益诉讼?》,载腾讯网,https://new.qq.com/omn/20190923/20190923A0QNOU00.html,最后访问日期:2021 年 3 月 7 日。

为人分别实施的行为共同导致,污染物取样地点、数量计算往往成为争议焦点。此外,环境损害鉴定评估缺乏统一标准、统一程序、收费标准的要求,导致鉴定过程较为混乱。比如,在破坏林业资源民事公益诉讼案件中,关于环境损害鉴定评估报告便有资产评估公司、司法鉴定中心、县价格认证中心、地质工程勘察设计研究院、木材产品质量检验站鉴定等机构出具的鉴定书,以及林业局、农业局、水利局、发展和改革委员会等出具的认定书或专家出具的相关意见书进行损害鉴定。这些繁杂的鉴定机构必然带来鉴定标准、鉴定程序、鉴定依据不统一以及监督不足等问题,鉴定违规的风险较大。当然,还存在一些鉴定机构和鉴定人员被一方当事人"利益俘获",出具缺乏中立性的鉴定评估报告而造成鉴定公信力不高等问题。

### (六)检察公益诉讼理论研究基础仍然薄弱

在中国知网数据库,以"检察"和"公益诉讼"为关键词在"篇名"中精确检索,2001～2020 年共检索得到学术论文 2016 篇,其中学术期刊 1285 篇、硕博学位论文 405 篇、会议论文 68 篇、报纸 258 篇。整体而言,检察公益诉讼研究成果呈现逐年递增态势,特别是 2015 年检察公益诉讼试点改革之后,研究成果数量呈现大幅跃升,年均在 250 篇以上(见图 5－9)。可见,我国检察公益诉讼已经逐渐已经成为学术研究热点,理论研究呈现一片繁荣景象。

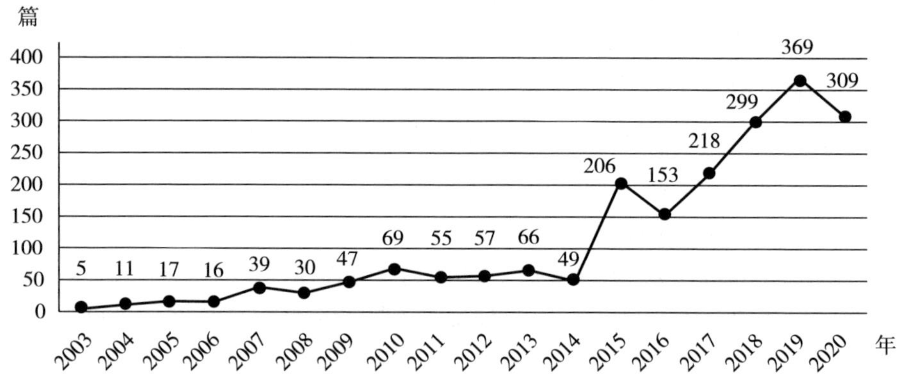


**图 5－9 "检察公益诉讼"研究成果趋势**

但是,现有检察理论研究成果仍然存在以下问题:(1)公益诉讼基础理论研究成果较少。现有研究成果侧重司法实务研究,关于公益诉讼的基础理论研究成果较少。公益诉讼相较于私益诉讼(民事诉讼、行政诉讼)在诉讼模式、诉讼规则中有诸多特殊之处,可是现行研究成果中缺乏对公益诉讼进行整体解释的理论工具。有学者从客观诉讼理论角度解释行政公益诉讼,认为普通行政诉讼属于主观诉讼,应当从客观诉讼角度重构完善我国行政公益诉讼的诉讼规则。[67] 但是,客观诉讼理论更多的是一种理念主张,缺乏较为成熟的理论体系和制度主张,并不能支撑行政公益诉讼的制度重构。此外,对于民事公益诉讼的诉讼理念、诉讼模式、诉讼架构等基础理论问题缺乏学界关注,并未提出有解释力的理论工具。(2)学术影响力深远的研究成果较少。在2016篇学术论文中,在法学界公认影响力最大的三大权威刊(《中国社会科学》《中国法学》《法学研究》)上仅有一篇文章,[68] 在CSSCI期刊上发表的文章162篇,在北大核心期刊上发表的文章168篇。

## 四、检察机关提起环境公益诉讼的完善建议

党的十九届四中全会提出"拓展公益诉讼案件范围""完善生态环境公益诉讼制度"。检察机关作为公益诉讼的绝对主力,检察公益诉讼成为公益诉讼的主要案件来源,在新的起点上应当继续完善检察机关提起环境公益诉讼的法律制度和理论研究。

### (一)明确检察机关"公益诉讼代表人"的诉讼地位

关于检察机关公益诉讼中诉讼地位的争议,源于理论界对检察机关在公益诉讼中的角色定位不清。大部分学者认为检察机关在公益诉讼中的角色定位是"法律监督机关",认为"检察机关作为国家的法律监督机关,理应对公益性法律的遵守情况进行监督。如果公益性法律受到了侵犯,但却没有主体提起相应的诉讼,这实际上否定了公益性法律的作用"。[69] 这种观点是以"人民检察院是国家的法律监督机关"的宪法定位为依据,并得到了官方的肯定,最高人民检察院也认为"公益诉讼是以诉的形式行使法律监督职能"。当然,也有学者持不同观点,如洪浩教授认为,"法律监督者在履行监督职能时,不可能与作为被监督者的人民法院处于平等的地位,况且监督者也不能在被监督的事项中拥有自身的利益。而享有民事公诉权的检察机关对于其提起的公益诉讼案件,必然有着追求胜诉结果的'自身利益'",[70] 因而反对检察机关在公益诉讼中身兼诉讼监

〔67〕 刘艺:《构建行政公益诉讼的客观诉讼机制》,载《法学研究》2018年第3期。
〔68〕 刘艺:《论国家治理体系下的检察公益诉讼》,载《中国法学》2020年第2期。
〔69〕 汤维建:《民事检察法理研究》,中国检察出版社2014年版,第114页。
〔70〕 洪浩、邓晓静:《公益诉讼制度实施的若干问题——公益诉讼中检察权的配置》,载《法学》2013年第7期。

督的职能。

习近平总书记在致第二十二届国际检察官联合会年会暨会员代表大会的贺信中指出:"检察官作为公共利益的代表,肩负着重要责任。"以此为启发,笔者认为应当从"公共利益诉讼代表人"角度解释检察机关在公益诉讼中的角色定位更为合理,也契合司法解释中"公益诉讼起诉人"的诉讼地位表述。主要理由如下:(1)"国家公诉人"的刑事诉讼定位提供了启发。一般认为,检察机关在对侵害国家利益和社会秩序的犯罪行为提起公诉时,称为"国家公诉",检察机关可以理解为"国家利益的诉讼代表人"。在公益诉讼中,我们也可以理解检察机关代表"国家利益和社会公共利益"行使诉权,提起行政公益诉讼或民事公益诉讼。(2)检察机关具备提起公益诉讼的诉讼能力。江伟教授提出:"必须要设定一个能够代表公共利益,而且拥有足够有效法律手段和权威的主体代表国家提起诉讼、参与诉讼,检察机关是最佳主体。"〔71〕与行政机关相比,检察机关对司法过程更熟、诉讼能力更强;与社会组织相比,检察机关的调查取证能力更强、诉讼经验更丰富。因此,检察机关更适合提起公益诉讼。(3)诉讼担当理论为检察机关"公共利益诉讼代表人"说提供了正当性基础。诉讼担当理论是对传统当事人适格理论的突破,传统的当事人适格理论认为,诉权主体必须拥有实体法权源,实体权益主体和诉讼权益主体是统一的,两者不能分离,而诉讼担当则将两者分开,在法律规定的情形下,即使不是实体权利主体也可以基于诉的利益对他人的实体权利行使诉权,诉讼担当人的这种权利被称为法定的纠纷管理权。〔72〕因此,依据"诉讼担当"理论,"国家利益和社会公共利益"的实体权益享有者是国家和社会公众,国家通过立法将"国家利益和社会公共利益"诉讼权益赋予检察机关,检察机关以"公共利益诉讼代表人"身份提起民事公益诉讼或行政公益诉讼。

### (二)推动制定"公益诉讼法"单独立法

为了适应突飞猛进的检察公益诉讼司法,建议尽快制定单行的"公益诉讼法",规范和完善公益诉讼的具体诉讼程序。

#### 1. "公益诉讼法"的立法可行性

公益诉讼本身是伴随规制社会产生的新型诉讼,在功能定位、程序规范、理论基础上都缺乏成熟经验,曾经国内学界对该领域的研究也比较薄弱。这也是

---

〔71〕 江伟:《略论检察监督权在民事诉讼中的行使》,载《人民检察》2005 年第 9 期。

〔72〕 黄忠顺:《论法定诉讼担当的理论类型》,载《六盘水师范学院学报》2012 年第 3 期。

我国公益诉讼立法过程中选择渐进式、分散式发展路径的客观背景。至今,公益诉讼在我国已经有了十余年的司法实践发展,积累了大量的司法经验,也经历了充分的理论讨论,公益诉讼的单独立法因此具备了现实可能性。特别是从2015年检察公益诉讼试点开始,公益诉讼已经有了5年比较系统的实践,在诉讼程序和审理规则上也通过司法解释建构了相对完备的规范体系。2017年《民事诉讼法》《行政诉讼法》修改,检察公益诉讼全面施行以来,全国检察机关已办理30余万件公益诉讼案件,这些宝贵的实践经验既对更加明确、合理的法律程序提出了要求,也为公益诉讼的单独立法提供了实践基础。[73] 总之,既有的司法实践积累、规范积累和理论积累使探索公益诉讼单独立法成为可能。

**2."公益诉讼法"的体系设计**

我国"公益诉讼法"应当与《民事诉讼法》、《行政诉讼法》和《刑事诉讼法》并行而立,形成"四大诉讼"的立法格局,通过立法形成公益诉讼的独特诉讼架构、诉讼模式、诉讼理念,诉讼原则以及具体的诉讼制度、诉讼规则,其名称可确定为"中华人民共和国公益诉讼法",其基本构成可分为总则、民事公益诉讼、行政公益诉讼、附则四章,采用"总—分—总"的体系结构。在"总则"章,应重点规定诉讼目的、诉讼理念、基本原则、案件范围、管辖、起诉主体的诉讼地位、调查核实权、审理组织、支持起诉等问题。在"民事公益诉讼"章,应重点规定公告程序、诉讼保全、反诉限制、释明权、证明责任分配、撤诉调解、与生态环境损害赔偿衔接、刑事附带民事公益诉讼、裁判执行等重点问题。在"行政公益诉讼"章,应重点对起诉对象、起诉期限、诉权检察建议、行政机关依法履行职责的判断标准、撤回起诉、变更诉讼请求等问题作出回应。在"附则"章,应包括术语界定、法律适用、生效日期等内容。

(三)加强检察公益诉讼专业化建设

作为一项全新的检察工作职能,应当从以下几个方面加强检察公益诉讼专业化建设。

**1.树立专业化办案理念**

结合环境资源领域公益诉讼案件特点,应当树立以下办案理念:(1)恢复性司法理念。按照"谁破坏、谁负责、谁治理"原则,检察机关办理环境公益诉讼案件应当全面贯彻"恢复性司法"办案理念。第一,"依法恢复"理念。积极适用

---

〔73〕 湛中乐:《探索公益诉讼的中国方案》,载最高人民检察院网,https://www.spp.gov.cn/spp/llyj/202011/t20201126_487389.shtml,最后访问日期:2021年3月8日。

《民法典》中生态环境损害赔偿责任、生态环境修复责任、惩罚性赔偿责任等有关规定,依法追究侵权人的生态环境侵权责任。第二,“恢复优先”理念。生态环境侵权责任以恢复优先,赔偿为辅,本地不具备修复条件的可适用异地修复,本人不愿修复的可缴纳费用适用替代修复,侵权人家庭经济条件确实困难的可适用劳役代偿。第三,“专业修复”理念。检察机关应当深化与生态环境领域专业机构的合作,推动在环境资源领域民事公益诉讼案件中实现专业化修复,推荐适用国家生态修复标准或行业生态修复标准作为监督验收依据。

(2)整体环境治理理念。生态环境是一个有机的系统,生态治理也应该以系统思维考量、以整体观念推进,这样才能顺应生态环保的内在规律。习近平总书记从生态文明建设的整体视野提出“山水林田湖草是生命共同体”的论断,强调“统筹山水林田湖草系统治理”。整体环境治理思想要求我们在生态环境治理中更加注重统筹兼顾。长期以来,生态环境保护领域存在各自为政、九龙治水、多头治理等问题。如果种树的只管种树,治水的只管治水,护田的只管护田,就很容易顾此失彼,生态就难免会遭到破坏。统筹山水林田湖草系统治理,旨在从系统工程和全局角度寻求新的治理之道,不能头痛医头、脚痛医脚,各管一摊、相互掣肘,而是通过统筹兼顾、整体施策、多措并举,推动生态环境治理现代化。比如,异地修复便是整体环境治理理念的体现。

(3)最严格环境责任理念。2018 年 5 月 20 日,习近平总书记在全国生态环境保护大会上指出,“用最严格制度最严密法治保护生态环境”,党的十九届四中全会提出“实行最严格的生态环境保护制度”。2020 年 1 月 1 日实施的《民法典》第 1232 条规定了环境侵权诉讼中的惩罚性赔偿责任,那么,在环境资源民事公益诉讼案件中,对于故意侵权人违反法律规定故意污染环境、破坏生态造成严重后果的,检察机关也应当有权请求侵权人承担相应的惩罚性赔偿责任。2020 年 1 月 4 日,江西省浮梁县人民法院环境资源法庭公开开庭审理了公益诉讼起诉人浮梁县人民检察院与被告浙江海蓝化工集团有限公司环境污染民事公益诉讼一案,适用污染环境惩罚性赔偿责任条款,这是全国首例适用《民法典》污染环境惩罚性赔偿条款的案件。[74] 但是,环境惩罚性赔偿责任的适用条件、计算基础、赔偿数额等都颇具争议。

---

〔74〕《首例适用〈民法典〉污染环境惩罚性赔偿条款案件宣判》,载百家号网,https://baijiahao.baidu.com/s? id=1687938579563076565&wfr=spider&for=pc,最后访问日期:2021 年 3 月 8 日。

**2. 强化办案团队专业化**

根据2018年修订的我国《检察院组织法》规定，人民检察院的办案组织包括两种类型，一种是独任检察官，另一种是由2名以上检察官组成办案组。司法实践中，全国各地检察机关围绕生态环境和资源保护领域组建了专业办案团队。比如，江苏省南京市栖霞区人民检察院、重庆市人民检察院第二分院建立“长江生态检察专业办案团队”，集中办理污染环境犯罪案件，实行“捕、诉、监、防”一体化办案模式；〔75〕上海铁路运输检察院组建由全国优秀公诉人带队的“破坏环境资源保护案件专办组”；〔76〕湖南省资兴市人民检察院成立东江湖生态保护检察局，推行“四检合一”检察官办案组，对案件进行全面审查和“一案三查”，最大化保护生态环境资源。〔77〕

**3. 增强办案人员专业化**

检察公益诉讼业务涉及线索发现、调查取证、诉前程序、起诉审查、出席庭审、裁判和执行监督等诸多环节，涉及经济、社会的方方面面，需运用的法律法规、掌握的专业知识点多面广，对检察人员业务技能和综合素能要求极高。因此，对检察公益诉讼办案人员的专业化培养至关重要。具体而言，检察机关从以下三个方面加强办案人员的专业化培养：(1)加强业务培训。全国检察机关特别注重加强公益诉讼检察专项业务培训，2019年最高人民检察院举办13期公益诉讼专题培训班，各地方检察机关均在检察官培训中增加公益诉讼课程和班次。〔78〕 (2)人才挂职交流。2018年11月22日，最高人民检察院和生态环境部签署互派干部挂职交流合作协议，双方每年将互派两批业务骨干挂职交流。〔79〕黑龙江、江苏、山东、重庆、宁夏、新疆、内蒙古等省级检察院也与当地行政机关建立干部挂职交流长效机制，让具有专业知识的环境行政执法人员作为检察官助

---

〔75〕《服务保障长江经济带发展检察白皮书(2019)》，载最高人民检察院网，https://www.spp.gov.cn/spp/xwfbh/wsfbt/202001/t20200114_452649.shtml，最后访问日期：2021年3月8日。

〔76〕《创新路上，中国生态环境检察一直在前行！》，载澎湃网，https://www.thepaper.cn/newsDetail_forward_2987361，最后访问日期：2021年3月8日。

〔77〕《服务保障长江经济带发展检察白皮书(2019)》，载最高人民检察院网，https://www.spp.gov.cn/spp/xwfbh/wsfbt/202001/t20200114_452649.shtml，最后访问日期：2021年3月8日。

〔78〕张军：《最高人民检察院关于开展公益诉讼检察工作情况的报告》(2019年10月23日在第十三届全国人民代表大会常务委员会第十四次会议上最高人民检察院公益诉讼检察专项报告)，载最高人民检察院网，https://www.spp.gov.cn/spp/tt/201910/t20191024_435925.shtml，最后访问日期：2021年3月8日。

〔79〕《最高检与生态环境部互派干部进行挂职交流》，载最高人民检察院网，https://www.spp.gov.cn/zdgz/201811/t20181122_400028.shtml，最后访问日期：2021年3月8日。

理参与公益诉讼案件办理,通过借力借智提升专业化办案水平。[80] (3)加强“智慧借助”。通过专家学者和专业人士的帮助,增强检察工作的专业化水平。上海市检察机关建立生态环境专家智库,召开“守护海洋”环境资源保护论坛,借助“外脑”加强环境公益诉讼专业化建设;[81] 浙江、安徽、湖南等地检察机关与科研院校合作成立公益诉讼研究中心,为办理重大疑难复杂案件提供专业指导。[82]

(四)探索拓展预防性检察公益诉讼领域

由于现行法律仅规定社会组织可以提起预防性环境民事公益诉讼,我们建议可以通过扩大解释或者修改立法的方式探索建立检察机关提起预防性环境公益诉讼制度。

**1. 关于预防性环境民事公益诉讼的问题**

2015 年 1 月 7 日实施的最高人民法院《关于审理环境民事公益诉讼案件适用法律若干问题的解释》第 1 条规定,法律规定的机关和有关组织对已经损害社会公共利益或者具有损害社会公共利益重大风险的污染环境、破坏生态的行为有权提起环境民事公益诉讼,符合民事诉讼法相关规定的,人民法院应予受理。2017 年修正的我国《民事诉讼法》第 55 条正式赋权检察机关可以提起民事公益诉讼。因此,通过将检察机关扩大解释为“法律规定的机关”对“具有损害社会公共利益重大风险的行为”提起预防性环境民事公益诉讼,如此可以解决检察机关提起预防性环境民事公益诉讼的合法性与正当性问题。首先,应当明确“重大风险”的内涵。在划定“重大风险”的程度要求时应从环境损害后果的严重性和环境后果发生的可能性两方面展开,对于损害后果的严重性应当以“严重或不可逆转”进行界定,对于损害发生的可能性应当以“高度盖然性”进行界定。具体而言,从《环境保护法》的立法精神出发,该法第 63 条规定的可以处以行政拘留的 4 种情形,可以视为具有损害社会公共利益重大风险的污染环境、破

---

〔80〕 张军:《最高人民检察院关于开展公益诉讼检察工作情况的报告》(2019 年 10 月 23 日在第十三届全国人民代表大会常务委员会第十四次会议上最高人民检察院公益诉讼检察专项报告),载最高人民检察院网,https://www.spp.gov.cn/spp/tt/201910/t20191024_435925.shtml,最后访问日期:2021 年 3 月 8 日。

〔81〕 《上海铁检院召开“守护海洋”论坛》,载东方网,http://eastday.com/pnews/1606204929026378,最后访问日期:2021 年 3 月 9 日。

〔82〕 《服务保障长江经济带发展检察白皮书(2019)》,载最高人民检察院网,hhttps://www.spp.gov.cn/spp/xwfbh/wsfbt/202001/t20200114_452649.shtml,最后访问日期:2021 年 3 月 9 日。

坏生态的行为。[83] 除此之外，企业事业单位和其他生产经营者超过污染物排放标准或者超过重点污染物排放总量控制指标排放污染物的行为也可以视为是具有损害社会公共利益重大风险的行为。其次，应当明确法院是“重大风险”的唯一决定性认定主体，行政机关和专家是“重大风险”的辅助认定主体。[84]

**2. 关于预防性环境行政公益诉讼的问题**

我们建议积极借鉴德国“预防性行政诉讼”的理论与实践，探索建立预防性环境行政公益诉讼。德国法上的“预防性行政诉讼”是一种事前之诉，是指为了避免行政相对人的合法权益受到不可挽回的侵害，允许行政相对人在行政机关行政决定实际施行之前，向法院提起诉讼，请求法院审查该行政行为的正当性，以期有效防止该行为的违法后果。[85] 相较于预防性环境民事公益诉讼而言，建立预防性环境行政公益诉讼同样具有重要意义。在前述“五小叶槭案”中，生态环境行政主管部门在水电站修建前的环境影响评价工作中存在审批不严问题，其并未尽到对濒危野生植物五小叶槭的保护职责。若能以预防性环境行政公益诉讼对地方生态环境行政主管部门的行政行为进行纠正，督促其履行法定职责，则更能节约诉讼成本，更加彻底地从源头上消除五小叶槭受损的危险。

因此，我们建议必须建立对行政公益诉讼制度进行补充的预防性行政公益诉讼制度。在侵害行为尚未发生或即将发生或刚刚发生但尚未造成损害事实时，由检察机关提起行政公益诉讼，以达到预防危害发生的效果，最大限度地保护国家利益和社会公共利益。关于立法路径，我们建议可以先通过制定或修改现行检察公益诉讼司法解释的方式将预防性环境行政公益诉讼在制度层面上确定下来，构建明确具体的制度框架体系，例如，预防性环境行政公益诉讼的原告、受案范围、起诉条件、诉前程序、举证责任、审理程序等内容。充分发挥检察机关的检察权和建议权、监督权，从预防角度在最大限度上保护国家利益及社会公共利益。[86] 同时，也要注意防止预防性诉权的滥用，规范检察机关提起预防性环

---

〔83〕《环境保护法》第63条规定的4种违法情形包括：“建设项目未依法进行环境影响评价，被责令停止建设，拒不执行的”“违反法律规定，未取得排污许可证排放污染物，被责令停止排污，拒不执行的”“通过暗管、渗井、渗坑、灌注或者篡改、伪造监测数据，或者不正常运行防治污染设施等逃避监管的方式违法排放污染物的”“生产、使用国家明令禁止生产、使用的农药，被责令改正，拒不改正的”。

〔84〕张洋、毋爱斌：《论预防性环境民事公益诉讼中“重大风险”的司法认定》，载《中国环境管理》2020年第2期。

〔85〕胡肖华：《论预防性行政诉讼》，载《法学评论》1999年第6期。

〔86〕解志勇：《预防性行政诉讼》，载《法学研究》2010年第4期。

境行政公益诉讼的程序,设立以必要为原则、以高度盖然性为判断危险的标准,合理运用预防性行政公益诉讼中的诉前程序,厘清司法权与行政权的界限。

### (五)推进解决生态环境损害鉴定难问题

#### 1. 先鉴定后付费

2019 年 1 月,最高人民检察院与生态环境部等九部委联合印发的《关于在检察公益诉讼中加强协作配合依法打好污染防治攻坚战的意见》中提出,检察机关提起公益诉讼时,可先不预交鉴定费,待法院判决后由败诉方承担。2019 年 8 月,司法部发布了《关于进一步做好环境损害司法鉴定管理有关问题的通知》,鼓励引导综合实力强、高资质水平的环境损害司法鉴定机构在不预先收取鉴定费的情况下,能够及时受理检察机关委托的环境公益诉讼案件。之后,司法部组织开展了检察公益诉讼中不预先收取鉴定费用的环境损害司法鉴定机构推荐工作,各地司法行政机关目前共推荐包括司法鉴定科学研究院在内的 58 家鉴定机构,供各级检察机关在办理检察公益诉讼案件时选择委托。通过"先鉴定后付费",可以大大缓解环境公益诉讼案件中环境损害鉴定难、鉴定贵的问题。

#### 2. 强化专家意见的使用

对于确因客观原因无法鉴定、难以鉴定或者鉴定费用明显过高的,可以邀请负有相关职权职责的部门或者专家出具相关规定意见,以此简化专业问题的证明。建议各地检察机关根据最高人民检察院《关于指派、聘请有专门知识的人参与办案若干问题的规定(试行)》的精神,建立相应的工作机制和专家人才库,既确保专业水准,也确保公开公正。目前的司法解释规定专家意见只是"当事人陈述"的一种形式,证明效力不高,建议司法解释应对"专家意见"作出具体的规定,进一步明确其证明力。

#### 3. 加强鉴定报告的司法审查

鉴定评估报告作为法定证据之一,一旦被法官采纳,将对案件的审判产生举足轻重的作用。因此其带有法律属性。作为证据,司法鉴定意见并不具有高于其他证据形式的效力,因此应当同其他证据一样,接受证据能力和证明力方面的审查。[87] 一般认为,对司法鉴定意见的证据能力的审查应该包括对鉴定主体、鉴定程序、鉴定事项和鉴定对象的审查,而对司法鉴定意见的证明力的审查则包

〔87〕 王素芳:《论司法鉴定结论的审查》,载《社科纵横》2011 年第 3 期。

括对鉴定要求、送检材料、鉴定方法、鉴定过程、鉴定论证、鉴定结果和司法鉴定意见与案件及其他证据之间的关联性的审查。[88]

（六）夯实检察公益诉讼理论研究

五年多的检察公益诉讼实践，也呈现许多不同于其他国家公益诉讼制度的鲜明特点。但同时我国检察公益诉讼创立伊始，制度并未完全定型，对相关的基本理论、制度基础、规则构建等都还有较大分歧。当前，公益诉讼实践的快速发展，进一步凸显了理论和制度供给不足的突出问题。深化理论研究，完善制度建设，是推进公益诉讼发展的紧迫任务。最高人民检察院高度重视加强与法学界、司法实务界的交流合作，与最高人民法院以及中国宪法学研究会、中国行政法学研究会、中国民事诉讼法学研究会联合举办研讨会，以理论创新推动实践创新。举办"中欧检察机关参与环境公益诉讼法律与实践研讨会""中俄检察业务研讨会"等国际交流活动，研究借鉴其他国家公益诉讼有益经验。[89] 最高人民检察院还在中国政法大学、郑州大学、西北政法大学、湘潭大学设立 4 个检察公益诉讼研究基地。研究基地通过开展理论研讨与案例评选等多种形式的活动，构建检校合作，促进检察理论与检察实践深度结合，推动法学理论与实务工作优势互补、合作共赢。[90] 2020 年 7 月中国政法大学检察公益诉讼研究基地组织评选并公布了"2019 年检察公益诉讼典型案例"[91]；2020 年 11 月郑州大学检察公益诉讼研究基地组织评选并公布"2019 年度检察公益诉讼十大精品案件"[92]；2020 年 10 月 13 日，中国政法大学检察公益诉讼研究基地主办"检察公益诉讼管辖问题研讨会"[93]。

公益诉讼作为新业务，有许多理论和实践问题亟待深入研究和论证。应以

---

〔88〕 孙佑海：《环境损害司法鉴定：如何依法有序发展?》，载《环境保护》2016 年第 24 期。

〔89〕 曹建明：《最高人民检察院关于检察机关提起公益诉讼试点工作情况的中期报告》（2016 年 11 月 5 日在第十二届全国人民代表大会常务委员会第二十四次会议），载中国人大网，http://www.npc.gov.cn/zgrdw/npc/xinwen/2016-11/05/content_2001150.htm，最后访问日期：2021 年 3 月 9 日。

〔90〕 姜洪、李春薇：《最高检：检校合作　打造检察理论研究新格局》，载正义网，http://news.jcrb.com/jxsw/201909/t20190902_2044016.html，最后访问日期：2021 年 3 月 9 日。

〔91〕 《2019 年度十大检察公益诉讼典型案例》，载最高人民检察院网，https://www.spp.gov.cn/zdgz/202007/t20200722_473621.shtml，最后访问日期：2021 年 3 月 11 日。

〔92〕 《2019 年度检察公益诉讼十大精品案件颁奖仪式暨黄河流域生态保护与检察公益诉讼研讨会在郑州大学举行》，载搜狐网，https://www.sohu.com/a/431813549_120207617，最后访问日期：2021 年 3 月 11 日。

〔93〕 《检察公益诉讼管辖问题研讨会成功举办》，载中国政法大学官网，http://kyc.cupl.edu.cn/info/1112/8128.htm，最后访问日期：2021 年 3 月 12 日。

问题为导向,紧紧围绕公益诉讼工作中的重点、难点和热点问题深入开展调查研究,为公益诉讼的科学发展提供理论依据和实践支撑。加强与政法院校的合作,共建理论研究与实践基地,共同开展教育培训、案件论证与理论研究,用科学理论指导公益诉讼实践。

# 生态环境损害赔偿诉讼的创新与发展：以磋商程序为重点

冀鹏飞　孟昱含　李鑫潼

## 一、研究背景与研究进路

2020 年是生态环境损害赔偿制度在全国范围内推行的第三年，我国逐步建立"责任明确、途径畅通、技术规范、保障有力、赔偿到位、修复有效"[1]的生态环境损害赔偿制度。回顾并总结改革的主要节点，2015 年中共中央办公厅（以下简称中办）和国务院办公厅（以下简称国办）联合印发《生态环境损害赔偿制度试点改革方案》（以下简称《生态环境损害赔偿试点方案》），首次确立了生态环境损害赔偿制度，并在全国筛选 7 个省份率先进行试点改革；2017 年中央全面深化改革领导小组审议通过了《生态环境损害赔偿制度改革方案》（以下简称《生态环境损害赔偿改革方案》），在总结 7 个省份试点经验的基础上，正式于全国范围内推行；为了更好地贯彻落实改革方案、规范司法程序和审判标准、细化任务分工，2019 年最高人民法院颁布《关于审理生态环境损害赔偿案件的若干规定（试行）》（以下简称《若干规定》）；2020 年 5 月 28 日通过的《民法典》中第 1234、1235 条对生态环境损害赔偿制度进行了明确规定，在一定程度上解决了司法实践中法律依据不足的问题。《民法典》第 1234 条规定了生态环境损害的修复责任，明确了责任的构成要件、生态环境修复的责任主体以及生态环境损害修复的本位责任和替代责任；第 1235 条则明确列举了生态环境损害的赔偿责任及范围。[2]《民法典》第 1234、1235 条的规定，补足了生态环境损害赔偿制度的实体法依据，它与《民事诉讼法》第 55 条一起构成了生态环境损害赔偿程序和实体上的法律基础。[3] 自此，生态环境损害赔偿制度逐步迈入法律化、普遍化、

---

[1] 参见《生态环境损害赔偿制度改革方案》"一、总体要求和目标"部分。

[2] 参见竺效：《民法典为环境公益损害救济提供实体法依据》，载中国法院网，https://www.chinacourt.org/article/detail/2020/06/id/5284224.shtml，最后访问日期：2021 年 1 月 28 日。

[3] 参见占善刚、陈哲：《〈民法典〉实施背景下生态环境损害赔偿诉讼定位研究》，载《干旱区资源与环境》2021 年第 3 期。

常规化的发展阶段。

综上所述,总结近几年生态环境损害赔偿案件的司法实践情况,一方面,案件类型更加丰富、案件数量逐年递增,从试点期间的 27 件,到试行三年后的 2700 余件生态环境损害赔偿案件,其涉及的赔偿金额已超过 53 亿元;另一方面,制度框架初步搭建成形。除法律规范层面的《民法典》和《若干规定》之外,生态环境部联合相关部门印发《关于推进生态环境损害赔偿制度改革若干具体问题的意见》,回应实践中出现的具体问题;财政部联合相关部门印发《生态环境损害赔偿资金管理办法(试行)》,规范生态环境损害赔偿资金的管理和使用。2020 年,生态环境损害赔偿工作机制已初步形成,在国家和地方立法、相关工作机制、诉讼规则、技术规范体系和资金保障等方面取得了重要进展和阶段性成果。[4]

2020 年对于生态环境损害赔偿制度而言是重要的转折之年。经过全国试行,制度框架已经初步搭建,生态环境损害赔偿由之前的探索和推广阶段转向精细化和纵深化发展阶段。在这个重要的时间节点,本报告以 2020 年制度的实践观察为坐标,对生态环境损害赔偿制度的发展情况进行整体回顾,总结归纳最新的发展成果、探究发现既存的实践问题。由于 2019 年出台的《若干规定》对生态环境损害赔偿制度实践极具指导意义,故本报告对 2019 年与 2020 年的数据进行了深度挖掘和分析,以突出生态环境损害赔偿制度的最新发展趋势和主要制度成效。一言以蔽之,本报告从样本筛选及年度截取方面,秉持客观全面的基本原则,纵向分析生态环境损害赔偿制度在近几年的发展趋势;同时有针对性地做出适当调整,重点观察并总结生态环境损害赔偿磋商程序在 2020 年的制度贡献和改革实效,即整体观察与特别观察相结合,制度创新与制度延续相区分。

本报告在对生态环境损害赔偿制度做整体观瞻的同时又有所侧重。在整体观瞻部分,本报告对 2019 年、2020 年的生态环境损害赔偿案例进行类型化处理,并从主体、程序、损害赔偿金的管理等方面进行全面观察。同时将 2019 年、2020 年两年的数据进行对比,从中归纳制度发展的最新趋势,并深入剖析 2020 年典型案例的实践创新成果。在重点观察部分,本报告则主要关注生态环境损害赔偿磋商程序。从制度设计上看,《若干规定》首次将磋商程序规定为提起生态环境损害赔偿诉讼的强制性前置程序,足见磋商程序在制度中发挥的重要作用。根据本报告统计数据显示,2020 年经磋商成功结案的生态环境损害赔偿案

〔4〕 参见季林云、孙倩、齐霁:《刍议生态环境损害赔偿制度的建立——生态环境损害赔偿制度改革 5 年回顾与展望》,载《环境保护》2020 年第 24 期。

件占比 83%,[5]磋商程序正成为生态环境损害赔偿制度中至关重要的一环。从学理研究上看,磋商一直是生态环境损害赔偿制度研究的热门内容。在磋商性质问题上,学术界存在纯粹的民事性质论、公法化的民事性质论和行政性质论三种不同的观点。[6] 此外,磋商参与者、磋商程序、磋商协议司法确认、磋商与诉讼的衔接等问题也被学术界热议。而本报告对磋商程序进行的实证研究能够从实践的角度回应学术热点问题。从程序定位上看,磋商程序不仅在生态环境损害赔偿制度中发挥重要的作用,而且是串联整个制度的关键纽带。磋商前的工作由行政权主导,主要包括调查、评估、鉴定等;磋商后的工作由司法权主导,若磋商成功则涉及司法确认问题,若磋商失败则直接关系后续诉讼。由此看来,磋商程序在整个生态环境损害赔偿制度中的定位特殊,研究磋商程序能够起到"窥斑见豹"的效果。

因此,本报告对作为生态环境损害赔偿制度改革亮点的磋商程序进行重点观察。在宏观层面,主要从外部分析磋商程序在生态环境损害赔偿案例中的样态分布及其与其他诉讼的衔接状况;在微观层面,则分为赔偿权利人和义务人的类型、磋商次数、第三方参与的主体以及申请司法确认的情况四部分,对磋商程序内部问题进行深入探讨。在以上实证分析的基础上,本报告总结磋商程序现存的4个问题,分别为:(1)磋商程序中实质审查环节适用不足;(2)赔偿义务人的认定环节相对薄弱;(3)磋商的时限规定存在立法空白;(4)磋商与诉中调解界限模糊。对磋商程序在实践运用中出现的具体问题进行学理辨析并提出对策建议。

综上所述,磋商程序作为生态环境损害赔偿诉讼的前置程序,是行政权与司法权合理衔接的重要桥梁,是环境民事公益诉讼等关联诉讼的关键纽带,是生态环境损害赔偿制度顶层设计的重要内容之一,亦是制度改革的亮点之一。然而,目前对于磋商程序的法律规定仍不完善,学理研究仍不深入。本报告以实证研究为基本方法展开,通过全面搜集生态环境损害赔偿案例展现制度发展情况;通过重点观察最高人民法院及各地方法院发布的典型案例总结制度创新成果;通过对磋商程序的重点关注,梳理其在司法实践中的运行现状、提出磋商程序存在的普遍性问题。最后,总结归纳学术界对这些实践问题的学理回应、研究程度和研究成果,并在此基础上提出可能的解决方案。

---

〔5〕 统计情况见图6-7。

〔6〕 参见刘倩:《生态环境损害赔偿磋商法律属性探析》,载《环境保护》2018年第17期。

## 二、生态环境损害赔偿诉讼的整体回溯与趋势研判

### (一)2020 年生态环境损害赔偿诉讼的整体观瞻

#### 1. 生态环境损害赔偿案例的类型化梳理

建立健全生态环境损害赔偿制度是生态文明制度体系建设的重要组成部分,是党中央、国务院作出的重大决策部署。2015~2017 年,生态环境损害赔偿制度在吉林省等 7 省(市)进行试点,[7] 2018 年 1 月 1 日起,生态环境损害赔偿制度在全国范围内试行。[8] 2019 年 6 月 5 日出台的《若干规定》对于司法实践中亟待明确的生态环境损害赔偿磋商、诉讼受理条件、证据规则、责任范围、诉讼衔接、赔偿协议申请司法确认等问题予以规定。2020 年 5 月 28 日表决通过的《民法典》第 1235 条正式确立生态环境损害赔偿制度法律基础。2020 年,在全国范围内已经初步构建"责任明确、途径畅通、技术规范、保障有力、赔偿到位、修复有效"[9] 的生态环境损害赔偿制度。

经过 2 年试点和 3 年试行,生态环境损害赔偿制度趋于成熟。《民法典》《若干规定》等法律文件的相继出台又进一步规范了生态环境损害赔偿制度实践。2020 年生态环境损害赔偿案件主要呈现三个态势:第一,生态环境损害赔偿案件量显著增加;第二,生态环境损害赔偿制度的适用更加普遍,各地纷纷涌现"第一起""首个"生态环境损害赔偿案件;第三,磋商结案的案件增多,由于《若干规定》将磋商定为强制性前置程序,经磋商成功达成一致的案件明显增加。在这个时间节点,有必要系统回顾 2020 年生态环境损害赔偿制度的发展情况,验证生态环境损害赔偿制度设计的实施效果,分析存在的问题和困难,对改革的进一步深入开展提出展望和设想。

本部分将聚焦 2020 年生态环境损害赔偿案例,从宏观角度描绘 2020 年生态环境损害赔偿制度的发展情况。下一部分"生态环境损害赔偿诉讼司法实践的最新趋势研判"将比较 2019 年和 2020 年的生态环境损害赔偿案例,从而得出生态环境损害赔偿制度的最新发展趋势。为统计方便,表 6-1 中的数据包括 2019 年和 2020 年两个年度。表 6-1 的案例数据来源于最高人民法院公布的数

---

[7] 参见《生态环境损害赔偿制度改革方案》。
[8] 参见《生态环境损害赔偿制度改革方案》。
[9] 参见《生态环境损害赔偿制度改革方案》"一、总体要求和目标"部分。

据、最高人民法院及地方法院发布的典型案例、[10]生态环境部网站、[11]中国裁判文书网、[12]北大法宝网[13]等,案例搜索时间截至2021年1月。经过前期的筛选和汇总,共搜集到案例66件,以立案时间为准,2019年案例共31件,2020年案例共35件。(见表6-1)

需要说明的是,表6-1将66件案件分为磋商结案和磋商未果转入诉讼两种类型。磋商结案又分为双方磋商和多方磋商。双方磋商指磋商当中只有两个主体,即单个赔偿权利人和单个赔偿义务人的情况;多方磋商指磋商当中存在两个以上主体,这又分为两种情况:第一,赔偿权利人或赔偿义务人为多数;第二,磋商当中有第三方参与者加入。

**表6-1　2019~2020年生态环境损害赔偿典型案例情况统计**[14]

| 类型 | 原告/赔偿权利人 | 案例序号 | 案例名称 | 案件结果 | 是否进行司法确认 | 受理法院 | 赔偿资金管理模式 |
|---|---|---|---|---|---|---|---|
| 磋商未果转入诉讼 | 政府机关 | 1 | 重庆市大足区生态环境局与孟某武环境纠纷案(2020) | 磋商失败,法院判决被告承担污染环境的应急处置费,并支付鉴定评估费 | 否 | 重庆市第一中级人民法院 | 赔偿金交付至大足区生态环境局指定账户 |

〔10〕在搜集的66件案例中,有6件属于最高人民法院或地方人民法院发布的典型案例。分别是(1)案例12"九江市人民政府与江西正鹏环保科技有限公司杭州连新建材有限公司纠纷案"为"2019年度人民法院环境资源十大公益诉讼及生态环境损害赔偿案件类典型案例";(2)案例36"王家坝河生态环境损害赔偿协议司法确认案"为"最高院10个长江流域水生态司法保护典型案例";(3)案例8"重庆市南川区林业局与李某东侵权责任纠纷案"、案例15"重庆市巫溪县林业局诉杨某寿生态环境损害赔偿纠纷案"、案例38"重庆市涪陵区生态环境局与重庆华硕建设有限公司生态环境损害赔偿协议司法确认案"、案例60"重庆市九龙坡区环境保护局与米某富等6人生态环境损害赔偿协议司法确认案"为"重庆法院公益诉讼与生态环境损害赔偿诉讼典型案例"。

〔11〕《"生态环境损害赔偿磋商十大典型案例"公众投票通道开启》,载中华人民共和国生态环境部网,http://www.mee.gov.cn/ywdt/hjnews/201911/t20191123_743881.shtml,最后访问日期:2021年1月14日。

〔12〕中国裁判文书网的网址:https://wenshu.court.gov.cn/。

〔13〕北大法宝网的网址:https://www.pkulaw.com/。

〔14〕本表的统计以最高人民法院公布的数据为基础,以笔者在中国裁判文书网、北大法宝网查询的数据为辅助。

续表

| 类型 | 原告/赔偿权利人 | 案例序号 | 案例名称 | 案件结果 | 是否进行司法确认 | 受理法院 | 赔偿资金管理模式 |
|---|---|---|---|---|---|---|---|
| 磋商未果转入诉讼 | 政府机关 | 2 | 烟台市生态环境局与张某波、曹某山侵权责任纠纷案(2020) | 三被告连带赔偿原告环境污染治理费用及审计费用合计572424元 | 否 | 烟台市中级人民法院 | 赔偿金交付至烟台市生态环境局账户 |
| | | 3 | 重庆市渝北区生态环境局与重庆大脚板汽车清洗服务有限公司环境污染责任纠纷案(2020) | 原告诉请被告承担评估鉴定费1万元缺乏合理性,驳回原告的诉讼请求 | 否 | 重庆市第一中级人民法院 | 无 |
| | | 4 | 贵港市生态环境局与谭某、李某裕环境污染责任纠纷案(2020) | 三被告连带承担赔偿危险废物清除污染费 | 否 | 贵港市中级人民法院 | 赔偿金上缴国库 |
| | | 5 | 保定市生态环境局与刘某兰环境污染责任纠纷案(2020) | 刘某兰承担生态环境修复责任,并承担应急处置、调查、评估费用 | 否 | 保定市中级人民法院 | 赔偿金交付至保定市生态环境局账户 |
| | | 6 | 濮阳市人民政府与聊城德丰化工有限公司环境污染责任纠纷案(2020) | 德丰公司赔偿应急处置费138.9万元、评估费8万元、生态环境服务功能损失等404余万元 | 否 | 一审濮阳市中级人民法院;二审河南省高级人民法院 | — |
| | | 7 | 重庆市南川区林业局与张某华、张某毛侵权责任纠纷案(2019) | 被告连带支付生态环境损害赔偿费、鉴定费 | 否 | 重庆市第三中级人民法院 | 付款至专用账户,由重庆市南川区人民政府及其指定的部门结合本区域生态环境损害情况用于开展替代修复工作 |

续表

| 类型 | 原告/赔偿权利人 | 案例序号 | 案例名称 | 案件结果 | 是否进行司法确认 | 受理法院 | 赔偿资金管理模式 |
|---|---|---|---|---|---|---|---|
| 磋商未果转入诉讼 | 政府机关 | 8 | 重庆市南川区林业局与李某东侵权责任纠纷案（2019） | 被告支付生态环境损害赔偿费、鉴定费 | 否 | 重庆市第三中级人民法院 | 付款至专用账户，由重庆市南川区人民政府及其指定的部门结合本区域生态环境损害情况用于开展替代修复工作 |
| | | 9 | 天津市宁河区生态环境局与于某恒、于某环境污染责任纠纷案（2019） | 于某恒、于某连带承担生态环境损害鉴定评估费185000元 | 否 | 天津市第三中级人民法院 | — |
| | | 10 | 青岛市李沧区人民政府与刘某进侵权责任纠纷案（2019） | 被告承担生态环境修复费用、专家咨询评估费等 | 否 | 青岛市中级人民法院 | — |
| | | 11 | 天津市东丽区生态环境局与张某江环境污染责任纠纷案（2019） | 被告承担生态环境恢复费、生态环境损害鉴定评估费和修复效果评估费用、律师费等 | 否 | 天津市第三中级人民法院 | — |
| | | 12 | 九江市人民政府与江西正鹏环保科技有限公司杭州连新建材有限公司纠纷案(2019) | 各被告承担生态修复义务、支付评估费并在省级媒体上公开赔礼道歉 | 否 | 九江市中级人民法院 | — |

续表

| 类型 | 原告/赔偿权利人 | 案例序号 | 案例名称 | 案件结果 | 是否进行司法确认 | 受理法院 | 赔偿资金管理模式 |
|---|---|---|---|---|---|---|---|
| 磋商未果转入诉讼 | 政府机关 | 13 | 天津市西青区生态环境局与王某舰、张某强侵权责任纠纷案(2019) | 二被告连带承担污染清除费用及损害恢复费用,事务性费用 | 否 | 天津市第一中级人民法院 | — |
| | | 14 | 重庆市南川区生态环境局与重庆市南川区吹风岭农业发展有限责任公司侵权责任纠纷案(2019) | 吹风岭公司赔偿生态环境修复费用及生态环境损害价值共计128643.55 元;承担生态环境鉴定费用 36000 元 | 否 | 重庆市第三中级人民法院 | — |
| | | 15 | 重庆市巫溪县林业局诉杨某寿生态环境损害赔偿纠纷案(2019) | 诉中调解结案。杨某寿承诺进行赔礼道歉;赔偿生态服务功能损失费用;赔偿替代性生态修复费用;并按比例支付鉴定费 | 否 | 重庆市第二中级人民法院 | — |
| | | 16 | 贵阳市生态环境局与田某芳、阮某华生态环境损害赔偿纠纷案(2019) | 诉中调解结案。赔偿义务人支付生态环境损害赔偿金 | 否 | 清镇市人民法院 | — |
| | | 17 | 天津市津南区生态环境局与王某升、王某华侵权责任纠纷案(2019) | 二被告连带承担本案生态环境修复费用、鉴定评估费用、公告费、律师费等 | 否 | 天津市第二中级人民法院 | — |
| 磋商结案 | 双方磋商 | 18 | 招远市人民政府与招远市金宝黄金矿业有限公司纠纷案(2020) | 经磋商达成赔偿协议,由金宝公司自行修复生态环境,并承担评估费用 | 是 | 山东省招远市人民法院 | 赔偿金上缴本级财政,按照财政部门的相关规定执行 |

续表

| 类型 | 原告/赔偿权利人 | 案例序号 | 案例名称 | 案件结果 | 是否进行司法确认 | 受理法院 | 赔偿资金管理模式 |
| --- | --- | --- | --- | --- | --- | --- | --- |
| 磋商结案 | 双方磋商 | 19 | 招远市人民政府与招远市阜山九曲黄金矿业有限公司纠纷案(2020) | 阜山九曲公司承担生态修复费、生态服务功能损失费和评估费等 | 是 | 山东省招远市人民法院 | 赔偿金上缴本级财政,按照财政部门的相关规定执行 |
| | | 20 | 绵阳市生态环境局与绵阳和顺祥科技有限责任公司生态环境损害赔偿案(2020) | 和顺祥公司承担生态环境损害调查、政策咨询服务、勘探采样、评估鉴定、申请司法确认和修复后效果评估等费用;并停止进行电镀生产 | 是 | 绵阳市中级人民法院 | 赔偿金支付于绵阳市生态环境损害赔偿账户,并用于污染土壤修复 |
| | | 21 | 安顺市生态环境局与六枝特区六龙煤矿(2020) | 六龙煤矿自行修复生态环境 | 是 | 安顺市中级人民法院 | — |
| | | 22 | 衢州市生态环境局与浙江常山利盛新材料有限公司生态环境损害赔偿案(2020) | 利盛公司自行修复生态环境 | 是 | 衢州市中级人民法院 | — |
| | | 23 | 安顺市生态环境局与安顺市西秀区蔡官镇众诚石材有限公司生态环境损害赔偿案(2020) | 众诚石材有限公司自行修复生态环境 | 是 | 安顺市中级人民法院 | — |
| | | 24 | 郑州市生态环境局与河南鑫洲建筑工程有限公司生态环境损害赔偿案(2020) | 河南鑫洲建筑工程有限公司自行委托第三方修复生态环境 | 是 | 河南省郑州市中级人民法院 | — |

续表

| 类型 | 原告/赔偿权利人 | 案例序号 | 案例名称 | 案件结果 | 是否进行司法确认 | 受理法院 | 赔偿资金管理模式 |
|---|---|---|---|---|---|---|---|
| 磋商结案 | 双方磋商 | 25 | 池州市生态环境局与池州市碧桂园房地产开发有限公司生态环境损害赔偿案(2020) | 池州市碧桂园公司支付生态环境损害赔偿费489813 元;池州市碧桂园公司自行修复生态环境 | 是 | 池州市中级人民法院 | — |
| | | 26 | 贵州省生态环境厅与遵义茅台机场生态环境损害赔偿司法确认案(2020) | 茅台机场承担生态环境损害价值69.66 万元、生态景观视觉影响损害价值1111.67 万元,共计 1181.33 万元,委托具备相应资质的第三方实施基本恢复和补偿性恢复工程,采取替代性方式修复环境,恢复植被面积为16.35 公顷 | 是 | 遵义市中级人民法院 | — |
| | | 27 | 吉林省辽源市赵某某养殖生猪污染河流生态环境损害赔偿案(2020) | — | 是 | 辽源市中级人民法院 | — |
| | | 28 | 铜川市生态环境局与西安市利生污泥处理有限公司生态环境损害赔偿案(2020) | 利生公司自行修复生态环境 | 是 | 铜川市中级人民法院 | — |
| | | 29 | 淮北市生态环境局与市经开区某机修公司生态环境损害赔偿案(2020) | 机修公司自行修复生态环境,并承担调查评估费用 | 是 | 淮北市中级人民法院 | — |

续表

| 类型 | 原告/赔偿权利人 | 案例序号 | 案例名称 | 案件结果 | 是否进行司法确认 | 受理法院 | 赔偿资金管理模式 |
| --- | --- | --- | --- | --- | --- | --- | --- |
| 磋商结案 | 双方磋商 | 30 | 济南市历城区人民政府与联达化工厂生态环境损害赔偿案(2020) | — | 是 | 济南市中级人民法院 | — |
| | | 31 | 铜仁市生态环境局与贵州省玉屏侗族自治县鑫源城乡建设开发有限公司生态环境损害赔偿案(2020) | 鑫源公司自行组织生态环境修复工作并委托第三方进行全程监督 | 是 | 铜仁市中级人民法院 | — |
| | | 32 | 江苏省南通市海安县生态环境局与海安伟明纺织有限公司生态环境损害赔偿案(2020) | 海安伟明公司缴纳生态环境损害赔偿金 32525.2 元 | 否 | 无 | — |
| | | 33 | 刁某岐非法采矿案(2020) | 在刑事诉讼过程中,刁某岐与南通市水利局达成生态环境损害赔偿协议,并向该局缴纳生态环境损害赔偿款人民币 18000 元 | 否 | 无 | 赔偿金缴纳至南通市水利局 |
| | | 34 | 天津市经开区利用渗坑倾倒废切削液和废矿物油致生态环境损害赔偿案(2019) | 涉案企业自行修复受损生态环境,并赔偿不需要开展修复但造成损害的土壤和地下水生态环境损失,同时承担本案相应支出的鉴定评估费、恢复效果评估费等费用 | 是 | 天津市第三中级人民法院 | 赔偿金缴纳至滨海新区财政非税收入专用账户 |

续表

| 类型 | 原告/赔偿权利人 | 案例序号 | 案例名称 | 案件结果 | 是否进行司法确认 | 受理法院 | 赔偿资金管理模式 |
|---|---|---|---|---|---|---|---|
| 磋商结案 | 双方磋商 | 35 | 嘉兴市生态环境局桐乡分局与浙江和韵纺织科技有限公司纠纷案(2019) | 和韵纺织科技有限公司支付生态环境修复费和评估费,采取替代性修复方式修复受损环境 | 是 | 浙江省桐乡市人民法院 | 赔偿金作为同级政府的非税收入,统筹进行替代性修复 |
| | | 36 | "王家坝河"生态环境损害赔偿协议司法确认案(2019) | 姚某赔偿涉案生态环境损害 7242 元 | 是 | 重庆市黔江区人民法院 | — |
| | | 37 | 通辽市人民政府、内蒙古霍林河露天煤业股份有限公司环境污染纠纷案(2019) | 霍林河露天煤业公司自行修复生态环境,并支付生态服务功能损失费、鉴定评估费用等 | 是 | 内蒙古自治区通辽市中级人民法院 | 损害赔偿金作为非税收入全额上缴同级国库,纳入预算管理 |
| | | 38 | 重庆市涪陵区生态环境局与重庆华硕建设有限公司生态环境损害赔偿协议司法确认案(2019) | 华硕公司支付生态损害赔偿金 | 是 | 涪陵区人民法院 | 将生态环境损害赔偿金直接上缴同级国库,纳入预算管理。由财政主管部门负责对缴入国库的生态环境损害赔偿资金进行专账核算管理 |

续表

| 类型 | 原告/赔偿权利人 | 案例序号 | 案例名称 | 案件结果 | 是否进行司法确认 | 受理法院 | 赔偿资金管理模式 |
| --- | --- | --- | --- | --- | --- | --- | --- |
| 磋商结案 | 双方磋商 | 39 | 毅嘉电子(苏州)有限公司渗排电镀废水致生态环境损害赔偿案(2019) | 毅嘉电子支付应急检测、污染清除、鉴定评估等费用195.9万元,地表水环境损害恢复费用103.8万元,并对受损的土壤进行修复 | 是 | 苏州市姑苏区人民法院 | 将生态环境损害赔偿资金汇入"苏州高新区非税收入财政汇缴专户"由区财政统一调配 |
| | | 40 | 中石油吉林油田分公司违规进行石油开采致大布苏国家级自然保护区生态环境损害赔偿案(2019) | 吉林油田公司赔偿生态环境损害费用总计4465.46万元,包括清除污染费用2985.90万元、土壤修复费用479.37万元、生态修复费用769.83万元,生态环境修复期间服务功能损失230.36万元。其中清除污染、土壤修复、生态修复由吉林油田公司自行组织 | 否 | 无 | 生态环境修复期间服务功能损失费用上缴省级财政 |
| | | 41 | 赵某军非法收购、出售野生动物生态环境损害赔偿纠纷案(2019) | 在刑事诉讼过程中达成磋商协议,赔偿义务人进行货币赔偿 | 否 | 无 | 上缴至区财政局账户 |
| | | 42 | 黔江区林业局与李某孝生态环境损害赔偿纠纷案(2019) | — | 否 | 无 | — |

续表

| 类型 | 原告/赔偿权利人 | 案例序号 | 案例名称 | 案件结果 | 是否进行司法确认 | 受理法院 | 赔偿资金管理模式 |
|---|---|---|---|---|---|---|---|
| 磋商结案 | 双方磋商 | 43 | 绍兴市生态环境局与兴华公司生态环境损害赔偿纠纷案(2019) | 在刑事诉讼过程中达成磋商协议,赔偿义务人赔偿生态环境损害赔偿费、修复费、鉴定费、应急处置费等 | 否 | 无 | — |
| | | 44 | 重庆市生态环境局与周某凡生态环境损害赔偿纠纷案(2019) | 在刑事诉讼过程中达成磋商协议,赔偿义务人支付生态环境损害赔偿金 | 否 | 无 | — |
| | | 45 | 南通市通州区生态环境局与恒达工贸有限公司生态环境损害赔偿纠纷案(2019) | 在刑事诉讼过程中达成磋商协议,赔偿义务人支付生态环境损害赔偿金 | 否 | 无 | — |
| | | 46 | 重庆市两江违法倾倒混凝土泥浆生态环境损害赔偿纠纷案(2019) | 涉案企业自行组织清理污染物及复绿土地,同时缴纳生态环境损害期间损失、鉴定评估费用、修复效果评估费用 | 否 | 无 | 将生态环境损害调查、鉴定评估、修复效果评估等费用预先纳入同级财政预算安排 |
| | 多方磋商 | 47 | 重庆市荣昌区蒋某迁、蒋某环境污染案(2020) | 进行调解,对赔偿事宜达成一致 | 是 | 重庆市荣昌区人民法院 | — |
| | | 48 | 四川省生态环境厅与彭州市旺驰物流有限公司生态环境损害赔偿案(2020) | 旺驰公司采取支付赔偿金的方式履行生态环境损害赔偿责任 | 是 | 成都市中级人民法院 | 赔偿金上缴省级国库 |

续表

| 类型 | 原告/赔偿权利人 | 案例序号 | 案例名称 | 案件结果 | 是否进行司法确认 | 受理法院 | 赔偿资金管理模式 |
|---|---|---|---|---|---|---|---|
| 磋商结案 | 多方磋商 | 49 | 南阳市自然资源和规划局、镇平县自然资源局与镇平县华夏石料厂生态环境损害赔偿案(2020) | 华夏石料厂缴纳赔偿金67万余元 | 是 | 南阳市中级人民法院 | — |
| | | 50 | 葫芦岛市生态环境局与张某新生态环境损害赔偿案(2020) | 张某新需承担生态环境修复费、生态环境赔偿损失费用、鉴定检测费用等 | 是 | 葫芦岛市中级人民法院 | — |
| | | 51 | 胡某民、蒋某华污染环境案(2020) | 在刑事诉讼过程中,蒋某华与重庆市南川区人民政府指定部门重庆市南川区生态环境局达成《生态环境损害赔偿协议》,由蒋某华采用喷播植草(灌木)籽方式完成生态修复工作,承担生态环境损害赔偿金110990元 | 是 | 重庆市涪陵区人民法院 | — |
| | | 52 | 王某年、胡某相、王某友、高某岭、刘某根、朱某强非法采矿案(2020) | 在刑事诉讼过程中,南通市水利局与王某年签订《生态环境损害赔偿协议书》,王某年以货币赔偿的方式承担生态损害赔偿责任。其他赔偿义务人磋商未果 | 否 | 无 | — |

续表

| 类型 | 原告/赔偿权利人 | 案例序号 | 案例名称 | 案件结果 | 是否进行司法确认 | 受理法院 | 赔偿资金管理模式 |
|---|---|---|---|---|---|---|---|
| 磋商结案 | 多方磋商 | 53 | 合肥市经开区邢某非法回收、处置废铅蓄电池污染环境生态环境损害赔偿案(2020) | 赔偿义务人委托第三方进行修复并支付生态环境损害赔偿金 | 否 | 无 | — |
| | | 54 | 永州市生态环境局与永州湘江纸业有限责任公司生态环境损害赔偿案(2020) | 湘江纸业以"货币赔偿+自行修复"方式承担生态环境损害赔偿金额共计 17852873.8 元 | 否 | 无 | — |
| | | 55 | 海北藏族自治州生态环境局与青海夏华清真肉食品有限公司生态环境损害赔偿磋商案(2020) | 双方就生态损害事实、赔偿责任、赔偿金额及修复方式达成了一致 | 否 | 无 | — |
| | | 56 | 朱某锋、吴某非法捕捞水产品案(2020) | 在刑事诉讼过程中,朱某锋、吴某与靖江市农业农村局签订协议书,同意以货币补偿方式承担生态损害赔偿责任 | 否 | 无 | 上缴至靖江市农业农村局专有账户 |
| | | 57 | 封某、邹某权非法捕捞水产品案(2020) | 在刑事诉讼过程中,封某、邹某权与重庆市南岸区农业农村委员会达成《生态环境损害赔偿协议》,由封某、邹某权对渔业损失(价值约为 9111 元)采取增殖放流的方式履行生态损害赔偿责任 | 否 | 无 | — |

续表

| 类型 | 原告/赔偿权利人 | 案例序号 | 案例名称 | 案件结果 | 是否进行司法确认 | 受理法院 | 赔偿资金管理模式 |
| --- | --- | --- | --- | --- | --- | --- | --- |
| 磋商结案 | 多方磋商 | 58 | 重庆市顺晟铝业有限公司、曹某生、王某嘉、秦某彪、曹某华污染环境案(2020) | 在刑事诉讼过程中,重庆市北碚区生态环境局与鑫菲加工厂、曹某生开展生态损害赔偿磋商,曹某生、鑫菲加工厂连带承担非法倾倒铝灰造成的生态环境损失共153020元 | 否 | 无 | — |
| | | 59 | 朱某礼污染环境案(2020) | 在刑事诉讼过程中,上海帕波五金厂及朱某礼与上海市青浦区生态环境局进行生态损害赔偿磋商,上海帕波五金厂、朱某礼负责涉案场所的生态环境修复,其预交的106000元专项用于涉案场所的环境治理、修复、评估及其他必要合理费用的支出 | 否 | 无 | 赔偿金缴纳至上海市青浦区白鹤镇财政账户 |

续表

| 类型 | 原告/赔偿权利人 | 案例序号 | 案例名称 | 案件结果 | 是否进行司法确认 | 受理法院 | 赔偿资金管理模式 |
|---|---|---|---|---|---|---|---|
| 磋商结案 | 多方磋商 | 60 | 重庆市九龙坡区环境保护局与米某富等6人生态环境损害赔偿协议司法确认案(2019) | 赔偿义务人采取支付生态损害赔偿金的方式履行生态环境损害赔偿责任 | 是 | 重庆市江津区人民法院 | 赔偿义务人向重庆市九龙坡区财政局缴纳了生态环境损害赔偿资金706057.74元,专项用于生态环境修复和保护 |
| | | 61 | 陕西省延安市北洛河污染事件(2019) | 华北油气分公司延能联合作业部承担本次污染事件产生的应急处置、环境损害评估、生态环境损害等费用462.73万元 | 否 | 无 | — |
| | | 62 | 河北省承德市危废倾倒生态环境损害赔偿案(2019) | 经两轮磋商后,双方签订赔偿协议。某公司自愿先行承担全部赔偿责任,保留对佟某等人的追偿权 | 否 | 无 | — |
| | | 63 | 北京市小月河生活粪便污染物倾倒事件(2019) | 经三轮磋商后签订赔偿义务人支付应急处置费等113.46万余元的赔偿协议 | 否 | 无 | 设立专户管理资金,将赔偿金作为政府非税收入,全额上缴同级国库,纳入预算管理 |

续表

| 类型 | 原告/赔偿权利人 | 案例序号 | 案例名称 | 案件结果 | 是否进行司法确认 | 受理法院 | 赔偿资金管理模式 |
|---|---|---|---|---|---|---|---|
| 磋商结案 | 多方磋商 | 64 | 上海市奉贤区四团镇张建某等垃圾倾倒生态环境损害赔偿案(2019) | 赔偿义务人自行修复并支付保证金,目前已完成修复 | 否 | 无 | 通过建立三方共管账户,赔偿义务人在协议签订后将2000万元押金交至共管账户 |
| | | 65 | 台州市生态环境局温岭分局与陆某友、张某华、季某庆等生态环境损害赔偿案(2019) | 在刑事诉讼过程中达成磋商协议,赔偿义务人支付生态环境损害赔偿金 | 否 | 无 | — |
| | | 66 | 南通市水利局与樊某山生态环境损害赔偿案(2019) | 在刑事诉讼过程中达成磋商协议,赔偿义务人以货币补偿的形式承担生态环境损害赔偿责任 | 否 | 无 | — |

注:表中的"—"表示此项无法在现有材料中查明,"无"表示此项内容不存在。

**2. 生态环境损害赔偿纠纷的主体类型划分**

生态环境损害赔偿制度共分为两个相对独立又相互联系的环节,分别为诉前磋商程序和诉讼程序。磋商主体包括赔偿权利人与赔偿义务人,分别对应诉讼程序中的原告与被告。此外,在磋商程序中还存在第三方参与者,诉讼程序中存在支持起诉人等。本部分将生态环境损害赔偿制度的主体划分为三种类型,分别是磋商赔偿权利人与诉讼原告、磋商赔偿义务人与诉讼被告,以及制度中的第三方参与者。同时对这三种类型主体分别进行观察。

(1)磋商赔偿权利人与诉讼原告

《若干规定》第1条规定,可以作为原告提起生态环境损害赔偿诉讼的主体共分为两类。一类为"省级、市地级人民政府及其指定的相关部门、机构",另一类为"受国务院委托行使全民所有自然资源资产所有权的部门"。由于磋商和诉讼共同构成生态环境损害赔偿制度,因此二者在提起主体方面具有一致性。2020 年,生态环境损害赔偿的提起主体集中于政府及其指定的各级生态环境厅、生态环境局、自然资源和规划局等,未出现由“受国务院委托行使全民所有自然资源资产所有权的部门”提起的生态环境损害赔偿诉讼。

从行政区划方面观察,市一级人民政府及其指定的部门提起的生态环境损害赔偿最多,共 24 件;其次为区(县)级人民政府及其指定的部门提起的生态环境损害赔偿,共 9 件。从提起主体类型方面观察,政府及其指定的生态环境局最常作为生态环境损害赔偿的提起主体。

2020 年生态环境损害赔偿磋商程序中赔偿权利人与诉讼原告的类型分布(见表 6 - 2)。

**表 6 - 2　2020 年生态环境损害赔偿磋商程序中赔偿权利人与诉讼原告的类型分布**

| 赔偿义务人(原告类型) | 数量/件 | 案例序号 |
| --- | --- | --- |
| 市人民政府 | 3 | 6、18、19 |
| 区(县)人民政府 | 1 | 30 |
| 省生态环境厅 | 2 | 26、48 |
| 市(州)生态环境局 | 17 | 2、4、5、20、21、22、23、24、25、27、28、29、31、50、53、54、55 |
| 区(县)生态环境局 | 6 | 1、3、32、51、58、59 |
| 市自然资源和规划局 | 1 | 49 |
| 市水利局 | 2 | 33、52 |
| 市农业农村局 | 1 | 56 |
| 区林业局 | 1 | 47 |
| 区农业农村委 | 1 | 57 |

(2)磋商赔偿义务人与诉讼被告

在 2020 年全部生态环境损害赔偿案例中,公司作为被告共 19 件,占比 54%;个人作为被告共 14 件,占比 40%;公司和个人共同作为被告共 2 件,占比 6%,见图 6 - 1。以公司作为被告的案件多涉及重大环境污染事件,生态环境损害赔偿金额巨大;以个人作为被告的案件则多为小范围污染事件。这也从侧面说明2020年的生态环境损害赔偿司法实践对环境污染、生态破坏等事件的关注面更加广泛,制度普及性明显提升,适用场域更加灵活全面。

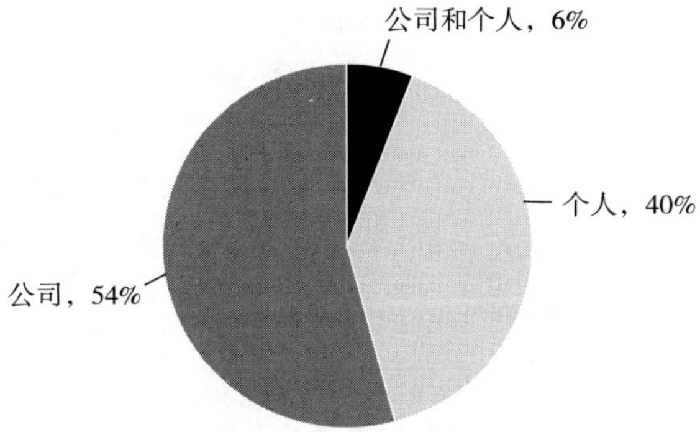


**图6-1　2020年生态环境损害赔偿磋商赔偿义务人与诉讼被告的类型分布**

(3)第三方参与者

2017年《生态环境损害赔偿制度改革方案》第5条第5项提出"创新公众参与方式,邀请专家和利益相关的公民、法人、其他组织参加生态环境修复或赔偿磋商工作",该条是对磋商第三方参与的总体性规定。2020年,磋商程序第三方参与者主要分为四大类:第一,司法机关,如法院、检察院等。这类主体能够解决磋商中出现的法律问题,保证磋商环节依法进行。第二,案情相关方,如鉴定评估机构、公安局、执法大队等。这类主体往往参与了磋商前的调查准备工作,对整个案情较为熟悉。第三,第三方独立调解机构。第三方调解机构的加入打破了以往行政调解"主强客弱"的局面,强调磋商双方的平等地位。第四,具有专业知识的人,生态环境损害赔偿诉讼涉及环保和法律等多方面内容,环保专家或律师的加入能够增强磋商的专业性。具体情况如表6-3所示,各类第三方参与主体的占比分布如图6-2所示。

**表 6 – 3　2020 年生态环境损害赔偿磋商程序中第三方参与者的种类分布**

<table>
<tr><th>分类</th><th>磋商第三方参与者类型</th><th>数量/件</th><th>案例序号</th><th>磋商权利人</th><th>磋商第三方参与者</th></tr>
<tr><td rowspan="7">司法机关</td><td rowspan="6">检察院</td><td rowspan="6">6</td><td>案例 6</td><td>濮阳市人民政府</td><td>濮阳市检察院参与磋商</td></tr>
<tr><td>案例 48</td><td>四川省生态环境厅</td><td>四川省与彭州市检察院参与磋商</td></tr>
<tr><td>案例 54</td><td>永州市生态环境局</td><td>湖南省、永州市人民检察院参与磋商</td></tr>
<tr><td>案例 49</td><td>南阳市自然资源和规划局、镇平县自然资源局</td><td>镇平县人民检察院参与磋商</td></tr>
<tr><td>案例 55</td><td>海北藏族自治州生态环境局</td><td>海北藏族自治州检察院参与磋商</td></tr>
<tr><td>案例 50</td><td>葫芦岛市生态环境局</td><td>葫芦岛市人民检察院参与磋商</td></tr>
<tr><td>法院</td><td>1</td><td>案例 55</td><td>海北藏族自治州生态环境局</td><td>海北藏族自治州法院参与磋商</td></tr>
<tr><td>第三方独立调解机构</td><td>调解组织</td><td>1</td><td>案例 47</td><td>荣昌区生态环境局</td><td>荣昌区重大矛盾纠纷人民调解委员会参与磋商</td></tr>
<tr><td rowspan="6">案情相关方</td><td rowspan="2">鉴定评估机构</td><td rowspan="2">2</td><td>案例 48</td><td>四川省生态环境厅</td><td>四川省生态环境科学研究院参与磋商</td></tr>
<tr><td>案例 55</td><td>海北藏族自治州生态环境局</td><td>青海省环境科学研究设计院司法鉴定中心参与磋商</td></tr>
<tr><td rowspan="3">赔偿权利人下属单位</td><td rowspan="3">3</td><td>案例 53</td><td>合肥市生态环境局</td><td>经开区生态环境分局参与磋商</td></tr>
<tr><td>案例 49</td><td>南阳市自然资源和规划局、镇平县自然资源局</td><td>镇平县自然资源局参与磋商</td></tr>
<tr><td>案例 48</td><td>四川省生态环境厅</td><td>彭州市生态环境执法大队参与磋商</td></tr>
<tr><td>公安局</td><td>1</td><td>案例 53</td><td>合肥市生态环境局</td><td>经开区公安分局参与磋商</td></tr>
</table>

续表

| 分类 | 磋商第三方参与者类型 | 数量/件 | 案例序号 | 磋商权利人 | 磋商第三方参与者 |
|---|---|---|---|---|---|
| 有专业知识的人 | 环保专家 | 1 | 案例6 | 濮阳市人民政府 | 邀请环保专家参与磋商 |
| | 律师 | 1 | 案例6 | 濮阳市人民政府 | 专业律师参与磋商 |

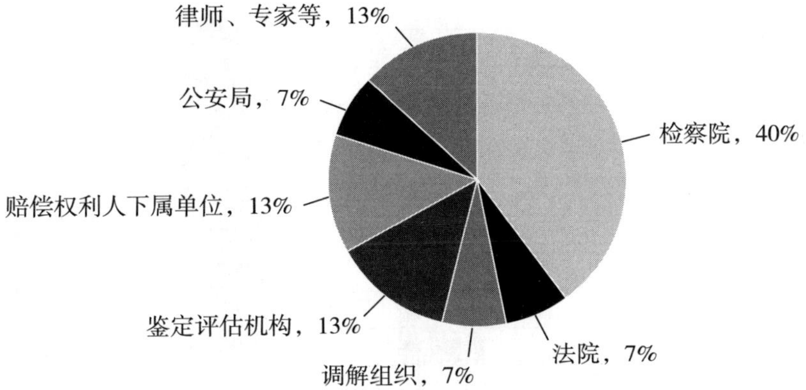


**图6-2　2020年生态环境损害赔偿磋商中第三方参与者的占比分布**

《民事诉讼法》第55条规定,“前款规定的机关或者组织提起诉讼的,人民检察院可以支持起诉”。在生态环境损害赔偿诉讼程序中,第三方参与的主要表现形式为检察院支持起诉。如案例1“重庆市大足区生态环境局与孟某武环境纠纷案”中,重庆市大足区人民检察院以渝足检民公〔2020〕50011100002号《支持起诉意见书》,支持原告大足区生态环境局对被告孟某武提起诉讼。案例4“贵港市生态环境局与谭某、李某裕环境污染责任纠纷案”中,贵港市人民检察院派员出庭支持原告贵港市生态环境局的起诉。支持起诉作为检察机关民事检察工作的标志性工作内容,对维护国家、社会和私主体的合法权益以及对丰富和完善检察制度与检察实践发挥着积极作用。[15]

〔15〕 参见高继明:《更新理念找准定位　开创民事支持起诉工作新局面》,载《检察日报》2020年12月2日,第5版;刘霞:《积极探索完善支持起诉机制》,载《检察日报》2020年12月23日,第7版。

### 3. 生态环境损害赔偿诉讼的程序分布呈现

《若干规定》将磋商定位为生态环境损害赔偿诉讼的必经前置程序,第 1 条规定“因与造成生态环境损害的自然人、法人或者其他组织经磋商未达成一致或者无法进行磋商的,可以作为原告提起生态环境损害赔偿诉讼”。据此,生态环境损害赔偿纠纷解决程序可衍生出以下 4 种可能性:直接起诉、磋商成功未司法确认、磋商成功且司法确认、磋商失败提起诉讼。4 种情况在 2020 年案例中的分布及占比分别如图 6－3、图 6－4 所示。

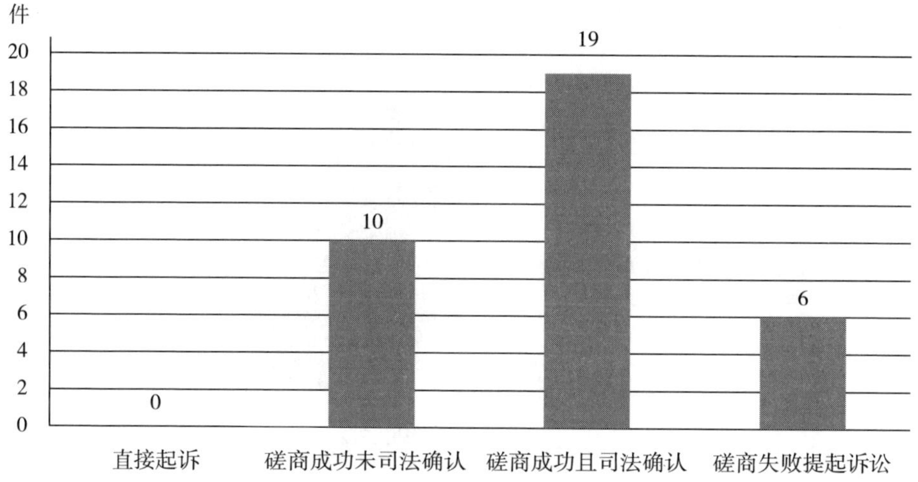


**图 6－3　2020 年生态环境损害赔偿案例程序分布**

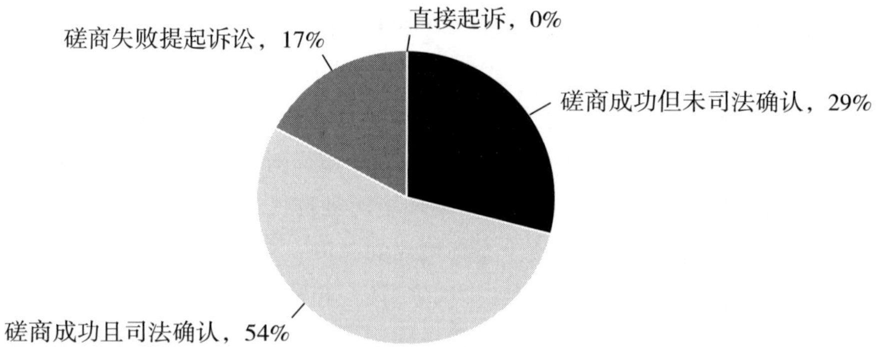


**图 6－4　2020 年生态环境损害赔偿诉讼中不同程序占比**

图 6－3、图 6－4 中的直接起诉,是指未经过磋商程序直接进入诉讼程序的案例数量。《若干规定》第 1 条将磋商定位为提起生态环境损害赔偿诉讼的必

经前置程序。基于此,2020 年生态环境损害赔偿纠纷案件中直接起诉的案件数量为 0,也从侧面体现出各地司法实践对《若干规定》"磋商前置"程序的充分贯彻和落实。

根据图 6-3,磋商结案案件 29 件,占 2020 年整体案件量的 83%。其中磋商成功未司法确认的案件 10 件,占整体磋商成功案件的 34%;磋商成功且司法确认的案件 19 件,占整体磋商成功案件的 66%。虽然《若干规定》第 20 条第 1 款规定:"经磋商达成生态环境损害赔偿协议的,当事人可以向人民法院申请司法确认。"并未对司法确认做强制性要求,但实践中对司法确认的应用程度依然较高。生态环境损害赔偿制度正向着"少诉讼,多磋商"的方向发展,磋商程序的重要性日益凸显。

磋商失败转入诉讼程序案件 6 件,占 2020 年整体案件量的 17%。均为政府机关作为赔偿权利人单独提起诉讼的情况。值得注意的是,6 件案件中有 5 件是被告已经被判处污染环境罪之后,政府机关又对其提起生态环境损害赔偿诉讼的情况,分别是案例 1、2、4、5、6,如表 6-4 所示。这体现出刑事诉讼与生态环境损害赔偿诉讼在严厉打击环境犯罪和切实修复生态环境方面的相互补充、协调作用。

**表 6-4 2020 年刑事判决与生态环境损害赔偿诉讼的衔接互助**

| 案例序号 | 案情简介 | 刑事判决 | 生态环境损害赔偿诉讼判决 |
|---|---|---|---|
| 案例 1 | 被告将危险废物倾倒至土壤和跃进渠内 | 判处有期徒刑 1 年,并处罚金 1 万元① | 被告承担应急处置费及鉴定评估费用 |
| 案例 2 | 被告将炼金产生的有毒有害物质利用渗坑进行排放、处置,严重污染环境 | 判处有期徒刑 1 年零 6 个月,缓刑 2 年,并处罚金 3 万元② | 被告连带赔偿环境污染治理费用及审计费用 |
| 案例 4 | 被告无危险废物经营许可而共同从事贮存、利用危险废物经营活动 | 判处有期徒刑 3 年,并处罚金 3 万元③ | 被告连带承担危险废物清除污染费 |
| 案例 5 | 被告将镀锌产生的污水排放至渗坑中 | 判处有期徒刑 1 年,并处罚金 1 万元,追缴非法所得 6000 元④ | 被告承担应急处置、调查、评估费用,并自行修复生态环境 |

续表

| 案例序号 | 案情简介 | 刑事判决 | 生态环境损害赔偿诉讼判决 |
|---|---|---|---|
| 案例 6 | 被告将废酸液倒至回木沟中 | 判处有期徒刑 3 年零 8 个月,并处罚金 5 万元⑤ | 德丰公司赔偿应急处置费、评估费、生态环境服务功能损失费等 |

注:①(2019)渝 0112 刑初 1483 号刑事判决书。
②(2019)鲁 0612 刑初 69 号刑事判决书。
③(2018)桂 0804 刑初 165 号刑事判决书。
④(2018)冀 0684 刑初 281 号刑事判决书。
⑤(2019)豫 0928 刑初 254 号刑事判决书。

此外,2020 年首次出现政府机关败诉的生态环境损害赔偿案件。案例 3"重庆市渝北区生态环境局与重庆大脚板汽车清洗服务有限公司环境污染责任纠纷案"中,法院认为,原告进行的生态环境损害评估鉴定不具有必要性与合理性,判决驳回原告重庆市渝北区生态环境局要求被告承担鉴定费的诉讼请求。政府败诉案例的出现,证明生态环境损害赔偿诉讼经过了前期"达目标、喊口号"的阶段,不再一味追求政府的胜诉率,从而转入对案件实质正义的关注。

**4. 生态环境损害赔偿资金的管理模式归纳**

《若干规定》对生态环境损害赔偿诉讼案件的受理条件、证据规则、责任范围、诉讼衔接、强制执行等问题均予以进一步细化规定。〔16〕 但是,针对赔偿资金的管理问题,《若干规定》第 15 条仅作出了原则性规定,即"应当依照法律、法规、规章予以缴纳、管理和使用",并未就赔偿金的管理作出顶层设计。

2020 年 3 月,财政部、自然资源部、生态环境部等九部门联合印发《生态环境损害赔偿资金管理办法(试行)》(以下简称《管理办法》)。根据《管理办法》第 2 条,生态环境损害赔偿资金,是指"生态环境损害事件发生后,在生态环境损害无法修复或者无法完全修复以及赔偿义务人不履行义务或者不完全履行义务的情况下,由造成损害的赔偿义务人主动缴纳或者按照磋商达成的赔偿协议、法院生效判决缴纳的资金"。一般而言,生态环境损害赔偿金范围可分为三个类别(见表 6-5):一是因修复行为产生的量化金额,包括清除污染费用、生态环境修复费用;二是生态环境提供服务功能受损的量化金额,包括生态环境修复期间

〔16〕 乔文心:《依法追究责任　严格保护环境　为建设美好家园提供有力司法服务和保障——最高法院环境资源庭负责人就〈关于审理生态环境损害赔偿案件的若干规定(试行)〉答记者问》,载《人民法院报》2019 年 6 月 6 日,第 2 版。

服务功能的损失、生态环境功能永久损害造成的损失;三是为救济生态环境损害而产生的合理费用,包括因生态环境损害赔偿磋商和诉讼支出的调查、检验、鉴定、评估等费用。

**表 6－5　2020 年生态环境损害赔偿金的构成**

| 类别 | 具体范围 |
| --- | --- |
| 因修复行为产生的量化金额 | 清除污染费用、生态环境修复费用(自行修复或委托第三方修复的费用不计入) |
| 生态环境提供服务功能受损的量化金额 | 生态环境修复期间服务功能的损失、生态环境功能永久损害造成的损失 |
| 为救济生态环境损害而产生的合理费用 | 因生态环境损害赔偿磋商和诉讼支出的调查、检验、鉴定、评估等费用 |

《管理办法》第 6 条第 2 款规定,“生态环境损害赔偿资金作为政府非税收入,实行国库集中收缴,全额上缴赔偿权利人指定部门、机构的本级国库,纳入一般公共预算管理”。由于《管理办法》颁布时间短且尚处于试行阶段,因此目前各地司法实践做法并不统一。在 2020 年的 35 个生态环境损害赔偿案例中,涉及支付赔偿金并在现有文书中能够查明赔偿金归属的案件共 11 件。具体情况见表 6－6。

**表 6－6　2020 年生态环境损害赔偿案件的赔偿金归属统计**

| 案例序号 | 案例名称 | 赔偿金明细 | 赔偿金归属 |
| --- | --- | --- | --- |
| 案例 1 | 重庆市大足区生态环境局与孟某武环境纠纷案 | 应急处置费 630417.16 元 | 大足区生态环境局账户 |
| 案例 2 | 烟台市生态环境局与张某波、曹某山侵权责任纠纷案 | 环境污染治理费用及审计费合计 572424 元 | 烟台市生态环境局账户 |
| 案例 4 | 贵港市生态环境局与谭某、李某裕环境污染责任纠纷案 | 赔偿危险废物清除污染费 489900 元 | 上缴市级国库 |
| 案例 5 | 保定市生态环境局与刘某兰环境污染责任纠纷案 | 应急处置、调查、评估费 192200 元 | 保定市生态环境局账户 |

续表

| 案例序号 | 案例名称 | 赔偿金明细 | 赔偿金归属 |
| --- | --- | --- | --- |
| 案例18 | 招远市人民政府与招远市金宝黄金矿业有限公司纠纷案 | 生态服务功能的损失费23.5599万元 | 由烟台市生态环境局招远分局负责执收后,上缴本级财政,按照财政部门的相关规定执行 |
| 案例19 | 招远市人民政府与招远市阜山九曲黄金矿业有限公司纠纷案 | 生态服务功能的损失费10.8万元 | 由烟台市生态环境局招远分局负责执收后,上缴本级财政,按照财政部门的相关规定执行 |
| 案例20 | 绵阳市生态环境局与绵阳和顺祥科技有限责任公司生态环境损害赔偿案 | 生态环境修复费248429元 | 支付于绵阳市生态环境损害赔偿账户,并用于污染土壤修复 |
| 案例33 | 刁某岐非法采矿案 | 生态环境损害赔偿款18000元 | 上缴至南通市水利局账户 |
| 案例48 | 四川省生态环境厅与彭州市旺驰物流有限公司生态环境损害赔偿案 | 污染处置费170638.13元,财产损害费158616.02元,共计329254.15元 | 上缴至省级国库 |
| 案例56 | 朱某锋、吴某非法捕捞水产品案 | 以货币补偿方式承担生态环境损害赔偿责任 | 上缴至靖江市农业农村局专有账户 |
| 案例59 | 朱某礼污染环境案 | 预交106000元专项用于涉案场所的环境治理、修复、评估及其他必要合理费用的支出 | 上缴至上海市青浦区白鹤镇财政账户 |

根据表6-6可知,2020年生态环境损害赔偿金的归属对象主要为地方国库、地方财政账户和赔偿权利人账户。(见图6-5)案例4和案例48将赔偿金上缴地方国库,上缴国库的级别按照赔偿权利人的级别确定。在案例20中,绵阳市设立生态环境损害赔偿专项账户用于收缴赔偿金。案例18、19和59同样将赔偿金上缴本级财政,但未设立专项账户。案例1、2、5、33和56均将赔偿金上缴赔偿权利人,即生态环境局、水利局或农业农村局账户。

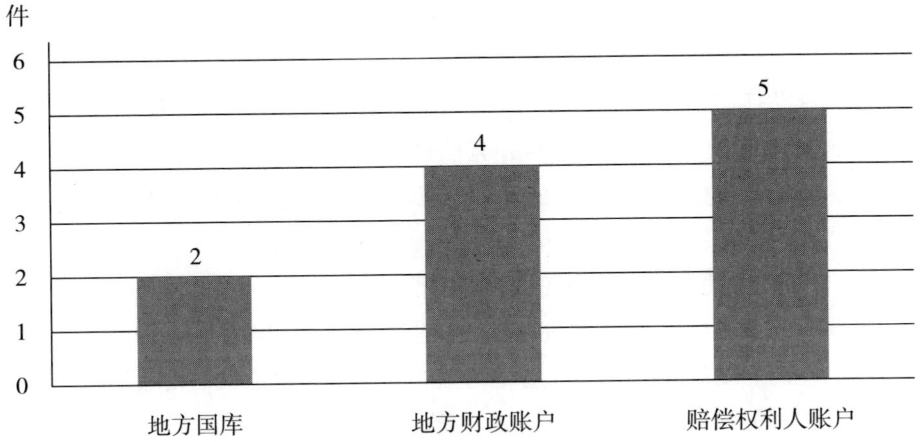


**图 6－5　2020 年生态环境损害赔偿金管理模式及其数量分布**

(二)生态环境损害赔偿诉讼的最新趋势研判

2015 年 11 月,中办、国办印发《生态环境损害赔偿制度改革试点方案》,部署生态环境损害赔偿制度改革在部分地方试点。在此基础上,2017 年 12 月发布的《生态环境损害赔偿制度改革方案》将生态环境损害赔偿制度拓展至全国,提出"到 2020 年,力争在全国范围内初步构建责任明确、途径畅通、技术规范、保障有力、赔偿到位、修复有效的生态环境损害赔偿制度"。2019 年,最高人民法院发布《若干规定》,为畅通生态环境损害赔偿诉讼途径提供了有力的司法保障。2020 年 5 月 28 日全国人大审议通过的《民法典》"侵权责任编"第七章"环境污染和生态破坏责任"第 1235 条赋予了国家规定的机关或者法律规定的组织享有生态环境损害索赔权,正式从实体法角度确立了生态环境损害赔偿法律制度。随后,《土壤污染防治法》《固体废物污染环境防治法》《森林法》在制定或修订中也规定了生态环境损害赔偿的内容。

2019～2020 年是生态环境损害赔偿制度建设的快速发展时期。随着国家层面顶层设计的逐步推进,各地纷纷开展相关司法实践,力争 2020 年在全国范围内初步构建起生态环境损害赔偿制度。2020 年之后,生态环境损害赔偿制度开始向精细化纵深发展。因此,以该转折为契机,以《若干规定》的发布和《民法典》的出台为分界,本部分选取 2019 年和 2020 年案例作为比较对象,通过分析归纳出生态环境损害赔偿司法实践的最新趋势。

**1. 顶层设计稳步推进**

截至 2020 年年底,生态环境损害赔偿已经形成了包括法律、司法解释、部门规范性文件、党内法规和地方立法在内的较为完备的制度体系。在完善制度建设、规范诉讼规则、回应实践问题等方面取得了重大进展。

在法律层面,2020 年 5 月 28 日通过的《民法典》第 1235 条解决了生态环境损害赔偿于法无据的问题,〔17〕并且明确列举了生态环境损害的赔偿责任及范围,〔18〕使救济生态环境损害的生态环境损害赔偿获得了最起码的实体法依据。

在司法解释层面,2019 年发布的《若干规定》以习近平生态文明思想为指导,以法律中关于建立生态环境损害赔偿制度的政策为根据,以当前我国生态环境损害问题为导向,进一步完善了我国生态环境保护法律体系。〔19〕

在部门规范性文件层面,生态环境部加强与最高人民法院、最高人民检察院等司法机关和自然资源部、农业农村部、国家林草局等有关部门的沟通协作,明确了各自在改革工作中的职责分工;与相关单位联合印发了《关于推进生态环境损害赔偿制度改革若干具体问题的意见》,以解决地方实践中遇到的具体问题。财政部联合有关部门印发《生态环境损害赔偿资金管理办法(试行)》,以规范生态环境损害赔偿资金的管理和使用。〔20〕

党内法规中也纳入了生态环境损害赔偿的相关内容。2019 年 6 月发布的《中央生态环境保护督察工作规定》第 24 条明确"对督察发现需要开展生态环境损害赔偿工作的,移送省、自治区、直辖市政府依照有关规定索赔追偿"。2020 年,吉林省、山东省、北京市、安徽省等地方出台的《生态环境保护督查工作实施办法》中亦规定了生态环境损害赔偿相关内容。

最后,2020 年更多的地方立法中写入生态环境损害赔偿制度、明确生态环境损害赔偿责任。根据笔者在北大法宝网的检索,以"生态环境损害赔偿"为关键词,共搜索到各省、市级地方立法 2019 年 149 件,2020 年 139 件。随着中央层

---

〔17〕《民法典》第 1235 条规定,"违反国家规定造成生态环境损害的,国家规定的机关或者法律规定的组织有权请求侵权人赔偿下列损失和费用"。这构成生态环境损害赔偿制度的法律依据。而此前,生态环境损害赔偿制度的主要依据是中办、国办 2017 年 8 月底正式出台的《生态环境损害赔偿制度改革方案》和最高人民法院 2019 年 6 月发布的《关于审理生态环境损害赔偿案件的若干规定(试行)》。

〔18〕参见竺效:《民法典为环境公益损害救济提供实体法依据》,载《光明日报》2020 年 6 月 5 日,第 11 版。

〔19〕参见曹守晔:《〈最高人民法院关于审理生态环境损害赔偿案件的若干规定(试行)〉点评》,载中国法院网,https://www.chinacourt.org/index.php/article/detail/2020/01/id/4760352.shtml,最后访问日期:2021 年 1 月 14 日。

〔20〕参见季林云、孙倩、齐霁:《刍议生态环境损害赔偿制度的建立——生态环境损害赔偿制度改革 5 年回顾与展望》,载《环境保护》2020 年第 24 期。

面顶层设计的不断完善,地方层面有关生态环境损害赔偿制度的设计也在有序展开。(见表 6－7)

**表 6－7　2019 年、2020 年生态环境损害赔偿制度相关法律文件**

| 类别 | | 名　　称 | 发布时间 |
|---|---|---|---|
| 法律 | | 《民法典》第 1235 条 | 2020 年 5 月 |
| 司法解释 | | 《关于审理生态环境损害赔偿案件的若干规定(试行)》 | 2019 年 6 月 |
| 部门规范性文件 | | 《生态环境损害赔偿资金管理办法(试行)》 | 2020 年 3 月 |
| | | 《关于推进生态环境损害赔偿制度改革若干具体问题的意见》 | 2020 年 8 月 |
| 党内法规 | 中央层面 | 《中央生态环境保护督察工作规定》 | 2019 年 6 月 |
| | 地方层面 | 《吉林省生态环境保护督查工作实施办法》 | 2020 年 2 月 |
| | | 《山东省生态环境保护督查工作实施办法》 | 2020 年 3 月 |
| | | 《北京市贯彻〈中央生态环境保护督察工作规定〉的通知》 | 2020 年 3 月 |
| | | 《安徽省生态环境保护督查工作实施办法》 | 2020 年 4 月 |
| 地方立法 | | 31 个省(区、市)和新疆生产建设兵团都印发了省级制度改革实施方案;2019 年各地生态环境损害赔偿立法 149 件,2020 年 139 件 | |

图 6－6 统计了本报告收集的案例对于生态环境损害赔偿相关法律法规的援引次数占比情况。法院判决中援引次数最多的为原《侵权责任法》,共被援引 13 次,集中在共同侵权和环境污染责任部分。《若干规定》被援引 12 次,《环境保护法》第 64 条被援引 8 次,最高人民法院《关于审理环境民事公益诉讼案件适用法律若干问题的解释》被援引 5 次,最高人民法院《关于审理环境侵权纠纷案件适用法律若干问题的解释》被援引 3 次,原《民法总则》被援引 1 次。当前,《若干规定》已经迅速成为指导生态环境损害赔偿司法实践与法院审判的重要文件,同时原《侵权责任法》及其相关环境侵权司法解释也在生态环境损害赔偿案件审理中扮演着重要角色。

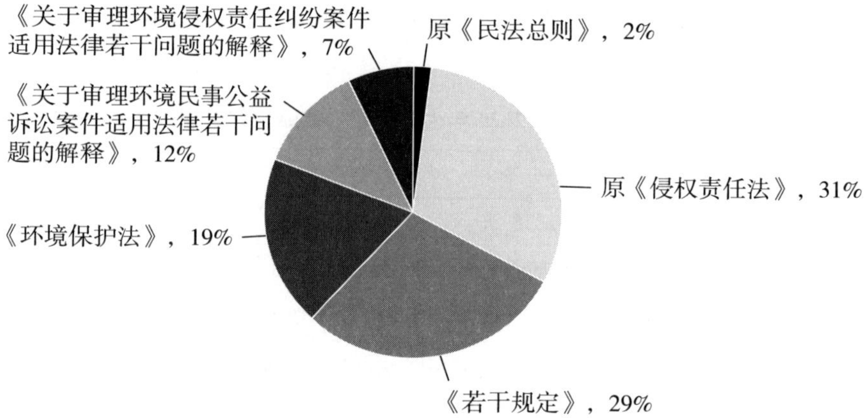


**图 6－6　2020 年生态环境损害赔偿制度的各法律文件在判决中的援引次数占比**

在法律和司法解释不断出台的背景下,生态环境损害赔偿诉讼的制度设计也逐渐完善。《民法典》第 1234 条和第 1235 条明确了生态环境损害修复的责任主体和请求权主体,列举了生态环境损害的赔偿责任及范围。〔21〕《若干规定》则对生态环境损害赔偿诉讼受理条件、证据规则、责任范围、诉讼衔接、赔偿协议司法确认、强制执行等问题予以规定。〔22〕2020 年发布的《关于推进生态环境损害赔偿制度改革若干具体问题的意见》《生态环境损害赔偿资金管理办法(试行)》从损害调查、赔偿磋商、生态环境修复以及修复效果评估、赔偿金管理等多方面给出了指导性意见,以解决生态环境损害赔偿工作中出现的问题,推动生态环境损害赔偿制度改革。〔23〕

**2. 程序衔接逐步顺畅**

《中国环境司法发展报告(2019 年)》对生态环境损害赔偿制度的衔接问题进行了深入的探讨并提出相关问题。〔24〕2020 年,生态环境损害赔偿诉讼程序衔接问题得到进一步解决。本部分将重点关注生态环境损害赔偿制度与关联诉

〔21〕参见竺效:《民法典为环境公益损害救济提供实体法依据》,载《光明日报》2020 年 6 月 5 日,第 11 版。

〔22〕参见乔文心:《依法追究责任　严格保护环境　为建设美好家园提供有力司法服务和保障》,载《人民法院报》2019 年 6 月 6 日,第 2 版。

〔23〕参见李桂芬、孙安然:《11 部门联合推进生态环境损害赔偿制度改革》,载《中国自然资源报》2020 年 9 月 24 日。

〔24〕参见吕忠梅等:《中国环境司法发展报告(2019 年)》,法律出版社 2020 年版,第 182 ~ 234 页。

讼的衔接情况。

《若干规定》第 17 条、第 18 条规定了生态环境损害赔偿诉讼和民事公益诉讼的衔接顺位问题,确立了“生态环境损害赔偿诉讼优先审理”的原则。根据《中国环境司法发展报告(2019 年)》统计,在《若干规定》未出台前,实践中对于两诉的衔接问题做法不一。部分案件将环保组织与政府列为共同原告合并审理,部分案件先中止环境民事公益诉讼,待生态环境损害赔偿诉讼审结后恢复审理。[25]《若干规定》的出台终结了司法实践当中的乱象,理顺了生态环境损害赔偿诉讼与环境民事公益诉讼的衔接顺位关系。在本报告收集的 35 件 2020 年生态环境损害赔偿案例中,有 3 件涉及生态环境损害赔偿和民事公益诉讼的衔接,分别是案例 30、案例 49 和案例 54,三件案例的具体情况如表 6 – 8 所示。值得注意的是,三起案件中检察机关本身并未径直提起环境民事公益诉讼,而是先发布公告,并督促行政机关及时开展生态环境损害赔偿相关工作。这说明在司法实践中,检察机关充分贯彻落实《若干规定》提出的“生态环境损害赔偿诉讼优先审理”原则,尊重行政权在解决生态环境损害赔偿问题中的优先地位。[26] 2020 年生态环境损害赔偿与环境民事公益诉讼衔接情况见表 6 – 8。

**表 6 – 8　2020 年生态环境损害赔偿与环境民事公益诉讼衔接情况**

| 案例序号 | 案例名称 | 衔接情况 |
|---|---|---|
| 30 | 济南市历城区人民政府与联达化工厂生态环境损害赔偿案 | 济南市人民检察院在提起民事公益诉讼前发布公告,后济南市历城区人民政府开展生态环境损害赔偿磋商工作 |
| 49 | 南阳市自然资源和规划局、镇平县自然资源局与镇平县华夏石料厂生态环境损害赔偿案 | 镇平县人民检察院向该县自然资源局发出检察建议,督促该局积极开展生态环境损害赔偿磋商工作。由检察院牵头并联合县自然资源局与该石料厂进行多次磋商后签订了《生态损害赔偿协议》 |
| 54 | 永州市生态环境局与永州湘江纸业有限责任公司生态环境损害赔偿案 | 永州市人民检察院在第一时间启动民事公益诉讼立案程序并发布公告,制发督促函,建议市生态环境局作为赔偿权利人及时开展该案的生态环境损害赔偿磋商工作 |

〔25〕 参见吕忠梅等:《中国环境司法发展报告(2019 年)》,法律出版社 2020 年版,第 205 ~ 206 页。

〔26〕 参见刘慧慧:《生态环境损害赔偿诉讼衔接问题研究》,载《法律适用》2019 年第 21 期。

在磋商与刑事诉讼的衔接方面,《若干规定》第 8 条规定已经被发生法律效力的刑事裁判所确认的事实,可在后续生态环境损害赔偿诉讼中直接使用,有相反证据足以推翻的除外。2020 年颁布的《关于推进生态环境损害赔偿制度改革若干具体问题的意见》第 8 条规定,“对积极参与生态环境损害赔偿磋商,并及时履行赔偿协议、开展生态环境修复的赔偿义务人,赔偿权利人指定的部门或机构可将其履行赔偿责任的情况提供给相关行政机关,在作出行政处罚裁量时予以考虑,或提交司法机关,供其在案件审理时参考”,该条明确了积极履行生态环境损害赔偿责任对于后续行政处罚或刑事判决的正向影响,鼓励赔偿义务人积极主动承担生态环境损害赔偿责任。2020 年共有 7 件案例〔27〕涉及刑事诉讼中的被告因为积极承担生态环境损害赔偿责任而被减轻刑责的情况,对这些案例的具体分析见本报告“磋商程序与环境刑事诉讼的衔接现象梳理”部分。

**3. 磋商结案率持续增长**

磋商具有稳定生态秩序、提高救济效率、实现利益衡平三大制度功能。〔28〕在生态环境损害赔偿制度中发挥着重要作用。2019 年《若干规定》明确磋商程序为生态环境损害赔偿诉讼的前置程序。如图 6 - 7 所示,2020 年生态环境损害赔偿案件磋商结案 29 件,磋商结案率为 83% 。

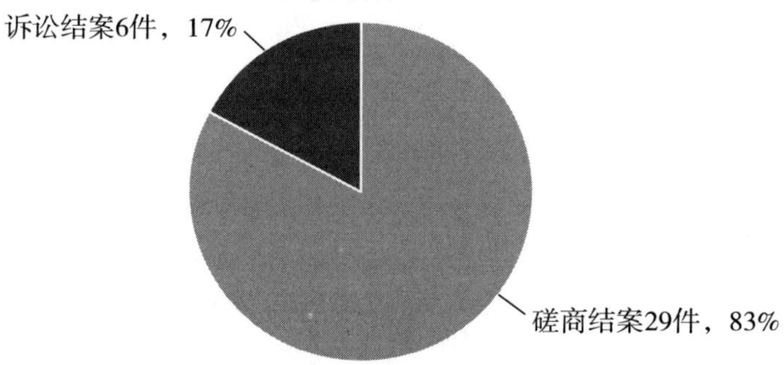


**图 6 - 7　2020 年生态环境损害赔偿案件结案方式分布**

同时,《若干规定》将磋商规定为强制性前置程序后,磋商结案率进一步提高。根据图 6 - 11、图 6 - 12 的统计数据,2019 年 31 件案件中有 20 件磋商结案,磋商结案率为 65% ;2020 年 35 件案例中有 29 件磋商结案,磋商结案率为 83% 。

〔27〕 这 7 件案例分别是案例 33、51、52、56、57、58、59。

〔28〕 参见王腾:《我国生态环境损害赔偿磋商制度的功能、问题与对策》,载《环境保护》2018 年第 13 期。

未来磋商将成为解决生态环境损害赔偿案件的主要手段。

**4. 磋商主动性明显提升**

2015 年《试点方案》对磋商的定位是"主动磋商,司法保障",2017 年《改革方案》沿用了这个说法,二者均未对磋商进行强制性规定。2019 年《若干规定》的亮点之一,就是在第 1 条中将磋商规定为提起生态环境损害赔偿诉讼的必经前置程序,自此生态环境损害赔偿案件"逢案必磋",磋商主动性明显提升。

从整体上看,《若干规定》颁布之前常出现未经磋商直接启动诉讼程序的案件,在《中国环境司法发展报告(2019 年)》统计的 38 个案例中就有 10 件属于这样的情况。[29] 《若干规定》的颁布则彻底结束了这样的局面,在本报告统计的案例中,未经磋商直接起诉的案例数为 0。

从赔偿权利人方面看,省市级政府及其指定的相关部门均认识到开展磋商的必要性和重要性。在 2020 年的 35 件案例中,仅 3 件案例中的政府机关未及时磋商,而是由检察院制发督促函或检察建议书督促其开展磋商。[30] 其余案例中的赔偿权利人在发现案件线索后均能够及时、主动地开展磋商。此外,磋商工作中的多部门配合也体现了磋商主动性的提升。在磋商中公安机关、检察机关、司法机关、评估鉴定机构等部门依各自职责加强合作,提高了工作效率。

从赔偿义务人方面看,赔偿义务人能够主动参与磋商工作,对磋商协议的履行意愿强。2020 年所有生态环境损害赔偿案件的赔偿义务人均积极参与磋商,同时磋商成功率达 83%。此外值得注意的是,2020 年磋商协议申请司法确认的数量占比为 66%,相较于 2019 年的 35% 大幅增长,[31] 反映出磋商双方通过司法确认途径确保磋商协议得到切实履行的意愿不断增强。

**5. 磋商程序日渐完善**

生态环境损害赔偿制度将磋商程序前置,减少中间环节,促进了环境管理方式的改变,提高了环境管理效率。[32] 2019 年《若干规定》和 2020 年《关于推进生态环境损害赔偿制度改革若干具体问题的意见》(以下简称《意见》)对磋商程序进行了较为细致的规定。本报告将磋商程序总结为 5 个部分,分别是"发现线

---

〔29〕 参见吕忠梅等:《中国环境司法发展报告(2019 年)》,法律出版社 2020 年版,第 187 ~ 188 页。

〔30〕 这三件案例的具体情况见表 6 - 8。

〔31〕 根据表 6 - 1 统计的数据,2019 年度的 20 件磋商结案案例中共 7 件申请司法确认,占比为 35%。

〔32〕 参见季林云、孙倩、齐霁:《刍议生态环境损害赔偿制度的建立——生态环境损害赔偿制度改革 5 年回顾与展望》,载《环境保护》2020 年第 24 期。

索—调查评估—开展磋商—司法确认—环境修复”,下文将就这五部分分别展开论述,如图 6 – 8 所示。

**图 6 – 8　生态环境损害赔偿磋商程序**

关于生态环境损害赔偿案件的线索问题,《意见》第 2 条规定了 7 种线索来源,分别是“中央和省级生态环境保护督察发现需要开展生态环境损害赔偿工作的”“突发生态环境事件”“发生生态环境损害的资源与环境行政处罚案件”“涉嫌构成破坏环境资源保护犯罪的案件”“在国土空间规划中确定的重点生态功能区、禁止开发区发生的环境污染、生态破坏事件”“各项资源与环境专项行动、执法巡查发现的案件线索”“信访投诉、举报和媒体曝光涉及的案件线索”。该条构筑了严密的生态环境损害赔偿案件线索网络,有利于生态环境损害赔偿工作的开展,回应了党的十九届四中全会“实行最严格生态环境保护制度”[33]的要求。

关于调查评估,《意见》第 4 条、第 5 条亦给出了详细规定。关于生态环境损害调查,赔偿权利人可以以多种方式进行,并应设置合理期限,调查当中形成的相关文件资料可以作为后续索赔的依据。关于鉴定评估,赔偿权利人可以委托机构或专家出具鉴定报告,鉴定评估报告应明确生态环境损害是否可以修复;对于可以部分修复的,应明确可以修复的区域范围和要求。

关于赔偿磋商问题,《若干规定》将磋商前置后,《意见》又对更多细节问题进行了补充。《意见》第 6 条规定“磋商期限原则上不超过 90 日”且“磋商会议原则上不超过 3 次”,同时规定了磋商不成的 5 种情况。

在司法确认方面,《若干规定》第 20 条和《意见》第 7 条并未将司法确认规定为磋商成功后的必须程序,但经司法确认的案件在一方当事人未完全履行磋商协议时可申请强制执行。

最后,在生态环境损害赔偿责任方面,《意见》第 10 条分情况进行规定。对于生态环境可以修复的案件,赔偿义务人应自行修复或委托第三方机构修复受损生态环境;对于生态环境无法修复的案件,赔偿义务人应缴纳赔偿金。同时根

〔33〕 参见《实行最严格的生态环境保护制度》,载新华网,http://www.xinhuanet.com/politics/2020-08/19/c_1126385468.htm,最后访问日期:2021 年 1 月 17 日。

据《若干规定》第12条、第13条,赔偿义务人亦应承担生态环境受到损害至修复完成期间服务功能损失、生态环境功能永久性损害造成的损失。表6-9为生态环境损害赔偿责任构成。

**表6-9 生态环境损害赔偿责任构成**

| 生态环境受损情况 | 修复生态环境 | 赔偿损失 |
|---|---|---|
| 生态环境可以修复 | 赔偿义务人应自行修复或委托第三方机构修复 | 生态环境受到损害至修复完成期间服务功能的损失 |
| 生态环境无法修复 | 缴纳赔偿金,进行替代修复 | 生态环境功能永久性损害造成的损失 |

### (三)生态环境损害赔偿诉讼典型案例的实践创新成果

典型案例具有较强的典型意义和较大的社会影响力,能够为各级法官审理类似案件提供参照标准,同时对规范法官自由裁量权具有促进作用。本部分以2020年发布的生态环境损害赔偿典型案例为分析对象,讨论案件亮点,总结生态环境损害赔偿制度的实践创新成果。

#### 1. 典型案例的搜集与筛选

本部分选取的典型案例均为2020年发布。以"生态环境损害赔偿""典型案例"为关键词,通过北大法宝网〔34〕最高人民法院官网〔35〕生态环境部官网〔36〕等网站共搜集到生态环境损害赔偿典型案例24件。

#### 2. 创新责任的承担方式与类型

生态环境环境损害赔偿责任的典型案例及其对应的实践创新做法可见表6-10:

**表6-10 典型案例对生态环境损害赔偿责任的创新**

| 典型案例名称 | 实践创新做法 |
|---|---|
| 生态环境磋商十大典型案例:浙江诸暨某企业大气污染生态环境损害赔偿案 | 在生态环境无法修复的情况下,由赔偿义务人自行委托第三方在当地以替代修复方式建设生态环境警示公园,赔偿权利人委托第三方对修复工程进行评估 |

〔34〕 载北大法宝网,https://www.pkulaw.com/。

〔35〕 载最高人民法院官网,http://www.court.gov.cn/。

〔36〕 《关于印发生态环境损害赔偿磋商十大典型案例的通知》,环办法规函〔2020〕222号。

续表

| 典型案例名称 | 实践创新做法 |
| --- | --- |
| 重庆市高级人民法院生态环境保护十大典型案例:重庆市南川区林业局诉李某冬生态环境损害赔偿纠纷案 | 在被告李某冬已经补种树苗恢复林地的基础上,人民法院还判决其承担生态修复期间生态服务功能的损失 |

根据《若干规定》第 11 条,被告违反国家规定造成生态环境损害的,人民法院应当合理判决被告承担"修复生态环境、赔偿损失、停止侵害、排除妨碍、消除危险、赔礼道歉等民事责任"。在"浙江诸暨某企业大气污染生态环境损害赔偿案"中,由于大气污染所致生态环境损害案件具有特殊性,大气自身的流动性使得直接修复难以实现,故选择由赔偿义务人以在当地修建生态公园的替代修复方式承担生态环境损害赔偿责任。本案判决是对多样化责任承担方式的积极探索,对大气污染所致生态环境损害赔偿案件的处理具有很好的示范作用。

在"重庆市南川区林业局诉李某冬生态环境损害赔偿纠纷案"中,在被告李某冬补种树苗恢复林地的基础上,人民法院还判决其承担生态修复期间生态服务功能的损失。这是对《若干规定》第 11 条恢复生态环境、赔偿损失两种责任的综合运用,除修复受损的生态环境外,赔偿义务人亦应赔偿生态服务功能的损失。生态环境损害赔偿制度应始终坚持"环境有价、损害担责"原则,[37] 以实现对生态环境损害的全方位救济。

**3. 磋商由双方参与转为多方参与**

磋商由双方参与转为多方参与,涉及多方参与的典型案例及对应实践创新做法可见表 6－11:

**表 6－11　涉及多方参与的典型案例**

| 典型案例名称 | 实践创新做法 |
| --- | --- |
| 生态环境磋商十大典型案例:贵州息烽大鹰田 2 企业非法倾倒废渣生态环境损害赔偿案 | 在贵州省律师协会的参与下,赔偿权利人贵州省环境保护厅与赔偿义务人化肥公司、劳务公司进行磋商并达成协议 |
| 生态环境磋商十大典型案例:浙江诸暨某企业大气污染生态环境损害赔偿案 | 原绍兴市环境保护局联合绍兴市财政局、绍兴市人民检察院等部门与赔偿义务人进行磋商并达成协议 |

〔37〕 参见《环境有价,损害必须担责》,载新华网,http://www.xinhuanet.com/2020－06/03/c_1126066780.htm,最后访问日期:2021 年 1 月 20 日。

续表

| 典型案例名称 | 实践创新做法 |
| --- | --- |
| 生态环境磋商十大典型案例:江苏苏州高新区某企业渗排电镀废水生态环境损害赔偿案 | 苏州市高新区建立对生态环境损害赔偿案件处置的会商制度,生态环境部门与公安机关对案件开展联合调查 |
| 生态环境磋商十大典型案例:上海奉贤区张某等5人非法倾倒垃圾生态环境损害赔偿案 | 原奉贤区环境保护局与赔偿义务人共同委托奉贤区四团镇人民调解委员会组织召开磋商会议并达成协议 |

2020年发布的典型案例的一个重大特点是,磋商程序中第三方加入的比例明显提高。磋商中的第三方参与者,指赔偿权利人和赔偿义务人以外,赔偿磋商过程中出现的其他个人或者组织。[38] 表6-11中所示的4个典型案例中均有第三方参与者的加入,但其类型又各有不同。"贵州息烽大鹰田2企业非法倾倒废渣生态环境损害赔偿案"中贵州省律师协会参与磋商,帮助提出专业的法律意见;"浙江诸暨某企业大气污染生态环境损害赔偿案"中财政局、检察院参与磋商,多部门协作推进,确保损害赔偿方案的落实;"江苏苏州高新区某企业渗排电镀废水生态环境损害赔偿案"中生态环境部门联合公安机关对环境污染事件开展调查,为后期的赔偿磋商奠定坚实基础;"上海奉贤区张某等5人非法倾倒垃圾生态环境损害赔偿案"中磋商双方共同委托第三方调解机构主持磋商,保证了磋商的公平性并提高了沟通效率。

当前,中央层面并无对生态环境损害赔偿磋商中第三方参与者的规定,仅在2017年《改革方案》第5条第5项中提到"不断创新公众参与方式,邀请专家和利益相关的公民、法人、其他组织参加生态环境修复或赔偿磋商工作"。典型案例中出现的不同种类的磋商第三方参与者是司法实践的创新成果。

**4. 改革资金管理模式**

改革资金管理模式实践创新,其所涉典型案例及对应实践创新做法可见表6-12:

[38] 参见李树训、冷罗生:《生态环境损害赔偿磋商中的第三者:功能与保障——聚焦七省改革办法》,载《华侨大学学报(哲学社会科学版)》2019年第4期。

**表 6 – 12 典型案例中的资金管理模式**

| 典型案例名称 | 实践创新做法 |
|---|---|
| 生态环境磋商十大典型案例:江苏苏州高新区某企业渗排电镀废水生态环境损害赔偿案 | 地表水环境损害赔偿金由区财政统一调配用于苏州高新区生态补偿专项资金 |
| 生态环境磋商十大典型案例:湖南郴州屋场坪锡矿"11·16"尾矿库水毁灾害事件生态环境损害赔偿案 | 赔偿金由企业按修复方案直接拨付到相关区县专用账户,确保专款专用 |
| 重庆法院公益诉讼与生态环境损害赔偿诉讼典型案例:重庆市涪陵区生态环境局与重庆华硕建设有限公司生态环境损害赔偿协议司法确认案 | 将生态环境损害赔偿金直接上缴同级国库,纳入预算管理,由财政主管部门负责对缴入国库的生态环境损害赔偿资金进行专账核算管理 |

《若干规定》第 15 条仅针对生态环境损害赔偿资金的管理进行了原则性的规定:"人民法院判决被告承担的生态环境服务功能损失赔偿资金、生态环境功能永久性损害造成的损失赔偿资金,以及被告不履行生态环境修复义务时所应承担的修复费用,应当依照法律、法规、规章予以缴纳、管理和使用。"表 6 – 12 中的 3 个典型案例反映了不同地区在赔偿金的归属及监管问题上的不同做法。江苏苏州将赔偿金用于苏州高新区生态补偿专项资金,并由区财政统一调配;湖南郴州设立专用账户,并由相应区县政府进行管理;重庆市将赔偿金直接上缴同级国库,并由财政主管部门进行专账核算管理。各种不同做法均是以《若干规定》第 15 条为原则,对生态环境损害赔偿资金管理模式的实践探索。

**5. 试点简易评估认定程序**

评估认定是生态环境损害赔偿磋商重要的前期准备工作之一,其不仅应当专业、准确,同时应确保效率。生态环境损害赔偿磋商十大典型案例之八"安徽池州月亮湖某企业水污染生态环境损害赔偿案"创新性地探索了简易评估认定程序。《安徽省生态环境损害赔偿制度改革实施方案》规定,"对于生态损害事实清楚,责任认定无争议,损失金额在 50 万元以下的案件,可采用生态环境损害鉴定评估专家组出具意见的简易评估认定程序"。本案中,池州市生态环境局在调查勘验、综合分析的基础上,经专家测算,修复费用在 50 万元以下,采用简易评估认定程序进行生态环境损害鉴定评估。专家建议采取异位处理、清淤、清水替换和生态系统重建的方式进行修复,生态环境修复费用 49 万元。

基于生态环境的复杂性、生态环境损害的潜在性和广泛性等原因,生态环境损害鉴定评估时间周期长、成本费用高是生态环境损害赔偿制度改革过程中存在的难题。简易评估认定程序不仅有助于提高工作效率,而且能够促使赔偿权利人与赔偿义务人在较短时间内达成共识,实现对生态环境的及时修复。

**6. 拓展生态环境损害赔偿类型**

《若干规定》第 1 条规定了生态环境损害赔偿制度的适用情形,主要有“发生较大、重大、特别重大突发环境事件的”“在国家和省级主体功能区规划中划定的重点生态功能区、禁止开发区发生环境污染、生态破坏事件的”“发生其他严重影响生态环境后果的”三种,但本条未对生态环境损害赔偿的具体类型进行细分。实践当中的生态环境损害赔偿案件大多指向非法排污,或对水、大气、土壤等传统环境要素的破坏。

2019 ~ 2020 年贵州省环境资源审判十大典型案例“贵州省生态环境厅与遵义茅台机场生态环境损害赔偿司法确认案”创新性地拓展了现有生态环境损害赔偿案件的损害赔偿类型。该案中,遵义茅台机场未经批准扩建航站楼 11920 平方米,贵州省生态环境厅在与赔偿义务人进行磋商时,在常规保护绿地生态系统对水源涵养、水土保持等主要服务功能的同时,更加凸显追求和捍卫生态环境视觉美感的价值取向,要求茅台机场对航站楼违法增高造成的视觉景观破坏进行赔偿。景观视觉亦属于生态环境服务功能的一种,本案在磋商过程中将对景观视觉的破坏纳入生态环境损害赔偿范围,扩展了生态环境损害赔偿范围,回应了党的十九届四中全会“实行最严格的生态环境保护制度”的要求,[39] 体现了对生态环境的最完整保护的精神。

**7. 探索追究损害生态环境行为人赔偿责任的其他路径**

生态环境损害赔偿制度的最终目的在于修复受损的生态环境,因此执行问题成为制度实施过程中不可忽视的一环。根据《若干规定》第 20 条,赔偿权利人与义务人经磋商达成一致后,可以就磋商协议向法院申请司法确认。因为经司法确认的磋商协议具有强制执行效力,因此可以保障赔偿义务人相关责任的履行到位。

司法实践中的两起典型案例探索了确保赔偿义务人履行磋商协议的其他路径。在生态环境损害赔偿磋商十大典型案例“上海奉贤区张某等 5 人非法倾倒垃圾生态环境损害赔偿案”中,赔偿义务人被要求自行修复生态环境,并

---

〔39〕 参见张孝德、何建莹:《实行最严格的生态环境保护制度》,载《学习时报》2020 年 8 月 19 日,第 1 版。

根据生态环境损害评估情况缴纳履约保证金。在"履约保证金"模式下,赔偿义务人如未按时完成修复工作,其交付的保证金将用于修复,以保障赔偿协议的履行。

在最高人民法院发布的 2019 年人民法院环境资源民事典型案例"山东省生态环境厅诉山东道一新能源科技有限公司合同纠纷案"中,赔偿义务人道一公司拒绝支付赔偿款,赔偿权利人山东省生态环境厅向法院提起违约之诉。法院判决道一公司构成违约,应向山东省生态环境厅承担违约责任,有力保障了生态环境损害赔偿协议的有效履行和生态环境修复工作的切实开展。磋商达成协议后,保证磋商协议执行到位的 3 种路径如表 6 - 13 所示。

**表 6 - 13　追究损害生态环境行为人赔偿责任的三种路径**

| 路　　径 | 案　　例 |
| --- | --- |
| 申请司法确认 | 招远市人民政府与招远市金宝黄金矿业有限公司纠纷案 |
| 支付履约保证金 | 上海奉贤区张某等 5 人非法倾倒垃圾生态环境损害赔偿案 |
| 若违反磋商协议可提起违约之诉 | 山东省生态环境厅诉山东道一新能源科技有限公司合同纠纷案 |

## 三、赔偿磋商程序作为制度改革亮点的重点观察

2015 年 12 月 3 日,中办、国办印发《试点方案》,在吉林省、江苏省、山东省、湖南省、重庆市、贵州省、云南省 7 省市开展生态环境损害赔偿制度改革试点工作,将"主动磋商,司法保障"作为基本原则之一,并且首次提出生态环境损害赔偿磋商制度。"两办"于 2017 年 12 月 17 日印发《改革方案》,在全国范围内进一步加快了构建生态环境损害赔偿制度的进程,同时将磋商制度规定为生态环境损害赔偿诉讼的必要条件,并借鉴贵州省的试点经验,将赔偿协议司法确认的做法纳入了磋商规定。2019 年 6 月 5 日,最高人民法院出台《若干规定》,再次明确磋商程序为生态环境损害赔偿诉讼的前置程序。[40] 经过一年多的试行,本文通过对 66 个生态环境损害赔偿诉讼案件的梳理(见表 6 - 1),不难发现磋商程

〔40〕 张辉、沈世伟、贾进宝:《生态环境损害赔偿磋商制度的实践研究——聚焦 20 起磋商优秀候选案例》,载《环境保护》2020 年第 11 期。

序在生态环境损害赔偿诉讼制度中扮演了重要的角色,且近几年磋商程序的制度设计也几经优化。从制度实效层面看,磋商程序的实际适用效果对整个生态环境损害赔偿诉讼制度有着积极作用:一方面,节约司法资源,分流案件;另一方面,有利于之后生态环境损害赔偿诉讼的顺利推进。2020 年 4 月 29 日,十三届全国人大常委会第十七次会议审议通过了新修订的《固体废物污染环境防治法》,该法第 122 条对磋商程序的规定,[41] 体现出生态环境损害赔偿磋商程序在逐渐被环境保护类的单行法纳入其中,这是当下环境保护法律发展的趋势之一。磋商程序作为生态环境损害赔偿诉讼制度改革以来的亮点之一,既体现了法律的规范性,也从侧面体现出磋商程序在实务中的适用效果明显。因此,本部分基于宏观和微观这两个方面对磋商程序进行整体观察,以期整体呈现磋商程序的制度外貌及其功能定位。

### (一)生态环境损害赔偿磋商程序的宏观审视

生态环境损害赔偿磋商程序是生态环境损害赔偿制度中的一个重要环节,《改革方案》中明确了磋商的启动条件“经调查发现生态环境损害需要修复或赔偿”,形成了生态损害赔偿纠纷解决的程序链条,即“损害鉴定—主动磋商—提起诉讼”。[42] 磋商程序作为生态环境损害赔偿诉讼的前置程序,制度设定的目的有三:一是助力稳定“人与自然是生命共同体”的生态秩序,为了弥补对生态环境造成的人为损害,国家通过开展生态环境制度创新的方式,协调人类发展与生态保护之间的关系,保障人与自然之间和谐共生的秩序;二是为了避免在生态环境损害发生后,赔偿权利人单一采用诉讼的方式解决生态环境损害导致救济不足的问题,磋商双方可以基于生态环境利益充分发表意见,订立共同目标,建立协调机制,保障生态环境的顺利修复;三是分流生态环境损害赔偿诉讼的案件,节约司法资源,减缓司法压力。生态环境损害赔偿磋商制度有利于实现环境执法者与受罚者之间的合作,增强双方在生态环境治理效果方面的预期以及守法合作的信任。若经磋商后达成协议,则会面临司法确认或申请法院强制执行的程序规则选择问题;若磋商失败,则会面临与关联诉讼衔接的问题。本部分根据前文搜集的 66 个案例进行研究分析,并结合《若干规定》的具体规定,从宏观

[41] 《固体废物污染环境防治法》第 122 条第 1 款规定:“固体废物污染环境、破坏生态给国家造成重大损失的,由设区的市级以上地方人民政府或者其指定的部门、机构组织与造成环境污染和生态破坏的单位和其他生产经营者进行磋商,要求其承担损害赔偿责任……”

[42] 王腾:《我国生态环境损害赔偿磋商制度的功能、问题与对策》,载《环境保护》2018 年第 13 期。

审视的视角凝练出三个命题:磋商程序在生态环境损害赔偿案例中的样态分布;磋商程序与环境刑事诉讼的衔接现象梳理;磋商程序与环境民事诉讼的衔接规则分析。

**1. 磋商程序在生态环境损害赔偿案例中的样态分布**

(1)磋商程序的现状梳理

根据图 6-9 的直观显示,经过磋商程序的生态环境损害赔偿的案件数量随年份呈上升趋势,2019 年是磋商程序适用的一个转折点,2020 年的磋商案件数量较 2019 年也有一定的增长,2019 年的磋商案件数量是 2017 年和 2018 年两年案件数量总和〔43〕的两倍有余,体现出磋商程序被逐步接受并普及适用的趋势。从图 6-10 中可知,2019 年赔偿权利人提起生态环境损害赔偿诉讼共 31 起,其中磋商结案的 20 起,磋商成功后经司法确认的 7 起;2020 年赔偿权利人提起生态环境损害赔偿诉讼共 35 起,其中磋商结案 29 起,磋商成功后经司法确认 19 起。随着生态环境损害赔偿案件数量增多,磋商的适用范围也更广泛,在实务中对磋商的普遍接受率逐渐提升。

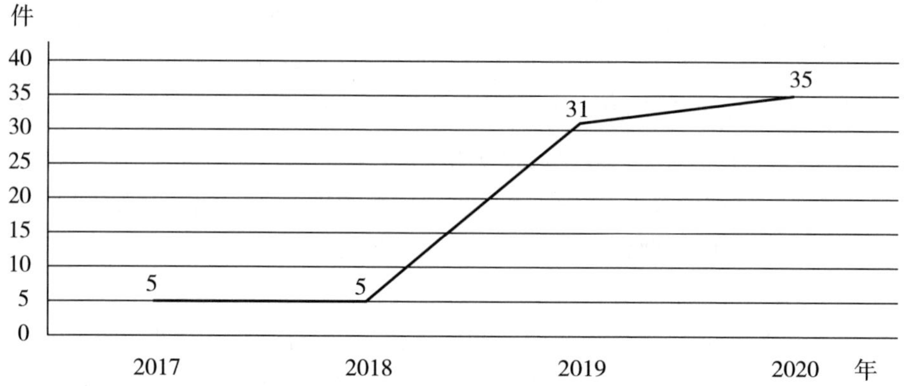


**图 6-9 2017~2020 年生态环境损害赔偿案件数量分布年份统计**

〔43〕 吕忠梅等:《中国环境司法发展报告(2019 年)》,法律出版社 2020 年版,第 198 页。

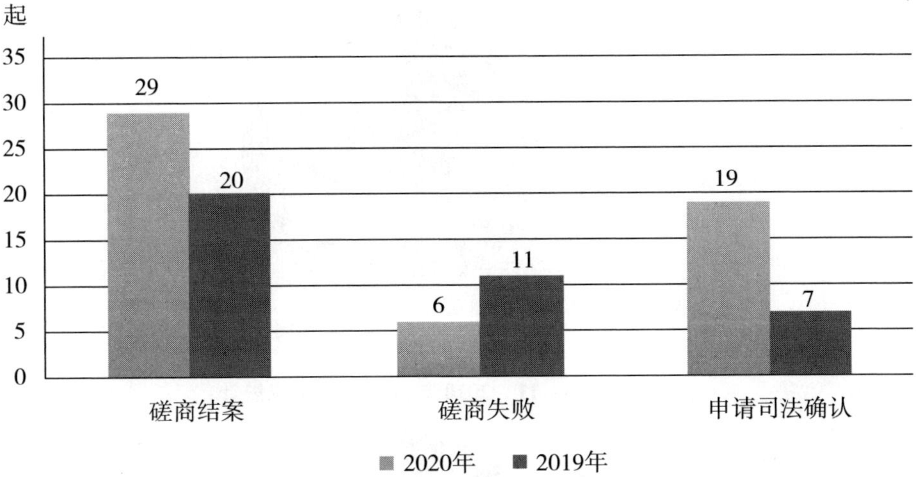


**图6-10 磋商程序的应用情况统计**

(2)2020年磋商结案的样态统计

根据本次统计,2020年全国生态环境损害赔偿纠纷案件中,其中有6起案例磋商失败后进入了诉讼程序,剩余的29起案例均经磋商后结案,并未进入诉讼程序。图6-11数据显示,磋商结案的案件占总案件数的83%,表明磋商程序作为赔偿权利人提起生态环境损害赔偿诉讼的前置程序,较为有效地解决了过半数的生态环境损害赔偿案件。从图6-11和图6-12的数据对比,可以直观看出2019年的磋商结案率低于2020年的磋商结案率。随着生态环境损害赔偿磋商制度的完善和优化,未终结的案例将越来越少。〔44〕磋商程序分流了大部分生态环境损害赔偿纠纷案件,磋商结案的比例大幅提升。2019年的磋商结案率为65%(见图6-12),2020年的磋商结案率为83%(见图6-11)。数据分析的结果表明磋商程序节约了司法资源,从侧面反映出磋商程序的适用提高了生态纠纷解决的效率,同时也为赔偿权利人和义务人提供了一条新的可选择的救济渠道。

〔44〕 需要对此予以说明的是,由于我国未对磋商程序的强制公告制度进行规定,大部分搜集的较为完整的案例都是各地市作为生态环境损害赔偿磋商制度的典型成功案例呈现在新闻媒体上,这会对整体数据的中立性有一定的影响。

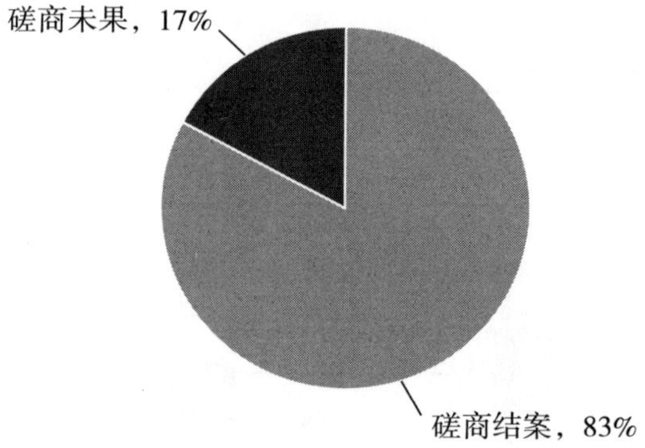


**图 6 - 11　2020 年磋商结案情况统计**

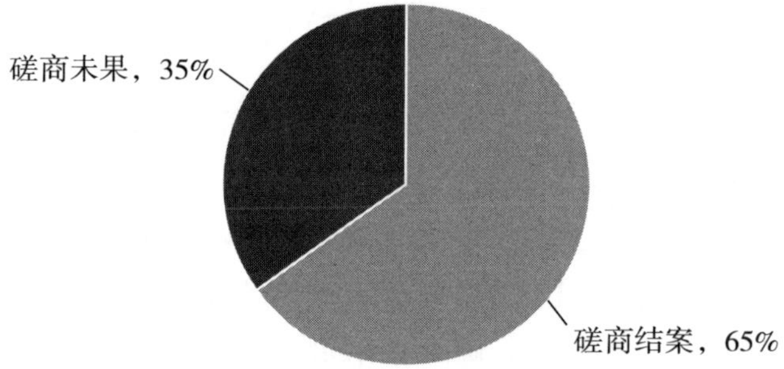


**图 6 - 12　2019 年磋商结案情况统计**

(3)磋商程序中第三方参与情况分析

磋商程序在制度实践的过程中,由于立法还未对磋商主体作出有限制性的规定,因此多地在进行试点创新时,出现了第三方参与磋商的现象。第三方的参与可以引导双方磋商的流程,促进磋商顺利推进并达成有效协议。2019 年第三方参与磋商案件共 7 件,其中 4 件成功,3 件失败,成功率为 57%;2020 年第三方参与磋商案件共 11 件,其中 9 件成功,2 件失败,成功率为 82%。(见图 6 - 13)第三方主体可以代表国家权力和利益对磋商的内容进行监督,其优势十分明显:其一,使生态环境损害赔偿诉讼的个案正义得到关注;其二,磋商过程中第三方主体的参与可以为磋商协议的达成提供外在条件,辅助双方顺畅沟通并尽快达成赔偿协议;其三,第三方机构是国家利益的代表者,会对磋商协议的内容起到公众监督的作用,并保证磋商过程的公平、公正、公开,通过对程序正义的切实保障,实现磋商协议结果的实质正义。

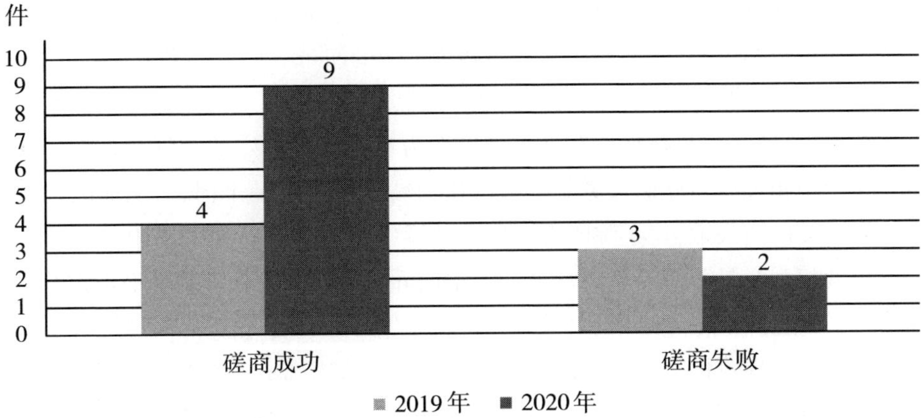


**图6-13　2019年和2020年磋商第三方参与情况分析对比**

生态环境损害赔偿诉讼自2017年发布《改革方案》至2019年的《若干规定》,再到2020年的《民法典》,从规范性文件和法律修订的频率并结合立法层面和改革力度上可以看出,生态环境损害赔偿制度受到国家机关和立法机关的重视,经过近几年磋商试点的逐步完善,磋商结案的成效十分明显。从《试点方案》中鼓励磋商,到《改革方案》中将磋商明确为前置程序,最终《若干规定》中对磋商程序进行强制性规定,从规范性文件中可以看出磋商制度对生态环境损害赔偿制度的重要性。从案件结果和数量看,2020年生态环境损害赔偿诉讼经磋商结案的比率为82%,磋商是制度改革的亮点之一,基于此,对磋商程序与其他关联诉讼衔接问题的分析也显得尤为重要。

**2. 磋商程序与环境刑事诉讼的衔接现象梳理**

(1)环境刑事诉讼与生态环境损害赔偿诉讼的衔接情况

对于生态环境损害赔偿磋商程序与环境刑事诉讼案件的衔接问题,《若干规定》中并无相应的规定。从图6-14中可以看出,环境刑事诉讼审判后赔偿权利人提起磋商的案件2019年有7件(案例7、9、10、11、12、13、17),2020年有5件(案例1、2、4、5、6)。这12起案件皆为磋商失败后,赔偿权利人提起的生态环境损害赔偿诉讼。在环境刑事诉讼案件中,对污染者造成的生态损害事实,鉴定机构已经对环境污染进行了评估,所以案情清楚、证据确凿。但是面对已经造成生态损害的结果,刑事的救济方式无法弥补环境污染的后果,基于此,面对生态损害情况中刑事案件遗留下的问题,生态环境损害赔偿诉讼可以作为一个新的诉讼类型予以衔接。由于磋商程序是前置程序,磋商过程中对刑事案件的审判结果和质证论证的结论可以直接使用,在一定程度上提高了磋商效率并且减少了司法成本,因此磋商程序是衔接两个诉讼的纽带。如果从另一个方面考虑,若赔偿权利人与赔偿义务人已经达成磋商协议,但义务人已经触犯刑法被检察机关追诉,磋商协议执行情况是否可以作为犯罪嫌疑人定罪量刑的依据?在磋商过程中积极履行磋商义务是否可以作为减轻量刑的一个因素,从而减轻刑事惩罚?若磋商失败,检察院能否在刑事控诉中代理政府行使刑事附带民事诉讼原告的权利?是否需要生态环境损害赔偿诉讼和环境民事公益诉讼来弥补生态损失?有些案例未经过磋商(案例 17)属于实务上操作不规范?还是属于法律空白领域?规范性文件和司法解释也未对此作明确规定。诸如此类问题如果没有相关规制措施,难免会让磋商制度的适用陷入混乱,影响磋商制度的有效实施。

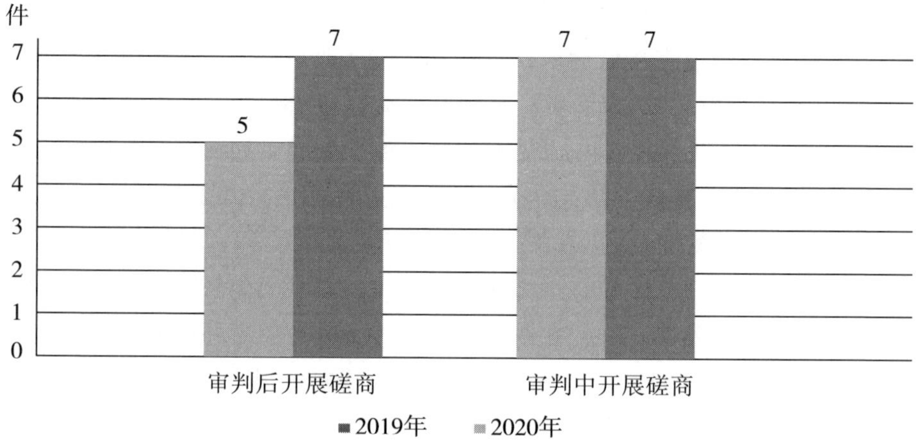


**图 6-14　环境刑事诉讼与磋商程序的衔接情况统计**

(2)环境刑事诉讼中磋商程序的应用

为研究环境刑事诉讼中生态环境损害赔偿磋商程序的应用,本文以最高人民法院提供的数据为基础,同时汇总和分析中国裁判文书网、北大法宝网等公开的裁判文书,以期最大限度地客观呈现生态环境损害赔偿磋商程序在环境刑事诉讼中的应用状况。据统计,2019 年在环境刑事诉讼过程中政府机关提起磋商程序的案例共 7 件,经磋商达成生态损害赔偿协议的案例共 6 件,其中,有第三方主体参与磋商的案例有 1 件(案例 66),[45] 赔偿义务人以货币的方式承担生

〔45〕 南通市水利局与樊某山生态环境损害赔偿案中南通市人民检察院、长江航运公安局南通分局作为第三方主体参与磋商。

态环境损害赔偿责任的案例有 6 件(案例 41、43、44、45、65、66)。需要说明的是,如贵阳市生态环境局与田某芳、阮某华生态环境损害赔偿案(案例 16)中,政府机关是在环境刑事诉讼过程中提起磋商,双方磋商未果,赔偿权利人提起生态环境损害赔偿诉讼,最终双方在诉讼中调解结案,赔偿义务人支付生态环境损害赔偿金。2020 年政府机关在环境刑事诉讼过程中提起磋商的案例有 7 件,分别是案例 33、51、52、56、57、58、59,皆磋商成功并达成生态环境损害赔偿协议。其中,经司法确认的案例有 1 件(案例 51)〔46〕,第三方参与磋商的案例有 2 件(案例 52、56)。

从图 6－15 中可知,该案系检察院先提起环境刑事诉讼,在刑事诉讼的过程中,南通市水利局与赔偿义务人进行磋商,并签订《生态环境损害赔偿协议》。由于赔偿义务人全额缴纳生态环境损害赔偿款,并实际履行了生态环境损害赔偿责任,可以将其作为赔偿义务人减轻刑事责任的依据。通过比较法院对该案中众多赔偿义务人的判决,发现其他赔偿义务人没有与政府机关进行磋商签订赔偿协议,因此法院维持原先的刑事判决。由此可得知,在行为人的行为已经构成犯罪的情况下,由人民检察院提起公诉的同时,赔偿权利人可以根据《民事诉讼法》(2017 年修订)第 97 条〔47〕、第 99 条〔48〕的规定进行磋商,若在赔偿权利人与赔偿义务人磋商无法达成协议的情形下,赔偿权利人可提起生态环境损害赔偿诉讼。如果赔偿权利人未提起诉讼生态环境损害赔偿诉讼,人民检察院可以根据最高人民法院《关于适用〈中华人民共和国刑事诉讼法〉的解释》第 179 条的规定,"国家财产、集体财产遭受损失,受损失的单位未提起附带民事诉讼,人民检察院在提起公诉时提起附带民事诉讼的,人民法院应当受理"〔49〕的规定提起附带民事诉讼。一方面,在刑事诉讼过程中政府机关与赔偿义务人经磋商达成的赔偿协议有助于受损的环境及时得到修复;另一方面,赔偿义务人履行赔

〔46〕 胡某民、蒋某华污染环境案中重庆市南川区生态环境局与赔偿义务人磋商成功后申请司法确认。

〔47〕 《民事诉讼法》(2017 年修订)第 97 条:"调解达成协议,人民法院应当制作调解书。调解书应当写明诉讼请求、案件的事实和调解结果。调解书由审判人员、书记员署名,加盖人民法院印章,送达双方当事人。调解书经双方当事人签收后,即具有法律效力。"

〔48〕 《民事诉讼法》(2017 年修订)第 99 条:"调解未达成协议或者调解书送达前一方反悔的,人民法院应当及时判决。"

〔49〕 最高人民法院《关于适用〈中华人民共和国刑事诉讼法〉的解释》第 179 条:"国家财产、集体财产遭受损失,受损失的单位未提起附带民事诉讼,人民检察院在提起公诉时提起附带民事诉讼的,人民法院应当受理。人民检察院提起附带民事诉讼的,应当列为附带民事诉讼原告人。被告人非法占有、处置国家财产、集体财产的,依照本解释第一百七十六条的规定处理。"

偿协议并承担生态环境损害赔偿金,可以作为减轻其刑事责任的依据。

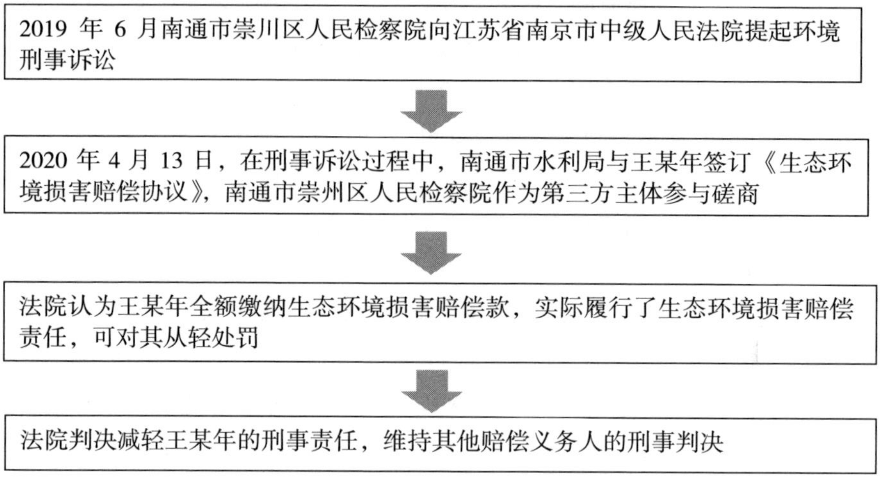


**图 6-15　王某年、胡某相、王某友、高某岭、刘某根、朱某强非法采矿案磋商程序的应用**

**3. 磋商程序与环境民事公益诉讼的衔接规则分析**

《民法典》第 1235 条解决了生态环境损害赔偿制度于法无据的问题,但该条规定的广义生态环境损害赔偿制度包括社会组织提起的环境民事公益诉讼,与狭义的生态环境损害赔偿制度的范畴并非严格一致,致使二者在磋商中暗相竞夺、在诉讼中遭遇顺位困境、在规则适用中面临困惑。[50] 根据《若干规定》第 17 条[51]和第 18 条[52]之规定,在环境民事公益诉讼审理过程中提起生态环境损害赔偿诉讼时,应当先暂停环境民事公益诉讼,先审理生态环境损害赔偿诉讼。这两条规定解决了环境民事公益诉讼和生态环境损害赔偿诉讼的顺位问题,但是未周延衔接过程中可能出现的所有情况,比如未说明磋商和诉讼的衔接。在审理生态环境损害赔偿诉讼的过程中,提起了环境民事公益诉讼,法院是

---

〔50〕 徐忠麟、宋金华:《民法典视域下生态环境损害赔偿制度的内在冲突与完善》,载《法律适用》2020 年第 23 期。

〔51〕 《若干规定》第 17 条:"人民法院受理因同一损害生态环境行为提起的生态环境损害赔偿诉讼案件和民事公益诉讼案件,应先中止民事公益诉讼案件的审理,待生态环境损害赔偿诉讼案件审理完毕后,就民事公益诉讼案件未被涵盖的诉讼请求依法作出裁判。"

〔52〕 《若干规定》第 18 条:"生态环境损害赔偿诉讼案件的裁判生效后,有权提起民事公益诉讼的机关或者社会组织就同一损害生态环境行为有证据证明存在前案审理时未发现的损害,并提起民事公益诉讼的,人民法院应予受理。"

否应当予以立案?在审理环境民事公益诉讼的过程中,赔偿权利人和赔偿义务人进行磋商,那么环境民事公益诉讼是否应当暂停?如果双方经磋商达成赔偿协议,那么原告是否应当撤诉?磋商成功后评估费、鉴定费由谁负担?如果磋商失败,原告是否应当提起生态环境损害赔偿诉讼?接下来需要对磋商程序与环境民事诉讼的衔接规则予以重点关注。

(二)生态环境损害赔偿磋商程序的微观观察

**1. 赔偿权利人和义务人的类型化分析**

根据《若干规定》第 1 条[53]的规定,省级、市级人民政府及其指定的相关部门、机构,或者受国务院委托行使全民所有自然资源资产所有权的部门,因与造成生态环境损害的自然人、法人或者其他组织经磋商未达成一致或者无法进行磋商的,可以作为原告提起生态环境损害赔偿诉讼。《改革方案》中将赔偿权利人与赔偿义务人规定为赔偿磋商制度的主体。赔偿权利人所享有的权利内容包括"进行损害赔偿、开展鉴定评估、编制修复方案,与赔偿义务人磋商"等,基于此规定,赔偿权利人享有就生态环境破坏问题通过磋商请求生态损害赔偿的权利。[54] 从图 6 - 16 中可以得出,在 2019 年和 2020 年的生态环境损害赔偿诉讼中,生态环境局作为赔偿权利人共有 41 起,其中有 24 起案例的赔偿权利人是市级生态环境局,区(县)级生态环境局有 17 起。人民政府作为权利人共 8 起,其中市级人民政府为 6 起,区级人民政府为 2 起。[55] 从图 6 - 16 可以直观看出,2020 年市级生态环境局作为赔偿权利人的案件数量远远多于 2019 年,2019 年区(县)级生态环境局作为权利人的案件数量较多;人民政府作为权利人的案件数量在 2020 年和 2019 年基本持平。在 2019 年的生态环境损害赔偿诉讼中,林业局提起磋商共 4 起(案例 7、8、15、42),案例 36 中提起磋商的主体是污染发生地农业农村委员会,案例 39 是苏州国家高新技术产业开发区管理委员会提起磋商,案例 66 是南通市水利局提起磋商。在 2020 年的生态环境损害赔偿诉讼中,

---

〔53〕《若干规定》第 1 条:"具有下列情形之一,省级、市地级人民政府及其指定的相关部门、机构,或者受国务院委托行使全民所有自然资源资产所有权的部门,因与造成生态环境损害的自然人、法人或者其他组织经磋商未达成一致或者无法进行磋商的,可以作为原告提起生态环境损害赔偿诉讼:(一)发生较大、重大、特别重大突发环境事件的;(二)在国家和省级主体功能区规划中划定的重点生态功能区、禁止开发区发生环境污染、生态破坏事件的;(三)发生其他严重影响生态环境后果的。前款规定的市地级人民政府包括设区的市,自治州、盟、地区,不设区的地级市,直辖市的区、县人民政府。"

〔54〕董正爱、胡泽弘:《协商行政视域下生态环境损害赔偿磋商制度的规范表达》,载《中国人口资源与环境》2019 年第 6 期。

〔55〕需要说明的是,案例 40、41 中并没有对政府级别作出说明,因此没有统计在内。

案例 33、52 是市水利局提起磋商,市农业农村委员会提起磋商为案例 56、57,县自然资源局提起磋商为案例 49。从实践情况看,部分地方已有将环保行政机关作为“生态环境损害赔偿权利人”之范例,一方面环保行政机关是政府重要的组成部门,其不仅可以利用自身环保职权优势全面、有效地掌握各类生态环境损害信息和数据,另一方面环保行政机关可以更为便捷、顺利地实施生态环境损害修复与求偿工作。[56]

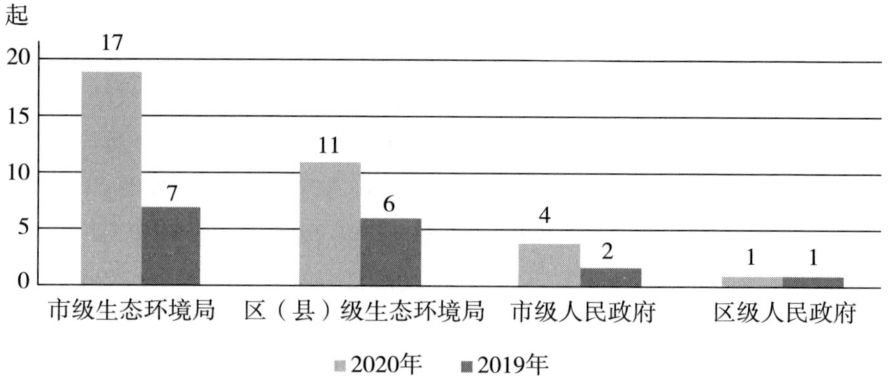


**图 6-16　赔偿权利人类型分布情况统计**

根据《改革方案》[57]的规定,赔偿义务人是指有关违反法律法规规定,污染或破坏环境,导致生态环境损害的侵权行为人。赔偿义务人具体包括:第一,违反法律法规规定,导致较大及以上突发环境事件产生,并产生生态环境损害的单位或个人;第二,违反法律法规规定,污染或破坏国家和省级主体功能区规划中划定的重点生态功能区、禁止开发区,导致生态环境损害的单位或个人;第三,违反法律法规规定,引发上述第一种、第二种情形之外的其他严重影响生态环境的事件,导致生态环境损害的单位或个人。[58] 2020 年,公司作为赔偿义务人进行磋商的案件为 19 起,个人为 14 起,公司和个人共同为赔偿义务人有 2 起(案例 58、59);2019 年,生态环境损害赔偿诉讼中,公司为赔偿义务人有 14 起,个人有

[56] 彭中遥:《生态环境损害赔偿磋商性质定位省思》,载《宁夏社会科学》2019 年第 5 期。

[57] 《改革方案》规定:“确定赔偿义务人。违反法律法规,造成生态环境损害的单位或个人,应当承担生态环境损害赔偿责任,做到应赔尽赔。现行民事法律和资源环境保护法律有相关免除或减轻生态环境损害赔偿责任规定的,按相应规定执行。各地区可根据需要扩大生态环境损害赔偿义务人范围,提出相关立法建议。”

[58] 罗丽、王浴勋:《生态环境损害赔偿磋商与诉讼衔接关键问题研究》,载《武汉理工大学学报(社会科学版)》2017 年第 3 期。

17 起。从图 6－17 可以直观看出，2020 年公司为赔偿义务人的案件数量要明显多于 2019 年，个人作为赔偿义务人的案件数量 2019 年多于 2020 年。

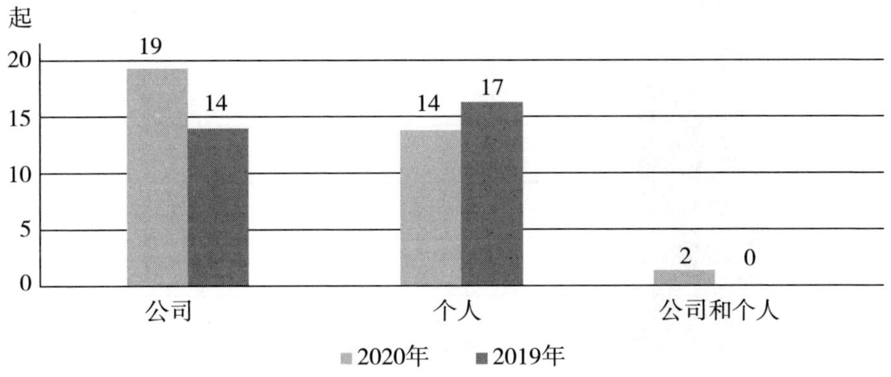


**图 6－17　赔偿义务人类型分布情况统计**

**2. 生态环境损害赔偿磋商次数的量化分析**

为充分发挥磋商的积极效果，保障磋商工作的顺利开展，需要遵循一定的程序，但是关于磋商次数，《改革方案》《若干规定》目前都没有对其作严格的限制规定。从图 6－18 可以直观看出，2019 年和 2020 年生态环境损害赔偿诉讼大部分是一轮磋商结案，其成功率较高。对表 6－1 中经过磋商程序的案例进行整理，一轮磋商有 63 起案件，磋商成功为 47 起；二轮磋商有 2 起案例（案例 6、62），其中案例 6 是磋商失败进入生态环境损害赔偿诉讼，案例 62 是磋商成功达成赔偿协议；三轮磋商有 1 起案例（案例 63）。相关规定未对磋商次数进行严格规定，为赔偿双方提供了充分的磋商机会。对经过一次磋商未达成一致且仍有意愿再次进行磋商的，应尽快组织开展下一次磋商，但需要控制磋商次数，适时终止，而不是反复磋商，以免影响整个赔偿和修复工作的开展。磋商的目的是非经诉讼程序并且尽快达成赔偿协议，因此最直接的价值追求是效率优先，磋商程序应当力争高效、便捷，防止增加磋商成本，妨碍生态功能的恢复。[59]

---

〔59〕 胡欣欣、史会剑、苏志慧：《论磋商制度在生态环境损害赔偿中的应用》，载《环境与可持续发展》2017 年第 4 期。

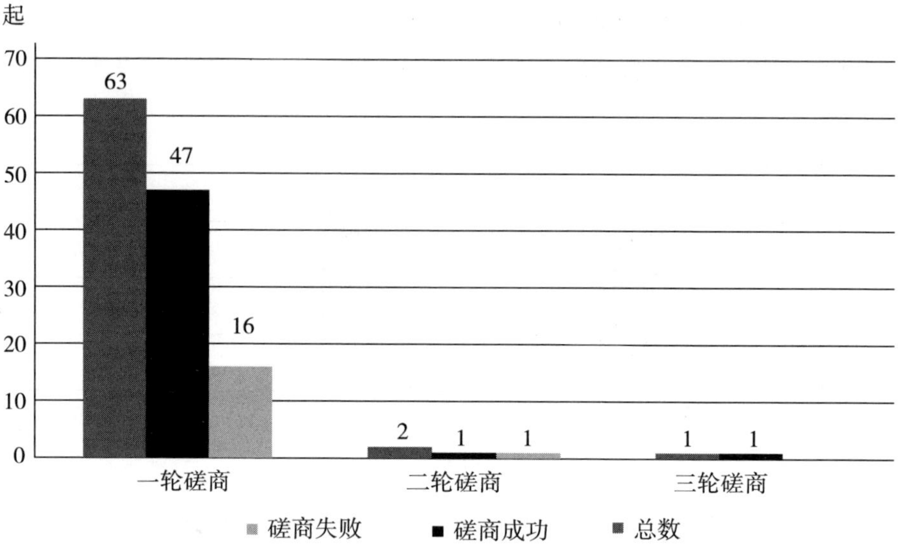


**图 6－18　生态环境损害赔偿磋商次数情况统计**

### 3. 第三方主体参与磋商的类型梳理

根据图 6－13 整理的数据可知，第三方参与生态环境损害赔偿磋商程序有 18 起案例，磋商成功为 13 起。[60] 检察院作为第三方主体参与的有 15 起案件，其中有 5 起案件还加入了生态环境执法大队、环境科学研究设计院司法鉴定中心、法院、律师、人民调解委员会等相关组织。案例 55 是省和市两级检察院共同作为第三方参与磋商，案例 56 存在 8 个部门共同参与磋商的现象。由此可知，在实务中，磋商程序中参与的第三方大多数为检察机关（见图 6－19）、鉴定机构等，并不包括环保组织。

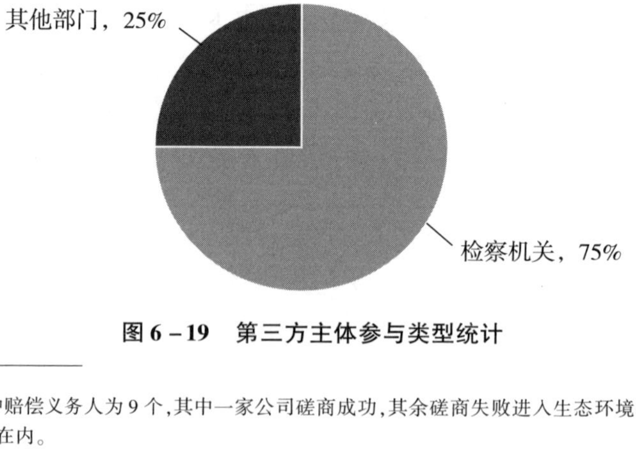


**图 6－19　第三方主体参与类型统计**

---

〔60〕 案例 13 中赔偿义务人为 9 个，其中一家公司磋商成功，其余磋商失败进入生态环境损害赔偿诉讼，故未统计在内。

由于生态环境损害涉及公众切身利益,第三方参与磋商一方面为行政机关提供专业支持,助力行政机关就生态环境损害积极索赔,另一方面第三方可以充分发挥法律监督作用,督促行政机关严格按照生态环境损害赔偿机制的要求履行职责。《环境保护法》中规定〔61〕“公民、法人和其他组织有监督环境保护的权利”;《河南省生态环境损害赔偿制度改革制度实施方案》规定磋商应当在评估专家、律师、检察院派出人员参与下进行;〔62〕在《试点方案》中也明确了生态环境损害调查、鉴定评估、修复方案编制等涉及公众利益的事项应当邀请专家和利益相关人参与;《改革方案》中将“信息共享,公众监督”确定为工作原则,相关的法律规定也鼓励公众参与,比如环境保护社会团体、普通民众代表、新闻媒体、人大代表和政协委员等,应贯彻“提前参与、主动参与和全过程参与”的理念,使相关利益群体完成从“形式参与”到“实质参与”的转化。〔63〕

生态环境损害赔偿磋商工作的相关信息也应及时公开。一方面,由于赔偿义务人在磋商过程中参与权过弱,缺乏利益表达的机会;另一方面,政府机关在磋商过程中具有一定的优势地位,但目前在磋商程序中对政府权力的制约机制尚不健全,对社会公众和相关组织参与的具体阶段、参与的主体类型和方式规定过于笼统。在案例47和案例64中人民调解委员会作为第三方主体参与磋商,说明司法实践中在逐渐重视社会公众作为第三方主体参与磋商程序的重要性。由于生态环境损害赔偿工作专业性强,在案例55和案例61中环境科学研究设计院司法鉴定中心和相关鉴定机构作为第三方主体参与磋商,保证了磋商的公正性,同时也避免了因为赔偿事项的处理工作缺乏专业性而损害赔偿义务人的合法利益。

**4. 磋商协议是否司法确认的案例情况分析**

赔偿权利人和赔偿义务人在磋商成功后达成的赔偿协议,确定了两者在生态环境修复过程中的第一性权利和义务,向人民法院申请司法确认为这些权利义务不受侵犯以及依据协议中所规定的时间、地点、方式履行修复生态环境的义

〔61〕《环境保护法》第53条:“公民、法人和其他组织依法享有获取环境信息、参与和监督环境保护的权利。各级人民政府环境保护主管部门和其他负有环境保护监督管理职责的部门,应当依法公开环境信息、完善公众参与程序,为公民、法人和其他组织参与和监督环境保护提供便利。”

〔62〕《中共河南省委办公厅　河南省政府办公厅关于印发〈河南生态环境损害赔偿制度改革工作实施方案〉的通知》,载河南日报网,http://newpaper.dahe.cn/hnrb/images/2018-08/13/05/hnrb20180813rbdf05b.pdf,2018-08-16/2018-10-13,最后访问日期:2020年12月29日。

〔63〕李一丁:《生态环境损害赔偿行政磋商:性质考辩、意蕴功能解读与规则改进》,载《河北法学》2020年第7期。

务提供了保障。《改革方案》在总结试点经验的基础上,增加了对磋商协议进行司法确认的内容,体现了司法确认制度逐渐成为保障赔偿协议履行的有效做法。《若干规定》第 20 条〔64〕规定,“经磋商达成生态环境损害赔偿协议的,当事人可以向人民法院申请司法确认”。从图 6 – 20 可以看出,磋商结案有 49 起案件,磋商成功后经过司法确认为 26 起,剩余 23 起案件未经司法确认,经司法确认的案件占磋商结案总数的 53% 。2019 年生态环境损害赔偿磋商结案的案件中,经司法确认的占到了 35% ;2020 年经司法确认的占到 66% 。

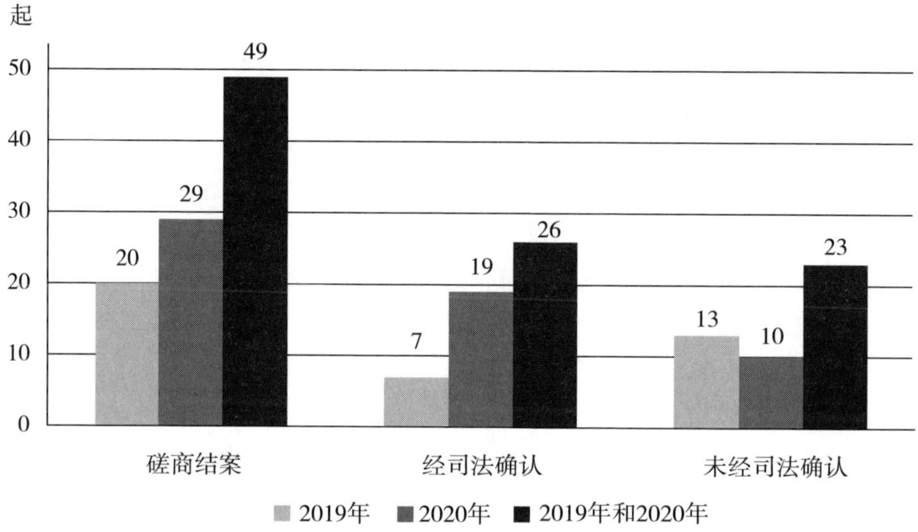


**图 6 – 20　磋商与司法确认的案件数量统计**

由此可见,生态环境损害赔偿诉讼中,经磋商且司法确认的案件数量呈上升趋势。司法确认的程序设置主要目的是给赔偿权利人以执行依据、保障协议有效履行、提高司法效率。根据《改革方案》中的相关规定:“对经磋商达成的赔偿协议,可以依照民事诉讼法向人民法院申请司法确认。”因此,申请司法确认必须要经过赔偿权利人和赔偿义务人的同意。如果赔偿义务人同意履行赔偿协议,那么再申请司法确认是否会降低执行效率?司法确认生效后如果效力过于严苛,很可能会损害赔偿义务人的合法利益,并且由于义务人难以获得救济的手

〔64〕《若干规定》第 20 条:“经磋商达成生态环境损害赔偿协议的,当事人可以向人民法院申请司法确认。人民法院受理申请后,应当公告协议内容,公告期间不少于三十日。公告期满后,人民法院经审查认为协议的内容不违反法律法规强制性规定且不损害国家利益、社会公共利益的,裁定确认协议有效。裁定书应当写明案件的基本事实和协议内容,并向社会公开。”

段,这将导致义务人无法及时修复受损的生态环境。生态环境损害赔偿磋商协议的司法确认制度是新生事物,在某些方面还不够成熟。但不可否认的是,随着司法实践在相关领域中不断积累经验,该制度逐渐被完善健全,将在生态环境损害赔偿诉讼中发挥出更大的作用。[65]

(三)生态环境损害赔偿磋商程序的功能定位

**1. 生态环境公共利益救济的有效渠道之一**

生态环境损害赔偿磋商作为一项生态环境损害救济制度,其首要功能就是修复受损害的生态环境,救济生态环境公共利益。具体而言,第一,磋商相对于诉讼而言是一种较为柔性的纠纷解决途径。磋商双方可以就生态环境利益各自发表意见,订立共同目标,建立协调机制。在相互合作当中实现矛盾的顺利化解,进而实现生态秩序的修复。第二,磋商结果更容易得到执行。生态环境损害赔偿纠纷的解决依赖执行程序的全面到位。而磋商协议的达成建立在双方自愿的基础上,对于赔偿义务人来说更容易接受。这样既可以避免生态环境修复过程中可能存在的利益冲突,又可以防止在生态环境修复期间出现无法预期的波动,从而有效率地修复生态环境、救济公共利益。[66]

**2. 行政权与司法权联动的关键纽带之一**

在开展生态环境损害赔偿磋商前,生态环境主管部门往往已经进行了调查并确认生态环境损害事实与程度、制定生态环境损害修复方案,有些案件中甚至已经对赔偿义务人进行了行政处罚。[67] 若磋商不成功则应转入诉讼程序,由司法机关作出终局判决,保证受损生态环境最终得到修复。由此可见,在整个生态环境损害赔偿流程中,磋商环节向上承接对于生态环境破坏行为的行政调查,向下连接终局的司法救济,起到了促进行政权与司法权联动的纽带作用。

**3. 通过合理分流案件以节约司法资源**

生态环境损害赔偿磋商作为提起诉讼的强制性前置程序,将大多数纠纷解决于磋商环节,可以防止大量纠纷进入冗长的诉讼程序,节约司法成本。[68] 根据上文图 6-4 的统计,2020 年通过磋商结案的案件占整体案件量的 83%,足见

---

[65] 孙佑海、闫妍:《如何建立生态环境损害赔偿磋商协议的司法确认制度》,载《环境保护》2018 年第 5 期。

[66] 参见王腾:《我国生态环境损害赔偿磋商制度的功能、问题与对策》,载《环境保护》2018 年第 13 期。

[67] 参见刘倩:《生态环境损害赔偿磋商法律属性探析》,载《环境保护》2018 年第 17 期。

[68] 参见於方、刘倩、牛坤玉:《浅议生态环境损害赔偿的理论基础与实施保障》,载《中国环境管理》2016 年第 1 期。

磋商程序在分流案件方面的重要作用。同时,根据《若干规定》第 10 条,磋商过程中形成的鉴定意见、检验报告、评估报告等文件,经当事人质证并符合证据标准的,可以作为诉讼中认定案件事实的根据。即便磋商失败,仍然为后续的诉讼程序进行了充足的准备工作,提高了诉讼效率,节约了司法资源。

**4. 通过规范程序正义以保障实质正义实现**

磋商环节的加入是生态环境损害赔偿制度在程序上的创新。不同于以往简单地以行政命令责令修复生态环境,磋商采用平等主体之间解决争议的方式,能够更好地吸收赔偿义务人意见,在最大范围内达成共识。[69] 磋商环节的加入至少在以下两个方面保障了实质正义的实现:第一,赔偿义务人可就责任承担方式等问题与赔偿权利人进行协商,赔偿义务人的利益在此过程中也可以得到合理考量;第二,生态环境损害赔偿制度的最终目的是修复受损的生态环境,维护公共利益。生态环境损害具有复杂性、广泛性、潜在性的特点,行政指令在面对这种问题时往往不够精准。充分吸收双方意见形成的磋商协议则可以克服传统行政手段的局限性,并且更适用于对生态环境的中长期修复。

## 四、生态环境损害赔偿磋商的问题分布与对策建议

生态环境损害赔偿磋商作为生态环境损害赔偿诉讼的前置程序,为落实生态损害赔偿和修复提供了重要保障。磋商程序是公平与效益的统一,有利于实现环境公共利益的最大化,能兼顾公平和效益的价值。当前,我国并没有设立专项立法对生态环境损害赔偿磋商制度进行具体规定。各省、市、区对生态环境损害赔偿磋商程序进行大胆探索,取得了许多有益的实践经验,目前我国已有 13 个地、市制定《生态环境损害赔偿制度改革实施方案》,比如杭州市生态环境局印发《杭州市生态环境损害赔偿磋商管理办法(试行)》,南通、南京、无锡等地制定了《南通市生态环境损害赔偿磋商办法(试行)》《南京市生态环境局生态环境损害赔偿工作内部规程》《无锡市生态环境损害赔偿起诉规则(试行)》等配套文件。[70] 在各地市出台的文件中普遍存在磋商程序中实质审查环节适用不足、赔偿义务人的认定环节相对薄弱、磋商的时限规定存在立法空白、磋商与诉中调解

---

〔69〕 参见季林云、孙倩、齐霁:《刍议生态环境损害赔偿制度的建立——生态环境损害赔偿制度改革 5 年回顾与展望》,载《环境保护》2020 年第 24 期。

〔70〕 章正勇、李缨、王小平、吴丽娟:《生态环境损害赔偿制度的江苏实践》,载《环境保护》2020 年第 24 期。

界限模糊等不足之处。因此，为保证生态环境损害赔偿制度改革的稳步推进，应对上述实践问题给予一定的重视和回应。

（一）磋商程序中实质审查环节适用不足

在司法实践中，认定磋商失败的标准还未统一。具体而言，若人民法院是通过对磋商程序的形式审查认定磋商结果，即以是否达成磋商协议为标准，将未达成磋商协议的结果认定为磋商失败，那么在实践中可能存在权利人形式上尽到磋商的告知义务，但实质上并未积极参与和促成磋商的情况；若人民法院是通过对磋商程序的实质审查认定磋商结果，即要求权利人积极参与磋商，那么则需要对积极促成磋商的行为标准进行统一规范，但当下我国并没有法律或规范性文件对磋商程序作出专项规范。以天津市东丽区生态环境局与张某江环境污染责任纠纷案（见图6－21）为例，该案系天津市东丽区生态环境局提起的生态环境损害赔偿诉讼，根据《若干规定》，天津市东丽区人民政府依法指定东丽区生态环境局负责该案生态环境损害赔偿的具体工作，东丽区生态环境局与张某江磋商未果，因此依法提起生态环境损害赔偿诉讼。但被告认为，原告所开展的磋商并未留给被告足够的时间行使其合法权利，且原告在直接送达时被告未明确作出放弃磋商或无法进行磋商的表示，那么原告仅进行形式上的磋商前置程序不符合《生态环境损害赔偿若干规定》第1条的要求，即“因与造成生态环境损害的自然人、法人或者其他组织经磋商未达成一致或者无法进行磋商的，可以作为原告提起生态环境损害赔偿诉讼”。

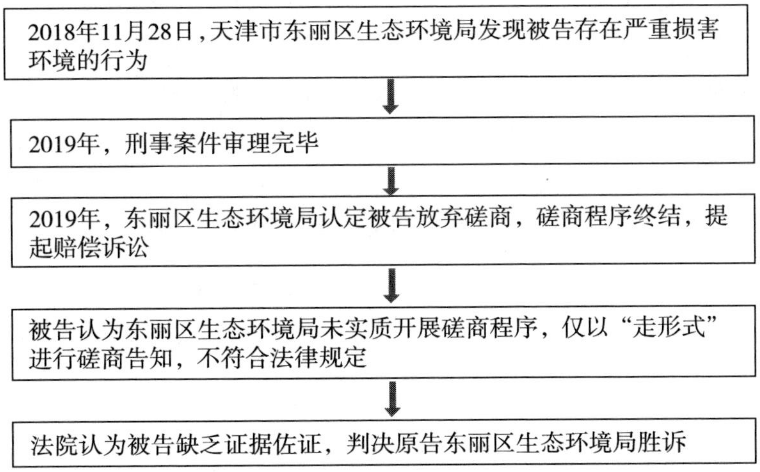


**图6－21　天津市东丽区生态环境局与张某江环境污染责任纠纷案流程**

由此可见,在实务中,原告与被告对磋商失败的认定标准不同,当原告对被告进行磋商告知时,被告未回复或者未接收到,原告就认定磋商失败遂向法院提起诉讼。由于政府拥有赔偿权利人和监管义务人的双重身份,并在磋商中占据主导地位,很可能会出现政府利用监管职权与赔偿义务人的身份开展“强制磋商”的现象,即政府利用行政职权通过违反磋商程序,压缩或剥夺赔偿义务人抗辩时间与举证能力,没有与赔偿义务人对前期生态环境损害调查鉴定情况进行充分沟通,或者利用职务便利胁迫赔偿义务人接受相关的赔偿条件,以实现其行政目标。因此,磋商程序作为前置程序的积极意义并未体现。那么,法院应当如何确定磋商程序是否实质开展?如何确定是否属于“与被告进行磋商但未达成一致或者由于客观原因无法与被告进行磋商”从而提起诉讼的情形?法院在立案时是否应该实质审查磋商的完成情况?这些实践中出现的问题,有待进一步探索、研究,从而保障磋商制度秩序功能的实现。

(二)赔偿义务人的认定环节相对薄弱

从图 6 - 22 中可以看出,赔偿义务人为两个及以上共有 20 起案例,12 起案例磋商成功,7 起案例磋商失败,1 起案例部分磋商成功,部分磋商失败。由此可见,当生态环境损害赔偿磋商程序中涉及多个赔偿义务人时,失败率较高。在生态环境损害赔偿中确定赔偿义务人是开展生态环境损害赔偿磋商的基础,而生态环境损害事件发生的原因复杂,增加了责任人的认定难度。其中,磋商中涉及多个责任人的情况还处于立法空白状态,由于生态环境损害往往由多个污染行为复合造成,容易出现责任难以分割等情形。如案例 58、64 中涉及 5 个赔偿义务人,案例 52 和案例 60 涉及 6 个赔偿义务人,此时如何与多个义务人进行磋商,是磋商成功的关键。赔偿权利人应根据“应赔尽赔”原则,向涉及生态环境污染的所有义务人共同索赔。但是,在司法实践中,赔偿权利人同时与涉及的所有义务人开展磋商的难度较大,生态环境损害的复杂性和综合性等特征,导致多个赔偿义务人难以清晰划分各自的责任承担问题。

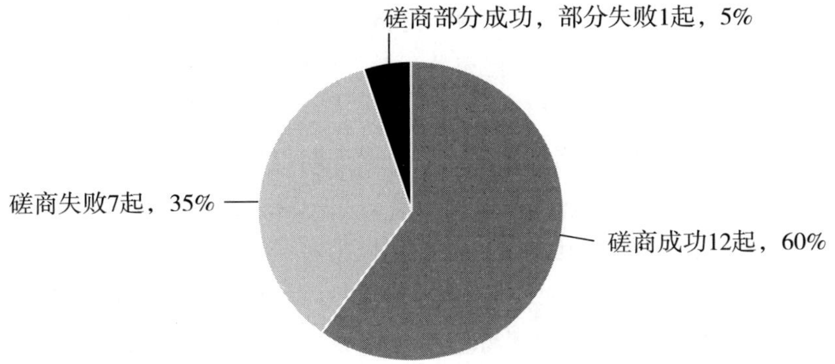


**图 6－22　多赔偿义务人案件磋商结果统计**

开展磋商程序的前提条件是双方一致同意,简言之,一是赔偿权利人主动与赔偿义务人开展磋商程序,二是赔偿义务人愿意与赔偿权利人进行磋商,只有同时满足这两个条件,磋商程序才可能启动。值得说明的是,案例 16 贵阳市生态环境局与田某芳、阮某华生态环境损害赔偿纠纷案中,贵阳市生态环境局是在环境刑事诉讼过程中提起磋商,磋商失败后进入生态环境损害赔偿诉讼,最终赔偿权利人和赔偿义务人在诉中调解结案。当涉及多个赔偿义务人时,可能出现部分义务人同意磋商,部分义务人不同意磋商的情形,比如在九江市人民政府与江西正鹏环保科技有限公司杭州连新建材有限公司纠纷案(案例 12)中涉及 9 个赔偿义务人,其中一家公司磋商成功,其余与赔偿义务人磋商失败,故进入了生态环境损害赔偿诉讼。可能出现的另一种现象是:在同意磋商协议的部分赔偿责任人中,面对如何承担生态环境污染的责任方式的问题时,可能会出现单独承担或连带承担的情况。由于环境污染具有流动性的特点,比如大气污染、水污染等,此类生态环境污染方式无法具体界定每个赔偿义务人所应承担的赔偿责任范围,因此部分赔偿义务人可能会对此类生态环境污染责任的划分产生异议。

### (三)磋商的时限规定存在立法空白

为充分发挥磋商作为生态环境损害赔偿诉讼前置程序的积极作用,保障磋商工作的顺利开展,需要遵循一定的程序规则。目前,磋商程序在我国还处于探索阶段,还没有专门的法律予以规范,比如对赔偿权利人和赔偿义务人进行磋商的时间和次数限制均无明文规定。

根据《试点方案》《改革方案》《若干规定》的相关规定,磋商程序应包含以下几个环节:第一阶段,启动磋商。经过调查评估,生态环境损害已经到达需要修复和赔偿的程度,基于能够确定赔偿义务人的情况下,赔偿权利人应主动启动磋商程序。第二阶段,磋商通知。赔偿权利人应向赔偿义务人发送索赔函,使赔偿义务人对磋商内容等事项进行充分了解。索赔函应写明磋商内容、时间、地点、意见反馈方式和要求等事项。第三阶段,达成协议或确认磋商不成。双方经磋商能够达成一致的,应当签订协议。为保证赔偿合同或协议书具有法律强制执行力,可进行司法确认。如果磋商不能达成一致或者赔偿义务人拒绝磋商,应及时终止磋商,由赔偿权利人提起生态环境损害赔偿诉讼。通过梳理整个磋商流程发现,相关法律规定中没有对整个磋商过程有次数和时间限制。如案例 63 中,北京市生态环境局作为北京市政府授权的赔偿权利人,启动磋商程序,与赔偿义务人进行了 3 轮磋商,最终达成了赔偿协议;案例 6 中,濮阳市人民政府作为赔偿权利人,启动磋商程序,与赔偿义务人进行了 2 轮磋商,最终磋商失败进入了生态环境损害赔偿诉讼。如果赔偿权利人和赔偿义务人经多次磋商成功后签订赔偿协议,则充分发挥了磋商作为前置程序的积极作用,如果多次磋商未果后转入诉讼,则浪费了及时修复生态损害的时间,会导致生态环境损害进一步扩大。

### (四)磋商与诉中调解界限模糊

在实务中,关于磋商与调解可能存在两种衔接情形:一是生态环境损害赔偿磋商失败后,环保组织或检察机关提起环境民事公益诉讼,在诉讼过程中,法院组织双方进行调解,最终达成调解协议,并签署调解书结案。二是生态环境损害赔偿磋商失败后,政府机关提起生态环境损害赔偿诉讼,在诉讼过程中,双方再次针对生态环境损害赔偿的相关事宜进行协商调解,最终达成一致意见,调解结案。在重庆市巫溪县林业局诉杨某寿生态环境损害赔偿纠纷案件(见图 6-23)中,巫溪县林业局与赔偿义务人杨某寿进行磋商,双方就赔偿协议未能达成一致,磋商失败后,经巫溪县人民政府指定,巫溪县林业局作为赔偿权利主体提起生态环境损害赔偿诉讼。巫溪县人民检察院作为支持起诉人参与诉讼。最终,该诉讼在法院审理过程中巫溪县林业局与杨某寿就赔偿事宜申请法院主持调解,双方达成调解协议。该案作为一起在生态环境损害赔偿诉讼过程中调解结案的案例,具有典型意义。人民法院在查清案件事实的基础上,组织赔偿权利人和赔偿义务人进行调解,最终促使双方达成赔偿协议。人民法院在诉讼中引导双方当事人继续调解,有利于生态环境的及时修复,丰富了生态环境损害赔偿改革制度的内涵。

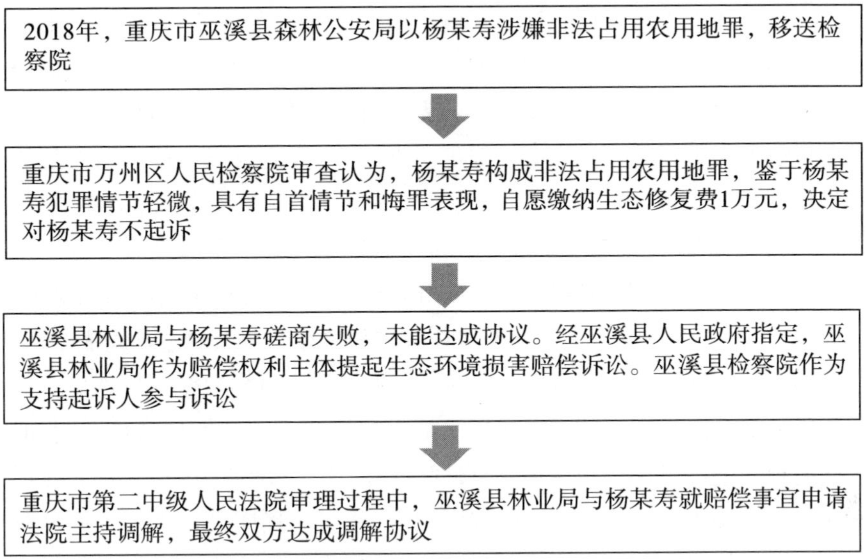


**图 6－23　重庆市巫溪县林业局诉杨某寿生态环境损害赔偿纠纷案流程**

生态环境损害赔偿磋商与生态环境损害赔偿诉讼是同一主体，赔偿权利人和赔偿义务人在生态环境损害赔偿诉讼中进行调解，那么是否能适用环境民事公益诉讼的调解程序？事实上，在生态环境损害赔偿诉讼中适用诉中调解结案还存在争议，有两种解释可供参考。

第一种解释是磋商程序的启动是由赔偿权利人占据主导地位，而环境民事公益诉讼的调解程序是由当事人申请或法院依职权启动。因此，在生态环境损害赔偿诉讼中调解应与磋商相区别，由赔偿权利人或义务人主动申请或依法院职权启动。同时，生态环境损害赔偿诉讼中调解的内容应避免与初次磋商已达成共识的内容相重复，应将未达成共识的赔偿内容作为调解的重点。[71]

第二种解释是在生态环境损害赔偿诉讼中不允许进行调解或和解，除非有特殊情况，以防止磋商作为前置程序的作用被弱化甚至架空。如果不允许在诉讼的过程中进行调解，那么赔偿权利人和义务人就要在磋商的过程中抓住具有自主性的磋商机会，但此种方法由于过分强调磋商程序的作用，会导致出现诉讼主体的双方被剥夺选择权的情形。[72]

---

〔71〕 黄大芬、张辉：《论生态环境损害赔偿磋商与环境民事公益诉讼调解、和解的衔接》，载《环境保护》2018 年第 21 期。

〔72〕 吕忠梅等：《中国环境司法发展报告（2019 年）》，法律出版社 2020 年版，第 226 页。

生态环境损害赔偿磋商与环境民事公益诉讼调解都属于替代性纠纷解决机制,两者在功能、制度方面相类似。在理论和司法实践方面,环境民事公益诉讼的调解制度先行于磋商制度。将两者进行比较分析,一方面环境民事公益诉讼中调解的先进经验可以为磋商提供参考,另一方面可以为磋商与调解的衔接提供依据。〔73〕

(五)磋商实践问题的学理辨析及对策建议

如上所述,生态环境损害赔偿磋商制度在实践过程中可能面临诸多问题,当前,我国关于生态环境损害赔偿磋商程序的法律法规虽然已经初成制度外形,但仍有部分领域处于立法缺失的状态。《民法典》第 1234 条〔74〕、第 1235 条〔75〕以法律的形式进一步明确了生态环境损害赔偿请求权和责任承担方式,但并未对磋商程序进行定性。整体观之,根据既有的法律和相关司法解释的规定,并不能从中得出关于磋商程序明确的规则依据,磋商的程序设计更多是通过政策形式予以规范。因此,对于磋商制度在实务运用过程中出现的普遍问题,学界给予了针对性回应。通过梳理学说观点,针对如何解决磋商制度存在的实践问题,学界的研究成果主要有以下几个方面。

1. 生态环境损害赔偿磋商失败的认定标准在司法实践中可以归纳为:一是赔偿义务人已经明确表示拒绝进行磋商;二是无特殊理由,赔偿义务人不参与磋商面谈;三是未能在一定期限内达成磋商协议的,达成赔偿磋商的期限设定至关重要,可以尝试根据案件的复杂程度、危害程度和紧迫程度的低、中、高三级,分类划定为 1 个月、3 个月和 6 个月,并授予某一部门可以视情况批准一定时段延期的权力;〔76〕四是赔偿权利人或其指定的部门机构认为磋商不成的其他情形。〔77〕 有学者认为民事调解协议具有私益性,法院在审查时可以不对其进行可

〔73〕 黄大芬、张辉:《论生态环境损害赔偿磋商与环境民事公益诉讼调解、和解的衔接》,载《环境保护》2018 年第 21 期。

〔74〕 《民法典》第 1234 条:“违反国家规定造成生态环境损害,生态环境能够修复的,国家规定的机关或者法律规定的组织有权请求侵权人在合理期限内承担修复责任。侵权人在期限内未修复的,国家规定的机关或者法律规定的组织可以自行或者委托他人进行修复,所需费用由侵权人负担。”

〔75〕 《民法典》第 1235 条:“违反国家规定造成生态环境损害的,国家规定的机关或者法律规定的组织有权请求侵权人赔偿下列损失和费用:(一)生态环境受到损害至修复完成期间服务功能丧失导致的损失;(二)生态环境功能永久性损害造成的损失;(三)生态环境损害调查、鉴定评估等费用;(四)清除污染、修复生态环境费用;(五)防止损害的发生和扩大所支出的合理费用。”

〔76〕 程雨燕:《生态环境损害赔偿磋商制度构想》,载《北方法学》2017 年第 5 期。

〔77〕 别涛、刘倩、季林云:《生态环境损害赔偿磋商与司法衔接关键问题探析》,载《法律适用》2020 年第 7 期。

行性审查。然而,生态环境具有公益性的特点,是公共利益的体现。因此,法院要对生态环境损害赔偿磋商协议进行实质性审查,审查的内容包括协议是否满足了赔偿权利人和义务人的诉求、未来的生态环境修复方案是否可行。[78] 同时,为了避免赔偿权利人和赔偿义务人对磋商失败的认定标准存在争议,法院还应当对磋商失败增设实质审查程序。实质审查程序一方面,为磋商与诉讼的对接建立了桥梁,打通司法介入磋商程序的通道,缩短了生态环境损害救济的时间;另一方面,缩短了生态环境损害救济的时间,为被损害的生态环境得到及时充分的修复提供强有力的制度保障。[79]

2. 生态环境损害赔偿磋商程序作为诉讼的前置程序,首先要解决赔偿义务人的责任承担问题。《改革方案》中提出了"环境有价,损害担责"的要求,也明确了生态环境损害赔偿的核心是修复受损的生态环境。如前文所述,磋商启动前,可能会出现赔偿权利人找不到赔偿义务人,或者存在多个赔偿义务人而导致磋商程序无法顺利进行的情况。在《改革方案》中把生态环境损害赔偿义务人的范围仅限定于造成环境污染和生态破坏的单位和个人,缩小了赔偿义务人的范围。由于生态环境损害事件的发生具有复杂的原因和行为,各个环节可能都会有导致生态环境受损的义务人,其中包括直接赔偿义务人和间接赔偿义务人,若仅追究直接义务人的赔偿责任,既不利于落实"损害担责"原则,也不利于打击环境违法行为。基于此,生态环境损害赔偿事件中,可以将现有的直接造成生态破坏的单位和个人与间接造成生态环境损害的单位和个人共同作为赔偿义务人。[80]

3. 磋商作为生态环境损害赔偿诉讼的前置程序,为了应对生态环境损害的突发性和紧急性的问题,应当优先考虑如何最大限度地提高磋商效率。因此,为避免多次磋商未有结果的情形出现,应当对磋商的期限和次数进行限制,防止增加磋商成本。当赔偿义务人不认同生态环境损害修复方案时,赔偿权利人和义务人可以再次决定磋商的时间和地点,并明确再次磋商时需要重点讨论的焦点问题,并对焦点问题进行举证质证,提高磋商的效率,节约时间和资源。借鉴地方的实践经验,2017 年 12 月 7 日发布的贵州省人民政府办公厅《关于印发贵州

〔78〕 裴丽萍、李森、杨永海:《我国生态环境损害赔偿磋商制度的现实困境与逻辑进路——基于多案例分析》,载《河南工业大学学报(社会科学版)》2020 年第 5 期。

〔79〕 王腾:《我国生态环境损害赔偿磋商制度的功能、问题与对策》,载《环境保护》2018 年第 13 期。

〔80〕 张辉、沈世伟、贾进宝:《生态环境损害赔偿磋商制度的实践研究——聚焦 20 起磋商优秀候选案例》,载《环境保护》2020 年第 11 期。

省生态环境损害赔偿磋商办法(试行)的通知》第 18 条规定:“磋商次数原则上不超过两次。首次磋商未达成共识的,可以再次组织磋商,再次磋商的时间间隔一般不超过 10 个工作日。重大、复杂、疑难案件经双方协商一致,可以增加一次。”《北京市生态环境损害赔偿制度改革工作实施方案》规定:“经两轮磋商或者 6 个月内磋商未达成一致的,赔偿权利人及其指定的部门或机构应当及时提起生态环境损害赔偿民事诉讼。”《晋江市生态环境损害磋商管理规定(试行)》第 12 条提到,一方对鉴定评估报告有异议的,可经双方同意后暂停磋商,由有异议的一方再次鉴定后重启磋商程序。《内蒙古自治区生态环境损害赔偿制度改革方案》规定,在判决作出前经法院同意,赔偿权利人和义务人仍可以继续磋商。基于此,对磋商的次数原则上可以设置为两次,特殊情况下可以增加为三次。

4. 磋商不同于调解,调解需要第三方介入,通过第三方斡旋,以协商的方式调和赔偿权利人和义务人达成一致的赔偿协议。关于生态环境损害赔偿诉讼的过程中是否可以进行调解的问题,依据《若干规定》第 22 条规定:“人民法院审理生态环境损害赔偿案件,本规定没有规定的,参照适用最高人民法院《关于审理环境民事公益诉讼案件适用法律若干问题的解释》、最高人民法院《关于审理环境侵权责任纠纷案件适用法律若干问题的解释》等相关司法解释的规定。”此条规定为生态环境损害赔偿诉讼的过程中是否可以适用调解程序提供了兜底性法律依据。磋商与调解的双方主体在赔偿请求等方面是一致的,经过磋商程序,双方的利益诉求、争议焦点已经基本明确,部分证据已经过双方认可,通过将磋商机制与调解程序有效衔接,更有利于提高调解的效率和成功率。[81] 由此可见,在生态环境损害赔偿诉讼的过程中,赔偿权利人和赔偿义务人进行和解,或者法院依职权进行调解,最终双方达成一致的赔偿协议并由人民法院审查确认,赔偿协议将具有强制执行力。

## 五、生态环境损害赔偿诉讼的展望

“生态兴则文明兴,生态衰则文明衰。”工业文明时代的兴起,虽然改变了人们的生产和生活方式,但也使环境保护和经济发展之间的矛盾日益突出。在此背景下,我国提出了建设生态文明的基本目标,以应对后工业文明时代人与自然

---

〔81〕 吴勇、扶婷:《论调解在生态环境损害赔偿诉讼中的适用》,载《南京工业大学学报(社会科学版)》2021 年第 2 期。

的紧张关系。环境司法是环境治理的最后一道保障,因此,环境司法专门化改革是我国生态文明建设的重要内容之一,其从机构专门化、程序专门化、人员专门化等不同领域逐步推进,初步形成了环境刑事诉讼、环境私益诉讼、环境行政诉讼、环境民事公益诉讼、环境行政公益诉讼、生态环境损害赔偿诉讼等不同类型,专门的环境诉讼极大程度上畅通了环境污染纠纷的司法救济渠道,尤其是生态环境损害赔偿诉讼,从保护生态功能的目的出发,对环境和生态保护形成更加周延的司法保障。

基于2015年《试点方案》,生态环境损害赔偿制度在全国7个省份试点推行;总结试点经验,2017年颁布《改革方案》,生态环境损害赔偿制度正式在全国范围内实施;2019年《若干规定》的出台使生态环境损害赔偿制度走上法治化道路,赔偿磋商程序正式成为生态环境损害赔偿诉讼的法定诉前程序;2020年《民法典》明确了生态环境损害赔偿责任,将该制度的相关规范正式纳入法律位阶,弥补了制度改革中实体法依据不足的问题。生态环境损害赔偿磋商相较于诉讼而言属于一种柔性的纠纷解决方式,磋商双方可以充分了解对方的诉求,积极争取和维护各自的合法权益,最终订立共赢方案。从节约司法资源的角度,纠纷双方若达成磋商协议,则不仅可以化解纠纷矛盾,还能及时修复受损的生态环境、维护国家和公共的生态利益;从实现正义的角度,磋商程序作为一种诉前程序的程序设计,不仅是践行程序正义的直接体现,而且在实质正义层面,双方磋商失败的原因往往也是案件的焦灼点,也是需要法官特别审理和查明的部分。生态环境损害赔偿磋商程序,不仅符合我国司法实践中的客观需求,而且作为一种柔性的纠纷解决方式,极大程度地缓和了双方矛盾,最大限度地保障责任人积极履行义务。当然,生态环境损害赔偿磋商程序仅是生态环境损害赔偿制度的一个环节,我国也正处于积极探索和有益尝试的改革阶段,虽然制度的顶层设计日趋明确、制度体系日渐完善、程序衔接逐步精细,但作为一种新型的诉讼类型,生态环境损害赔偿制度的运转仍显青涩,作为一种独立诉讼类型的功能定位是什么?其与关联诉讼如何设计合理顺位以实现有效衔接?赔偿磋商的性质定性如何统一?诸如此类的问题仍在探索和创新的过程中,制度改革的创新和设计已然迈出坚实的一步,但制度运行之后的精致雕刻和优化完善仍旧任重而道远。

# 特别关注篇

# 《民法典》“绿色原则”司法适用的裁判总览与规则检讨

欧　恒　袁　明　李文贺

2020年5月28日，十三届全国人大三次会议表决通过的《民法典》延续了原《民法总则》第9条的规定：“民事主体从事民事活动，应当有利于节约资源、保护生态环境。”通过直接的方式要求民事主体开展民事活动需履行保护生态和环境的行为义务。[1] 较之其他国家的民法典，这是我国《民法典》在世界范围内的创新性规定。该条文的出台具有重要的时代意义，意味着《民法典》回应了我国环境污染与生态破坏的现实要求，承载着社会主义核心价值观的发展理念，成为私人经济利益与公共生态环境利益进行协调沟通[2]的通道，体现出“彰显时代性”这一“中国民法典的鲜明特色”[3]。“绿色原则”作为正确调整民事活动与生态环境保护关系的“总阀”，通过明确“节约资源”“保护生态环境”两个承载历史使命的法律概念，规范民事主体开展民事活动应当保护生态环境，促进人与自然和谐发展和社会可持续发展，极大地推动了民法“绿色化”的进程，为意思自治与生态环境保护之间实现平衡奠定了基础。这种绿色化的立法方案对于推动生态文明建设、促进民法、环境法等部门法的发展具有不可替代的价值意义。

当前，“绿色原则”作为规范民事活动、调整民事关系、兼具普遍约束力与价值判断的基本原则，赋予学界与实务界的最大课题便是“如何使‘绿色原则’从纸面上的法转变为扎根于社会现实的法”。生态环境的复杂性、多样性以及不确定性使得僵硬与滞后的法律规则更加力有未逮，而通过“绿色原则”的司法适用进行法律续造，更有可能让民事法律契合解决环境污染问题与生态破坏问题的实际需要，实现环境案件的实质正义。因而研究司法实践中如何适用“绿色

---

〔1〕 吕忠梅、窦海阳：《民法典“绿色化”与环境法典的调适》，载《中外法学》2018年第4期。

〔2〕 吕忠梅课题组：《“绿色原则”在民法典中的贯彻论纲》，载《中国法学》2018年第1期。

〔3〕 王利明：《彰显时代性：中国〈民法典〉的鲜明特色》，载《东方法学》2020年第4期。

原则”成了一个不可回避的法律实践问题,具有重大的理论和现实意义。

在上述背景下,本报告将通过适用“绿色原则”的所有裁判文书进行统一的梳理与系统分析,了解在实践中法院对“绿色原则”适用的现实态度和实际操作,试图勾勒出一幅“绿色原则”在我国司法实践中的发展图景。本报告的重点是通过裁判总览对在中国司法实践中出现的“绿色原则”整体适用状况进行展示,同时从案例分析的视角探索与反思“绿色原则”司法适用的本相,更为清晰地考察“绿色原则”在当前司法适用中存在的具体问题,以期对我国当前“绿色原则”司法适用情况等内容做一个框架性的展示与分析,并对“绿色原则”司法适用的发展方向作出预判。

## 一、数据来源与样本选择

本部分主要是以 2017 年至 2020 年适用原《民法总则》第 9 条的裁判文书为研究对象,预期通过定量分析等方法,对裁判文书进行整体回溯,系统梳理“绿色原则”司法适用的现实状况,并在此基础上进行“绿色原则”适用的宏观要素分析和微观功能检视。

本研究报告选取的样本源于两个途径:其一,最高人民法院案例数据库。为了充分反映近年“绿色原则”司法适用发展状况,本报告采用了最高人民法院提供的 2017 年以来的案件整体数量和案件案号;其二,中国裁判文书网和北大法宝司法案例数据库。但此途径是根据最高人民法院提供的案号进行文书内容检索,得到的文书样本仅是对于最高人民法院提供的数据在微观功能检视部分进行的补充和辅助,对司法适用案件整体回溯和宏观要素的分析依旧由最高人民法院提供的数据进行支撑。这两种途径的结合可以保证本研究报告数据来源的权威性和全面性。

最高人民法院进行检索的方式为:以原《民法总则》第 9 条“民事主体从事民事活动,应当有利于节约资源、保护生态环境”的条文内容为关键词进行全文检索。确定此关键词和检索方式的原因主要是要确保对“绿色原则”司法适用的案件检索相对客观全面。原《民法总则》第 9 条规定的“绿色原则”作为法律原则,在适用领域上不仅包括民事司法案件,还包括刑事等领域案件;在程序上涉及司法审理程序和执行程序。以原《民法总则》第 9 条内容进行全文检索,可以在确保法院适用“绿色原则”条款的同时避免采用案由等方式检索造成的案件遗漏。将检索时间定为 2017 年 10 月 1 日至 2020 年 12 月 31 日,检索范围为各级人民法院审结的适用"绿色原则"条文的案件。

在最高人民法院提供的数据基础上，结合自行检索的案件数据，最终得到适用"绿色原则"的司法裁判文书共1230份，通过对以上裁判文书逐一阅读，并剔除重复、群体性案件和毫无关联的裁判文书之后，最终共获得201份适用原《民法总则》第9条即"绿色原则"的有效裁判文书。〔4〕故本报告在微观功能检视部分以201份有效裁判文书为分析样本，梳理案件适用现状。但是仍需要在此说明的是，作为本报告分析的数据样本存在不完全的可能性，这使依赖不完全样本的分析结果与实际情况可能存在一定的偏差，原因包括以下几个方面：

一是案件来源的局限性。本报告主要依据的数据由最高人民法院提供，但是提供的数据并不完全且缺乏部分具体的裁判文书内容，根据最高人民法院《关于人民法院在互联网公布裁判文书的规定》，除涉及国家秘密、个人隐私的，涉及未成年人犯罪的，以调解方式结案的以及其他不宜在互联网公布的4种情形外，从2014年1月1日起，所有人民法院生效的裁判文书均应当在互联网公布，据此可以知道部分案件因涉及此规定而没有在互联网公布。在"北大法宝""无讼"等案例数据库中以相同的口径进行检索，得出的数据量和最高人民法院提供的数据量存在细微差别，甚至多于最高人民法院数据，此虽有可能是因为各数据库检索算法存在差别，但适用"绿色原则"的真实案件数量依旧存在不真实的可能性。

二是未对重复案件进行筛选，难以完全反映"绿色原则"司法适用的宏观状况。首先在案件整体回溯和宏观要素分析的数据中，没有将个别省市的大量重复的案件进行选择性剔除，如以天津滨海房地产经营有限公司、河南宏江房地产开发有限公司、廊坊怡祥房地产开发有限公司等为被告的案件存在大量的相似案件，但是基于其确实真实发生且进行了单独的立案，故仅在微观探视时进行剔除，而整体回溯和宏观分析时将其予以保留。所以仅从数字上进行分析，可能难以在地区发展趋势及不同地区对比中得出真实的情况。其次在这些案件中，除

〔4〕 通过确定的关键词，本次检索共得到裁判文书1230份，经过对裁判文书逐篇阅读发现检索所得文书存在大量内容重复。在适用"绿色原则"条文内容的裁判文书中，以天津滨海房地产经营有限公司为被告的案件共409份有效裁判文书；以廊坊怡祥房地产开发有限公司为被告的案件共53件；以河南宏江房地产开发有限公司为被告的案件共316件；以四川省洪雅巴登黑森林投资有限公司为被告的案件共61件，以上裁判文书中案件事实一致，法院对"绿色原则"条文的适用内容及表述也基本相同，因此根据"同一被告"的选取标准各自保留一份。同时经人工筛选后，剔除其他同一被告的案件和原被告（包括上诉人、再审申请人）主张"绿色原则"而法院未适用及重复、雷同和毫无关联的案件后，共得到有效裁判文书201份。

民事案件之外,还包含着刑事案件等。同样地,其作为真实的案件也在整体数据中予以保留,作为民法的原则能否适用到刑法等领域并非此处讨论内容,但对其保留对作为民法原则的"绿色原则"适用真实现状描述也存在一定的影响。

三是部分数据存在重复可能性。本报告对适用"绿色原则"的案件文书进行了逐一阅读,并在此基础上对案件进行筛选,将雷同、毫无关联的案件予以剔除。虽经人工阅读筛选尽量避免重复情况发生,但是人工筛选同样存在一定的误差,可能对现实适用情况分析产生微量影响。

尽管本报告做出的一些宏观分析,可能是建立在不全面的数据基础之上,但是由于各地人民法院对案件的上传具有统一的标准,因此对以上数据的分析仍具有一定的合理性,能够大体反映"绿色原则"司法适用的实际状况。同时在将重复的案件进行剔除后进行的微观分析也能较为客观地展示法院尤其是法官面对"绿色原则"适用的实践态度,综合以上,本报告仍具有一定的价值。

## 二、裁判总览:"绿色原则"司法适用的整体立场

在最高人民法院信息与数据中心提供的存在原《民法总则》第 9 条"民事主体从事民事活动,应当有利于节约资源、保护生态环境"表述的 1230 份裁判文书中,民事案件 1226 件,刑事案件 1 件,行政案件 2 件,执行案件 1 件。报告将从案件的规模变化、地域分布、争议类型等几个方面进行裁判总览,以期在整体立场上认识我国自原《民法总则》实施以来"绿色原则"司法适用概况并为其未来发展提供多维视角。

### (一)案件发生规模年际变化大

根据最高人民法院提供的数据,对适用原《民法总则》第 9 条"绿色原则"的案件以自然年为单位分别进行统计,得出自"绿色原则"实施以来各年份的案件数量及其年度变化情况(见图 7-1)。

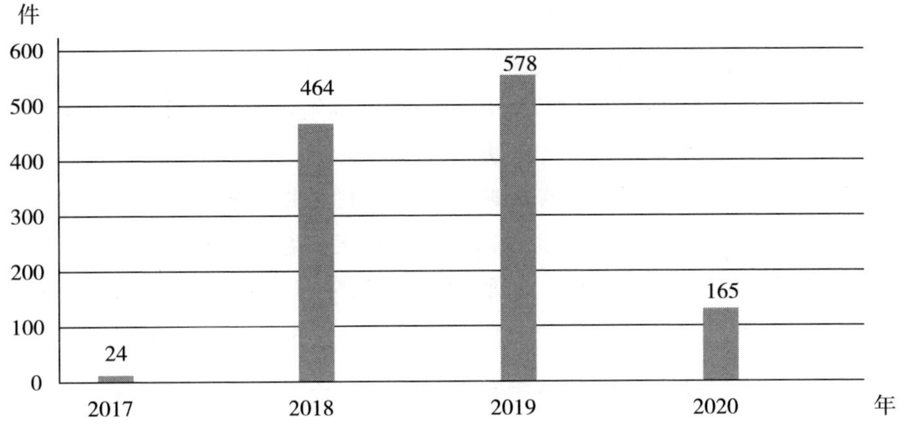


**图 7－1　2017～2020 年我国适用"绿色原则"案件数量的年度统计**

由图 7－1 可知，自 2017 年 10 月原《民法总则》实施以来，2017 年全国各级法院适用原《民法总则》第 9 条"绿色原则"的案件有 24 件，2018 年、2019 年连续两年上升，到 2019 年达到案件数量峰值 578 件；2020 年大幅回落，为 165 件。这表明运用"绿色原则"裁判的方式表现出了旺盛的生命力。从案件数量的时间分布看，我国法院的法官在原《民法总则》实施以后开始逐渐援引"绿色原则"裁判案件，逐渐意识到了"绿色原则"在司法适用中的重要性，并在实践中不断增加"绿色原则"的司法适用。2020 年全国法院适用"绿色原则"案件数量大幅度滑落的原因，一方面是因为当年并没有出现大规模群体诉讼案件；另一方面是基于新冠肺炎疫情的影响，部分案件没有进入诉讼阶段。根据前述年度的案件数量变化，可以预见在 2021 年《民法典》正式实施以后，法官裁判案件援引"绿色原则"的案件数量将会大幅度增长。

上述案件数量变化的整体背景是：2017 年 10 月 1 日原《民法总则》正式实施，原《民法总则》第 9 条所规定的"绿色原则"在民法中宣示了绿色发展理念，确立生态安全价值，并且协调经济自由发展与生态安全的关系。自此，我国法院开始在裁判案件时将"绿色原则"作为加强裁判文书说理、进行生态环境保护法治教育的途径，将法理规范与"绿色原则"共同作为裁判依据结合适用，发挥基本原则的创新与修正功能。2017 年的案件鲜少，全国仅有 24 件，这可能与原《民法总则》刚实施有关。2018 年、2019 年，随着原《民法总则》的顺利实施，案件数量急剧上升，这也与当年出现了大规模群体诉讼案件有关；2020 年案件数量开始回落，趋于正常，这也可能与部分一审案件在二审程序中尚未生效，暂时尚无法获取有关。

## (二)案件时空分布相对集中

从全国各省适用“绿色原则”进行司法裁判的案件数量来看,全国各地的法院越来越多地将“绿色原则”运用到各类民事领域的司法裁判中,并普遍认可“绿色原则”的价值功能。各地法院的法官积极尝试赋予“绿色原则”旺盛的司法生命力,这也为挖掘“绿色原则”的司法适用积累了丰富的本土资源。通过梳理案件研究样本,可以发现各省市(自治区)案件量的整体差异性以及单个省市案件逐年的变化情况。不难发现案件的地域分布特征较为明显,且各地域不同年份之间的对比也有一定的规律可循,具体分析如下(见表 7 - 1):

**表 7 - 1 2017 ~ 2020 年各省市(自治区)一审、二审案件量分布情况**

单位:件

| 省区市 | 2017 年 | | 2018 年 | | 2019 年 | | 2020 年 | | 总计 | |
|---|---|---|---|---|---|---|---|---|---|---|
| | 一审 | 二审 | 一审 | 二审 | 一审 | 二审 | 一审 | 二审 | 一审 | 二审 |
| 北京 | 0 | 0 | 2 | 1 | 1 | 0 | 1 | 0 | 4 | 1 |
| 天津 | 0 | 0 | 28 | 0 | 11 | 409 | 2 | 0 | 41 | 409 |
| 上海 | 0 | 0 | 1 | 0 | 1 | 0 | 2 | 1 | 4 | 1 |
| 重庆 | 1 | 0 | 5 | 1 | 1 | 1 | 1 | 1 | 8 | 3 |
| 河北 | 0 | 0 | 35 | 2 | 6 | 58 | 3 | 2 | 44 | 62 |
| 山西 | 1 | 0 | 0 | 0 | 2 | 0 | 0 | 3 | 3 | 3 |
| 内蒙古 | 0 | 0 | 4 | 0 | 2 | 1 | 0 | 0 | 6 | 1 |
| 辽宁 | 0 | 0 | 1 | 0 | 0 | 2 | 3 | 1 | 4 | 3 |
| 吉林 | 1 | 1 | 2 | 2 | 2 | 1 | 1 | 1 | 6 | 5 |
| 黑龙江 | 0 | 0 | 0 | 0 | 0 | 0 | 0 | 1 | 0 | 1 |
| 江苏 | 0 | 10 | 2 | 1 | 4 | 2 | 1 | 1 | 7 | 14 |
| 浙江 | 1 | 0 | 0 | 0 | 1 | 1 | 1 | 2 | 3 | 3 |
| 安徽 | 0 | 0 | 4 | 0 | 27 | 0 | 3 | 2 | 34 | 2 |
| 福建 | 0 | 0 | 1 | 0 | 0 | 3 | 2 | 9 | 3 | 12 |
| 江西 | 0 | 0 | 1 | 2 | 0 | 1 | 2 | 1 | 3 | 4 |
| 山东 | 2 | 0 | 0 | 3 | 8 | 4 | 5 | 6 | 15 | 13 |

续表

| 省区市 | 2017年 | | 2018年 | | 2019年 | | 2020年 | | 总计 | |
|---|---|---|---|---|---|---|---|---|---|---|
| | 一审 | 二审 | 一审 | 二审 | 一审 | 二审 | 一审 | 二审 | 一审 | 二审 |
| 河南 | 1 | 0 | 178 | 160 | 3 | 2 | 3 | 7 | 185 | 169 |
| 湖北 | 1 | 1 | 3 | 1 | 2 | 3 | 1 | 2 | 7 | 7 |
| 湖南 | 0 | 0 | 6 | 2 | 2 | 2 | 2 | 5 | 10 | 9 |
| 广东 | 1 | 1 | 0 | 3 | 1 | 4 | 2 | 4 | 4 | 12 |
| 广西 | 0 | 0 | 1 | 0 | 1 | 0 | 1 | 1 | 3 | 1 |
| 四川 | 1 | 0 | 5 | 1 | 3 | 3 | 63 | 1 | 72 | 5 |
| 海南 | 0 | 0 | 0 | 0 | 0 | 0 | 0 | 0 | 0 | 0 |
| 贵州 | 0 | 0 | 0 | 0 | 0 | 0 | 3 | 1 | 3 | 1 |
| 云南 | 1 | 0 | 0 | 1 | 1 | 0 | 2 | 1 | 4 | 2 |
| 陕西 | 0 | 0 | 2 | 0 | 0 | 0 | 2 | 1 | 4 | 1 |
| 甘肃 | 0 | 0 | 0 | 0 | 0 | 0 | 0 | 0 | 0 | 0 |
| 宁夏 | 0 | 0 | 0 | 0 | 1 | 0 | 1 | 0 | 2 | 0 |
| 西藏 | 0 | 0 | 0 | 0 | 0 | 0 | 0 | 0 | 0 | 0 |
| 青海 | 0 | 0 | 0 | 0 | 0 | 0 | 0 | 1 | 0 | 1 |
| 新疆 | 0 | 0 | 0 | 0 | 0 | 0 | 0 | 0 | 0 | 0 |
| 总计 | 11 | 13 | 281 | 180 | 80 | 497 | 107 | 55 | 479 | 745 |

注:此处数据仅统计各地区一审、二审的案件数量,执行案件及再审审查与审判监督的案件并不在统计范围之内,经统计,执行案件及再审审查与审判监督案件共6件,其中浙江省存在1件执行案件,福建省、河南省、广东省、广西壮族自治区、江苏省各有1件再审审查与审判监督案件。

1. 不同地域的案件数量差异悬殊。表7-1详细梳理了2017年10月至2020年12月各省市(自治区)的一审与二审适用"绿色原则"民事案件的分布情况。天津市4年间一审总案件量为41件,二审总案件量为409件,共计450件,位居所有地区案件发生量第一。河南省4年间一审总案件量为185件,二审总案件量为169件,共计354件;河北省4年间一审总案件量为44件,二审总案件量为62件,共计106件,这两个省份分别位列第二、第三,四川省、安徽省、山东省案件数量位列各省市前列。北京市、上海市、山西省、黑龙江省、江西省、广西壮族自治区、贵州省、云南省、陕西省、宁夏回族自治区、青海省、新疆维吾尔自治区 4 年间的案件数量均少于 10 件,此类省市(自治区)将近占据全国省市(自治区)数量的 40%。而黑龙江省 4 年来仅一件适用"绿色原则"裁判的环境案件,为二审改判的案件;海南省、甘肃省、新疆维吾尔自治区以及西藏自治区 4 年内没有一件适用"绿色原则"进行裁判的环境案件,不同省区市"绿色原则"司法适用的数量不一。这表明我国不同地区的法官在裁判案件时对于适用"绿色原则"的态度存在差异。

很多省市(自治区)案件数量集中在单一年份暴增,出现该现象的原因:一些省区市在单年出现了大规模群体性诉讼案件导致该些省区市的案件总数量与其他省市有较大差异。天津市 4 年间共计 450 件案件,2019 年单年达到了 420 件案件,占比达到 4 年总案件量的 93%。其中 2019 年二审的 409 件均是"某某与天津滨海房地产经营有限公司房屋买卖合同纠纷"的系列案件,占当年总案件量的 97%。河南省 4 年间共计 354 件案件,2018 年单年达到了 338 件案件,占比达到 4 年总案件量的 95%,其中 2018 年中的 316 件均为"某某与河南宏江房地产开发有限责任公司的房屋买卖合同纠纷"的系列案件,占当年总案件量的 93%。河北省 4 年间共计 106 件案件,2019 年单年达到了 64 件,占比达到 4 年总案件量的 60%,其中 2019 年二审的 53 件均是"某某与廊坊怡祥房地产开发有限公司房屋买卖合同纠纷"的系列案件,占当年总案件量的 91%。而导致省级区域案件数量存在差异可能存在两个原因:(1)不同省市(自治区)之间的工业体量与经济结构存在较大差异。工业体量是影响"绿色原则"司法适用案件数量的重要指标,根据表 7-1 可以看到,天津市、河南省、河北省 4 年间案件数量分别位列第一、第二、第三。河南及以河北省、天津市为代表的华北地区是我国的重工业集中区域,也是环境污染的重点观测区域。这些区域工业体量大,显然治理环境污染的愿望较其他区域更为迫切。根据最高人民法院信息中心提供的信息来看,这些省区市案件发生的具体区域多达到二线城市以上的经济发展水平;而像山西省、黑龙江省、江西省、广西壮族自治区、贵州省、云南省、宁夏回族自治区、青海省、新疆维吾尔自治区等区域,其工业体量较小,GDP 总量在全国排名也较为落后。比如,根据相关数据显示,西藏自治区 2020 年 GDP 总量仅为 0.19 万亿元。[5] (2)不同地区司法力度以及法院法官对于"绿色原则"司法适用的态度可能存在差异。部分地区法院法官或因尚未充分认识到"绿色原则"

[5] 《31 省份 2020 年 GDP 出炉 20 省份 GDP 增速跑赢全国》,载中国新闻网,https://baijiahao.baidu.com/s?id=1690238112361782273&wfr=spider&for=pc,最后访问日期:2021 年 2 月 6 日。

在司法裁判中的重要性,或因缺乏统一指导而对"绿色原则"司法适用有较高的谨慎性,因此部分区域整体的适用率较低。从目前数据来看,东部地区"绿色原则"司法适用的案件较多,而西部地区较少,可推测东部地区法院法官更为重视"绿色原则"的裁判功能,同时对于"绿色原则"的司法适用具有更大的勇气去尝试。这也是东部地区"绿色原则"司法适用案件量多的原因之一。

2. 多省市(自治区)案件数量在自然年度内零星分布,并无呈现逐年增长或递减的趋势。自原《民法总则》实施以来,2017 年只有零星几个省区市有适用"绿色原则"的司法案例,多数省区市没有适用"绿色原则"的相关司法案例,这与原《民法总则》当年刚生效有关,同时也表明我国部分省区市法院在裁判过程中尚未重视"绿色原则"司法适用的重要性。2017 年适用"绿色原则"司法案例最多的省份是江苏省,有 10 件案例且均为二审案件,没有一审案件,表明江苏省二审法院把"绿色原则"作为裁决的法律依据。2018 年、2019 年除了天津市、河北省以及河南省的系列案件,其他省区市的案件数量变化都趋于稳定,"绿色原则"整体的司法适用率仍然较低。虽然四川省 2020 年的一审案件数量出现了较高增长,但也与当年系列案件的出现有关。

(三)案件的争议类型覆盖范围广

从案件类型上来看,适用原《民法总则》第 9 条"绿色原则"的案例覆盖了环境诉讼的主要类型,争议的形式和内容都具有典型代表意义。在 1230 件案件中,"绿色原则"的司法适用既跨越民事案件、行政案件与刑事案件,又跨越判决与裁定,"绿色原则"司法适用在环境司法专门化的晨光出现。

**1. 民事、刑事、行政案件皆存在适用**

在 1230 件案件中,其中有 2 件是行政案件,1 件是刑事案件,1 件是执行案件。第一,2 件行政案件分别是 2020 年四川省洪雅县人民法院和 2020 年四川省天全县人民法院所审理的一审案件,其中洪雅县人民法院审理的案件适用的是简易程序。在对 2 件行政案件判决书分析发现,其中 1 件是承揽合同纠纷,法官在审理案件之时援引"绿色原则"作为司法裁判的法律依据,[6] 1 件是房屋买卖合同纠纷,法官在审理该案件时只是在说理部分提到了原《民法总则》第 9 条"绿色原则"的相关内容,并未援引其作为判案的法律依据。[7] 第二,1 件刑事案件为黑龙江省林区中级人民法院作出涉及"盗伐林木罪"的刑事附带民事案

[6] 四川省天全县人民法院民事判决书,(2020)川 1825 民初 742 号。

[7] 四川省洪雅县人民法院民事判决书,(2020)川 1423 民初 1004 号。

件,为二审案件,此案件把原《民法总则》第 9 条所规定的“绿色原则”作为了法律依据。一则说明在法院审理某一类型案件之时并不局限于此类部门案件领域所能采用的法律依据,二则“绿色原则”作为一种民法基本原则,除在民事案件中得到适用之外,还会和刑法规范、环境法规范在其他类型案件中得到综合运用。第三,1 件执行案件为浙江省 2018 年所审理的债权人撤销权纠纷的案件,该案件当事人嘉兴银行股份有限公司湖州分行在二审终审后要求法院执行二审裁判结果,审理的法院援引“绿色原则”驳回了申请执行人嘉兴银行股份有限公司湖州分行的执行申请。可见,“绿色原则”的援引贯穿于案件审理到案件执行的始终。

**2. 判决书、裁定书等文书类型并存**

在 1230 件案件中,有 1213 件是判决书,有 17 件是裁定书。根据通说,裁定根据程序性事实,依据民事诉讼法等程序法规定,解决诉讼过程中的程序性问题,可以在诉讼过程中的任何阶段作出。裁定目的是使人民法院可以高效率地清除诉讼中的程序性障碍,推动诉讼进程。而判决根据人民法院认定的民事法律关系发生、变更和消灭的事实,依据民法等实体法,解决当事人双方争议的权利义务分配问题,即实体法律关系。判决只能在案件审理的最后阶段作出,目的是解决民事权益纠纷。“绿色原则”在判决书、裁定书等文书类型中并存,这表明“绿色原则”的司法适用已经不仅为处理民事诉讼中的实体性事项作出结论性判定,也在程序性事项作出结论性判定进行了初始化阶段的尝试。

## 三、要素梳理:“绿色原则”司法适用的静态视角

“绿色原则”写入原《民法总则》成为我国民法绿色化的重要内容,也是我国法治进入绿色新时代的具体表现,是我国新时代生态法治的现实需求。“绿色原则”司法适用作为一项新的司法议题,尚没有形成体系化的理论指导与裁判经验。为厘清“绿色原则”司法裁判的经验,有必要对已有的裁判判例进行梳理,从静态的视角考察“绿色原则”作为民法的一项基本原则在司法裁判中的现实样态,试图勾勒出不同原则司法要素的“点”,以此为总结“绿色原则”司法适用具体情况的“线”“面”“体”做好基础。

### (一)案件类型呈现

原《民法总则》第 9 条所规定的“绿色原则”条款是原《民法总则》的基本原则,既可以在法律规则模糊时提供价值指引,也可以作为法律规则缺失时的指导

规范,所以它的适用性相对其他具体条款来说较为广泛。因此,适用原《民法总则》第9条"绿色原则"进行裁判案件的案由也分布较广,几乎涵盖了环境民事案件中的众多案由。

从图7-2可知,"绿色原则"的司法适用的案由主要覆盖了合同纠纷、物权纠纷和侵权责任纠纷这三大类。首先在合同纠纷类案件中主要是商品房买卖合同纠纷和房屋销售合同纠纷,其中,房屋买卖合同纠纷占比最高,达到72%,其次物权纠纷中主要是请求恢复原状、排除妨碍等类型案件,排除妨害纠纷最高,占比为3%,农村土地承包合同纠纷以及侵权责任纠纷占比均为2%。其他纠纷占比为13%,其中涵盖了不同类型中的十几种案由,多数为其他类型的合同纠纷,但也有物权纠纷、恢复原状纠纷、相邻关系纠纷等案由。侵权纠纷类案件主要是环境污染侵权纠纷类型案件,其他纠纷类案件包含了姓名权、人格权以及婚姻家庭继承类案件。

可见,案件多集中在合同类型纠纷当中,几乎覆盖了民事案件的其他类型。从援引"绿色原则"案件的案由分布上来看,合同纠纷领域成了"绿色原则"司法适用的主要类型,这表明《民法典》合同编实现"绿色化"是大势所趋。

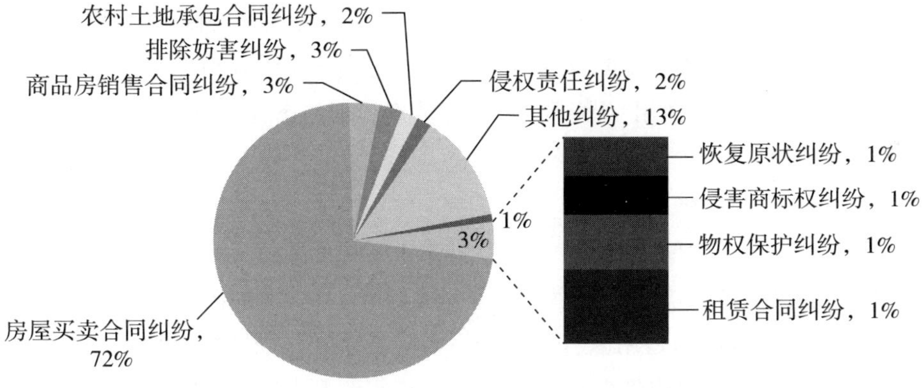


**图7-2　2017~2020年我国适用"绿色原则"案件的案由分布**

对样本案件涉及的案由进行具体分析可知,在合同纠纷类案件中,法官援引"绿色原则"主要是为了确认合同效力、避免浪费司法资源、确认合同履行情况以及合同违约金等方面。在物权纠纷类案件中,法官主要援引"绿色原则"认定恢复原状、排除妨碍容易造成资源浪费或不利于保护环境,故驳回原告的诉讼请求或不支持原告的诉讼请求。在侵权类案件纠纷中,法官主要援引"绿色原则"以判断被告未履行民事主体保护环境义务,进而认定环境侵权行为,增强法律对于环境侵权行为的打击力度,提醒当事人履行保护环境义务。

(二)法院层级分布

分析“绿色原则”实施以来的 1226 件民事案件,其中有 471 件都是由基层人民法院审理的,占比达到 38%;有 751 件是由中级人民法院审理的,占比达到 61%,其中一审案件只有 7 件。由高级人民法院审理的案件有 4 件,其中 2 件为二审案件,分别由山东省、重庆市两个高级人民法院做出。由此可见,99% 以上的一审案件都是由基层人民法院和中级人民法院审判完成,一审案件集中在基层人民法院审理,二审案件集中在中级人民法院审理。这表明:(1)法官在援引“绿色原则”案件的审理过程中基本实现了审理程序和法院层级二者相互对应的关系。(2)基层人民法院与中级人民法院成为援引“绿色原则”进行判案的主体,这也与基层与中级两级人民法院裁判案件数量众多、裁判类型繁杂、一般最先接触案件等因素有关,基层人民法院与中级人民法院在通过“绿色原则”启迪当事人以及其他主体实施绿色民事法律行为上更具优势。(3)“绿色原则”的司法适用在审级分布上或许也与法官对“绿色原则”的重视程度以及对于“绿色原则”司法适用的谨慎程度有关。(4)高级人民法院和最高人民法院关于“绿色原则”司法适用的案件数量较少,一方面,这确实与这两级法院的案件数量少有很大关系;另一方面也说明,高级人民法院与最高人民法院相较于基层人民法院与中级人民法院在适用“绿色原则”进行裁判说理的态度上更为谨慎,在绿色原则司法适用方面有进一步加强的空间。

(三)审理程序概况

环境民事案件的争议大小与案件案由密切相关,每一个自然年度的、二审的案件数量以及二审的改判率都是衡量案件争议大小的指标。通过对全国各省(自治区、直辖市)适用原《民法总则》第 9 条“绿色原则”的二审案件以及二审改判案件审视,可以明确得出二审上诉率、二审改判率以及这些案件占据全年二审案件数的具体比重,甚至还可以通过微观分析了解个别特殊省份此类案件争议大小情况。通过梳理二审案件,特别是改判案件,还可以概括出此类环境民事案件的主要争议焦点。

通过表 7-1 可以看出,这 4 年间全国适用原《民法总则》第 9 条“绿色原则”的二审案件数量占据 4 年案件总量的较大比重。其中 2019 年二审案件量甚至占据了当年案件总量的 86%(见图 7-3)。由此可以推断,适用原《民法总则》第 9 条“绿色原则”的大部分案件存在争议较大的现象。对此类案件进一步归纳:(1)上诉人在合同纠纷类型案件中,主要对原判案件事实认定提出异议,特别是对违约行为造成的损害后果以及损害后果的严重程度、赔偿损失的数额是否合理等问题提出异议。(2)上诉人在其他纠纷类型案件中,对原审审理过程中适用法律提出异议以及适用法律程序提出异议。

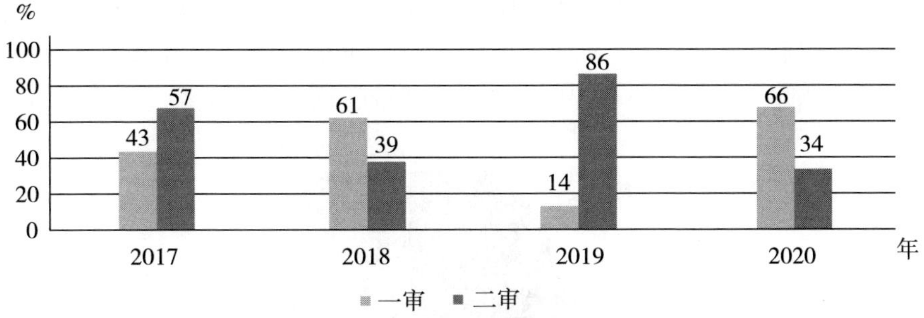


**图 7-3　2017～2020 年我国适用原《民法总则》第 9 条二审案件量占比情况**

在 1230 件案件中,人民法院适用普通程序审理了 849 件,占比 69%;人民法院适用简易程序审理了 381 件,占比 31%。在环境案件中,往往涉及因果关系难以认定、损害后果鉴定困难、法律责任难以区分的问题,而解决这些问题需要法官认真审理,故裁判周期和时间较长。但从数据分析可以看出,在适用原《民法总则》第 9 条"绿色原则"的案件中,超过 31% 的案件都适用了简易程序。根据 2017 年修订的《民事诉讼法》第 157 条的规定,[8] 只要符合简易程序适用条件,也可以适用简易程序审理。这表明,适用原《民法总则》第 9 条"绿色原则"进行司法裁判的案件中部分案件事实清晰,权利义务明确,争议不大,可以用简易程序来审理。

从图 7-4 可知,2018 年、2020 年审结的案件中,适用简易程序审理的案件量多于适用普通程序审理的案件量。2018 年适用简易程序审理的案件有 246 件,适用普通程序审理的案件有 218 件,适用简易程序审理的案件量占当年总案件量的 53%。具言之:(1)河北、河南、天津等省份当年的系列案件都适用了简易程序审理,这三个省份 2018 年适用简易程序审理案件量的总数为 217 件,占当年全国适用简易程序审理案件总量的 88%。(2)法院认为河北、河南、天津等

[8] 《民事诉讼法》第 157 条:"基层人民法院和它派出的法庭审理事实清楚、权利义务关系明确、争议不大的简单的民事案件,适用本章规定。基层人民法院和它派出的法庭审理前款规定以外的民事案件,当事人双方也可以约定适用简易程序。"

省份的系列案件的一审案件事实清晰,证据完整,可以适用简易程序来审理案件,从而节约司法资源。(3)其余省份适用简易程序审理案件的数量只是零星几件,符合审理程序年度的变化趋势。2020 年适用简易程序审理的案件有 89 件,适用普通程序审理的案件有 76 件,适用简易程序审理的案件量占当年总案件量的 54%。造成这一现象的原因是四川省在 2020 年出现了房屋买卖合同纠纷的系列案件,[9]这一系列案件皆适用了简易程序进行审理,案件数量为 61 件,占当年全国适用简易程序审理案件总量的 69%。

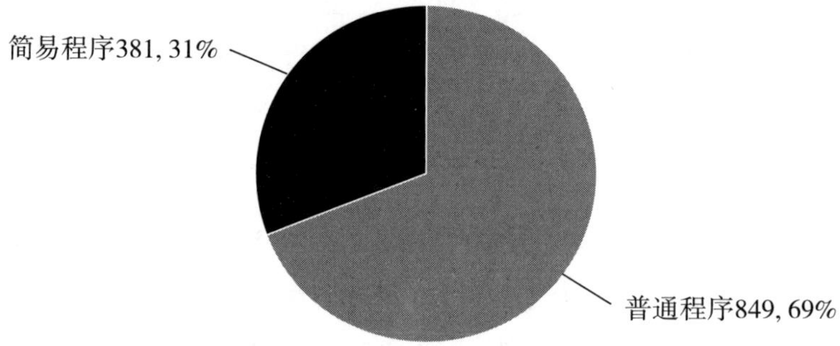


**图 7-4　2017~2020 年我国适用"绿色原则"案件的审理程序情况**

(四)裁判结果观察

纵观案件的终审结果,可以发现以下几点特征:一是适用原《民法总则》第 9 条"绿色原则"进行改判的案件相对较多。4 年间二审案件 745 件,二审改判案件 98 件,二审改判案件占 4 年间二审案件量的 13%,驳回起诉 60 件,驳回上诉维持原判 586 件,发回重审 1 件(如图 7-5 所示)。二是多数案件当事人都进行了上诉,一定程度上说明当事人的服判比例不高,经历多次处理与审判的案件,也充分说明了案件争议的尖锐性。三是在二审过程中驳回上诉维持原判所占的比重较高,达到了 79%,说明尽管一审当事人服判比例不高,案件具有争议性,但原审法院对于案件事实认定清楚,论理得当。四是在天津、河北、河南等省出现的系列案件提起的二审,都被法院驳回起诉或者驳回上诉维持原判,体现了一审法院在处理这一系列案件时,适用原《民法总则》第 9 条"绿色原则"作为判案法律依据的正确性。

---

〔9〕 四川省洪雅巴登黑森林投资有限公司房屋买卖合同纠纷案。

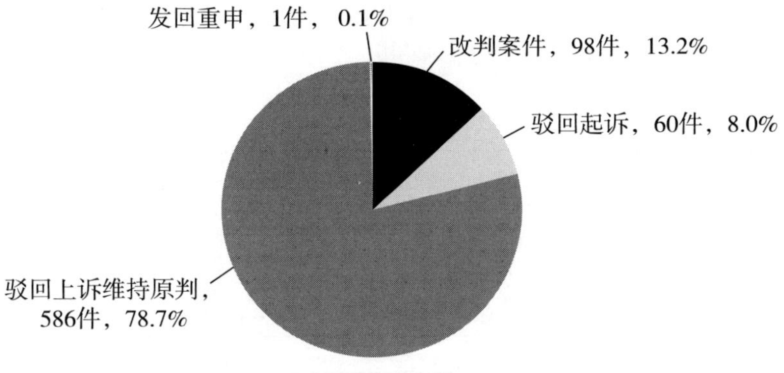


**图 7-5　2017~2020 年我国适用原《民法总则》第 9 条案件终审结果情况**

**1. 部分省份案件改判情况具有特殊性**

通过对 2018~2020 年各省区市二审案件及改判案件进行梳理发现(见图 7-6)，二审案件量和二审改判案件量最多的是河南省，分别是 167 件和 73 件，其次是福建省，二审案件量为 12 件，改判案件量为 5 件，湖北省、山东省、四川省的改判案件量在其二审案件数量中占比也相对较高。但二审案件改判率最高的却是其他几个二审案件量相对鲜少的省份，云南省和内蒙古自治区 4 年间仅有 1 件二审案件，二审裁判结果均进行了改判，改判率高达 100%，四川省二审案件有 4 件，二审裁判结果改判了 3 件，改判率高达 75%。通过对具体的案件进行分析，归纳出的改判内容如下：(1) 调整损失赔偿数额。河南省的二审改判案件中 90% 以上为 2019 年的系列案件，且改判内容为赔偿金额的调整，不涉及事实认定和法律适用，云南省仅有的二审案件进行改判的内容也是调整了损失的赔偿数额。(2) 支持部分上诉请求。四川省 (2019) 川 15 民终 1840 号的二审改判案件支持了上诉人部分上诉请求，法院对于上诉期间当事人陈述的新事实，提交的新证据予以认定，查明案件事实后，对部分上诉请求予以支持，驳回其他诉讼请求。(3) 纠正原审法院事实认定的错误。(2019) 川 01 民终 704 号的二审改判案件中对一审法院认定的部分事实予以纠正并对案件事实进行了重新认定。(4) 纠正原审法院适用法律的错误。福建省 2020 年的 4 个物权保护纠纷案件，[10] 在二审法院审理结果中纠正了原审法院适用法律的错误，并予以了改判。

[10] 厦门市思明区人民法院民事判决书，(2020) 闽 02 民终 2081 号；厦门市思明区人民法院民事判决书，(2020) 闽 02 民终 2082 号、(2020) 闽 02 民终 2455 号；厦门市中级人民法院民事判决书，(2020) 闽 02 民终 2083 号。

质言之,在相关此类案件中,二审案件改判的原因在于事实认定或法律适用确有错误,或损失赔偿的数额确需调整。

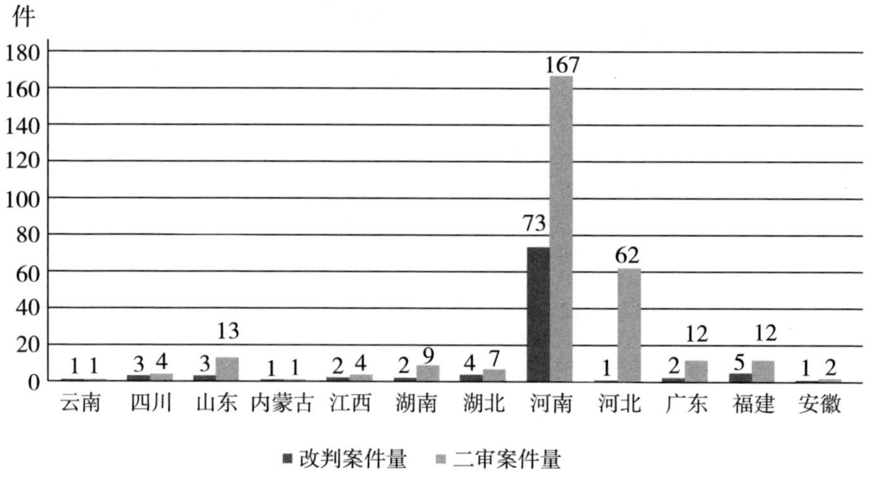


**图 7-6　2017~2020 年我国适用"绿色原则"案件二审改判情况**

**2. 类案判决存在较大差异**

通过对以上数据梳理可以发现,援引"绿色原则"进行司法裁判案由最多的是房屋买卖合同纠纷,其中逾期交房产生的纠纷占比最多。以河南省、河北省、天津市的系列房屋买卖合同纠纷案件为例,3 个省市的人民法院在审理此类逾期交房产生的合同纠纷时,适用"绿色原则"的标准并不统一。尚某与河南宏江房地产开发有限责任公司房屋买卖合同纠纷一案中,因被告房地产公司未能在合同约定的时间交付房屋,原告要求被告承担逾期交房的违约责任,被告以重污染天气以及涉案项目系因市政道路修建被迫停工为由进行抗辩,被告认为是不可抗力,应属于免责事项,法院并未采纳被告的抗辩理由,反而以原《民法总则》第 9 条所规定的"绿色原则"支持了原告的诉讼请求。〔11〕 相反,案件在天津市罗某与天津滨海房地产经营有限公司房屋买卖合同纠纷中,被告逾期交房系因政府配套设施安装延误以及 2017~2018 年秋冬季政府停工令所导致,但法院最后以原《民法总则》第 9 条所规定的"绿色原则"驳回了原告的诉讼请求。〔12〕 同样地,河北省郝某与荣盛房地产发展股份有限公司房屋买卖合同纠纷一案中,被

〔11〕 河南省郑州市中原区人民法院民事判决书,(2018)豫 0102 民初 667 号。

〔12〕 天津市滨海新区人民法院民事判决书,(2018)津 0116 民初 3450 号。

告因雾霾天气等原因所导致的逾期交房理由,法院予以了采纳,以不符合原《民法总则》第9条所规定的"绿色原则"驳回了原告的诉讼请求。

## 四、功能分析:绿色原则司法适用的动态视角

前述对绿色原则司法适用的要素梳理,在某种程度上而言只是一种"静态观察"。换言之,上述梳理并没有将绿色原则放在微观的司法适用过程中分析,未对绿色原则所处的适用阶段、具体功效给予动态观察。基于司法裁判的逻辑结构,绿色原则司法适用应当具有特殊性,即多样态的功能展现,体现绿色原则司法适用的动态过程。在对具体样本内容梳理后发现,"绿色原则"在具体案件适用中存在3种功能展现,即价值宣示、补强说理和规范补充。此3种功能所占案件数量分别为50件、75件、52件,除此之外还有24件适用不恰当的案件。各自占比25%、37%、26%、12%(具体见图7-7)。

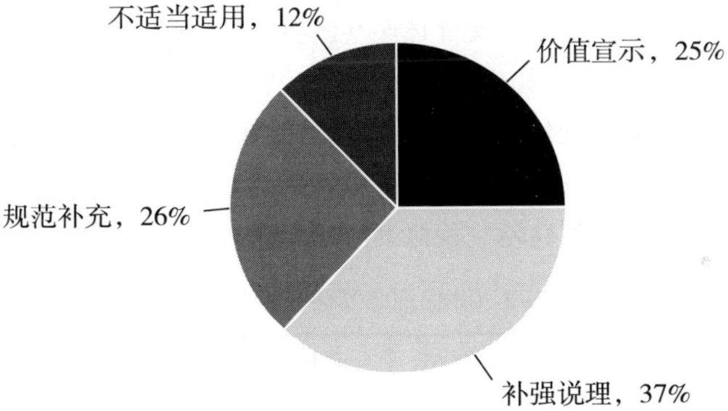


**图7-7 "绿色原则"不同功能发挥占比情况**

### (一)价值宣示

"绿色原则"的价值宣示功能体现的是对资源节约和生态环境保护的理念展示与宣传。通过对样本的梳理发现,体现价值宣示功能的"绿色原则"在案件适用与法律规则适用相比较为简单。体现在具体的裁判文书中,即法官对原《民法总则》第9条"绿色原则"的含义并不会进行具体化解读,也几乎不会将"绿色原则"条文内容和具体的案件事实结合进行说理论证,其适用对案件裁判仅为附加原意义,对其删除并不会直接影响裁判文书的完整性和案件最终裁判结果。通过对样本进行梳理发现,体现价值宣示功能的"绿色原则"在文书中根据适用位置不同存在两种表现情形,即作为环保背景适用和作为裁判

依据适用。

**1. 作为环保背景适用**

该适用情形主要存在于判决书的判决理由论述部分,在该部分附带性地提及"绿色原则",虽存在于论述说理部分中,但是该内容提及对说理论证和案件主要事实认定并无实质影响,该表现情形根据"绿色原则"在案件中具体的表述状况可分为两种具体表达方式:

(1)环保理念基调奠定

该表达方式通常以"本院认为"为开始语,将原《民法总则》第 9 条"绿色原则"进行条文内容陈列,表现为"《民法总则》第九条条文内容加具体案件事实认定和裁判说理论证"的表达方式。如在李某诉华润置地(重庆)有限公司环境污染责任纠纷案中,[13]法院根据《物权法》(已失效)、《环境保护法》和《侵权责任法》(已失效)等具体的法律规则,结合案件事实进行说理论证,原《民法总则》第 9 条"绿色原则"除在说理开端进行陈列之外,并不体现在具体论证的过程中。该原则的陈列起到的是对案件环保基调的奠定和展示作用。在环境污染案件外亦存在类似表达情形,如丰城市新峰水电站与国网江西省电力有限公司丰城市供电分公司买卖合同纠纷一案中,[14]案件的核心在于认定被告是否承担合同违约责任,但因涉及电力等环保因素,故法院将"绿色原则"条文内容开端陈列予以说理进行环保价值宣示。相似案件部分陈列如下,见表 7-2。

**表 7-2 环保理念基调奠定类似情形案件情况**

| 案件名称 | 判决书案号 | 案件争议要点 | 判决结果 |
|---|---|---|---|
| 许某春与前郭县乌兰图嘎镇岱音村民委员会牧业承包合同纠纷案 | (2018)吉 0721 民初 5512 号 | 原被告承包合同被法院确认无效且判决书生效后,原告另请主张被告承担投入损失责任能否得到支持 | 一审法院认为:原告主张的损失属于《草原法》第 66 条规定的"非法财物"依法不能予以保护,被告无须担责 |

〔13〕 重庆市江津区(县)人民法院民事判决书,(2018)渝 0116 民初 6093 号。

〔14〕 宜春市中级人民法院民事判决书,(2019)赣 09 民终 782 号。

续表

| 案件名称 | 判决书案号 | 案件争议要点 | 判决结果 |
| --- | --- | --- | --- |
| 丰城市新峰水电站、国网江西省电力有限公司丰城市供电分公司买卖合同纠纷案 | (2019)赣09民终782号 | 基于政府行为而暂时中止的合同是否应当继续履行 | 保护环境,防治环境污染是民事主体的法律义务,环境保护问题亦牵涉公共利益问题。根据《供电监管办法》第24条第3款规定的供电企业应当严格执行政府有关部门依法作出的对淘汰企业、关停企业或者环境违法企业采取停限电措施的决定等内容,对原告的诉请不予支持 |
| 秦某军与罗某有土地租赁合同纠纷一审民事判决书 | (2018)豫0184民初5297号 | 原被告双方签订的《土地租赁协议》是否有效 | 任何单位和个人不得随意倾倒、抛撒或者堆放建筑垃圾。由于原被告双方签订的土地租赁合同违背了《固体废物污染环境防治法》第17条关于垃圾处理的法律强制性规定而系无效合同,故原告诉请合同解除并要求被告支付租金不被支持 |
| 姜某阳与张某稳生命权、健康权、身体权纠纷二审民事判决书 | (2018)苏03民终1959号 | 原告与被告之间民事侵权行为是否成立及侵权责任如何确定 | 本案被告从事电鱼行为,已经违反《渔业法》第38条之规定,会导致生态破坏。虽然原告殴打被告对纠纷的发生具有直接原因。但被告作为具有完全民事行为能力的成年人,应当按照法律规定规范自己的行为,其电鱼行为本身不当导致其自身对纠纷产生也存在一定过错,应当承担一定的责任 |

(2)环保教育理念升华

该表达方式通常表现在案件说理论证之后,法院对诉讼当事人进行环保理念的批评教育。该表达方式通常出现在案件说理论证结束之后,对诉讼当事人进行"绿色原则"价值理念的批评教育或环保政策宣传。从"绿色原则"规定的资源节约或生态环境保护角度对案件进行不含有说理论证成分的总结升华。如在任某清与赵某京排除妨害纠纷民事案件中,法官通过"值得指出的是"为开头,就邻里之间关系处理和邻里之间生活扔垃圾处理不应该影响对方生活进行道德教育,认为邻里乱扔垃圾不仅会影响生活环境,还会带来个人社会负面评价等。[15] 区别于补强说理功能表现形式,批评教育虽存在一定的案件结合,但是这种结合是为道德性说教或政策性宣传服务,并不涉及案件裁判结果的说理论证,不发挥原则的一般规范作用。具体案件情形见表 7 – 3。

**表 7 – 3　环保教育理念升华类似案件情况**

| 案件名称 | 判决书案号 | 文书内容表述 | 案件争议焦点 |
|---|---|---|---|
| 南通好润多超市如皋港加盟店与江苏恒顺醋业股份有限公司侵害商标权纠纷上诉案 | (2017)苏 06 民终 1688 号 | 对市场中流通的符合安全标准的旧瓶进行回收利用,符合物尽其用、资源节约的环保政策,应予鼓励提倡。但重复利用过程中应注意避免侵害他人的注册商标等知识产权 | 原告诉被告通过重新利用旧瓶的行为是否侵犯原告商标权 |
| 任某清与赵某京排除妨害纠纷案 | (2020)渝 04 民终 233 号 | 值得指出的是,根据原《民法总则》第 9 条之规定,保护环境是民事主体在从事民事活动时应当恪守的义务,民事主体应当正确处理邻里关系,不得随意抛弃垃圾影响对方生活,乱扔垃圾在对环境造成损害的同时,这种不文明现象也有违社会公德,无论是谁实施了前述乱扔垃圾的行为,都应当予以负面评价,本院对此予以明确 | 被告在干净房屋里及房内花园下水口乱扔的垃圾是否侵犯原告的权利并给其造成损失 |
| 陈某、杨某秀房屋租赁合同纠纷案 | (2019)川 01 民终 704 号 | 根据原《民法总则》第 9 条"绿色原则",继续履行合同导致资源的严重浪费,故法院对此予以释明,提醒原告变更诉讼请求 | 原被告之间签订的房屋租赁合同是否符合解除的构成要件及解除后财产如何返还 |
| 丁某伟与丁某明相邻污染侵害纠纷案 | (2017)辽 0921 民初 2860 号 | 民事主体从事民事活动,应当有利于节约资源、保护生态环境;不动产的相邻各方,应当按照有利生产、方便生活、团结互助、公平合理的精神,正确处理截水、排水、通行、通风、采光等方面的相邻关系 | 原告主张被告的养猪场及化粪池对其家生产生活用水及环境质量与人身健康安全造成严重影响能否得到支持 |

〔15〕 重庆市第四中级人民法院民事判决书,(2020)渝 04 民终 233 号。

**2. 作为裁判依据适用**

此种表现情形为原《民法总则》第9条作为案件裁判法条依据被法院适用，但在案件说理和具体的裁判结果中并不体现"绿色原则"的条文内容和说理论证，而是与具体的规则一起进行的法条形式陈列。以"依据××法，判决如下"为其具体的内容表现模板。〔16〕但对于具体的案件裁判而言，适用其他的具体规则已经足以解决问题，实质上并不需要以"绿色原则"为裁判依据，对原《民法总则》第9条"绿色原则"的堆砌式罗列于实体案件裁判并无实质影响，环保价值宣示意义大于裁判依据意义。如在张某、高某标农业承包合同纠纷再审一案中，再审法院认定该案审理的核心是再审申请人与被申请人之间签订的协议是否合法有效。〔17〕在论证说理中也仅依据《农村土地承包法》第18条及第37条，并不存在有关"绿色原则"的表述，但是基于案件涉及土地这一资源类型，故法院在判决依据中依旧将原《民法总则》第9条进行了堆砌式列明。对于法条列举这种价值宣示情形，尽管"绿色原则"在部分民事案件的实质审理过程中并不发挥实质作用，但是这种形式上的适用可以说是重要的，从"绿色原则"司法化的角度而言，这也是十分值得提倡的。〔18〕部分案件列举如表7-4所示。

**表7-4　作为案件裁判依据类似情况案件情况**

| 案件名称 | 判决书案号 | 案件争议要点 | 判决结果 |
| --- | --- | --- | --- |
| 江阴市奋进金属包装有限公司与江阴市华士镇华西五村村民委员会土地租赁合同纠纷案 | (2020)苏02民终3975号 | 华西五村在收回土地后应给予奋进公司地上建筑物补偿范围以及补偿标准应如何认定，即民事责任如何承担 | 二审法院认为：原被告之间的协议效力争议并不会影响双方民事责任的承担，故对一审认定的赔偿金额予以维持 |
| 安徽省中英禽业有限公司与李某子水污染责任纠纷案 | (2019)皖18民终178号 | 被告是否实施污染环境行为及其行为与原告损失之间是否具有因果关系，即是否存在环境侵权 | 二审法院认为：被告排污行为破坏了水质，构成环境污染，与原告损失间存在因果关系，应当承担责任 |

〔16〕在文书的梳理过程中，存在部分文书既在文书说理部分对原《民法总则》第9条进行捎带性论述，也在判决部分罗列该条条号，此种情形因其更侧重于捎带说理，法条的罗列堆砌则是捎带性说理在判决部分的反映，因此将此种情形归入捎带性说理的统计部分。

〔17〕河北省张家口市中级人民法院民事判决书，(2018)冀07民再12号。

〔18〕郑少华、王慧：《绿色原则在物权限制中的司法适用》，载《清华法学》2020年第4期。

续表

| 案件名称 | 判决书案号 | 案件争议要点 | 判决结果 |
|---|---|---|---|
| 高某霞、曲某军租赁合同纠纷案 | (2019)鲁 06 民终 2428 号 | 原被告之间签订的合同是否有效 | 一审法院认为:本案所涉的租赁场地位于禁养区内,合同标的违反了上述法律和行政法规的强制性规定,原被告签订的租赁合同是无效合同。二审法院予以维持 |
| 何某诉四川省地质矿产勘查开发局区域地质调查队合同纠纷案 | (2016)川 3224 民初 72 号 | 原被告双方签订的合同是否可以继续履行及被告是否需要承担违约责任 | 原被告双方签订合同后,被告不能及时协调办理采矿许可证,导致合同无法继续,故原被告双方签订的合同应当解除且认定被告并未违约 |

经过对发挥“绿色原则”价值宣示功能的案件梳理,发现存在以下特征:

第一,“绿色原则”价值宣示功能在案件中表述简单。通过对样本进行梳理发现,在总样本占比约 25% 的价值宣示功能案件中,作为环保背景适用的案件共 23 件,在价值宣示类型案件中占比 46%,其中环保理念基调奠定和环保理念教育升华的案件分别占比 38%、8%。在裁判依据处适用占比 54%,高于作为环境保护背景的案件占比(见图 7-8)。

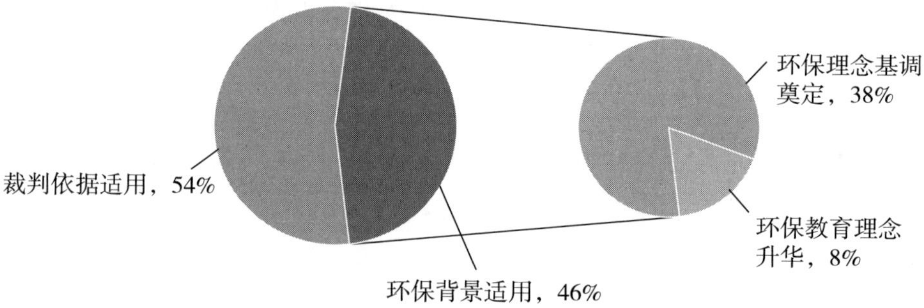


**图 7-8　价值宣示功能具体表达情况**

以上占比说明,“绿色原则”体现价值宣示功能时在案件中的适用较为简单。在说理处适用“绿色原则”,无论环保理念奠定还是环保理念教育升华都是法官对案件的环保面向进行的释明,但仅在裁判依据处适用则存在对“绿色原则"条文内容释明缺乏的问题。从法条列举方面适用占据较大比例可知,司法实践中存在适用"绿色原则"时对原《民法总则》第9条具体内容释明不足的情况。这对案件当事人是否能起到环保价值宣示的作用则有待进一步验证。

第二,通过对体现价值宣示功能案件样本进行梳理发现,样本案件的具体内容呈现类型化且集中为合同纠纷解决、侵权行为认定及责任承担。

如图7-9所示,以合同纠纷解决为主要内容的案件占比44%,较以侵权行为认定为内容的案件及责任承担的案件数量突出,其还分为两种具体情形,即以确认合同效力为内容的案件及确认合同履行为内容的案件,在样本中确认合同效力案件、确认合同履行的案件分别为5件、17件,各自占比为10%、34%,在合同纠纷案件中分别占比约为23%、77%。在以侵权行为认定为主要内容的案件中则存在一般民事侵权和环境民事侵权两种类型,以环境污染案件为典型的环境民事侵权案件较少。在以责任承担为主要内容的案件中,可以区分为刑事责任和民事责任。理论上责任承担是在案件对合同纠纷和民事侵权行为认定结束后的内容,但在具体文书内容中也存在单独确认责任承担的情形,如在江阴市奋进金属包装有限公司与江阴市华士镇华西五村村民委员会土地租赁合同纠纷中,虽然案件名称表明是合同纠纷,但是二审法院在案件审理之后认为,原被告双方之间存在的土地租赁合同效力虽然存在争议,这对于租赁土地上建筑物补偿范围和标准并不存在实质性的影响。案件的审理关键在于对具体的责任内容即补偿的范围和标准如何认定,并以原《民法总则》第9条为裁判依据之一进行案件裁判和责任内容确认。〔19〕

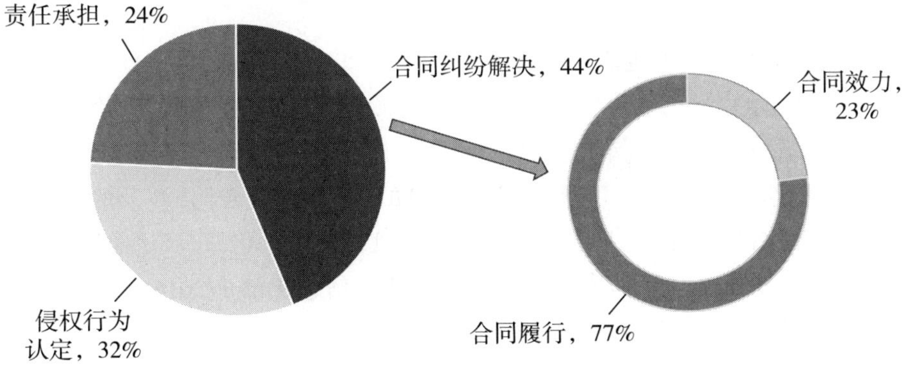


**图7-9　价值宣示功能案件类型化情形**

〔19〕 江苏省无锡市中级人民法院民事判决书,(2020)苏02民终3975号。

## (二)补强说理

通过对案件样本进行梳理发现,区别于价值宣示功能,“绿色原则”在具体适用中还存在对案件说理论证进行补充的功能,其在一定程度会发挥法律原则的价值指引和一般法律规范的双重作用,即对当事人双方的行为进行定性并进一步对双方权利义务进行确认并且对案件的说理论证产生实质的影响。此种功能发挥的前提为案件适用的具体法律规则存在冲突或者单独适用无法达到充分说理的效果,此时“绿色原则”的适用便使对冲突的具体规则权衡以及对模糊的法律规则的内涵和外延进行明确。经过“绿色原则”补充说理功能的发挥,民事活动附有环保义务的说理内容增加会使整个案件向环境保护方向倾斜,使立法者对于环境保护的价值设定得以在司法中得以体现,也会让法官进行内心确信过程中更易做出有利于环境保护的裁判结果。[20]

“绿色原则”在具体裁判中关于补强说理的功能在理论上存在两种表现情形,分别为对模糊的法律规则进行明确,进行规则的价值指引和对规则说理过程论证的力度加强。

### 1. 对具体法律规则内涵进行明确

经过对样本进行梳理后,并未发现对含义模糊的具体规则进行明确的案件,仅存在一例案件涉及对规则内涵的界定内容,即上海市静安区关于怡景苑业主大会业主撤销权纠纷一案。[21] 该案件通过“绿色原则”对原《物权法》第 71 条关于业主对于其建筑物专有部分的合法权益中的“权益”范围进行界定,但是该部分存在于通过“绿色原则”进行的规范补充论述之中,故该案例缺乏相应的典型性。

### 2. 对规则说理论证力度加强

现有的“绿色原则”补强说理的表现形式基本为对规则说理论证力度的加强。如在松原盛世汽车销售服务有限公司诉随州信威汽车贸易有限公司车辆买卖合同纠纷一案中,[22] 原被告之间签订的《工业买卖合同》涉及的标的物为不符合国家排放标准要求的车辆,法院在说理的内容中将原《民法总则》第 9 条和《大气污染防治法》与原环境保护部、工业和信息化部于 2016 年发布的第 4 号《关于实施第五阶段机动车排放标准的公告》等结合起来对双方当事人在合同

---

〔20〕 参见巩固:《〈民法典〉绿色原则适用初探》,载《法律适用》2020 年第 23 期。

〔21〕 上海市高级人民法院民事裁定书,(2018)沪 0106 民初 3616 号。

〔22〕 湖北省随州市增读区人民法院民事判决书,(2017)鄂 1303 民初 2999 号。

签订过程中均存在过错进行认定,由于原环境保护部、工业和信息化部发布的公告并不具有正式法源的意义,《大气污染防治法》才对原被告关于合同标的存在环境污染的过错认知也无针对性的规定,此时将原《民法总则》第 9 条的"绿色原则"进行说理融入增强了对当事人过错的论证过程,起到补强说理的功能作用。部分案例情况如表 7 – 5 所示。

**表 7 – 5 "绿色原则"补强说理类似案件情形**

| 案件名称 | 判决书案号 | 涉及环境/资源的表述 |
|---|---|---|
| 淮南市雁溪缘水产养殖有限公司、淮南市焦岗湖水产旅游开发有限公司渔业承包合同纠纷案 | (2020)皖 04 民终 1029 号 | 雁溪缘水产养殖公司过度投放河蟹、大量投放草鱼、围网养殖的行为事实,必然会对案涉水面生态环境造成不良影响 |
| 贾某万诉冯某红相邻污染侵害纠纷案 | (2017)晋 0881 民初 1756 号 | 农村居民在其居住区或自家宅院内养殖畜禽类,因畜禽类粪便极易滋生蚊蝇,且养殖过程中容易产生恶臭、粉尘和微生物,必然会导致空气质量下降,影响周边环境,给相邻居民的生活带来不良影响 |
| 朱某友、麻城市东泰汽车修理厂修理合同纠纷案 | (2018)鄂 11 民终 2739 号 | 东泰汽修厂不可能再依朱某友的意思将车辆恢复到事故发生后的原样,且朱某友要求恢复原样的诉请也不符合常理,更不符合我国提倡的节约资源原则 |
| 郭某燕(郭某)诉武某等租赁合同纠纷案 | (2017)豫 1426 民初 5091 号 | 原告租赁该土地的目的不能实现,至今土地仍处于闲置状态,若继续履行合同对原告明显不公平,并会造成土地资源的浪费 |
| 上诉人南京江标标准件有限公司与被上诉人南京弘礼环保科技有限公司服务合同纠纷案 | (2019)苏 01 民终 6231 号 | 江标公司通过对技术设备进行改造使污水得以循环利用,客观上确有利于节约水资源、保护生态环境,符合上述立法宗旨,应予倡导 |

经过对案件的梳理,发现"绿色原则"发挥补强说理功能的案件体现以下特征:

(1)复合适用的实体法律规则类型多但数量有别

"绿色原则"的补强说理是对案件中具体规则适用的补强说理,在判决书中体现为原《民法总则》第 9 条与其他具体法律条文的复合适用。通过对判决书中与原《民法总则》第 9 条复合适用的具体法律条文进行梳理,总结见表 7 – 6。

表 7 -6 复合适用法律条文情况表

| 法律规范名称 | | 主要涉及条文 |
|---|---|---|
| 民法规范 | 原《民法总则》 | 第 3、5、6、7、8、10、61、157、178 条 |
| | 原《民法通则》 | 第 7、43、53、57、58、78 条 |
| | 原《合同法》 | 第 5、6、7、8、60、93、94 条 |
| | 原《物权法》 | 第 35、84、85、92、107、111、113 条 |
| | 原《侵权责任法》 | 第 4、15 条 |
| | 《土地承包法》 | 第 2、8、9、33、39 条 |
| 环境法规范 | 《环境保护法》 | 第 6、64 条 |
| | 《草原法》 | 第 46、66 条 |
| | 《野生动物保护法》 | 第 24 条 |
| | 《渔业法》 | 第 30 条 |
| | 《固体废物污染环境防治法》 | 第 17 条 |

(2)复合适用法律规范文本多但条文集中

在案件梳理中发现复合适用的具体法律规范条文类型较多,不仅涉及传统民法的各个单行法,如原《民法总则》、原《合同法》等;还涉及了环境法律部门规范,如《环境保护法》、《大气污染防治法》及《草原法》,表明民法部门与环境法律部门已经存在融合。在内容上复合适用的具体法律条文相对集中,表明"绿色原则"适用的案件目前而言相对固定。通过对文书进行梳理,发现在原《合同法》适用法条中,第 93 条、第 94 条在案件适用中占较大比例,从侧面证明"绿色原则"在合同解除的民事案件中发挥作用相对较大;原《物权法》第 84 条适用次数较多,可以推知"绿色原则"在相邻关系处理案件中发挥了一定作用;从原《侵权责任法》第 4 条、第 15 条的适用角度可推知"绿色原则"在侵权行为认定及责任承担方式确定中发挥了一定作用。

(3)民法规范与环境法规范复合适用存在差别

传统民法规范与环境法规范的复合适用在数量上存在差别,适用环境法规范的案件在样本中有 8 件,占比约 11%,同时在此类案件中还表现为环境法律规范和其他具体民法规范的复合适用,整体上环境法律规范的适用率较低。对于适用"绿色原则"的案件,其当然存在案件的环保面向,但是对于环境法律规范较少的适用可能无法发挥该案件的环保价值宣传作用,不利于充分地体现环保义务对民事行为的约束,也体现出民法与环境法在适用上的融合还不充分和深入。

(4)“绿色原则”适用存在条文内容理解差异

通过对补强说理案件样本进行梳理发现,法院在对“绿色原则”条文内容适用说理时存在两种样态:一种是将原《民法总则》第 9 条与案件事实结合进行整体的解释适用,将资源节约和环境保护作为整体与案件结合说理,这种样态在说理结合这一类型中占比约 23%(见图 7-10)。另一种则表现为对第 9 条内容进行拆分,仅利用部分法条内容与案件说理结合,法条具体拆分为两部分,具体为节约资源或保护生态环境,如在朱某友、麻城市东泰汽车修理厂修理合同纠纷一案中,一审法院结合案件事实直接论证原告的诉讼请求不符合节约资源的原则要求;同样在四平市山佳石材有限公司与国网吉林省电力有限公司四平城郊供电公司供用电合同纠纷一案中,法院在说理过程中认为双方继续履行供电合同将会使采石场继续运营,并对生态环境尤其是森林植被造成更大的破坏,从而认定供电协议不应继续履行。[23] 虽然资源节约和生态环境保护的关系存在不同的学理认知,但法院的表述代表了法院对于资源节约和生态环境保护二者区分的态度。

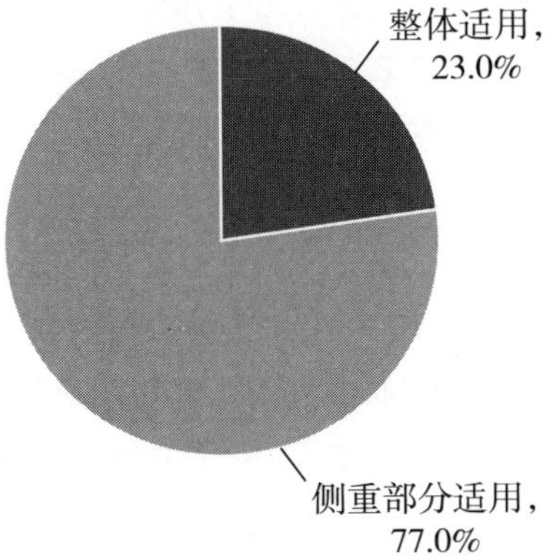


(a)样态一

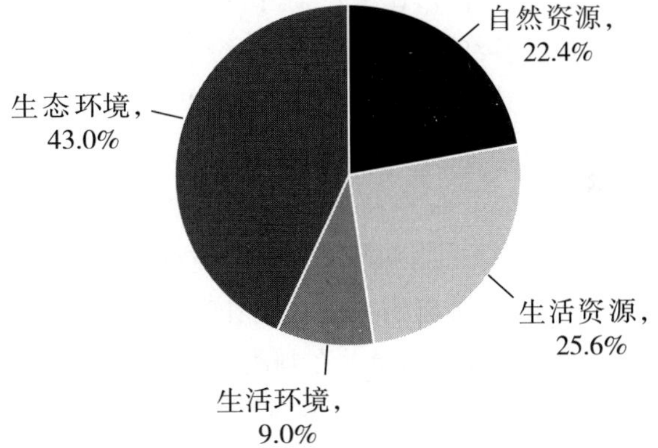


(b)样态二

**图 7-10 “绿色原则”条文内容适用情形**

在具体的条文内容结合说理案件样本中,法院侧重于资源节约的共占比约 48%,其中涉及自然资源要素的共有 13 件,占比约为 22.4%,其中,涉及土地、水、林木的案件分别为 11 件、1 件、1 件,分别占比 19%、1.7%、1.7%;涉及生活

[23] 吉林省四平市中级人民法院民事判决书,(2018)吉 03 民终 895 号。

资源要素的占比 25.6%,其中涉及房屋这一生活资源的案件较为突出,共 6 件,占比约为 10%,法院对于房屋这一生活资源主要集中于是否承担恢复原状的责任认定,如承租合同终止后出租方要求承租方对装修的房屋进行原状恢复,或者建筑物建成之后原告要求被告对房屋拆除等。其他如管道修整、器具回收等案件则情形多样。〔24〕

法院在认定保护生态环境方面也存在类似的情形,对生态环境采取广义的理解,不仅包括单纯的生态环境,生活环境也被纳入。主要涉及生态环境的案件在结合说理中共 25 件,占比约为 43%,对比之下主要涉及生活环境的案件则在少数。在涉及生态环境的案件中,生态环境要素主要体现为土壤、大气和水,其中土地占比最高约为 14%,大气与水则分别占比 12%、5%,除单一体现各个生态环境要素外,案件中还体现对生态环境要素的整体保护,即当事人行为不符合法定程序或行为违反合同义务时,法院认定其不符合“绿色原则”中保护生态环境的原则要求。此种情况在结合说理中占比较少,仅有 2 件,即李某春、赵某容与郭某股权转让合同纠纷案和丰城市新峰水电站、国网江西省电力有限公司丰城市供电分公司买卖合同纠纷案。〔25〕 涉及生活环境的案件表现说理结合功能的共 5 件,占比 9%,其中主要体现为农业养殖臭气和生活污水排放,如贾某万诉冯某红相邻污染侵害纠纷案。〔26〕 在补强说理案件之外,涉及生活环境案件还存在其他的影响生活环境的类型,如邻里之间生活垃圾丢弃,如原告卢某宝与被告卢某标、金某珍排除妨碍纠纷案件。〔27〕

(5)“绿色原则”补强说理起次要作用

“绿色原则”作为对具体规则说理论证的补强,其并不是裁判的直接和主要规范,只是起到“辅助”的作用。〔28〕 这表现在案件样本中针对“绿色原则”的说理阐释较为简单。在判决书中一般存在以下表述:有利于/不利于节约资源或保护生态环境;从节约资源/保护生态环境的角度来说;符合民事活动绿色环保的原则等。

---

〔24〕 河北省邯郸市邯山区人民法院民事判决书,(2018)冀 0402 民初 2483 号;安徽省怀远县人民法院民事判决书,(2018)皖 0321 民初 615 号;上海市第二中级人民法院民事判决书,(2020)沪 02 民终 3625 号等。

〔25〕 四川省绵阳市游仙区人民法院民事判决书,(2018)川 0704 民初 2549 号;江西省宜春市中级人民法院民事判决书,(2019)赣 09 民终 782 号。

〔26〕 山西省永济市人民法院民事判决书,(2017)晋 0881 民初 1756 号。

〔27〕 江苏省南京市六合区人民法院民事判决书,(2018)苏 0116 民初 1135 号。

〔28〕 巩固:《〈民法典〉绿色原则适用初探》,载《法律适用》2020 年第 23 期。

(三)规范补充

依法裁判是依法治国的核心要素,法院及其审判人员行使裁判权,据以作出生效裁判的法律依据在一般情况下应当是明确的法律规则。但是,法官裁决案件时往往会发现,仅依靠既有法律规则可能无法完整表达立法机关所构想的"理想的法律";同时,囿于社会与生活的复杂性,有些案件是法律规则无法涵摄、提供不了确定答案的,这种困境在司法实践中几乎难以避免。故此,法律概念的不确定性以及法律规范调整范围的有限性决定了法律规则无法容纳现实中出现的所有情况,司法诉讼必然会面临"法律漏洞"的存在而出现"无法可依"的问题。法官遭遇此种司法困境时,他们必须求助于法律规则之外的裁判规范以进行司法审判。作为法律活动指导原理和基本准则的法律原则,在司法判决中是证明、统摄以及解释诸多具体法条与法律适用活动的普遍性准则,〔29〕可以起到填补法律漏洞,强化法律调控能力的基本作用。在司法裁判中,法官在不违反法律秩序的情况下,通过能动司法、借助绿色原则弥补法律漏洞可以克服法律规范的不周延性,对于个案中的不正义现象进行剔除和修正,以达到保护环境与节约资源的"绿色"目的。特别是在《民法典》保持法律规则不变的前提下,能够实现绿色原则对民法体系各部分的协调统一与有效控制,消解民法在生态环境案件中个案正义与理性的缺失,充实生态文明法治。

依照通说,法律原则的漏洞填补应当作为兜底性条款适用,"只有在其他漏洞填补方法不足以达成可供适用的规则时才适用"〔30〕。因此,通过绿色原则的司法适用对规则进行漏洞填补一般应当包含两个阶段:第一阶段是法官通过判断"依照现有法律规则裁判是否会有害环境资源"进而判断法律漏洞的存在;第二阶段是通过对绿色原则进行解释,并对适用绿色原则的原因,及不适用绿色原则将会引致不利的环境资源后果做充分说明,以此对最终的裁判结果进行合理、合法化的论证。

在52份规范补充裁判文书中,司法审判运用绿色原则作为规范补充的类型广泛,法院在物权、合同、侵权等领域都有适用绿色原则作为规范补充的印记。大部分司法裁判仅依照绿色原则或直接根据"民事主体从事民事活动,应当有利于节约资源、保护生态环境"就对案件中某一事实作出认定,进而对民事主体的权利限制、义务承担等问题产生实质性影响。在52份裁判文书中,法院适用绿色原则涉及以下领域,见图7-11。

---

〔29〕 参见薛波主编:《元照英美法词典》,法律出版社2003年版,第1091页。

〔30〕 王利明:《法律解释学导论:以民法为视角》,法律出版社2009年版,第579页。

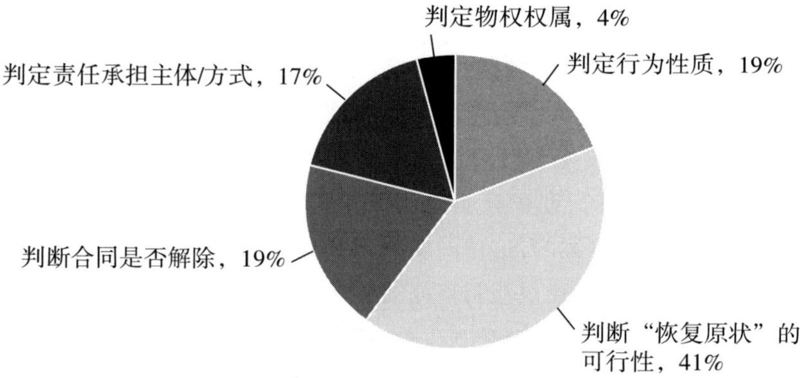


**图 7－11　绿色原则司法适用的领域分布**

### 1. 判定行为性质

相关案例共 10 件,占比 19%。在该情况下,法官依据绿色原则,判断行为主体是否违反法律或是合同约定。比如,在马某娟与荣盛房地产发展股份有限公司房屋买卖合同纠纷[31]中,被告在施工过程中因遇到重污染天气以及大气污染防治攻坚行动而停工,以致逾期交房。法院认为,为了保护人类赖以生存和发展的环境资源,保证人类社会的可持续发展,“绿色原则”对“私权利”进行了适度限制。原被告作为民事主体,亦必须遵守。为了改善空气质量,维护公众利益,且双方签订的商品房买卖合同中亦对工期顺延的情形进行了约定,被告作为施工单位根据政府及相关部门的指令停工或限产属于工期合理顺延情形。(部分类似案例见表 7－7)

**表 7－7　判定行为性质案件情况**

| 案件名称 | 案号 | 绿色原则适用要点 | 适用领域 | 适用方向 |
| --- | --- | --- | --- | --- |
| 陈某、周某芳商品房销售合同纠纷 | (2019)冀 10 民终 912 号 | “绿色原则”对“私权利”进行适度限制,原被告作为民事主体,亦必须遵守。为改善空气质量,维护公众利益,被告作为施工单位根据政府及相关部门的指令停工或限产属于工期合理顺延情形 | 判定行为性质(违法/违约) | 环境保护 |

[31] 河北省廊坊市经济技术开发区人民法院民事判决书,(2018)冀 1091 民初 1653 号。

续表

| 案件名称 | 案号 | 绿色原则适用要点 | 适用领域 | 适用方向 |
|---|---|---|---|---|
| 刘某东、王某中土地承包经营权转让合同纠纷 | (2019)冀06民终3538号 | 二审法院基于绿色原则判定被上诉人阻止上诉人在涉案土地上存放可能造成环境污染的皮革条及生活垃圾,不属于违约行为 | 判定行为性质(违法/违约) | 环境保护 |
| 赵某权、香河县胜强房地产开发有限公司商品房销售合同纠纷 | (2019)冀10民终3681号 | 上诉人主张被上诉人应履行因大气污染政府下令停工的通知义务。法院基于绿色原则认为被上诉人为改善环境,根据政府指令停工或限产属于工期合理顺延情形,对上诉人该项主张不予支持 | 判定行为性质(违法/违约) | 环境保护 |
| 王某平、王某元物权保护纠纷 | (2020)湘13民终1157号 | 一审判决认定烤烟房本身系违法建筑,不是合法财产,不受法律保护,拆除该烤烟房就不会造成合法损失,不存在赔偿。上诉人拆除涉案烤烟房的方式符合绿色原则规定,不存在浪费资源或破坏生态环境的情形 | 判定行为性质(违法/违约) | 环境破坏节约资源 |
| 隆化县佩国砂石料购销处、河北省高速公路承赤管理处财产损害赔偿纠纷 | (2018)冀08民终2818号 | 一审法院认为,本案原告进行开山启石作业,但未取得营业执照、开山启石的许可证、环境影响评价报告、国土资源部门的占地审批证明等相关手续,本身系非法经营。被告作为承赤高速公路的征地拆迁机构,有义务保证承赤高速公路的安全通车,其向原告下发停产及迁移的告知书是履行职务的正当行为,根据绿色原则,原告不得以此为由向三被告主张赔偿 | 判定行为性质(违法/违约) | 环境保护 |

**2. 判断"恢复原状"的可行性**

相关案件共21件,占比41%。主要分为两类:一类是在合同领域,法院根据"绿色原则"对恢复原状责任承担的免除,即合同被解除、撤销或确认无效后,绿色原则阻碍了恢复原状的责任承担。例如,龚某、龚某兵合同纠纷[32]中,一审法院在确认原告与被告之间的水库转包合同为无效合同后,判决原告将水库鱼

〔32〕 江西省南昌市中级人民法院民事判决书,(2018)赣01民终2785号。

苗捕捞收回;二审法院认为原告投入鱼苗养殖期较短,且已与水库原有鱼苗混同,目前对其进行打捞可能会造成损失的扩大。二审法院根据绿色原则判决水库现有鱼苗归原告所有,但要对被告该部分损失予以折价赔偿。又如,通辽碧桂园房地产开发有限公司与黄某商品房销售合同纠纷〔33〕中,法院认为涉案房屋已装修完毕,被告为装修房屋支出了大量的费用,如对已经装修完毕的房屋进行拆除,势必造成资源的浪费,不符合绿色原则,故对原告的诉讼请求不予支持。另一类是在侵权领域,法院根据绿色原则对权利人恢复原状请求权的否认。例如,马某香、王某山恢复原状纠纷〔34〕中,被告管委会未经原告同意在原告承包地的周边修建桥梁和池塘。原告以桥梁、池塘阻碍其进入自己的开荒地致使其无法耕种为由,诉请被告恢复原状和赔偿损失。法院认为,被告修建排水渠是为了城乡建设,排水渠现已投入使用。根据绿色原则,原告要求被告恢复原状所造成的损失明显高于实际造成的损失,已失去恢复原状的合理性,故对于原告主张的被告对其承包地地貌恢复原状的诉讼请求,法院不予支持。(类似案例见表 7 – 8)

**表 7 – 8　判断“恢复原状”的可行性案件情况**

| 案件名称 | 案号 | 绿色原则适用要点 | 适用领域 | 适用方向 |
|---|---|---|---|---|
| 任某胜、任某华侵权责任纠纷 | (2019)豫 17 民终 3783 号 | 二审认为,由于被上诉人对其所建的房屋基础设施放弃权利,一审法院基于绿色原则将该部分工程折价抵偿给上诉人,并无不当。上诉人请求将被上诉人所建工程拆除,会造成资源的重大浪费,有违绿色原则,不予支持 | 判断“恢复原状”的可行性 | 节约资源 |
| 任某清与陈某帮财产损害赔偿纠纷 | (2018)渝民终 201 号 | 上诉人请求将“三楼一底”房屋恢复至框架结构中间未隔断的原状。二审法院认为:在被上诉人已将“三楼一底”房屋和“四楼一底”房屋修建完成并对外出售的情况下,判决将“三楼一底”房屋恢复至框架结构中间未隔断的原状并拆除“四楼一底”房屋,会造成社会资源重大浪费,有违绿色原则,故驳回上诉 | 判断“恢复原状”的可行性 | 节约资源 |

〔33〕 内蒙古自治区通辽市科尔沁区人民法院民事判决书,(2018)内 0502 民初 1484 号。
〔34〕 河北省沧州市中级人民法院民事判决书,(2020)冀 09 民终 396 号。

续表

| 案件名称 | 案号 | 绿色原则适用要点 | 适用领域 | 适用方向 |
|---|---|---|---|---|
| 原告汪某梅诉被告钟某、第三人黄某、李某伟、常德市宜佳房地产经纪有限公司侵权责任纠纷 | (2018)湘0702民初1134号 | 原告提出被告对侵占的房屋恢复原状的诉讼请求,法院认为因房屋已经被装修,装修后的财物与房屋已经混合,如果将其分离拆毁,势必将造成资源的浪费,基于绿色原则,从经济、环保和物的合理、有效利用的角度考虑,不宜将该房屋恢复原状 | 判断"恢复原状"的可行性 | 节约资源 |
| 福建省鸿达电子技术开发有限公司直属分公司与国网福建清流县供电有限公司占有保护纠纷 | (2016)闽0423民初1205号 | 法院认为,鉴于涉案强电管道的建设和使用属于当地城市建设公共利益的需要,被告仍需继续使用,若判决被告停止使用或不再使用涉案强电管道而另行重新建设其他强电管道,显然造成浪费,这与绿色原则相悖。故判决被告继续使用涉案强电管道,原告主张判令被告停止使用、恢复原状的诉讼请求,不予支持 | 判断"恢复原状"的可行性 | 节约资源 |
| 吴某与吉视传媒股份有限公司扶余分公司排除妨害纠纷 | (2020)吉07民终134号 | 法院认为,根据绿色原则,本案侵权责任的承担方式应为损失赔偿,不宜主张拆除设施、恢复原状 | 判断"恢复原状"的可行性 | 节约资源 |

**3. 判断合同是否解除**

相关案件共10件,占比19%。法律将绿色原则作为判断合同是否应当解除的规则依据,主要表现为限制合同解除。例如,任某会、李某华等与四川省南充市万事兴房地产开发有限公司房屋买卖合同纠纷〔35〕中,原被告签订了《房屋买卖合同》及《房屋买卖补充协议》,依照原《合同法》规定,被告未按照约定完成办证义务从而违背了合同及补充协议的约定,构成违约,原告认为其有权解除该商业用房买卖合同。法院认为,根据涉案房屋整体状况,原告请求单独解除涉案房屋的买卖合同,将导致该房屋严重降低使用价值,继而对该房屋的市场价值产生重大影响。依据绿色原则,原告请求单独解除涉案房屋买卖合同之诉讼请求,法院不予支持。(类似案例见表7-9)

〔35〕 四川省南充市顺庆区人民法院民事判决书,(2017)川1302民初3613号。

**表 7－9　判断合同是否解除案件情形**

| 案件名称 | 案号 | 绿色原则适用要点 | 适用领域 | 适用方向 |
|---|---|---|---|---|
| 李某梅、柘城县城关镇人民政府土地租赁合同纠纷 | (2018)豫 14 民终 4801 号 | 一审法院认为,城关镇政府租用原告土地用于公益绿地建设,是一项长期惠民工程,一旦解除租赁合同,既浪费国家资源,又不利于生态环境的改善。基于绿色原则判定租赁合同应按法律规定最长租赁期限 20 年为宜 | 判定合同是否解除 | 环境保护与节约资源 |
| 梁某华、广西国营凤凰华侨农场土地租赁合同纠纷 | (2019)桂 13 民终 611 号 | 涉案土地上已经有上诉人种植的进入成熟期的果树、桂花树和药用植物等经济作物,解除合同并要求上诉人归还涉案土地、铲除上述植物,不利于实现节约资源、保护生态环境,亦对上诉人不公平。因此,根据绿色原则,被上诉人以上诉人尚欠土地租金为由解除涉案合同,法院不予支持 | 判定合同是否解除 | 节约资源 |
| 黄某喜与黄某波等土地承包经营权纠纷 | (2017)粤 13 民终 2969 号 | 二审法院依照民法诚实信用原则、绿色原则,从有利于本案村民生产、生活和社会稳定的角度出发,对上诉人现要求解除原承包土地置换协议,返还 0.73 亩土地诉请,作出维持一审不予支持的判决 | 判定合同是否解除 | 节约资源 |

**4. 判定责任承担主体/方式**

相关案件共 9 例,占比 17%。主要分为两类:第一类是依据绿色原则,结合实际情况,对由谁承担责任进行推演。在怀化市湘雅数字健康管理有限公司(原怀化鹤城君安健康综合门诊有限公司)、怀化市鹤城区天星新嘉坡业主委员会排除妨害纠纷〔36〕中,被告制作的招牌被他人拆除后,没有处理留置在屋顶平台墙体上固定招牌的钢架、墙体被破坏的大理石贴面等废弃物。法院认为,虽该招牌已被他人拆除,但被破坏的损害结果均系被告所致。根据绿色原则,招牌虽已拆除但仍有处置价值,被告作为招牌所有权人有义务及时阻止损失扩大,对留置物进行清理。第二类是依据绿色原则,结合实际情况,对承担何种责任进行推

〔36〕 湖南省怀化市中级人民法院民事判决书,(2020)湘 12 民终 1093 号。

演。冯某文、冯某国农村建房施工合同纠纷〔37〕中,法院认为,申请人要求被申请人赔偿涉案临时过渡房屋整体损失,但双方约定的建造房屋单价过低,且申请人亦未提供有效证据证明房屋整体不符合合同约定,故一审、二审法院从节约资源的角度衡量,依据绿色原则认定修理是被申请人承担民事责任最适合的方式。(类似案例见表7-10)

**表7-10 责任承担主体/方式案件情形**

| 案件名称 | 案号 | 绿色原则适用要点 | 适用领域 | 适用方向 |
| --- | --- | --- | --- | --- |
| 赵某宝与高某强租赁合同纠纷 | (2018)内0784民初325号 | 法院认为,被告存在无环境影响评价手续且存在烟气、污水不符合环保要求的情况,依据绿色原则,被告应承担相应的违约责任 | 判定责任承担主体/方式 | 环境保护 |
| 黄某辉与梁某泉排除妨害纠纷 | (2020)粤20民终1807号 | 法院认为,原告主张由被告将案涉树木砍伐,根据绿色原则,案涉树木已种植多年,如果将其砍伐不利于资源的保护及有效利用,且砍伐案涉树木并非排除妨害的唯一途径,将案涉树木搬离梁某泉的用地红线范围即可 | 判定责任承担主体/方式 | 节约资源 |
| 中国电信股份有限公司蕲春分公司、中国移动通信集团湖北有限公司蕲春分公司侵权责任纠纷 | (2019)鄂11民终1544号 | 一审法院认为,原告未举证被告搭挂行为存在现实及技术上不可消除的安全隐患,依据绿色原则,被告承担案件的侵权责任方式不宜适用排除(拆除)妨碍以停止侵害,应以被告承担赔偿损失的方式从而实现对物权的保护 | 判定责任承担主体/方式 | 环境保护 |
| 郭某清与被上诉人常某锋、薛某荣、原审被告赵某鹏承揽合同纠纷 | (2020)陕08民终3208号 | 法院认为,虽然原审被告违约,但原告承认工程有部分已经投入使用,即证明虽然原审被告未按合同要求进行安装,但其安装的门窗具有使用价值,而进行重做、更换会造成浪费,违反了原《民法总则》确定的绿色原则,原告要求重做、更换显属不当,故法院对原审原告的要求重做、更换门窗的诉请不予支持 | 判定责任承担主体/方式 | 节约资源 |

〔37〕 河南省郑州市中级人民法院民事判决书,(2019)豫01民申1393号。

续表

| 案件名称 | 案号 | 绿色原则适用要点 | 适用领域 | 适用方向 |
|---|---|---|---|---|
| 张某南、临湘市鸿鹤驾驶员培训学校排除妨害纠纷 | (2018)湘 06 民终 2340 号 | 一审法院认为,根据绿色原则,一切单位和个人都有保护环境的义务。被告学习场地是人员集中的公共场所,应当确保周边环境干净卫生,适宜学员和周边居民的生活,故对原告请求排除妨碍的诉求予以支持 | 判定责任承担主体/方式 | 环境保护 |

### 5. 界定物权权属

相关案件共 2 例,占比 4%。在长沙市雨花区中远公馆小区业主委员会与湖南创欣物业管理有限公司排除妨害纠纷案〔38〕中,小区屋顶花园由被告改建成封闭性的场地,但因其不具有合法产权,被告对此不享有所有权。一审法院根据绿色原则,从节约资源的角度出发,将涉案场地判定给业主委员会用于全体业主使用。在刘某与上海市静安区怡景苑业主委员会、上海市静安区怡景苑业主大会业主撤销权纠纷案〔39〕中,原告购买的汽车使用能源为电能,无废气排放,较燃油车辆更为清洁环保。但缺少充电桩会给原告使用该汽车带来不便,原告因此减少使用的清洁能源将会转移至燃油汽车上实现,由此带来尾气排放,增加生态环境负担。根据绿色原则,法院将充电桩视为充电汽车实现使用目的不可或缺的设施。同时,法院认定原告有权在车位装与其汽车相配套的充电桩。

此外,从相关裁判文书中可以看出,援引绿色原则作为规范补充的案件,其适用方向主要集中于“节约资源”,共 35 件,占比 67%。适用于“环境保护”的案件不多,共 14 件,占比 27%,见图 7 - 12。究其原因,一是当前环境保护的法律体系较为完善,无法用既有法律规则处理的案件数量较少。而“绿色原则”作为补充规范,多用于“节约资源”案件也一定程度上表明节约资源的相关法律体系仍有待完善。二是“环境保护”和“节约资源”的概念、内涵与范围区分尚无法明确,进而在一些案件中适用方向的界限也不甚明了。

〔38〕 湖南省长沙市中级人民法院民事判决书,(2018)湘 01 民终 4835 号。

〔39〕 上海市静安区人民法院民事判决书,(2018)沪 0106 民初 3616 号。

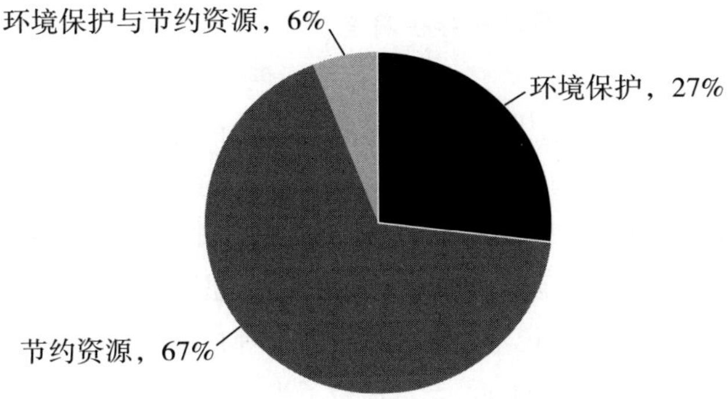


**图 7－12　绿色原则司法适用的方向分布**

## 五、结论：绿色原则司法适用的问题显现与回应

根据研究主题，本报告以 1230 份裁判文书作为样本进行检视，重点分析了绿色原则司法适用的宏观样态与微观现状。报告发现绿色原则在司法适用领域的规范价值远未被发掘，关于个案裁判的适用问题还存在认识误区和法技术层面的疑虑。行文至此，本报告对一些问题试进行总结。

### （一）绿色原则司法适用的缺憾

通过对 201 份裁判文书的进一步梳理，发现隐藏在绿色原则司法适用表象下的深层问题逐渐暴露。报告发现：许多案件只要案情与环境保护、节约资源有关，便可用绿色原则解释案情中的某一项事实或判断。对绿色原则的内涵理解存在偏差、向一般条款逃逸等问题，代表着法官存在利用绿色原则名义滥用自由裁量权的可能，这会对法律规则确定的裁判可预测性与可评价性造成损害。

**1. 援引绿色原则的形式不规范**

在适用绿色原则的裁判文书中存在一些表达形式不规范的问题，比如将此条文写成彼条文。以崔某亮与贺某杰租赁合同纠纷〔40〕为例，法官在论述说理时引用了原《民法总则》第 6 条公平原则与第 9 条绿色原则的规定，但在法条依据中却是原《民法总则》第 6 条与第 8 条，这反映出司法裁判过程中的严谨性仍有待加强。在这种情况下，如果当事人以适用法律错误为由提起上诉或再审申请，则必然会造成司法资源的浪费与司法权威性的降低。

〔40〕 河南省三门峡市中级人民法院民事判决书，(2019)豫 12 民终 343 号；河南省渑池县人民法院民事判决书，(2018)豫 1221 民初 2396 号。

**2. 绿色原则的内涵理解存在偏差**

绿色原则的内涵理解存在偏差致使绿色原则在司法适用过程中出现不适当的现象。最明显的问题即对“资源”的理解存在泛化。“资源”在绿色原则中属于典型的不确定性法律概念,对于资源的内涵与范围的不同理解将招致司法裁判的范围也出现不同程度的偏差。在杨某权、阳光保险集团股份有限公司一般人格权纠纷〔41〕中,法院认为上诉人仅仅因为被上诉人的工作人员与自己的一次简单通话,在自己也说不清到底被侵犯何种权利的情况下,因为无须承担诉讼成本,就任意起诉、随意上诉,严重浪费了当前紧张的司法资源,明显违反了绿色原则,应当属于滥用民事权利的行为,驳回上诉。显然,本案的裁判理由与传统上对绿色原则中资源的理解存在偏差,在“资源”概念的射程范围中是否涵摄司法资源仍是一个有争议的问题。案件中,原告向法院上诉的行为确实浪费了紧张的司法资源,但法院以绿色原则为裁判依据驳回原告上诉,显然也存在不合理之处。若按此裁判逻辑,法官可以摆脱寻觅、援引正确法律的费时费力的困扰,将各类浪费司法资源的情形统一以驳回原告诉讼请求的方式结案,这明显与司法的正义理念相悖。

**3. 存在“向一般条款逃逸”的嫌疑**

作为民法基本原则的绿色原则发挥着统筹性、引领性的作用。依照通说,绿色原则的司法适用应当被适度限定,即禁止绿色原则“向一般条款逃逸”。法院在裁判时,若已有可依据的法律规则,且规则适用不存在个案不正义的现象,则不得抛弃法律规则而适用法律原则进行裁判,即适用绿色原则的必要前提就是在现有的法律规则体系中无法找到合理的裁判依据。以绿色原则进行裁判的案例不在少数,在具体检视时发现:裁判者对绿色原则与民法具体规则之间的关系认识不清,进而造成“向一般条款逃逸”的问题。〔42〕裁判者若不认真思考绿色原则与具体规则之间的适用关系,只要案情与环境保护、节约资源相关,法官就可不加论证地适用绿色原则,极大可能使绿色原则可以任意破坏法律规则。在陈某章、李某均土地租赁合同纠纷一案〔43〕中,一审法院认为,依法成立的合同受法律保护。原告主张解除合同并退还租赁土地的诉讼请求符合法律规定和合同约定,予以准许。对于解除合同时间,因渔业养殖具有养殖周期,应根据绿色

---

〔41〕 山东省泰安市中级人民法院民事判决书,(2019)鲁 09 民终 3147 号。

〔42〕 叶熙昊:《绿色原则的司法适用:裁判概览、误读与澄清》,载《现代法治研究》2020 年第 1 期。

〔43〕 四川省宜宾市中级人民法院民事判决书,(2019)川 15 民终 1840 号。

原则确定解除时间。深究此案,所涉及的合同法律关系复杂,但是法院并未关注相关的法条与说理,仅以原《合同法》规则与绿色原则作为裁判的法律依据,显然有"向一般条款逃逸"的嫌疑。在二审中,针对争议焦点即本案的租赁合同应否解除的问题,法院并未适用绿色原则亦证成了这一点。"向一般条款逃逸"行为之所以在司法裁判中被禁止,是因为该裁判行为会严重损害法的权威性以及法律秩序的稳定性。因此,绿色原则的司法适用要遵循"规则优于原则"的要求,除非具有法定事由,否则不得突破。

**4. 存在"类案不同判"的现象**

通过对裁判文书的梳理发现,绿色原则司法适用的案件类型较多的是合同纠纷。对比合同纠纷的生效裁判文书可发现,绿色原则司法适用存在"类案不同判"的现象。以逾期交房纠纷的两个案件为例,在吴某洁与河南宏江房地产公司房屋买卖合同纠纷一案中,原告要求被告承担逾期交房的违约责任,被告则以在施工过程中因遇到重污染空气预警而停工,进而致使工期延误为由予以抗辩。法院未采纳被告的抗辩事由,认为被告作为施工单位根据政府及相关部门的环保指令停工或限产不属于工期合理顺延情形。[44] 而在同样的类似案例中,比如马某娟与荣盛房地产公司房屋买卖合同纠纷一案,与上述案件几乎有相同的案情,被告在施工过程中也因遇到重污染天气以及大气污染防治攻坚行动而停工,以致逾期交房。但两个判决结果却截然相反,法院以"绿色原则"对"私权利"进行了适度限制,将被告停工或限产视为工期合理顺延情形,驳回了原告的诉讼请求。[45] 同类型的案例还有天津市某法院也以同样的理由支持了被告,驳回了原告的诉讼请求。[46] 这足以说明全国各地法院在适用绿色原则的内涵理解与裁判标准上不尽统一,存在较大的差异,这在很大程度上有损法院的形象以及司法秩序的形成。

(二)绿色原则司法适用不足的回应

如前所述,绿色原则在司法适用过程中出现了诸多问题,既有对绿色原则的理解不清,也有对绿色原则的适用不准。随着环境司法专门化的逐渐深入,"绿色司法"对社会的影响力不断增强,应在以下路径的指引下不断强化绿色原则的司法适用与效果提升。

---

〔44〕 河南省郑州市中原区人民法院民事判决书,(2018)豫0102民初696号。

〔45〕 河北省廊坊市经济技术开发区人民法院民事判决书,(2018)冀1091民初1653号。

〔46〕 天津市滨海区人民法院民事判决书,(2018)津0116民初3451号。

### 1. 绿色原则的内涵解读

绿色原则进行司法适用的前提和基础是对于绿色原则的内涵理解,因此在对绿色原则司法适用之前有必要先厘清绿色原则的基本内涵。从规范构造来看,绿色原则受到“民事主体”“民事活动”“应当有利于”“节约资源”“保护生态环境”等语词的修饰与限定,鉴于不确定性法律概念与行为概念的重要性,绿色原则的解释应当重点落脚于“节约资源”与“保护生态环境”两个不确定概念的内涵范围以及“应当有利于”的行为程度。

第一,“节约资源”的范围不应当仅局限于土地、水流、煤炭、天然气等生态资源,还应涵摄一切民事活动涉及的生活资源。《民法典》作为调整私主体之间的法律,承载着正确处理民事关系、规范民事活动的功能。绿色原则将民事活动与节约资源置于一个法律条文中,确认了民事活动与资源之间的联系。如果仅将“资源”限定在环境资源部门法的范畴,会致使绿色原则不符合在民法体系中的地位与角色。实际上,很多民事纠纷都需要对社会资源在成本收益之间进行权衡。因此,“节约资源”的涵摄范围很大程度上是一个解释论的问题。只有通过解释将节约社会资源落至“节约资源”的语义射程范围内,才不影响《民法典》目的的实现。同理,“保护生态环境”的范围也不能限缩于“生态环境”,其涵摄范围应当包括生活环境。在以私主体行为为主要调整对象,背后保护的是民生福祉与社会秩序的民法典中,绿色原则作为基本原则,显然需要将与人类生活最密切相关的生活环境纳入“生态环境”中。

第二,“应当有利于”是对民事主体“行为方式”的必要性的程度要求。既然《民法典》第 9 条已经明确“民事主体从事民事活动,应当有利于节约资源、保护生态环境”,因而绿色原则中“应当有利于”就是对民事主体从事民事行为方式选择的前提性要求。同时,“应当有利于”蕴含“对比”“判断”的意思,其背后承载的是更高标准的民事行为方式选择的程度要求。“应当有利于”要求民事主体在从事民事活动的多种方式中,对比、判断进而选择一个有益于节约资源与保护生态环境的方式,[47] 禁止“不利于”节约资源与保护生态环境的情况(如资源浪费、环境污染、生态破坏等情况)发生,表现出一种对生态环境利益保护的积极性要求。

---

〔47〕 蔡守秋、张毅:《绿色原则之文义解释与体系解读》,载《甘肃政法学院学报》2018 年第 5 期。

**2. 绿色原则司法适用的要求**

由于绿色原则的司法适用具有限制和改变当事人权利义务的法律效果,因此,绿色原则的司法适用必须符合一定的要求,否则就会构成对当事人权利的不当限制。绿色原则的司法适用必须满足以下几个要求:

(1)严谨性。如报告所言,司法实践中确实存在许多绿色原则适用不当的现象。这些现象可能体现出对司法资源的一种浪费,是违反绿色原则的。绿色原则的司法适用应当坚持严谨的要求,以在绿色原则外找不到其他具体的法律依据适用为前提条件。从某种意义上而言,只要我们能找到裁判公正的法律依据,就不宜援引原《民法总则》第9条予以裁判。此外,需要特别指出的是,在任何情况下,不得赋予法院未经开庭审理直接援引绿色原则裁定不予受理原告起诉的权利。〔48〕 因为,在这种情况下,很可能造成法院对绿色原则的滥用。因此,应当限制绿色原则的适用。从中国裁判文书网以及北大法宝上检索到的案例来看,很多适用绿色原则的案件均不符合本项要求。故此,对于绿色原则的司法适用,法官应当坚持严谨性的要求。

(2)精准性。当司法裁判没有法律规则可以直接适用时,绿色原则可作为直接判案依据。但绿色原则作为一项民法基本原则,与其他民法基本原则一样,都具备很强的抽象性与概括性。同时,绿色原则与其他原则在内涵上还存在一定的冲突。故此,在司法裁判中,法官需要对绿色原则与其他原则进行衡量,然后决定适用哪种原则。以公序良俗原则为例,公序良俗原则在理论上具备维护环境秩序的潜在功能,但在司法实践中几乎没有利用公序良俗原则来保护公众环境权益的案例,反映出通过公序良俗原则促进节约资源和保护生态环境的困难性。而绿色原则的表述较公序良俗原则更加清晰、明确,直接在民事活动与环境保护之间构筑起了坚固的桥梁,有利于避免公序良俗原则在维护环境秩序中的困境,绿色原则在司法实践中充分发挥民法基本原则促进节约资源和保护生态环境的作用。因此,在适用绿色原则时,法官要准确区分基本原则之间的区别,明确适用绿色原则最合适、最妥当的情形。

(3)正当性。绿色原则的司法适用一般代表着对当事人实体权利义务的限制或改变。从目的论而言,这种限制或改变只有在能明显帮助环境保护或节约资源的情况下才具有正当性。另外,在正当性的要求下,这种限制和改变还必须

---

〔48〕 魏宏斌:《绿色原则的裁判功能、适用要求及法律效果》,载《河南财经政法大学学报》2020年第5期。

是适度的。即绿色原则的司法适用在不脱离生态环境利益的范畴内,可借助法律经济分析的架构平衡民事纠纷中的私人利益和环境公共利益。通过合理的规则指引廓清环境资源利益的得与失,给出更具坚实且合理的裁判理由,更好地引导司法审判走向"绿色化"。

(4)充分性。绿色原则作为一个原则性法律条款,其抽象性与概括性决定了其司法适用必须保证说理的充分性。特别是要把抽象的绿色原则与法律规则以及案件的具体事实之间的联系表达清楚,通过目的解释的方法明确表达某一法律规则在案件中对于生态、环境利益的保护目的,灵活地对个案场景中所蕴含的法理念、法价值秩序以及裁判理由做出充分的描述,以保障最终审判结果的公正性与合理性。

绿色原则在我国《民法典》的确立标志着我国生态文明法治建设又向前迈出了关键一步。目前,绿色原则因具有裁判功能而在我国司法适用中逐渐得到贯彻和执行,但在司法裁判上尚存在一些问题有待完善。绿色原则的司法适用绝不是随意的,必须充分解释绿色原则内涵、从更宽泛的意义上理解环境资源,在司法适用上做到严谨性、精准性、正当性与充分性,以此更好地实现绿色原则从"纸面上的法"转变到"行动中的法"。未来生态法治规则体系的进一步完善,必将为美丽中国目标的实现保驾护航。

# 长江流域环境司法的主要特征与建设方向：以非法捕捞水产品和非法采砂案件为样本

罗文君　邱　秋

2020年12月26日第十三届全国人民代表大会常务委员会第二十四次会议通过了我国第一部流域法律《长江保护法》，该法第77条明确规定国家加强长江流域司法保障建设。本报告以2020年结案的长江流域两类典型案件——非法捕捞水产品和非法采砂案件为考察样本，对长江流域环境司法状况进行实证研究，以期为完善长江流域环境司法保障建设提供思路。

## 一、研究样本与指标选择

### （一）样本选择

本报告选取了两类典型案件，即非法捕捞水产品和非法采砂案件作为研究长江流域环境司法状况的样本。选取理由如下。一是这两类案件是长江流域发生数量极大的案件类型。非法捕捞和非法采砂是长江流域长期以来面临的突出问题，研究表明，从2017年1月1日到2019年6月30日，长江干流非法捕捞水产品罪、非法采矿罪案件发生量分别为2999件、1486件。[1] 二是这两类行为对长江流域生态环境危害巨大，国家采取专项整治行动进行重拳打击。过度捕捞水产品影响水生物多样性和水生态系统平衡，过度采砂影响河势稳定，带来防洪和通航安全隐患。2020年7月1日至2021年6月30日，公安部、农业农村部部署开展打击长江流域非法捕捞专项整治行动，由公安部、农业农村部牵头，会同最高人民法院、国家发展改革委、交通运输部、水利部、市场监管总局、国家网信办、国家林草局统一组织，沿江各地在地方各级人民政府的统一领导下依法惩戒破坏水生生物资源行为，坚决遏制长江流域非法捕捞违法犯罪活动，确保长江流

[1] 参见吕忠梅等：《中国环境司法发展报告（2019年）》，法律出版社2020年版，第238～275页。

域禁捕取得扎实成效。[2] 2019 年 1 月,公安部部署湖北、湖南等长江流域 10 省(市)公安机关和交通运输部公安局开展为期一年的专项行动,严厉打击长江流域黑恶势力非法采砂违法犯罪活动。[3] 三是这两类案件涉水性、跨界性、流域性特征明显,打击违法犯罪行为需要区域与流域之间,以及行政与司法之间的紧密协作。因此,基于这两类典型案件样本研究的结论更具有可行性与说服力。

(二)指标变量

本报告的研究数据源于最高人民法院提供的 2020 年结案的长江流域的非法捕捞水产品和非法采砂民事、行政、刑事案件数据统计表。根据研究目标,选取了 7 组指标变量,见表 8-1。

**表 8-1　2020 年长江流域非法捕捞水产品和非法采砂案件实证研究指标体系**

<table>
<tr><th>序号</th><th>指标变量层 A</th><th>指标变量层 B</th><th>说明</th></tr>
<tr><td rowspan="3">1</td><td rowspan="3">案件类型比例</td><td>民事</td><td rowspan="17">为了全面呈现长江流域 2020 年所有与非法捕捞水产品和非法采砂相关的民事、行政、刑事案件概况,统计表中会出现其他案由名称</td></tr>
<tr><td>行政</td></tr>
<tr><td>刑事</td></tr>
<tr><td rowspan="2">2</td><td rowspan="2">案由</td><td>非法捕捞水产品</td></tr>
<tr><td>非法采砂</td></tr>
<tr><td rowspan="2">3</td><td rowspan="2">审级</td><td>一审、二审</td></tr>
<tr><td>基层人民法院、中级人民法院</td></tr>
<tr><td rowspan="3">4</td><td rowspan="3">审理程序</td><td>简易程序</td></tr>
<tr><td>速裁程序</td></tr>
<tr><td>普通程序</td></tr>
<tr><td rowspan="2">5</td><td rowspan="2">文书类型</td><td>裁定书</td></tr>
<tr><td>判决书</td></tr>
<tr><td rowspan="2">6</td><td rowspan="2">地域分布</td><td>省</td></tr>
<tr><td>城市</td></tr>
<tr><td rowspan="3">7</td><td rowspan="3">当事人信息</td><td>被告人数</td></tr>
<tr><td>被告年龄</td></tr>
<tr><td>被告受教育程度</td></tr>
</table>

[2] 公安部、农业农村部《打击长江流域非法捕捞专项整治行动方案(2020-2021 年)》,载中国政府网,http://www.gov.cn/xinwen/2020-07/05/content_5524251.htm,最后访问日期:2021 年 2 月 22 日。

[3] 参见姜天骄:《公安机关开展打击长江流域非法采砂违法犯罪专项行动成果显著》,载新华网,http://www.xinhuanet.com/legal/2019-10/23/c_1125138999.htm,最后访问日期:2021 年 2 月 22 日。

## 二、长江流域非法捕捞水产品与非法采砂案件的基本样态

2020 年,长江流域与非法捕捞水产品和非法采砂行为相关的民事、行政、刑事案件共计 1655 件。[4] 分析上述案件的案件类型比例、案由、审级、审理程序、文书类型、地域分布、当事人信息 7 组指标变量,得出 2020 年长江流域非法捕捞水产品和非法采砂案件的具体分布样态如下。

(一)案件类型

**1. 2020 年长江流域非法捕捞水产品与非法采砂案件的总体概况**

其中,2020 年,长江流域非法捕捞水产品案件 1239 件,占比 74.88%;非法采砂案件 416 件,占比 25.12%(见图 8-1)。

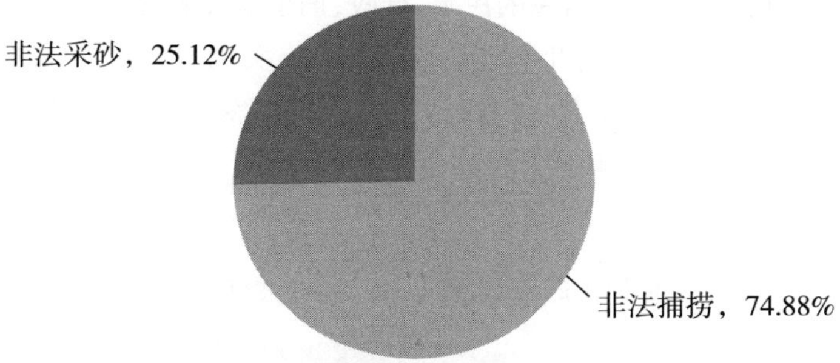


**图 8-1 2020 年非法捕捞水产品和非法采砂案件分布比例**

**2. 与非法捕捞水产品行为有关的民事、行政、刑事案件概况**

2020 年,长江流域发生与非法捕捞水产品行为有关的民事案件 14 件,占长江流域非法捕捞水产品案件总数的 1.13%,其中民事公益诉讼案件 8 件,占民事案件总数的 0.65%;行政案件 4 件,占长江流域非法捕捞水产品案件总数的 0.32%;刑事案件 1220 件,占比为 98.47%,其中刑事附带民事案件 21 件,占刑事案件总数的 1.72%(见图 8-2)。

---

〔4〕 数据来源:中国司法大数据研究院。本数据为 2020 年长江流域非法捕捞水产品、非法采砂案件的结案数,其中,2019 年立案、2020 年结案的有 62 件,2020 年立案和结案的有 1593 件。

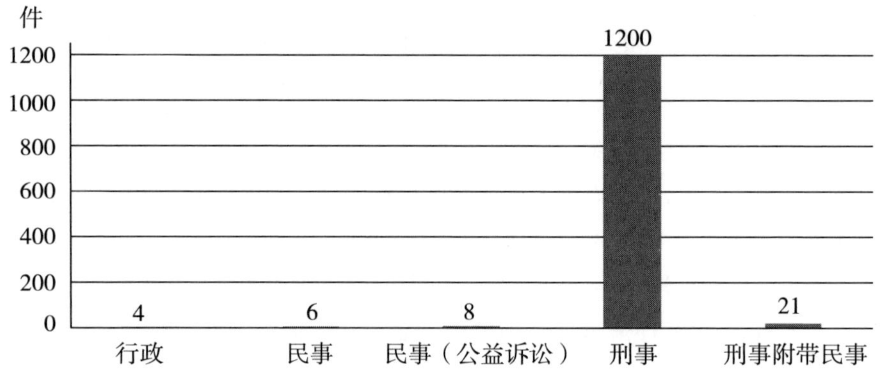


**图 8-2　2020 年非法捕捞水产品案件类型分布**

**3. 与非法采砂行为有关的民事、行政、刑事案件概况**

2020 年,长江流域发生与非法采砂行为有关的行政案件 36 件,占非法采砂案件总数的 9%,民事案件 14 件,占比 3%,刑事案件 366 件,全部属于非法采矿罪案件,占比 87%,其中刑事附带民事案件 4 件,占刑事案件总数的 1%(见图 8-3)。

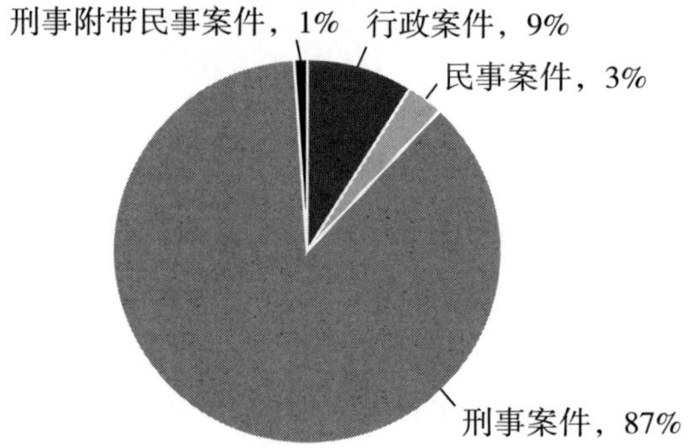


**图 8-3　2020 年非法采砂案件类型分布**

(二)案由

**1. 非法捕捞水产品案件的案由分布概况**

2020 年,长江流域非法捕捞水产品案件的行政案由包括行政处罚、行政赔偿、非法捕捞 3 种类型;民事案由包括保险纠纷、财产损害赔偿纠纷、船舶触碰损害责任纠纷、环境污染责任纠纷、民间借贷纠纷、侵权责任纠纷、非法捕捞共 7 种类型;刑事案由包括非法捕捞水产品罪,非法猎捕、杀害珍贵、濒危野生动物罪,滥用职权罪,受贿罪,敲诈勒索罪,妨害公务罪,行贿罪,非法狩猎罪 8 种类型(见

表 8－2)。其中,案由为非法捕捞水产品罪的案件数量最多。

**表 8－2 2020 年长江流域与非法捕捞水产品有关的案件案由分布**

单位:件

| 案件类型 | 案由 | 数量 |
|---|---|---|
| 行政 | 行政处罚 | 2 |
| | 行政赔偿 | 1 |
| | 行政强制 | 1 |
| 民事 | 侵权责任纠纷 | 7 |
| | 保险纠纷 | 2 |
| | 环境污染责任纠纷 | 1 |
| | 财产损害赔偿纠纷 | 1 |
| | 民间借贷纠纷 | 1 |
| | 船舶触碰损害责任纠纷 | 1 |
| | 非法捕捞 | 1 |
| 刑事 | 非法捕捞水产品罪 | 1191 |
| | 非法猎捕、杀害珍贵、濒危野生动物罪 | 3 |
| | 滥用职权罪 | 1 |
| | 受贿罪 | 1 |
| | 敲诈勒索罪 | 1 |
| | 妨害公务罪 | 1 |
| | 行贿罪 | 1 |
| | 非法狩猎罪 | 1 |
| 刑事附带民事 | 非法捕捞水产品罪 | 20 |
| | 非法猎捕、杀害珍贵、濒危野生动物罪 | 1 |
| 总计 | | 1239 |

**2. 非法采砂案件的案由分布概况**

2020 年,长江流域非法采砂案件的行政案由包括行政处罚,行政强制,行政命令,行政赔偿,水利、交通行政管理,其他行政管理 6 种类型;民事案由包括买卖合同纠纷,定期租船合同纠纷,股权转让纠纷,民间借贷纠纷,委托合同纠纷,海上、通海水域货物运输合同纠纷,故意伤害人身侵权纠纷,海上、通海水域人身损害责任纠纷共 8 种类型;刑事案由包括非法采矿罪,掩饰犯罪所得罪,滥用职权罪,寻衅滋事罪,敲诈勒索罪,受贿罪,盗窃罪,妨害作证罪,诈骗罪,强迫交易罪,挪用公款罪,海上、通海水域货物运输纠纷罪,组织、领导、参加黑社会性质组织罪等 20 种类型(见表 8-3)。其中,案由为非法采矿罪的案件数量最多。

**表 8-3　2020 年长江流域与非法采砂有关的案件案由分布**

单位:件

| 案件类型 | 案由 | 数量 |
|---|---|---|
| 行政 | 行政处罚 | 21 |
| | 行政命令 | 8 |
| | 行政强制 | 3 |
| | 行政赔偿 | 2 |
| | 水利、交通行政管理 | 2 |
| | 其他行政管理 | 2 |
| 民事 | 买卖合同纠纷 | 5 |
| | 定期租船合同纠纷 | 1 |
| | 股权转让纠纷 | 1 |
| | 民间借贷纠纷 | 1 |
| | 委托合同纠纷 | 3 |
| | 海上、通海水域货物运输合同纠纷 | 1 |
| | 故意伤害人身侵权纠纷 | 1 |
| | 海上、通海水域人身损害责任纠纷 | 1 |
| 刑事 | 非法采矿罪 | 302 |
| | 掩饰、隐瞒犯罪所得、犯罪所得收益罪 | 19 |
| | 滥用职权罪 | 7 |
| | 敲诈勒索罪 | 5 |
| | 寻衅滋事罪 | 5 |
| | 受贿罪 | 4 |
| | 盗窃罪 | 3 |

续表

| 案件类型 | 案由 | 数量 |
|---|---|---|
| 刑事 | 强迫交易罪 | 3 |
| | 挪用公款罪 | 2 |
| | 妨害作证罪 | 2 |
| | 诈骗罪 | 2 |
| | 违规制造、销售枪支罪 | 1 |
| | 单位行贿罪 | 1 |
| | 行贿罪 | 1 |
| | 单位受贿罪 | 1 |
| | 串通投标罪 | 1 |
| | 帮助犯罪分子逃避处罚罪 | 1 |
| | 受贿罪、行贿罪 | 1 |
| | 非国家工作人员受贿罪 | 1 |
| 刑事附带民事 | 非法采矿罪 | 4 |
| 总计 | | 418 |

(三)审级

**1. 非法捕捞水产品案件的审级分布概况**

2020 年长江流域非法捕捞水产品案件中,一审审理终结的案件 1227 件,占当年审理终结的非法捕捞水产品案件总数比例约为 99%;二审审理终结的案件 12 件,占总比约为 1%。(见图 8-4)

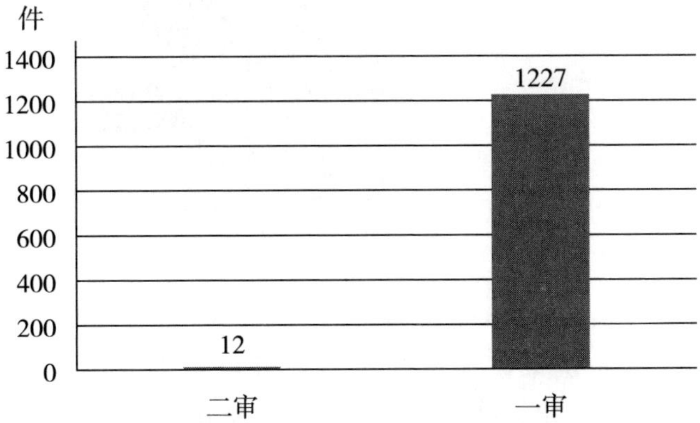


**图 8-4 2020 年非法捕捞水产品案件审级分布**

在 1239 件非法捕捞水产品案件中,案由为非法捕捞水产品罪的案件共有 1212 件,其中有 1201 件由一审人民法院审理,占比 99.09%;11 件由二审人民法院审理,占比 0.91%。(见图 8-5)

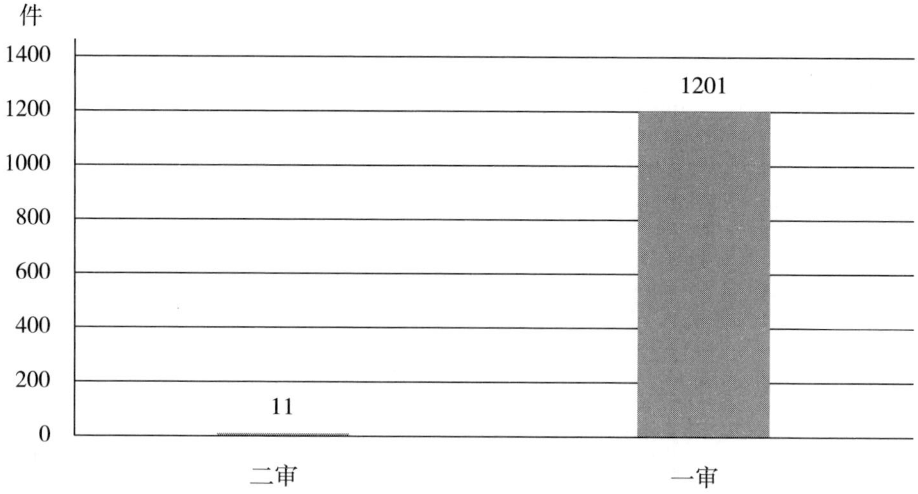


**图 8-5　2020 年非法捕捞水产品刑事案件审级分布**

**2. 非法采砂案件的审级分布概况**

2020 年长江流域非法采砂案件中,一审审理终结的案件 344 件,占当年审理终结的非法采砂案件总数比例为 82.69%;二审审理终结的案件 72 件,占比 17.31%。(见图 8-6)

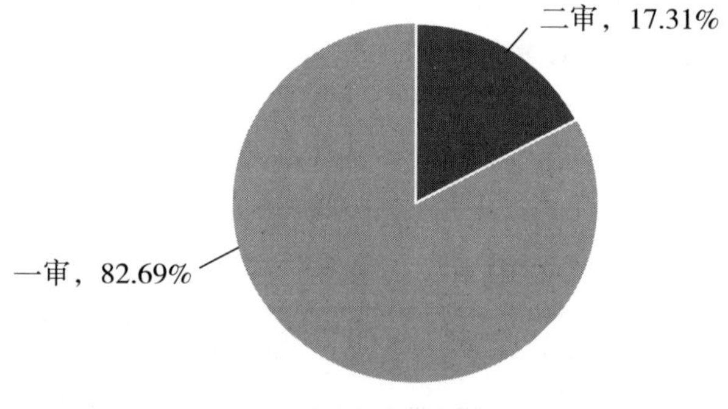


**图 8-6　2020 年非法采砂案件审级分布**

在 366 件非法采矿罪案件中,305 件由一审人民法院审理,占比约为 83.33%;61 件由二审人民法院审理,占比约为 16.67%。(见图 8-7)

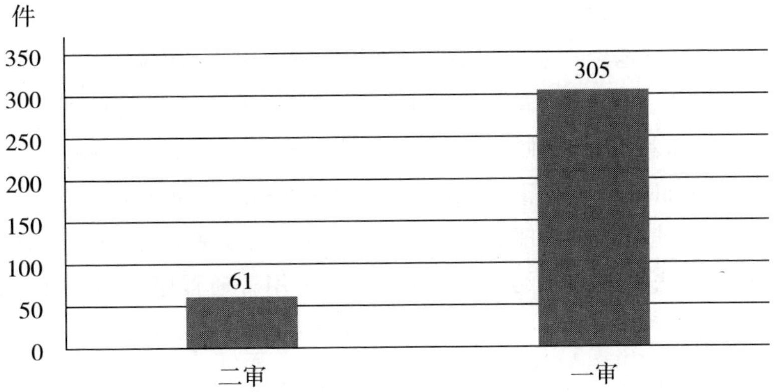


**图 8-7　2020 年非法采砂刑事案件审级分布**

### 3. 非法捕捞水产品和非法采砂案件审理法院的层级分布概况

2020 年,非法捕捞水产品案件有 1219 件由基层人民法院审理,占比 98.39%,有 20 件由中级人民法院审理,占比 1.61%;非法采砂案件有 343 件由基层人民法院审理,占比 82.45%,有 73 件由中级人民法院审理,占比 17.55%。(见图 8-8)

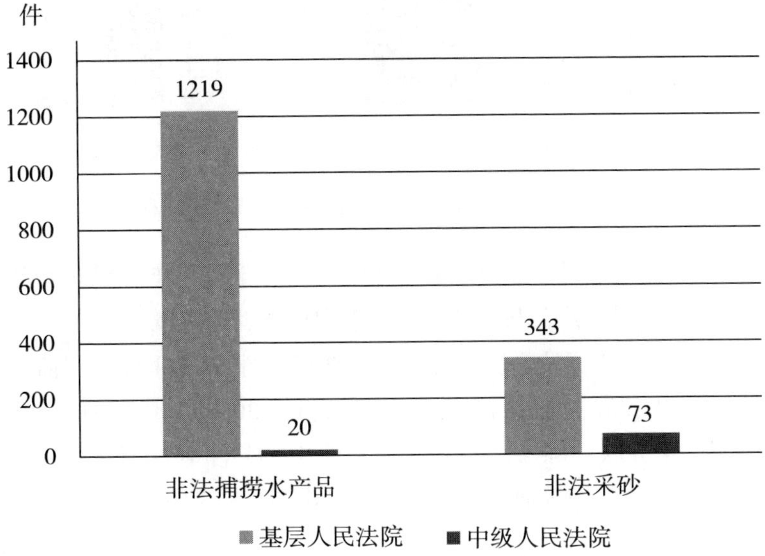


**图 8-8　2020 年非法捕捞水产品和非法采砂案件审理法院层级分布**

### (四)审理程序

#### 1. 非法捕捞水产品与非法采砂案件审理程序的总体概况

2020 年,长江流域非法捕捞水产品与非法采砂案件主要采用简易程序、普通程序和速裁程序 3 种模式。非法捕捞水产品案件中,552 件采用简易程序审理,占非法捕捞水产品案件的 44.55%;386 件采用普通程序审理,占比 31.15%;301 件采用速裁程序审理,占比 24.29%。非法采砂案件中,100 件采用简易程序审理,占非法采砂案件的 24.04%;303 件采用普通程序审理,占比 72.84%;13 件采用速裁程序审理,占比 3.13%。(见图 8 - 9)

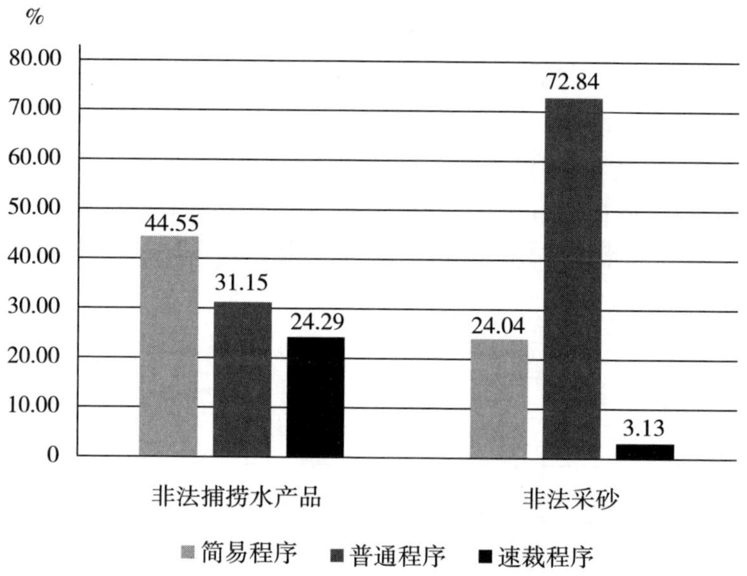


**图 8 - 9　2020 年非法捕捞水产品和非法采砂案件审理程序分布**

#### 2. 非法捕捞水产品与非法采砂刑事案件审理程序概况

2020 年,长江流域非法捕捞水产品刑事案件中,544 件采用简易程序审理,占比 44.88%;367 件采用普通程序审理,占比 30.28%;301 件采用速裁程序审理,占比 24.83%。非法采砂刑事案件中,94 件采用简易程序审理,占比 25.68%;259 件采用普通程序审理,占比 70.77%;13 件采用速裁程序审理,占比 3.55%。(见图 8 - 10)

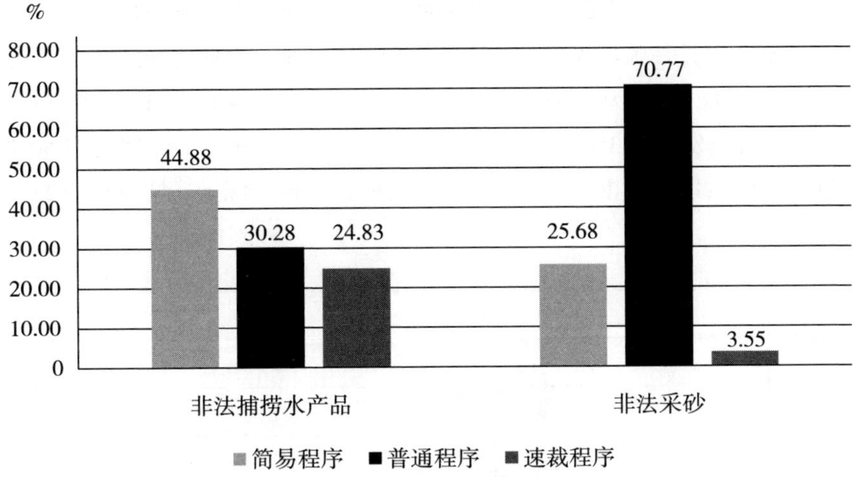


**图 8-10　2020 年非法捕捞水产品和非法采砂刑事案件审理程序概况**

(五)文书类型

**1. 非法捕捞水产品与非法采砂案件裁判文书类型总体概况**

2020 年长江流域非法捕捞水产品案件中,采用裁定书形式的 14 件,占比为 1.13%;采用判决书形式的 1225 件,占比为 98.87%。非法采砂案件中,采用裁定书形式的 68 件,占比为 16.35%;采用判决书形式的 348 件,占比为 83.65%。(见图 8-11)

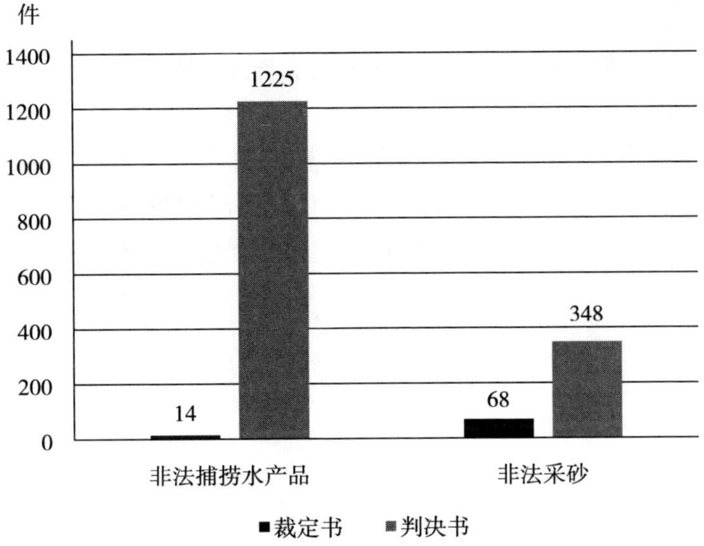


**图 8-11　2020 年非法捕捞水产品和非法采砂案件文书类型分布**

**2. 非法捕捞水产品与非法采砂刑事案件裁判文书类型概况**

2020 年长江流域发生的 1212 件非法捕捞水产品刑事案件中,以裁定书结案的有 13 件,占比为 1.07%;以判决书结案的有 1199 件,占比为 98.93%。2020 年长江流域发生的 366 件非法采砂刑事案件中,以裁定书结案的有 50 件,占比为 13.66%;以判决书结案的有 316 件,占比为 86.34%。(见图 8-12)

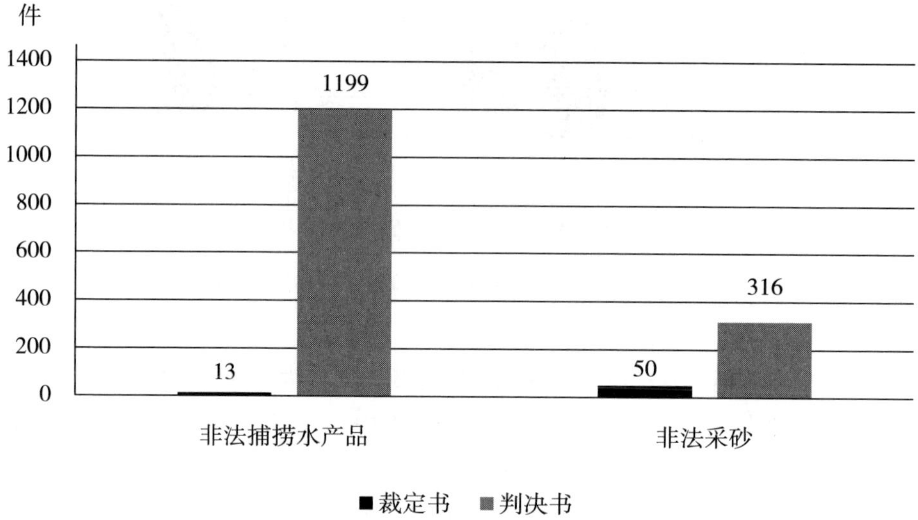


**图 8-12 2020 年非法捕捞水产品与非法采砂刑事案件文书类型分布**

(六)地域分布

**1. 非法捕捞水产品与非法采砂案件省份分布概况**

2020 年长江流域非法捕捞水产品与非法采砂案件主要分布在 14 个省、自治区、直辖市,包括四川省、云南省、重庆市、湖北省、湖南省、江西省、安徽省、江苏省、上海市、贵州省、陕西省、河南省、广东省、浙江省。(见图 8-13)

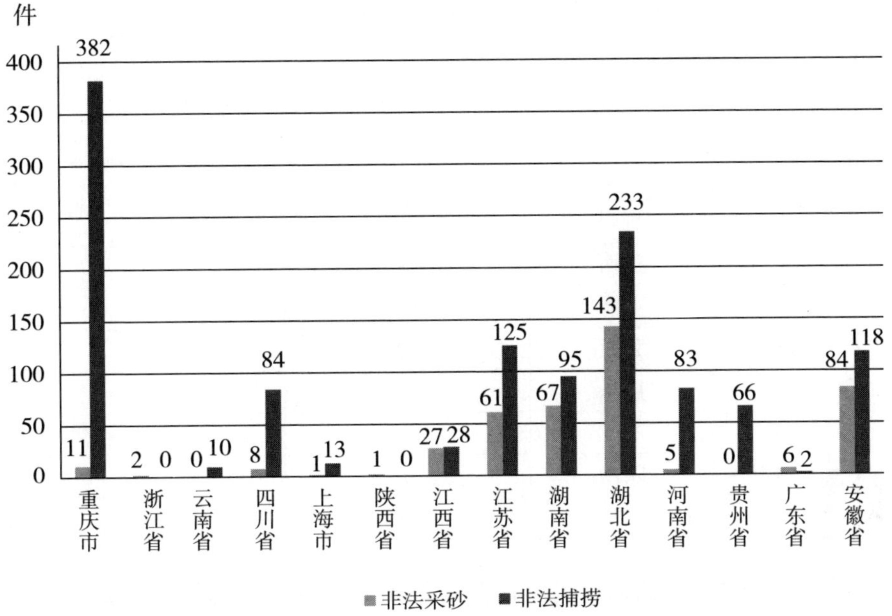


**图 8－13　2020 年非法捕捞水产品和非法采砂案件省、自治区、直辖市分布**

案件发生量排名前十位的省区市是重庆市、湖北省、安徽省、江苏省、湖南省、四川省、河南省、贵州省、江西省、上海市。重庆市案件数量最多,共计 393 件,依次是湖北省 376 件、安徽省 202 件、江苏省 186 件、湖南省 162 件、四川省 92 件、河南省 88 件、贵州省 66 件、江西省 55 件、上海市 14 件。在非法捕捞水产品案件中,排名前十位的依次是重庆市、湖北省、江苏省、安徽省、湖南省、四川省、河南省、贵州省、江西省、上海市,分别为 382 件、233 件、125 件、118 件、95 件、84 件、83 件、66 件、28 件、13 件。在非法采砂案件中,排名前十位的依次是湖北省、安徽省、湖南省、江苏省、江西省、重庆市、四川省、广东省、河南省、浙江省,分别为 143 件、84 件、67 件、61 件、27 件、11 件、8 件、6 件、5 件、2 件。(见表 8－4)

**表 8－4　2020 年长江流域非法捕捞水产品和非法采砂案件省级行政区域分布**

单位:件

| 序号 | 省区市 | 非法捕捞水产品 | 非法采砂 | 总计 |
|---|---|---|---|---|
| 1 | 重庆 | 382 | 11 | 393 |
| 2 | 湖北 | 233 | 143 | 376 |
| 3 | 安徽 | 118 | 84 | 202 |
| 4 | 江苏 | 125 | 61 | 186 |

续表

| 序号 | 省区市 | 非法捕捞水产品 | 非法采砂 | 总计 |
|---|---|---|---|---|
| 5 | 湖南 | 95 | 67 | 162 |
| 6 | 四川 | 84 | 8 | 92 |
| 7 | 河南 | 83 | 5 | 88 |
| 8 | 贵州 | 66 | 0 | 66 |
| 9 | 江西 | 28 | 27 | 55 |
| 10 | 上海 | 13 | 1 | 14 |
| 11 | 云南 | 10 | 0 | 10 |
| 12 | 广东 | 2 | 6 | 8 |
| 13 | 浙江 | 0 | 2 | 2 |
| 14 | 陕西 | 0 | 1 | 1 |
| 总计 | | 1239 | 416 | 1655 |

在 1212 件非法捕捞水产品罪刑事案件中,排名前四位的依次为重庆市、湖北省、江苏省、安徽省。其中,重庆市案件数量最多,共计 381 件,接着依次是湖北省 230 件、江苏省 119 件、安徽省 102 件。在 366 件非法采矿罪案件中,排名前四位的依次为湖北省、安徽省、湖南省、江苏省。其中,湖北省案件数量最多,共计 108 件,接着依次是安徽省 62 件、湖南省 61 件、江苏省 43 件。(见图 8 - 14)

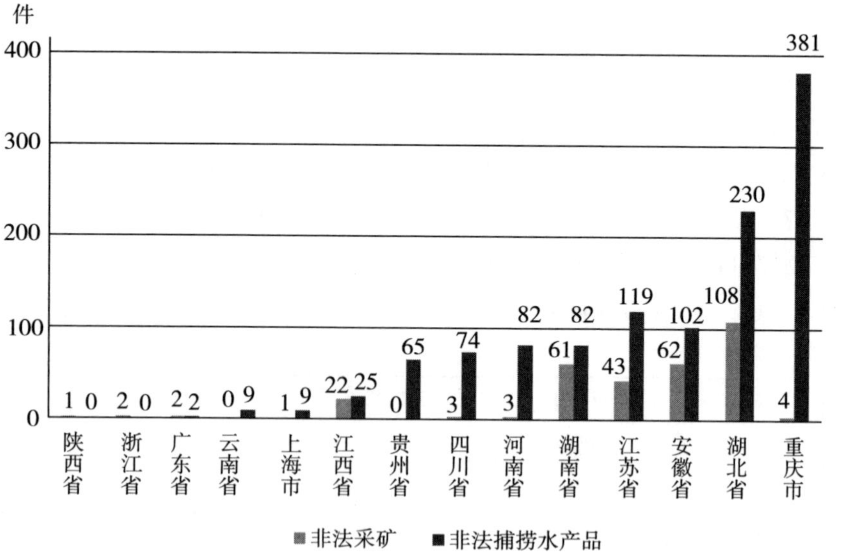


**图 8 - 14　2020 年非法捕捞水产品罪和非法采矿罪省、直辖市分布**

**2. 非法捕捞水产品与非法采砂案件城市分布概况**

2020 年,长江流域非法捕捞水产品案件分布于 71 个城市。其中,审理非法捕捞水产品案件排名前十的城市依次是重庆市、荆州市、南阳市、安庆市、武汉市、南京市、无锡市、宜昌市、南通市、益阳市。重庆市审理的非法捕捞水产品案件最多,共计 382 件,接着依次是荆州 78 件,南阳市 76 件,安庆市 59 件,武汉市 58 件,南京市 56 件、无锡市 35 件、宜昌市 31 件、南通市 28 件、益阳市 24 件。

2020 年,长江流域非法采砂案件分布于 46 个城市。审理非法采砂案件排名前十的依次是岳阳市、荆州市、芜湖市、九江市、黄冈市、南通市、武汉市、黄石市、安庆市、无锡市。岳阳市审理的非法采砂案件最多,共计 64 件,接着依次是荆州市 42 件、芜湖市 36 件、九江市 35 件、黄冈市 32 件、南通市 31 件、武汉市 25 件、黄石市 24 件、安庆市 21 件、无锡市 12 件。(见表 8 - 5)

**表 8 - 5　2020 年长江流域非法捕捞水产品和非法采砂案件城市分布**

单位:件

| 序号 | 非法捕捞水产品案件 | | 非法采砂案件 | |
|---|---|---|---|---|
| | 城市分布 | 数量 | 城市分布 | 数量 |
| 1 | 重庆 | 382 | 岳阳 | 64 |
| 2 | 荆州 | 78 | 荆州 | 42 |
| 3 | 南阳 | 76 | 芜湖 | 36 |
| 4 | 安庆 | 59 | 九江 | 35 |
| 5 | 武汉 | 58 | 黄冈 | 32 |
| 6 | 南京 | 56 | 南通 | 31 |
| 7 | 无锡 | 35 | 武汉 | 25 |
| 8 | 宜昌 | 31 | 黄石 | 24 |
| 9 | 南通 | 28 | 安庆 | 21 |
| 10 | 益阳 | 24 | 无锡 | 12 |
| 11 | 遵义 | 24 | 南京 | 12 |
| 12 | 宜宾 | 22 | 重庆 | 11 |
| 13 | 南充 | 21 | 宜昌 | 9 |
| 14 | 泸州 | 20 | 铜陵 | 9 |
| 15 | 九江 | 19 | 鄂州 | 6 |

续表

| 序号 | 非法捕捞水产品案件 | | 非法采砂案件 | |
|---|---|---|---|---|
| | 城市分布 | 数量 | 城市分布 | 数量 |
| 16 | 池州 | 18 | 池州 | 5 |
| 17 | 岳阳 | 16 | 信阳 | 4 |
| 18 | 芜湖 | 16 | 淮南 | 4 |
| 19 | 贵阳 | 16 | 咸宁 | 4 |
| 20 | 上海 | 13 | 马鞍山 | 3 |
| 21 | 黄冈 | 12 | 镇江 | 3 |
| 22 | 马鞍山 | 11 | 宜宾 | 3 |
| 23 | 襄阳 | 11 | 台州 | 2 |
| 24 | 十堰 | 11 | 肇庆 | 2 |
| 25 | 铜仁 | 10 | 六安 | 2 |
| 26 | 毕节 | 10 | 宣城 | 2 |
| 27 | 株洲 | 10 | 成都 | 2 |
| 28 | 永州 | 9 | 眉山 | 1 |
| 29 | 咸宁 | 9 | 中山 | 1 |
| 30 | 常德 | 9 | 怀化 | 1 |
| 31 | 黄石 | 8 | 阜阳 | 1 |
| 32 | 恩施土家族苗族自治州 | 8 | 驻马店 | 1 |
| 33 | 怀化 | 8 | 上海 | 1 |
| 34 | 昭通 | 7 | 连云港 | 1 |
| 35 | 乐山 | 7 | 淮安 | 1 |
| 36 | 信阳 | 5 | 衡阳 | 1 |
| 37 | 达州 | 5 | 商洛 | 1 |
| 38 | 黔东南苗族侗族自治州 | 5 | 湛江 | 1 |
| 39 | 巴中 | 4 | 襄阳 | 1 |
| 40 | 张家界 | 4 | 茂名 | 1 |
| 41 | 铜陵 | 4 | 绵阳 | 1 |

续表

| 序号 | 非法捕捞水产品案件 | | 非法采砂案件 | |
|---|---|---|---|---|
| | 城市分布 | 数量 | 城市分布 | 数量 |
| 42 | 湘潭 | 4 | 常德 | 1 |
| 43 | 长沙 | 3 | 宿迁 | 1 |
| 44 | 抚州 | 3 | 阿坝藏族羌族自治州 | 1 |
| 45 | 荆门 | 3 | 广州 | 1 |
| 46 | 苏州 | 3 | 合肥 | 1 |
| 47 | 衡阳 | 3 | | |
| 48 | 汉中 | 3 | | |
| 49 | 清远 | 2 | | |
| 50 | 昆明 | 2 | | |
| 51 | 郴州 | 2 | | |
| 52 | 凉山彝族自治州 | 2 | | |
| 53 | 绵阳 | 2 | | |
| 54 | 上饶 | 2 | | |
| 55 | 盐城 | 2 | | |
| 56 | 黄山 | 2 | | |
| 57 | 水富 | 2 | | |
| 58 | 邵阳 | 1 | | |
| 59 | 德阳 | 1 | | |
| 60 | 淮安 | 1 | | |
| 61 | 安阳 | 1 | | |
| 62 | 六安 | 1 | | |
| 63 | 娄底 | 1 | | |
| 64 | 鄂州 | 1 | | |
| 65 | 鹰潭 | 1 | | |
| 66 | 安顺 | 1 | | |
| 67 | 成都 | 1 | | |

续表

| 序号 | 非法捕捞水产品案件 | | 非法采砂案件 | |
|---|---|---|---|---|
| | 城市分布 | 数量 | 城市分布 | 数量 |
| 68 | 洛阳 | 1 | | |
| 69 | 蚌埠 | 1 | | |
| 70 | 眉山 | 1 | | |
| 71 | 无为 | 1 | | |
| 总计 | | 1233 | 总计 | 424 |

**3. 非法捕捞水产品与非法采砂刑事案件城市分布概况**

2020 年,长江流域非法捕捞水产品刑事案件分布于 69 个城市。其中,审理非法捕捞水产品罪案件排名前十的城市依次是重庆市、荆州市、南阳市、武汉市、安庆市、南京市、无锡市、宜昌市、南通市、遵义市。重庆市审理的非法捕捞水产品刑事案件最多,共计 379 件,接着依次是荆州市 76 件,南阳市 75 件,武汉市 57 件,安庆市 57 件,南京市 53 件、无锡市 33 件、宜昌市 31 件、南通市 28 件、遵义市 24 件。

2020 年,长江流域审理的非法采矿罪案件分布于 35 个城市。审理非法采砂刑事案件排名前十的依次是岳阳市、荆州市、芜湖市、九江市、黄冈市、南通市、武汉市、黄石市、安庆市、南京市。岳阳市审理的非法采砂刑事案件最多,共计 63 件,接着依次是荆州市 39 件,芜湖市 36 件、九江市 34 件、黄冈市 32 件、南通市 31 件、武汉市 21 件、黄石市 19 件、安庆市 14 件、南京市 12 件。(见表 8 - 6)

**表 8 - 6　2020 年长江流域非法捕捞水产品和非法采砂刑事案件城市分布**

单位:件

| 序号 | 非法捕捞水产品罪 | | 非法采矿罪 | |
|---|---|---|---|---|
| | 城市分布 | 数量 | 城市分布 | 数量 |
| 1 | 重庆市 | 379 | 岳阳市 | 63 |
| 2 | 荆州市 | 76 | 荆州市 | 39 |
| 3 | 南阳市 | 75 | 芜湖市 | 36 |
| 4 | 武汉市 | 57 | 九江市 | 34 |
| 5 | 安庆市 | 57 | 黄冈市 | 32 |
| 6 | 南京市 | 53 | 南通市 | 31 |
| 7 | 无锡市 | 33 | 武汉市 | 21 |

续表

| 序号 | 非法捕捞水产品罪 | | 非法采矿罪 | |
| --- | --- | --- | --- | --- |
| | 城市分布 | 数量 | 城市分布 | 数量 |
| 8 | 宜昌市 | 31 | 黄石市 | 19 |
| 9 | 南通市 | 28 | 安庆市 | 14 |
| 10 | 遵义市 | 24 | 南京市 | 12 |
| 11 | 益阳市 | 23 | 无锡市 | 9 |
| 12 | 宜宾市 | 22 | 宜昌市 | 8 |
| 13 | 南充市 | 21 | 铜陵市 | 7 |
| 14 | 泸州市 | 20 | 鄂州市 | 6 |
| 15 | 九江市 | 19 | 重庆市 | 6 |
| 16 | 池州市 | 18 | 咸宁市 | 4 |
| 17 | 芜湖市 | 16 | 信阳市 | 4 |
| 18 | 贵阳市 | 16 | 淮南市 | 4 |
| 19 | 岳阳市 | 15 | 镇江市 | 3 |
| 20 | 黄冈市 | 12 | 宜宾市 | 3 |
| 21 | 上海市 | 12 | 成都市 | 2 |
| 22 | 襄阳市 | 11 | 六安市 | 2 |
| 23 | 十堰市 | 10 | 台州市 | 2 |
| 24 | 毕节市 | 10 | 宣城市 | 2 |
| 25 | 马鞍山市 | 10 | 上海市 | 1 |
| 26 | 株洲市 | 10 | 驻马店市 | 1 |
| 27 | 咸宁市 | 9 | 马鞍山市 | 1 |
| 28 | 铜仁市 | 9 | 连云港市 | 1 |
| 29 | 永州市 | 8 | 湛江市 | 1 |
| 30 | 黄石市 | 8 | 广州市 | 1 |
| 31 | 恩施土家族苗族自治州 | 8 | 襄阳市 | 1 |
| 32 | 怀化市 | 8 | 池州市 | 1 |
| 33 | 昭通市 | 7 | 阜阳市 | 1 |

续表

| 序号 | 非法捕捞水产品罪 | | 非法采矿罪 | |
|---|---|---|---|---|
| | 城市分布 | 数量 | 城市分布 | 数量 |
| 34 | 常德市 | 7 | 怀化市 | 1 |
| 35 | 黔东南苗族侗族自治州 | 5 | 商洛市 | 1 |
| 36 | 乐山市 | 5 | | |
| 37 | 达州市 | 5 | | |
| 38 | 信阳市 | 5 | | |
| 39 | 张家界市 | 4 | | |
| 40 | 铜陵市 | 4 | | |
| 41 | 巴中市 | 4 | | |
| 42 | 长沙市 | 3 | | |
| 43 | 湘潭市 | 3 | | |
| 44 | 抚州市 | 3 | | |
| 45 | 荆门市 | 3 | | |
| 46 | 汉中市 | 3 | | |
| 47 | 衡阳市 | 3 | | |
| 48 | 苏州市 | 3 | | |
| 49 | 昆明市 | 2 | | |
| 50 | 郴州市 | 2 | | |
| 51 | 清远市 | 2 | | |
| 52 | 凉山彝族自治州 | 2 | | |
| 53 | 上饶市 | 2 | | |
| 54 | 盐城市 | 2 | | |
| 55 | 绵阳市 | 2 | | |
| 56 | 黄山市 | 2 | | |
| 57 | 水富市 | 2 | | |
| 58 | 德阳市 | 1 | | |
| 59 | 蚌埠市 | 1 | | |

续表

| 序号 | 非法捕捞水产品罪 | | 非法采矿罪 | |
|---|---|---|---|---|
| | 城市分布 | 数量 | 城市分布 | 数量 |
| 60 | 成都市 | 1 | | |
| 61 | 鄂州市 | 1 | | |
| 62 | 洛阳市 | 1 | | |
| 63 | 六安市 | 1 | | |
| 64 | 安顺市 | 1 | | |
| 65 | 淮安市 | 1 | | |
| 66 | 安阳市 | 1 | | |
| 67 | 娄底市 | 1 | | |
| 68 | 邵阳市 | 1 | | |
| 69 | 眉山市 | 1 | | |
| 70 | 无为市 | 1 | | |
| 总计 | | 1206 | | 374 |

（七）当事人信息

**1. 非法捕捞水产品与非法采砂案件被告人数概况**〔5〕

2020 年,长江流域非法捕捞水产品与非法采砂案件被告人数呈现一人至多人不等的情况,最高达到 23 人。总体来看,被告为 1 ~2 人的案件数量较多。其中,非法捕捞水产品案件中被告人数为 1 人的案件数有 564 件,为 2 人的案件有 453 件。非法采砂案件中被告人数为 1 人的案件数有 139 件,为 2 人的案件有 116 件。(见表 8 -7)

〔5〕 根据最高人民法院提供的统计数据表,由于刑事附带民事案件,可能分别计算案件当事人,同时有些当事人也可能在民事、行政、刑事案件中重复出现,但是统计时采用分别计算的方法。因此,本部分有关当事人的统计案件总数与前述案件总数并不完全一致。

**表 8－7　2020 年长江流域非法捕捞水产品和非法采砂案件被告人数分布概况**

| 被告人数/人 | 非法捕捞水产品案件/件 | 非法采砂案件/件 | 总计/件 |
|---|---|---|---|
| 1 | 564 | 139 | 703 |
| 2 | 453 | 116 | 569 |
| 3 | 196 | 88 | 284 |
| 4 | 119 | 104 | 223 |
| 5 | 40 | 92 | 132 |
| 6 | 42 | 72 | 114 |
| 7 | 14 | 77 | 91 |
| 8 | 24 | 32 | 56 |
| 9 | 16 | 18 | 34 |
| 10 | 0 | 40 | 40 |
| 11 | 11 | 33 | 44 |
| 12 | 0 | 12 | 12 |
| 13 | 0 | 13 | 13 |
| 18 | 0 | 18 | 18 |
| 20 | 0 | 40 | 40 |
| 22 | 0 | 22 | 22 |
| 23 | 23 | 0 | 23 |
| 来源未知 | 10 | 120 | 130 |
| 合计 | 1512 | 1036 | 2548 |

在被告人数区间分布上，非法捕捞水产品和非法采砂案件的被告人数多集中在 1 人、2～9 人区间段。非法捕捞水产品案件中，被告人数在 10～20 人区间的案件较少，个案中被告人数最多为 23 人。非法采砂案件则区间分布较为均匀，个案中被告人数最多为 22 人。(见表 8－8)

**表 8-8 2020 年长江流域非法捕捞水产品和非法采砂案件被告人数区间分布**

| 被告人数/人 | 非法捕捞水产品案件/件 | 非法采砂案件/件 | 案件总计/件 |
|---|---|---|---|
| 1 | 564 | 139 | 703 |
| 2~9 | 904 | 639 | 1543 |
| 10~20 | 11 | 116 | 127 |
| 20~23 | 23 | 62 | 85 |
| 总计 | 1502 | 956 | 2458 |

**2. 非法捕捞水产品与非法采砂案件被告年龄概况**

2020 年,长江流域非法捕捞水产品与非法采砂案件被告的年龄主要分布20~70 岁,其中,40~50 岁的最多,共计 676 件,50~60 岁的次之,共计 636 件。非法捕捞水产品案件中,被告在 50~60 岁的最多,共计 376 件,40~50 岁的次之,共计 343 件。非法采砂案件中,被告在 40~50 岁的最多,共计 333 件,50~60 岁的次之,共计 260 件。(见表 8-9)

**表 8-9 2020 年长江流域非法捕捞水产品与非法采砂案件被告的年龄区间分布**

单位:件

| 被告年龄区间 | 非法捕捞水产品案件 | 非法采砂案件 | 案件总计 |
|---|---|---|---|
| 20~30 岁 | 121 | 61 | 182 |
| 30~40 岁 | 283 | 204 | 487 |
| 40~50 岁 | 343 | 333 | 676 |
| 50~60 岁 | 376 | 260 | 636 |
| 60~70 岁 | 197 | 23 | 220 |
| 70 岁以上 | 61 | 1 | 62 |
| 总计 | 1381 | 882 | 2263 |

就被告年龄分布区间的占比而言,非法捕捞水产品案件中被告年龄为 50~60 岁的案件数量最多,占比 27.23%;非法采砂案件中的被告年龄为 40~50 岁的案件数最多,占比 37.76%。值得注意的是,尽管被告年龄在 70 岁以上的案件在两种类型案件的占比最少,但是,非法捕捞水产品案件中仍有 61 件,占比 4.42%;非法采砂案件中仍有 1 件,占比 0.11%。(见图 8-15)

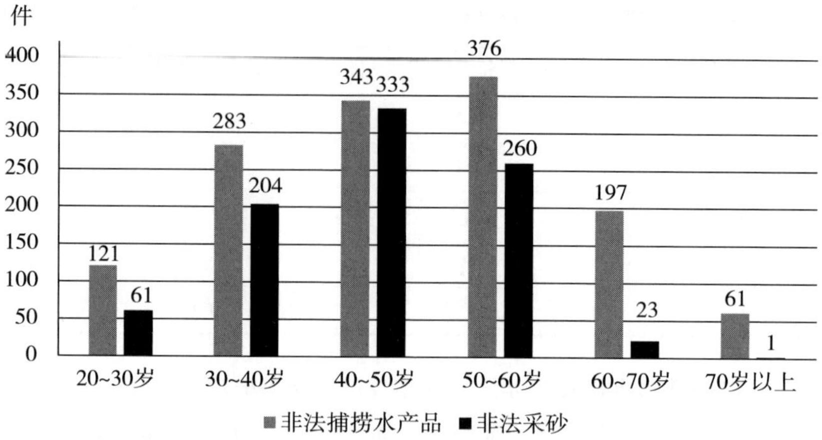


**图 8－15　2020 年非法捕捞水产品和非法采砂案件被告年龄区间分布对比**

### 3. 非法捕捞水产品与非法采砂案件被告受教育程度

2020 年长江流域非法捕捞水产品案件中,小学及以下文化程度的被告人数最多,共计 504 人,占比 45.94%;其次为初中文化程度,共计 454 人,占比 41.39%;再次为高中文化程度,共计 100 人,占比 9.12%;最高文化程度为中专,共计39 人,占比3.56%。在非法采砂案件中,初中文化程度的被告人数最多,共计408 人,占比 55.51%;其次为小学及以下文化程度,共计 228 人,占比 31.02%;再次为高中文化程度,共计有 72 人,占比 9.80%;最高文化程度为中专,共计 27 人,占比3.67%。(见图 8－16)

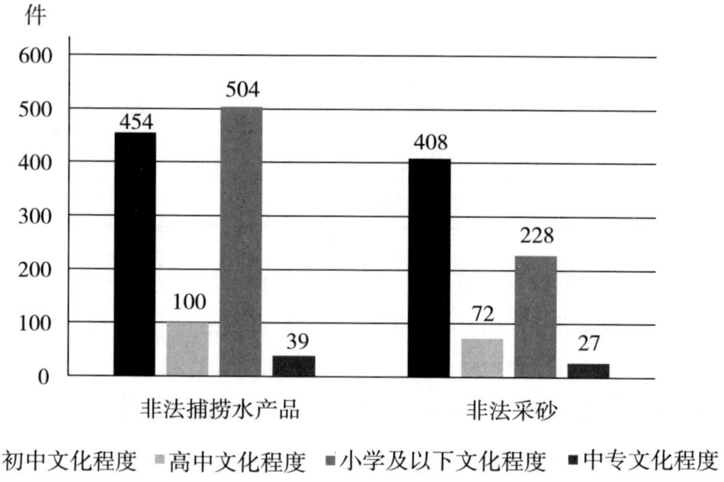


**图 8－16　2020 年非法捕捞水产品和非法采砂案件被告受教育程度分布**

**4. 非法捕捞水产品与非法采砂案件被告为自然人、法人的分布概况**

2020 年,长江流域非法捕捞水产品与非法采砂案件中,被告大多数为自然人,但也有被告为法人的情形。其中,被告为法人的非法捕捞水产品案件总计 6 件,被告为法人的非法采砂案件总计 11 件。(见图 8-17)

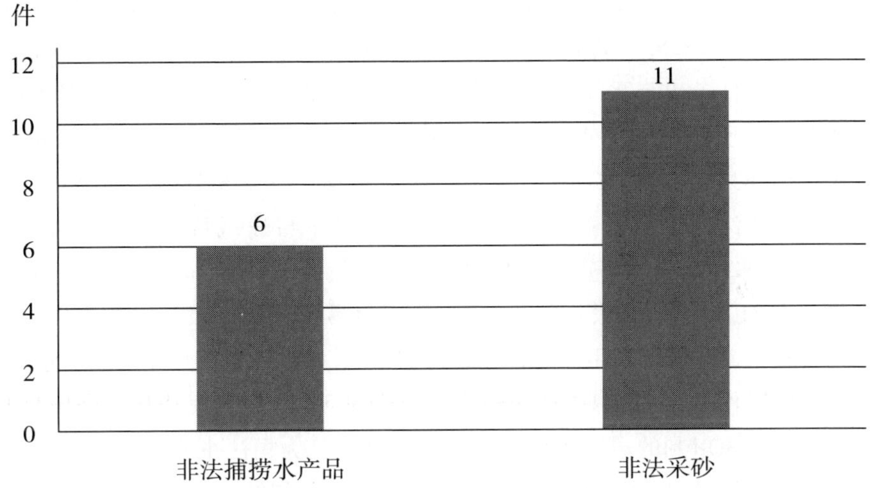


**图 8-17 2020 年非法捕捞水产品和非法采砂案件被告为法人的案件分布**

## 三、长江流域环境司法的主要特征

### (一)长江流域环境资源审判工作全面加强

最高人民法院高度重视对长江经济带发展国家战略的司法保障,主动适应经济社会发展新形势新常态,以发布专门司法政策的方式,为全面加强长江流域环境资源审判提供了制度保障。2016 年 2 月 24 日,最高人民法院颁布了《关于为长江经济带发展提供司法服务和保障的意见》(法发〔2016〕8 号),对长江经济带各级人民法院充分发挥审判职能作用,为长江经济带发展提供公正高效的司法服务和保障、创新司法体制机制,最大限度地实现长江经济带区域内司法资源的优化配置提出了要求。2017 年 12 月 1 日,最高人民法院颁布《关于全面加强长江流域生态文明建设与绿色发展司法保障的意见》(法发〔2017〕30 号)对全面加强长江流域环境资源审判工作提出了若干意见。长江流域各级人民法院根据上述政策精神,并结合国家的其他司法政策,在环境资源审判工作中不断探索创新,为长江流域的生态环境保护提供了强有力的司法保障。

作为全面加强长江流域环境司法的重点领域,人民法院审理非法捕捞水产品案件与非法采砂案件成果显著。一是案件数量多。2020 年,长江流域各级人民法院审理结案的非法捕捞水产品案件共计 1239 件,非法采砂案件共计 416 件。二是基层人民法院承担了大量的审判任务。98.39% 的非法捕捞水产品案件和 82.45% 的非法采砂案件由基层人民法院审理,仅有 1.61% 的非法捕捞水产品案件和 17.55% 的非法采砂案件由中级人民法院审理。基层人民法院承担大量审判任务也与案件的审理层级有关,99% 的非法捕捞水产品案件和82.69% 的非法采砂案件由一审人民法院审理,仅有 1% 的非法捕捞水产品案件和 16.67% 的非法采砂案件由二审人民法院审理。三是充分运用简易程序和速裁程序。非法捕捞水产品案件中采用简易程序与速裁程序的高达 2/3,其中,44.55% 采用简易程序审理,24.30% 采用速裁程序审理,采用普通程序审理的案件仅占 31.15%。非法采砂案件中,采用简易程序与速裁程序的案件也达到了 1/3,其中,24.04% 采用简易程序审理,3.13% 采用速裁程序审理,采用普通程序审理的案件占比 72.84%。上述数据充分说明,最高人民法院全面加强长江流域环境资源审判的司法政策已真正从理念转化为司法审判实践,各级人民法院正在积极尝试将国家的最新司法制度改革运用到对长江流域的生态环境保护上来,特别是在基层人民法院。

(二)司法裁判注重落实生态环境修复

2020 年,各级人民法院在裁判过程中,坚持修复性环境司法理念,立足长江流域不同生态环境要素的修复需求,积极探索适用增殖放流、劳务代偿、替代履行等生态修复方式,将生态环境修复义务履行与惩治犯罪和修复生态相统一,促进长江流域水生生物资源恢复与水生态系统修复。例如,在贵州省毕节市七星关区人民检察院诉曾某飞等 3 人非法捕捞水产品刑事附带民事公益诉讼案中,被告人在禁渔期内使用电鱼方式非法捕捞水产品,对该案所涉的七星关区赤水河段——地处自然保护区实验区范围内的渔业资源和生态环境造成严重破坏。人民法院在追究被告人刑事责任的同时,促进被告人与检察机关、行政执法机关签订生态补偿协议,探索创新“恢复性司法实践 + 社会化综合治理”的裁判执行机制,有力地维护了长江上游珍稀特有鱼类及其栖息地的生态环境安全。[6] 又如,在“王家坝河”生态环境损害赔偿协议司法确认案中,姚某在禁渔期间至重

---

〔6〕《最高法发布 10 个长江流域水生态司法保护典型案例》,载中国法院网,https://www.chinacourt.org/article/detail/2020/09/id/5473275.shtml,最后访问日期:2021 年 2 月 26 日。

庆市酉阳县酉酬镇溪口村一组小地名“王家坝河”的天然河流，使用禁止性的捕捞工具电鱼机非法捕捞野生渔获物共计330尾，总净重10.2斤。后当地农业农村委员会与姚某就其非法捕捞水产品造成的生态环境损害进行磋商，并达成赔偿协议，并向人民法院申请司法确认。该案系在长江流域天然河流非法捕捞水产品引发的生态环境损害赔偿协议司法确认案件，赔偿义务人的非法捕捞水产品行为造成生态环境损害，省级人民政府授权的机关与其进行磋商，达成生态环境损害赔偿协议，人民法院依法予以确认。赔偿义务人依据专家评估意见通过实施增殖放流的方式对破坏的生态环境进行修复，履行情况作为后续刑事案件酌定从轻的量刑情节。该案拓展了非法捕捞水产品行为人承担生态环境损害赔偿责任的司法路径，体现了生态优先、注重修复的环境司法理念。[7]

### （三）涉水违法行为仍然呈现高发态势

2020年长江流域共计审结了1655件非法捕捞水产品与非法采砂案件，其中，非法捕捞水产品案件1239件、非法采砂案件416件，这仅是进入法院裁决处理的案件，不包括行政执法部门处理的行政案件，说明涉水违法行为在长江流域仍然呈现高发态势。从案由上看，长江流域发生与非法捕捞水产品和非法采砂有关违法案件涉及范围较为广泛。在民事案件中，涉及买卖合同纠纷，定期租船合同纠纷，股权转让纠纷，民间借贷纠纷，委托合同纠纷，海上、通海水域货物运输合同纠纷，故意伤害人身侵权纠纷，海上、通海水域人身损害责任纠纷等；行政案件中，涉及行政处罚、行政强制、行政命令、行政赔偿、水利或交通行政管理、其他行政管理等；刑事案件涉及非法采矿罪，掩饰犯罪所得罪，滥用职权罪，寻衅滋事罪，敲诈勒索罪，受贿罪，盗窃罪，妨害作证罪，诈骗罪，强迫交易罪，挪用公款罪，海上、通海水域货物运输纠纷罪，组织、领导、参加黑社会性质组织等。

高发案率和多样化的案由，充分说明长江流域涉水案件具有高度的复杂性。非法捕捞水产品与非法采砂行为不仅对生态环境的破坏触目惊心，而且引发了买卖、借贷、运输、人身侵权等广泛的纠纷，社会危害十分严重。更为严重的是，在暴利的诱惑和驱使下，目前已经形成了“盗捕盗采、运输、销售”的违法犯罪地下产业链条，其专业化程度不断提升。各地频现多艘渔船有组织地进行非法捕

---

〔7〕《最高法发布10个长江流域水生态司法保护典型案例》，载中国法院网，https://www.chinacourt.org/article/detail/2020/09/id/5473275.shtml，最后访问日期：2021年2月26日。

捞作业的情况,甚至出现鱼贩组织渔民专门从事非法捕捞的情形。[8] 非法采砂案件往往与涉黑、诈骗等案件交织在一起。例如,松滋市人民法院一审、荆州市中级人民法院二审的长江流域特大非法采砂涉黑案,被告利用10 艘采砂船组成"联营船队",并雇佣另一黑社会性质组织提供暴力支持,逐步形成了以被告人郑某平、贺某坤为组织、领导者,其他多人为骨干成员的黑社会性质组织,以"联营船队"为平台,非法采砂和销售活动从长江上游的重庆市、四川省一直延伸到下游的江苏省,横跨湖北、湖南、江西、安徽、河南、福建等9 省 36 个地市,涉案金额过亿。[9]

2020 年,长江流域非法捕捞水产品与非法采砂案件中刑事案件占比最大,分别占 97.82% 和 87.98%。这与非法捕捞水产品与非法采砂行为容易引发多种刑事犯罪活动有关,更是相关刑事立法在司法领域不断得到完善的体现。《刑法》第 340 条规定,"违反保护水产资源法规,在禁渔区、禁渔期或者使用禁用的工具、方法捕捞水产品,情节严重的"行为构成非法捕捞水产品罪。2008 年6 月 25 日,最高人民检察院、公安部共同颁布《关于公安机关管辖的刑事案件立案追诉标准的规定(一)》[公通字(2008)36 号],进一步明确了非法捕捞水产品罪的立案标准。在非法采砂方面,《水法》《河道管理条例》等法律法规为管理非法采砂行为提供了重要的法律依据。2001 年,国务院专门颁布了《长江河道采砂管理条例》,对在长江宜宾市以下干流河道内从事开采砂石的活动进行规范管理,湖北等省还制定了禁止长江采砂的地方立法,但是,这些立法与《刑法》之间的对接仍不够。2016 年,最高人民法院、最高人民检察院联合颁布《关于办理非法采矿、破坏性采矿刑事案件适用法律若干问题的解释》,[10] 进一步明确将非法采砂与《矿产资源法》、《水法》以及《刑法》第 343 条规定的"非法采矿罪、破坏

---

[8] 参见陈焜:《非法捕捞形成地下产业链!"长江十年禁渔"第一年,犯罪团伙依然铤而走险》,载劳动报网,https://www.51ldb.com/shsldb/sz/content/017728ed2a0ac001cdf35726d09c04be.html,最后访问日期:2021 年 1 月 26 日。

[9] 《解密长江流域特大非法采砂涉黑案》,载腾讯网,https://new.qq.com/omn/20210205/20210205A0BE1400.html,最后访问日期:2021 年 2 月 27 日。

[10] 最高人民法院、最高人民检察院《关于办理非法采矿、破坏性采矿刑事案件适用法律若干问题的解释》第 4 条规定:"在河道管理范围内采砂,具有下列情形之一,符合刑法第三百四十三条第一款和本解释第二条、第三条规定的,以非法采矿罪定罪处罚:(一)依据相关规定应当办理河道采砂许可证,未取得河道采砂许可证的;(二)依据相关规定应当办理河道采砂许可证和采矿许可证,既未取得河道采砂许可证,又未取得采矿许可证的。实施前款规定行为,虽不具有本解释第三条第一款规定的情形,但严重影响河势稳定,危害防洪安全的,应当认定为刑法第三百四十三条第一款规定的'情节严重'。"

性采矿罪”对接,为长江流域打击非法采砂刑事犯罪行为确立了明确依据。

大力加强涉及环境资源保护刑事案件的审判,为长江经济带发展提供稳定的社会环境,一直是长江流域环境司法的重中之重。长江流域各级人民法院积极打击非法捕捞水产品与河道非法采砂等环境违法犯罪行为,一定程度上遏制了这类违法犯罪行为。例如,自 2016 年明确非法采砂“入刑”标准以来,长江航运公安局武汉分局协同海事等水上执法部门联动执法,加大打击非法采砂的力度。2020 年,全年共查获非法采砂案件 17 起,较 2019 年同期(110 起)下降 84.55%,降幅明显。[11] 但是,长江流域的涉水案件仍然呈现高发态势,司法机关在环境刑事司法领域持续发力,特别是加强全流域、全链条打击仍然任重道远。

(四)生态环境案件呈现区域差异

根据最高人民法院提供的数据统计表,在长江流域 19 个省、自治区、直辖市中,西藏自治区、青海省、甘肃省、广西壮族自治区、福建省没有 2020 年长江流域发生的非法捕捞水产品与非法采砂案件的数据。案件主要分布在四川、云南、重庆、湖北、湖南、江西、安徽、江苏、上海、贵州、陕西、河南、广东、浙江共 14 个省、直辖市,覆盖长江经济带全部省市。其中,浙江、陕西 2 省没有发生非法捕捞水产品案件,云南、贵州 2 省没有发生非法采砂案件。但是,从 2020 年发生的案件数量来看,重庆、湖北、江苏、安徽、湖南 5 省的非法捕捞水产品现象较为严重,湖北、安徽、湖南、江苏、江西 5 省的非法采砂现象较为严重。

从城市分布来看,2020 年长江流域非法捕捞水产品案件分布于 71 个城市,案件数量排列前十位的城市依次是重庆、荆州、南阳、安庆、武汉、南京、无锡、宜昌、南通、益阳。非法采砂案件分布于 46 个城市,案件数量排列前十位的依次是岳阳、荆州、芜湖、黄冈、南通、武汉、黄石、九江、安庆、无锡。

(五)各级法院广泛开展内外司法协作

为了适应长江流域环境司法对区域合作,以及行政与司法衔接的需要,在最高人民法院的指导下,长江流域各级人民法院广泛开展了各种内外司法协作。

**1. 法院系统内部之间的协作**

最高人民法院积极指导、推进长江流域高级人民法院之间的跨省协作。

---

〔11〕 参见黄炎秋:《切实维护长江防洪安全、航道安全、生态安全去年非法采砂案件下降七成多》,载央广网,http://www.cnr.cn/hubei/yaowen/20210206/t20210206_525408660.shtml,最后访问日期:2021 年 2 月 28 日。

2018 年 9 月,最高人民法院在重庆市召开长江经济带“11 +1”省市环境资源审判工作推进会,指导长江经济带 11 省市和长江源头的青海省共 12 家高级人民法院签订《环境资源审判协作框架协议》。2019 年 9 月,最高人民法院在青海省西宁市召开长江经济带生物多样性司法保护现状与发展专题研讨座谈会,指导长江经济带“11 +1”省市高级人民法院继续落实 2018 年签订的框架协议,进一步巩固长江经济带环境司法协作成果,推进长江经济带司法协作常态化。

长江流域各地人民法院主动作为、加强合作,长江全流域以及重点区域广泛开展了各类司法协作。一是积极构建上游司法协作机制。重庆、四川、贵州、云南 4 省市高级人民法院签署《环境司法协作框架协议》,并发布构建长江上游环境资源跨区域审判协作机制的意见。重庆市、四川省高级人民法院签署《成渝地区双城经济圈环境资源审判协作框架协议》,重庆市江津区人民法院、渝北区人民法院与四川省泸县人民法院、泸州市龙马潭区人民法院 4 家法院签署《濑溪河流域环境资源审判协作框架协议》,形成两地生态共建、环境共保的环境司法合力。四川省广元市,陕西省宝鸡市、汉中市,甘肃省陇南市 4 家人民法院签署《川陕甘秦岭南麓嘉陵江上游区域环境资源审判协作框架协议》,打造“区域生态司法协作、全流域协同治理”新格局。云南省昭通市,贵州省遵义市、毕节市,四川省泸州市 4 家中级人民法院签署《关于建立赤水河全流域环境资源审判跨省域司法协作的意见》,筑牢西南生态安全屏障。四川省高级人民法院指导辖区内德阳市、成都市、资阳市、眉山市、内江市、自贡市、泸州市 7 家中级人民法院签订《沱江流域七市中级人民法院环境资源审判协作框架协议》,雅安市、阿坝藏族羌族自治州、甘孜藏族自治州、凉山彝族自治州、成都市、眉山市、乐山市、宜宾市 8 家中级人民法院和 2 家科研机构签署《岷江流域生态环境资源保护“8 +2”司法协作框架协议》,联手为沱江、岷江流域生态环境保护提供司法服务和保障。二是夯实中游司法协作机制。湖南省、湖北省 2 家高级人民法院签订《环洞庭湖环境资源审判协作框架协议》,合力为洞庭湖生态环境提供司法保护。河南省淅川县,湖北省丹江口市、十堰市,陕西省郧西县、洛南县、商洛市商州区人民法院联合下发《关于建立司法联动机制协调为南水北调中线工程水源区生态环境资源保护提供司法保障的意见》,确保“一库清水永续北送”。三是深化长三角司法协作。上海市、江苏省、浙江省、安徽省 4 家高级人民法院联合出台《关于长三角地区人民法院环境资源司法协作框架协议》,进一步提升长三角区域环境资源审判协同性,为长三角区域一体化发展国家战略提供优质高效的司法保障。上海市第二中级人民法院、浙江省湖州市中级人民法院、安徽省马鞍山市中级人民法院及相关基层人民法院共计12家法院共同签署《长三角环境资源司法保护协作备忘录》,为构筑长三角环境司法保护协作机制奠定基础。浙江省衢州市、金华市、杭州市、嘉兴市、绍兴市、宁波市6家中级人民法院联合签署《钱塘江流域环境资源司法协作框架协议》;浙江省丽水市龙泉区、温州市永嘉区等10家基层人民法院联合发布《关于构建瓯江流域生态司法保护协作机制的意见》,加强重点流域区域各人民法院之间在审判事务、裁判标准、审判资源和司法宣传等方面的跨区域协作。[12]

**2. 法院与行政执法等部门的协作联动**

最高人民法院积极推动与长江经济带发展领导小组办公室、最高人民检察院,以及公安部等相关执法部门建立司法合作机制。2016年12月,最高人民法院与长江经济带发展领导小组办公室共同签署《关于建立推动长江经济带发展司法合作协同机制的合作框架协议》,建立司法合作协同机制,明确各自工作职责,充分发挥领导小组办公室综合协调作用和最高人民法院审判职能,促进长江流域各省市有关部门与地方法院的工作联动,维护长江经济带的生态安全。2019年2月,最高人民法院、最高人民检察院、公安部、司法部、生态环境部联合发布《关于办理环境污染刑事案件有关问题座谈会纪要》,指导长江流域各级人民法院做好与检察院、公安、生态环境、自然资源等部门的协作配合,形成各部门依法惩治环境污染犯罪的合力。2020年12月17日,最高人民法院与最高人民检察院、公安部、农业农村部联合发布《依法惩治长江流域非法捕捞等违法犯罪的意见》,聚焦基层执法司法实践中的重点难点问题,细化法律适用依据和定罪标准,有效解决各地办案标准不统一、事实认定难等问题,加强行政执法与刑事司法的衔接。

浙江省、江西省、河南省、广西壮族自治区、贵州省、甘肃省等地高级人民法院会同有关部门签署会议纪要、实施细则、意见规定,加强环境资源行政执法与司法的协调联动,积极推进建立环境资源行政执法与刑事司法相衔接的工作机制。湖北省高级人民法院和水利部长江水利委员会、交通运输部、长江航务管理局、长江航运公安局联合出台《关于加强行政执法与司法审判协调联动共同推进长江生态环境保护的若干意见》,协调推动长江生态环境保护。福建省高级

---

〔12〕《〈长江流域生态环境司法保护状况〉白皮书》,载中国法院网,https://www.chinacourt.org/article/detail/2020/09/id/5473265.shtml,最后访问日期:2021年3月2日。

人民法院发布《关于设立福建省高级人民法院驻省河长制办公室法官工作室的意见》,将司法工作与河长制相衔接,派驻河长制办公室法官工作室、巡回审判点、联络点达到 94 个,实现全省“全覆盖”。重庆市委办公厅、市政府办公厅联合下发《关于加强人民法院生态环境司法保护工作的意见》,细化生态环境司法保护和治理重点任务。重庆市高级人民法院会同市司法局、市生态环境局制定《重庆市生态环境损害赔偿鉴定评估管理办法》,推动完善生态环境司法鉴定机制,规范生态环境损害赔偿的鉴定评估工作。青海省高级人民法院与省人民检察院、公安厅、自然资源厅联合下发《关于在查处涉嫌自然资源领域违法犯罪案件中加强协作的通知》,陕西省高级人民法院与省人民检察院联合印发《关于确定陕西省非法采矿、破坏性采矿“情节严重”“造成矿产资源严重破坏”标准的意见》,不断健全完善查处自然资源领域违法犯罪案件的协作配合机制。江苏省高级人民法院出台《长江流域重点水域非法捕捞刑事案件审理指南》,并会同省人民检察院、公安厅、农业农村厅联合下发《关于依法严惩长江流域重点水域非法捕捞刑事犯罪若干问题的意见》,合力保护流域重点区域的渔业资源。浙江省湖州市中级人民法院联合当地检察院、公安局、生态环境局等单位共同打造“生态环境司法保护一体化平台”,下一步将在全省推广。湖北省高级人民法院环境资源庭与省人民检察院第一检察部、省公安厅治安总队、省农业农村厅渔业渔政处、长航公安局法制处召开专题座谈会,形成《依法惩治长江流域重点水域非法捕捞座谈会纪要》,建立依法惩治长江流域重点水域非法捕捞协调联动机制,为打击长江流域非法捕捞专项整治行动提供司法保障。[13]

## 四、长江流域环境司法的建设方向

### (一)规范长江流域环境资源案件跨区域集中管辖

近年来,在最高人民法院的指导下,长江流域的环境司法专门化体制机制建设得到快速发展。截至 2020 年 6 月,长江流域各级人民法院因地制宜设立环境资源审判庭 483 个、合议庭(团队)468 个,人民法庭(巡回法庭)252 个,实现了对流域重点区域的全覆盖。长江流域 19 家高级人民法院中,有 17 家实行环境

〔13〕《〈长江流域生态环境司法保护状况〉白皮书》,载中国法院网,https://www.chinacourt.org/article/detail/2020/09/id/5473265.shtml,最后访问日期:2021 年 3 月 2 日。

资源刑事、民事、行政案件"二合一"或"三合一"归口审理模式。[14] 环境资源审判组织的快速发展为长江流域生态环境司法保护提供了重要的支撑。但是,2020年长江流域非法捕捞水产品和非法采砂案件的地区分布表明,环境案件审理的地区差异性极大。环境资源专门审判组织的数量日益增多,并不等于环境司法资源的合理配置,部分地区的生态环境问题仍未得到有效的司法解决。

最高人民法院《关于全面加强环境资源审判工作为推进生态文明建设提供有力司法保障的意见》提出,"探索设立以流域等生态系统或生态功能区为单位的跨行政区域环境资源专门审判机构"。超越行政区域限制,面向流域空间单元推进环境司法,长江流域主要以各省(市、自治区)高级人民法院制定并经由最高人民法院批准的具体规范为依据,开展了形式多样的创新实验,实行环境资源案件跨行政区域集中管辖。江苏、重庆、海南、贵州等省市在整个省级行政区划内全面开展环境资源案件跨区域集中管辖。例如,江苏省实行"9+1"环境资源审判模式,突破原有行政区划,在全国率先以流域等9个生态功能区为单位设立与行政区划适度分离的环境资源审判机构,跨区域管辖对应区域内的一审环境资源民事、刑事和行政案件,南京市中级人民法院环境资源法庭管辖原省内中级人民法院审理的一审环境资源案件和9个生态功能区环境资源法庭的上诉案件。[15] 湖南省推动设立洞庭湖专门环境资源法庭,跨区域管辖洞庭湖流域环境资源案件。湖北省区分了环境公益诉讼与非环境公益诉讼的管辖:全省公益诉讼案件由武汉海事法院与汉江中级人民法院实行跨行政区域审理,武汉海事法院负责其管辖的湖北省内长江、长江支流水域水污染损害等环境公益诉讼案件的审判,汉江中级人民法院负责省内长江、长江支流水域水污染损害以外的环境公益诉讼案件;环境资源非公益诉讼,则由各中级人民法院的专门环境资源审判庭或环境资源审判合议庭,采取民事、行政二审合一模式,审理本辖区内普通环境保护类一审民事、行政案件,以及辖区基层人民法院的普通环境保护类民事、行政上诉案件。武汉海事法院环境资源审判庭审理其管辖范围内长江、长江支流水域涉及环境保护的一审环境资源保护类民事案件。[16]

---

〔14〕《〈长江流域生态环境司法保护状况〉白皮书》,载中国法院网,https://www.chinacourt.org/article/detail/2020/09/id/5473265.shtml,最后访问日期:2021年3月2日。

〔15〕参见李昌桂:《江苏法院环境资源审判"9+1"机制改革全方位解读》,载中国网,http://jiangsu.china.com.cn/html/jsnews/bwzg/10634807_1.html,最后访问日期:2021年3月5日。

〔16〕参见程勇、唐业继:《湖北统一环境资源审判模式与管辖设置》,载中国法院网,https://www.chinacourt.org/article/detail/2015/01/id/1542161.shtml,最后访问日期:2021年3月6日。

当前,尽管长江流域环境资源案件跨区域集中管辖改革一片繁荣,但是,深层次的司法资源配置不合理的问题亟待解决。一是跨区域集中管辖主要在省级行政区域范围内开展,对跨省非法捕捞、非法采砂等违法犯罪案件的应对尚显不足;二是各省级行政区域内环境资源案件跨区域集中管辖的设定标准各不相同,甚至大相径庭,存在省内跨区域集中管辖人民法院与非集中管辖人民法院之间,以及不同省份环境资源案件管辖的法院之间的衔接问题;三是跨区域集中管辖的人民法院,其管辖范围与人民检察院、地方党政机构的管辖之间存在衔接问题。《长江保护法》第 77 条明确规定国家加强长江流域司法保障建设,这从立法上为规范长江流域环境审判体制机制改革提供了重要的法律依据。建议以实施《长江保护法》为契机,尽快规范长江流域环境资源案件跨区域集中管辖问题。作为一部超越"部门"与"地方"的特别法,《长江保护法》始终贯彻"统筹协调、系统治理原则",着力破解"九龙治水""各自为政"的"长江病",在司法领域也不例外。具体而言,建议最高人民法院专项评估长江流域各地跨区域集中管辖改革的成果,聚焦实践难点,尽快制定司法解释,并为未来相关法律的修改提供基础,真正做到"重大改革于法有据"。一是为跨省域违法犯罪案件提供强有力的司法保障,充分发挥最高人民法院巡回法庭,以及海事法院系统的跨省管辖功能,并为流域内人民法院审理跨省域环境资源案件提供必要的对接制度;二是明确长江流域各地跨区域集中管辖法院的设置标准,既要做到长江流域内的相对统一,又要为地方特色预留空间;三是为跨区域集中管辖法院与非集中管辖法院之间,跨区域集中管辖的人民法院与当地人民检察院、党政机构之间的衔接问题提供制度方案;四是在长江流域生态敏感区、生态环境案件多发区等重点区域合理设置跨省域集中管辖或对接机制。

### (二)深化长江流域内外环境司法协作制度化建设

长江流域环境司法协作制度建设正在蓬勃发展。司法协作在破解长江流域环境司法实践难题、助益环境司法专门化发展方面发挥了重要作用,但还存在明显的不足。当前最为突出的问题就是司法协作的形式化问题。虽然制定了各级各类司法协作文件,召开了大量协作会议,但大多数司法协作仍然停留在工作层面,各类合作协议并没有转化为跨区域环境案件审理的依据,实际作用有限。行政区域间合作协议的有效履行主要依赖各地方官员的允诺,法律效力低、稳定性差,执行实效有待提升。比如,上海市、江苏省、浙江省三地高级人民法院共同签署的 6 项司法协作工作规则等,此类合作协议的内容往往局限于会议讨论的内容，随着研讨会议的进行而产生，也随着会议的结束而逐渐失去效力，在司法实践中难以发挥应有的作用，实质意义并不大。到目前为止，尚未有法院在审理长江经济带生态环境案件中引用此类文件。[17] 司法协作形式化问题突出的深层原因在于缺乏统一的、规范的司法协作制度规范引领。由于当前的协作主要是由会议或各行政区域的地方政策文件支撑，在国家层面缺乏针对长江流域的、较为系统的、可操作的司法协作规范顶层设计，导致现有的协作具有短期性与非稳定性，难以形成长期的、稳固的协作机制，势必使司法协作制度在解决长江流域生态环境司法问题的效果上大打折扣。因此，建议加强长江流域环境司法协作的规范化、制度化建设。在法院内部协作上，加强人民法院之间在文书送达、调查取证、重大事项会商、矛盾纠纷联动化解、审判信息数据共享、人才队伍联合培养上的协作；在外部协作上，以行政执法与刑事司法协作为突破口，进行重点建设。

2020 年的研究样本显示，非法捕捞、非法采砂两类刑事案件在长江流域的生态环境案件中占比较大，说明这两类违法形势仍然十分严峻。刑事责任是保护长江生态环境的最后一道防线，要进一步提升对打击长江流域非法捕捞水产品和非法采砂违法犯罪行为认识的高度，加大刑事打击力度，形成政府主导管理、职能部门主责治理、政法机关协同打击的协作联动格局。未来要打破行政执法与刑事司法两法衔接的地域壁垒，健全流域性的两法衔接工作机制，将行政处罚与刑事打击两种惩治手段有机结合起来，发挥最大的作用。[18] 值得一提的是，2021 年《行政处罚法》进一步加强行政处罚与刑事司法衔接配合，第 27 条第 1 款规定：“违法行为涉嫌犯罪的，行政机关应当及时将案件移送司法机关，依法追究刑事责任。对依法不需要追究刑事责任或者免予刑事处罚，但应当给予行政处罚的，司法机关应当及时将案件移送有关行政机关。”上述规定的核心在于，确立了行政执法与刑事司法衔接中“刑事优先”原则。生态环境保护部门在执法过程中，如果发现违法行为涉嫌犯罪，就应当及时移送司法机关，依法追究刑事责任，不得以行政处罚代替移送。该法也规定，行政机关与司法机关之间应当加强协调配合，建立健全案件移送制度，加强证据材料移交、接收衔接，完善案

---

〔17〕 参见徐本鑫、陈沁瑶：《长江经济带生态司法协作机制研究》，载《重庆理工大学学报（社会科学）》2019 年第 7 期。

〔18〕 参见王道玮、刘莹：《长江中游城市群生态保护刑事司法协作机制的完善——以武汉市江汉区法院 143 份非法捕捞水产品刑事判决为例》，载《长江论坛》2018 年第 3 期。

件处理信息通报机制。这将为长江流域完善非法捕捞水产品和非法采砂案件行政执法与刑事司法协作提供重要的依据,最高人民法院可以进一步细化司法协作规则,整合现有的分散性的协作制度,使长江流域环境司法协作进一步规范化、制度化。

(三)加大长江流域生态环境整体性司法保护力度

长江流域以水为纽带形成的环境要素丰富,是我国重要的生态安全屏障,也是长江经济带发展的重要依托和支撑,长江经济带的发展离不开可持续的生态环境和可承载的自然资源作为保障。[19]《长江保护法》为长江流域的整体性保护提供了法律依据。在《长江保护法》的适用过程中,各级人民法院应当坚持"生态优先、绿色发展,共抓大保护、不搞大开发"的法律原则来处理各类生态环境纠纷。在未来相当长的时间内,非法捕捞水产品、非法采砂案件仍然属于重点关注的领域。2020 年 1 月农业农村部发布《长江十年禁渔计划》,宣布从 2020 年 1 月 1 日 0 时起开始实施长江 10 年禁渔计划,《长江十年禁渔计划》明确了关于长江流域重点水域禁捕范围和时间,长江干流和重要支流除水生生物自然保护区和水产种质资源保护区以外的天然水域,最迟自 2021 年 1 月 1 日 0 时起实行暂定为期 10 年的常年禁捕,其间禁止天然渔业资源的生产性捕捞。《长江保护法》对长江流域的生产性捕捞规定了明确的行政处罚责任,第 86 条规定:"违反本法规定,在长江流域水生生物保护区内从事生产性捕捞,或者在长江干流和重要支流、大型通江湖泊、长江河口规定区域等重点水域禁捕期间从事天然渔业资源的生产性捕捞的,由县级以上人民政府农业农村主管部门没收渔获物、违法所得以及用于违法活动的渔船、渔具和其他工具,并处一万元以上五万元以下罚款;采取电鱼、毒鱼、炸鱼等方式捕捞,或者有其他严重情节的,并处五万元以上五十万元以下罚款。收购、加工、销售前款规定的渔获物的,由县级以上人民政府农业农村、市场监督管理等部门按照职责分工,没收渔获物及其制品和违法所得,并处货值金额十倍以上二十倍以下罚款;情节严重的,吊销相关生产经营许可证或者责令关闭。"该条规定确立了在长江流域进行非法生产性捕捞承担的行政法律责任,弥补了过去此类行为行政法律责任缺失的空白。在今后的执法过程中,相关主管部门应当将其与追究非法捕捞水产品罪的刑事责任有机衔接。

非法采砂行为在长江流域仍然屡禁不止。以 2020 年非法采砂案件发生最

---

〔19〕 参见吕忠梅:《关于制定〈长江保护法〉的法理思考》,载《东方法学》2020 年第 2 期。

多的湖北省为例,2018 年扫黑除恶专项斗争以来,湖北省检察机关共起诉非法采砂黑恶势力犯罪案件 45 件 711 人,同时向水利、交通等相关行政机关发出检察建议 47 份,在长江干流实施非法采砂 14 件 215 人,在汉江等长江干流以外水域实施非法采砂 31 件 496 人。黄梅县人民检察院发现自 2001 年国家禁止长江河道非法采砂行为以后,武穴市黄砂公司(后更名为武穴市玉衡星砂石有限责任公司)及一些个体砂石经营业主长期在武穴长江流域非法采砂,严重影响了长江流域的生态安全和行洪安全。[20] 《长江保护法》对长江流域的非法采砂规定了明确的行政处罚责任,第 91 条规定:"违反本法规定,在长江流域未依法取得许可从事采砂活动,或者在禁止采砂区和禁止采砂期从事采砂活动的,由国务院水行政主管部门有关流域管理机构或者县级以上地方人民政府水行政主管部门责令停止违法行为,没收违法所得以及用于违法活动的船舶、设备、工具,并处货值金额二倍以上二十倍以下罚款;货值金额不足十万元的,并处二十万元以上二百万元以下罚款;已经取得河道采砂许可证的,吊销河道采砂许可证。"该条规定确立了在长江流域进行非法采砂的行政法律责任,弥补了过去此类行为行政法律责任的空白。在今后的执法过程中,相关主管部门应当将其与追究非法采矿罪的刑事责任有机衔接。

(四)提升长江流域环境司法精准化服务水平

长江流域大尺度跨经越纬,区段性和差异性表现明显。长江流域生态系统覆盖多个自然地理单元,自然景观多样、森林植被和气候特征各异,在我国甚至在全世界都绝无仅有的复杂和巨大。据调查,长江流域面临的问题既有一般意义上的生态破坏和环境污染,也面临一些流域保护的特殊问题,呈现不同河段、不同区域的差异性。例如,上游部分支流无序开发利用水能资源带来的流域水量季节性平衡问题;中下游河道非法采砂、占用水域岸线、滩涂围垦等行为造成的流域水砂关系、水岸关系、水生态关系破坏和水污染严重问题,河口地区咸潮入侵现象有所加剧、海水倒灌和滩涂利用速度加快。此外,大规模跨流域引水工程、防洪工程实施发展限制导致的水源区、蓄滞洪区的生态补偿问题以及流域内用水、流域与区域用水矛盾日趋显著问题等。[21] 长江流域的生态环境案件呈现明显的地区差异性特征。2020 年长江流域发生的非法捕捞水产品与非法采砂

---

〔20〕 参见张扬:《湖北检方发出 47 份检察建议　规范长江流域采砂管理》,载荆楚网,https://baijiahao.baidu.com/s?id=1689964535206578133&wfr=spider&for=pc,最后访问日期:2021 年 3 月 6 日。

〔21〕 参见吕忠梅、陈虹:《关于长江立法的思考》,载《环境保护》2016 年第 18 期。

案件的分布显示,在长江流域 19 个省、自治区、直辖市中,西藏、青海、甘肃、广西、福建 5 省、自治区没有分布,主要分布在 14 个省、直辖市,长江经济带 11 省市全部覆盖。其中,重庆、湖北、江苏、安徽、湖南 5 省市的非法捕捞水产品案件最多,但浙江、陕西两省没有发生此类案件;湖北、安徽、湖南、江苏、江西 5 省的非法采砂案件最多,但云南省、贵州省没有发生此类案件。从城市的分布来看,2020 年发生的非法捕捞水产品案件涉及城市约为 69 个,主要分布在中上游,前五位的城市依次是重庆、荆州、南阳、安庆、武汉;非法采砂案件涉及城市约为 46 个,主要分布在中下游,前五位的城市依次是岳阳、荆州、芜湖、黄冈、南通。由于存在地区差异性,对环境司法的需求也必然不一致,因此长江流域 19 个省、自治区、直辖市应当根据本地区的具体情况,完善环境司法的相关规范,提升环境司法服务的精准化水平。例如,以湖北省为例,非法捕捞水产品案件主要集中在荆州市、武汉市、宜昌市,而非法采砂案件主要集中在荆州市、黄冈市、武汉市、黄石市。那么,湖北省就应当重点针对这些地区的问题建立相应的司法治理政策,从而使司法服务更加精准和有效。2020 年长江流域发生的非法捕捞水产品与非法采砂案件的分布反映,接下来要特别加强长江经济带生态环境司法精准服务,特别是对非法捕捞、非法采砂等长江流域的典型环境资源案件进行类型化研究,充分运用司法手段修复受损生态环境,助力长江经济带高质量发展。

(五)注重长江流域环境司法法律效果与社会效果的统一

坚持以人民为中心,是习近平生态文明法治思想的重要内容。2018 年,最高人民法院《关于深入学习贯彻习近平生态文明思想为新时代生态环境保护提供司法服务和保障的意见》(法发〔2018〕7 号),明确指出“坚持以人民为中心,不断满足人民群众日益增长的对优美生态环境和公正环境资源司法保障的需求,切实保障人民群众在健康、舒适、优美生态环境中生存发展的权利”。2019 年,最高人民法院《关于深化人民法院司法体制综合配套改革的意见——人民法院第五个五年改革纲要(2019—2023)》中再次强调坚持习近平总书记以人民为中心的发展思想,司法为民,让人民群众满意是检验司法效果的标准。

长江流域地域广阔,社会经济发展不平衡,尤其是在长江中上游地区,民众对“司法产品的消费水平非常低”,有学者称之为“法律的不毛之地”〔22〕。从 2020 年长江流域非法捕捞水产品与非法采砂案件被告信息状况中可以看出,被

---

〔22〕 参见杨建军:《司法能动主义与中国司法发展》,法律出版社 2016 年版,第 316 页。

告受教育程度普遍偏低,在非法捕捞水产品案件中,被告初中文化程度以下的占比达到 87.33%,在非法采砂案件中,被告初中文化程度以下的占比达到 86.53%。从被告年龄分布上看,包括从 20 岁的青年到 70 岁以上的老年。被告年龄为 40~60 岁的青壮年案件占据大多数,尤其需要注意的是,被告年龄为 70 岁以上的案件也有 60 多件,这些数据说明,在长江流域的一些地区,农渔业仍然是当地人民群众的主要生存手段。各级人民法院在强化生态环境司法保护的同时,也应当注意保护农渔民的生存发展权益。

从 2020 年长江流域非法捕捞水产品与非法采砂案件被告信息状况中可以看出,长江流域生态保护与经济发展的矛盾仍然较为突出。长江流域人民群众生活居住在长江干支流、左右岸、上下游,"靠山吃山、靠水吃水"。但是,随着《长江保护法》《长江十年禁渔计划》以及其他法律政策的实施,长江流域大量的农渔民需要转产转业,在国家相关转产安置的政策还未到位的情形下,长江流域各级人民法院在处理生态环境纠纷过程中,必须充分考虑长江流域这一社会现实情况。尽管法律本身是一套独立的逻辑自洽的规则体系,法官审理案件,主要就是适用法律规则追求实体正义与程序正义,更多关注的是法律效果。但是,当前社会正处在转型期,司法还需要积极回应现实需要,把自己作为促进经济社会发展、关注民生、促进社会和谐、维护国家安全和社会稳定的重要力量。[23] 当下,长江流域生态环境保护法治趋紧,对于生态环境保护的力度空前加大,对于人民群众的生产生活方式需要进行重新评价,一些原来合法的行为现在可能被认为是违法甚至是犯罪行为,如在长江上游某个自然保护区捕捞水产品。在处理长江流域环境资源纠纷的时候,合理权衡,做到法律效果与社会效果的统一。

---

〔23〕 参见杨建军:《司法能动主义与中国司法发展》,法律出版社 2016 年版,第 125 页。

# 疫情背景下医疗废物处置裁判的实证检视与对策建议

赵　珂　王雅琪

2019年年末，新冠肺炎疫情开始在世界蔓延，病毒的极强传染性引发了人们对医疗废物收集、运输、无害化处理的高度关注。2020年多部委发布部门规章指导疫情医疗废物处置工作，包括生态环境部发布的《新型冠状病毒感染肺炎的疫情医疗废物应急处置管理与技术指南（试行）》、国家卫健委办公厅发布的《关于做好新型冠状病毒感染的肺炎疫情期间医疗机构医疗废物管理工作的通知》、生态环境部发布的《关于做好新型冠状病毒感染的肺炎疫情医疗废物环境管理工作的通知》等。对于疫情医疗废物处置的关注与规范一方面为所面临现实问题的预防之策，另一方面也提醒人们在一般医疗废物处置中同样存在诸多污染问题。因此，在疫情逐步稳定的一年，有必要对医疗废物处置既往的司法实践情况予以审视，结合疫情医疗废物处置的需求与经验，探索未来发展之道路。

此部分探讨的是医疗废物处置过程中与环境污染相关的案件，该类案件并非单独的一类案件，其涉及民事、行政、刑事案件中的多种案由，故无法通过案由直接予以确认。因此，此部分分析样本的确定以关键词检索与人工筛查为方法。在“中国司法大数据研究院”数据库与“威科先行”法律信息库中，筛选出2017年1月1日〔1〕至2020年12月31日审结的裁判文书中同时包含“医疗废物”与“污染”两个关键词的医疗废物处置案件。随后，对通过关键词筛选出来的裁判文书逐一阅读，剔除与研究目的不相关的裁判文书，最终获得232份医疗废物处置裁判文书。需要说明的是，由于依照我国案由体系的规范文件《民事案件案由规定》《关于行政暂行案由的规定》《环境资源案件类型与统计规范》都无法明确医疗废物处置案件的案由，本部分裁判文书的确定以人工筛查为主要手段，难

---

〔1〕　选取这一时间节点的原因在于2017年之后可查阅的司法文书较为全面。

以确保医疗废物处置案件的全面涵盖。但是,筛选出的232份裁判文书仍能够反映出目前我国医疗废物处置规范在生态环境保护中的成就与隐患。

## 一、医疗废物处置裁判文书数量的概观

### (一)疫情期间裁判文书数量未增反降

2017~2020年各年度医疗废物处置案件裁判文书数量整理见表9-1。

**表9-1 2017~2020年各年度医疗废物处置裁判文书数量**

单位:件

| 年份 | 民事案件 | 行政案件 | 刑事案件 | 总计 |
| --- | --- | --- | --- | --- |
| 2017 | 1 | 10 | 26 | 37 |
| 2018 | 2 | 19 | 33 | 54 |
| 2019 | 37 | 23 | 33 | 93 |
| 2020 | 9 | 16 | 23 | 48 |
| 总计 | 49 | 68 | 115 | 232 |

表9-1中呈现三个有效信息:一是医疗废物处置案件以刑事案件居多,行政案件居中,民事案件较少;二是2019年医疗废物处置民事案件的剧增导致当年的裁判文书数量增多;三是2020年疫情防控期间,大量医疗废物需要处置,但并没有案件的大量爆发。2019年医疗废物处置民事案件的增多,是由于贵州省铜仁市环境保护督查整改工作领导小组向全市区县发出通知,要求医疗废弃物集中处置,因此终止了沿河伟业医疗废物处理有限公司与34个单位的医疗废物处置合同,沿河伟业医疗废物处理有限公司诉34个单位合同违约。此34个案件的案情相同,由贵州省沿河土家族自治县人民法院并案审理,不视为民事案件的爆发性增长。

根据生态环境部《全国大中城市固体废物污染环境防治年报》公布的相关数据,2013年以来的医疗废物产生量统计发现我国的医疗废物产生量一直处于上升状态,其中,2020年度医疗废物全年产生量根据生态环境部5月发布的疫情期间医疗废物产生量推算为同比增加20%(见图9-1)。

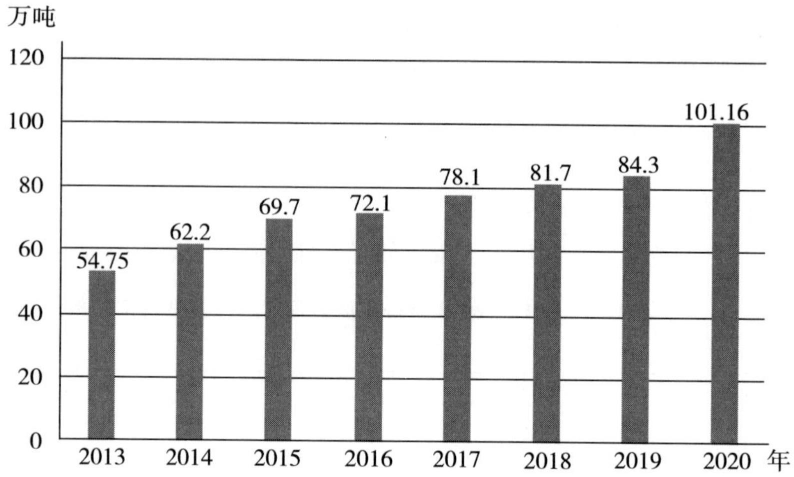


**图 9-1　2013~2020 年我国大中型城市医疗废物产生量**

与医疗废物生产量增长趋势相同,医疗废物处置相关的污染案件数量存在年度增长的趋势。但是,值得注意的是,2020 年疫情防控期间,裁判文书数量并未增加甚至减少。这说明国家在医疗废物处置与疫情医疗废物处置中的监管确有实效。2019 年 3 月 28 日生态环境部的例行发布会中指出,要将医疗废物处置情况纳入中央生态环境保护督察范畴。随后,新冠肺炎疫情的全面暴发引发国家对于医疗废物处置问题的高度重视,2020 年中央发布多个相关文件:1 月 21 日生态环境部发布《关于做好新型冠状病毒感染的肺炎疫情医疗废物环境管理工作的通知》,部署各地及时、有序、高效、无害化处置肺炎疫情医疗废物;1 月 28 日生态环境部发布《新型冠状病毒感染的肺炎疫情医疗废物应急处置管理与技术指南(试行)》,规范肺炎疫情医疗废物应急处置的管理与技术要求;2 月 1 日生态环境部发布《关于做好新型冠状病毒感染的肺炎疫情医疗污水和城镇污水监管工作的通知》,加强医疗污水监管工作;4 月 30 日发改委、卫健委与生态环境部联合印发《医疗废物集中处置设施能力建设实施方案》,加快推进医疗废物处置能力建设,补齐医疗废物处置短板。疫情期间,中央对于疫情医疗废物的高度重视极大地推进了医疗废物的规范化处置,极大地避免了疫情期间医疗废物纠纷的产生。

另外,由于样本裁判文书的检索日期截至 2020 年 12 月 31 日,可能存在部分 2020 年发生的案件仍在审理过程中的情况。加之,涉案医疗废物处置不当的不良后果显现可能需要一定的时间,2021 年可能会有案件裁判文书数量的增加。总体而言，样本文书检索期限内医疗废物处置裁判文书数量的年度变化不大，疫情期间数量基本平稳，未有爆发的现象。

（二）疫情多发地医疗废物裁判文书数量稳定

2017～2020年各省、自治区、直辖市医疗废物处置案件裁判文书数量整理见图9－2。

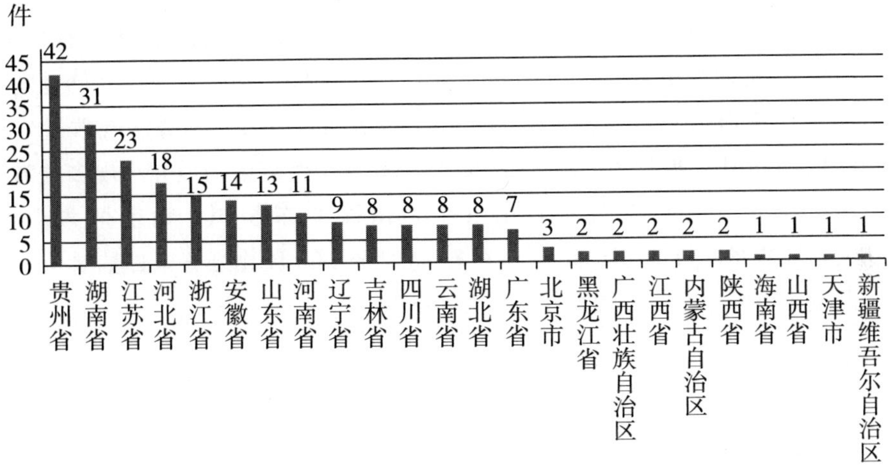


**图9－2　2017～2020年医疗废物处置裁判文书数量省域分布**

从图9－2中可见，省域间医疗废物处置裁判文书数量相差悬殊。黑龙江省、广西壮族自治区、江西省、内蒙古自治区、陕西省、海南省、山西省、天津市、新疆维吾尔自治区检索时间段内审结医疗废物处置案件均不超过2件，9省市审结的医疗废物处置案件数量占全部案件数量的6%。而审结医疗废物处置案件最多的5个省，浙江省（15件）、河北省（18件）、江苏省（23件）、湖南省（31件）、贵州省（42件），分别占全部案件数量（232件）的6.5%、7.8%、9.9%、13.4%、18.1%。

省域间案件数量差距与经济体量存在一定的相关性。2017～2020年，我国GDP前五的省份一直为广东省、江苏省、山东省、浙江省、河南省，这5省医疗废物处置案件数量也相对较多，分别为广东省7件、江苏省23件、山东省13件、浙江省15件、河南省11件。其他医疗废物处置案件数量多的某些省份——湖南省、河北省、安徽省的经济体量在我国亦处于前列。相对的，医疗废物处置案件数量较少的省份，均为经济体量相对小的省份。在2020年全国31个省、自治区、直辖市GDP排名中，海南省排第28位、山西省排第21位、天津市排第23

位、新疆维吾尔自治区排第 24 位、黑龙江省排第 25 位,其他 GDP 排名靠后的省、自治区、直辖市,如西藏自治区、青海省、宁夏回族自治区、甘肃省医疗废物处置案件为 0 件。上述说明医疗废物处置案件数量的地域分布与经济体量存在一定的相关性。

省域间案件数量差距与地方法规数量不具有必然联系。一般认知中,倾向于认为相关问题地方规范的数量与案件数量存在相关性,可能是正相关性,医疗废物相关地方规范数量多的地区重视这一问题的法律规制,由于监管严格而纠纷少;也可能是负相关性,医疗废物处置案件频发的地区,基于应对问题的考量,会增加相应的地方规范。但是,图 9 - 2 与各省医疗废物地方法规数量分布(见图 9 - 3)相比,两者之间并不存在必然的联系。医疗废物地方法规多的省、自治区、直辖市有重庆市、湖北省、山东省、湖南省、广东省,其中山东省、湖南省医疗废物处置案件数量位于前列,广东省、湖北省医疗废物处置案件数量位于中列,而重庆市医疗废物处置案件数量位于末尾。

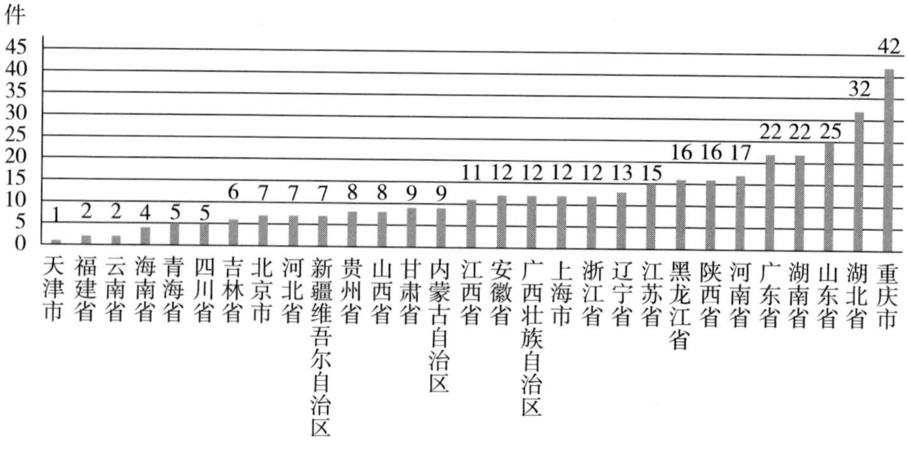


**图 9 - 3　各省(市、自治区)医疗废物地方法规数量分布**

疫情没有引发医疗废物处置案件地域分布的显著变动。2020 年疫情防控期间,各省医疗废物数量激增,2019 年全年 196 个大、中城市医疗废物产生量为 84.3 万吨,[2]而据生态环境部 2019 年 5 月 23 日通报的全国医疗废物处置的情

〔2〕 参见生态环境部:《2020 年全国大、中城市固体废物污染环境防治年报》,载中华人民共和国生态环境部 2020 年 12 月 28 日,http://www.mee.gov.cn/ywgz/gtfwyhxpgl/gtfw/202012/P020201228557295103367.pdf。

况,1月20日至5月23日全国已产生39.8万吨医疗废物,接近2019年全年度产量的半数。在这种情况下,各省未有案件数量激增的情况,且医疗废物处置裁判文书省域分布情况与2017～2020年的差距不大,2020年审结医疗废物案件数较多的省份为湖南省(8件)、江苏省(6件)、河南省(5件)、浙江省(4件),[3]在2017～2020年裁判文书数量分别位于全国数量排序的第2位、第3位、第8位、第5位。上述情况说明各省域内医疗废物处置案件数量并没有因疫情而产生过多的变化,依旧如常。

## 二、医疗废物处置裁判文书质量的剖析

### (一)裁判文书的裁判结果分析

#### 1.二审占比率持续增长

232件医疗废物处置案件中,一审案件179件、二审案件51件、再审案件2件,样本医疗废物处置案件中二审案件占比22%。医疗废物处置案件审级分布整理见图9－4。

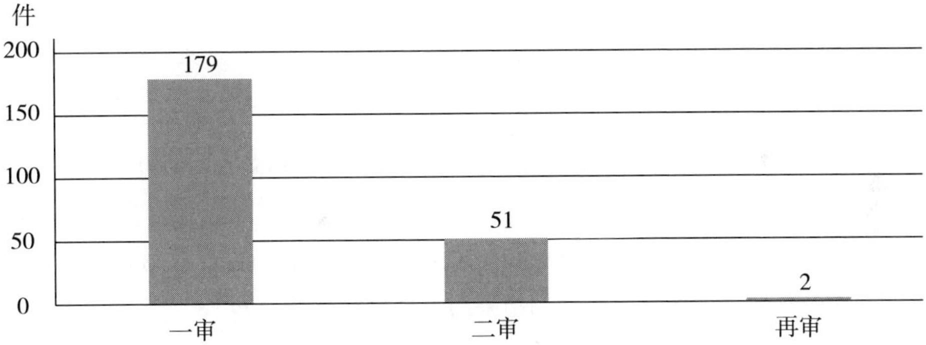


**图9－4　医疗废物处置各审级裁判文书数量分布**

2017～2020年案件审级裁判文书的年度数量整理见表9－2,2017～2020年年度二审案件占比见图9－5。

〔3〕2020年医疗废物处置裁判文书数量统计显示云南省有7件,但其中6件为同一案件,因此不视为案件数量较多的情况。

**表 9－2　2017～2020 年医疗废物处置案件各审级裁判文书数量年度统计**

单位:件

| 年度 | 一审裁判文书数量 | 二审裁判文书数量 | 再审裁判文书数量 |
|---|---|---|---|
| 2017 | 31 | 5 | 1 |
| 2018 | 43 | 10 | 1 |
| 2019 | 73 | 20 | 0 |
| 2020 | 32 | 16 | 0 |

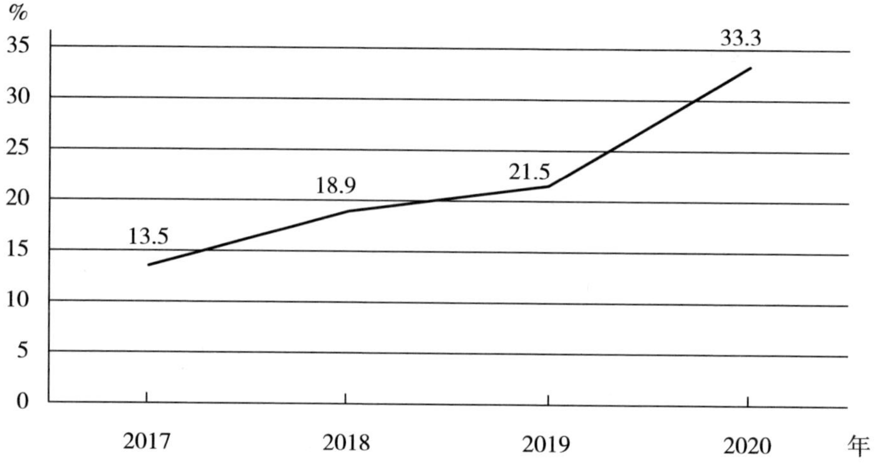


**图 9－5　2017～2020 年医疗废物处置裁判文书二审占比**

由图 9－5 可以看出,样本医疗废物处置案件中二审占比持续上升,2017 年为 13.5%、2018 年为 18.9%、2019 年为 21.5%、2020 年为 33.3%,说明近年来对医疗废物处置案件一审裁判结果的上诉率在持续上升。

**2. 二审维持原判比率不高**

2017～2020 年样本案例中民事、行政、刑事医疗废物处置二审案件的裁判结果统计见表9－3。

**表 9－3　医疗废物处置二审裁判结果的统计**

单位:件

| 案件类型 | 维持原判 | 部分改判 | 改判 | 发回重审 | 总计 |
|---|---|---|---|---|---|
| 民事案件 | 6 | 0 | 2 | 0 | 8 |
| 行政案件 | 9 | 1 | 3 | 4 | 17 |
| 刑事案件 | 21 | 4 | 1 | 0 | 26 |
| 总计 | 36 | 5 | 6 | 4 | 51 |

样本案例中民事、行政、刑事医疗废物处置二审案件的裁判结果占比见图9－6。

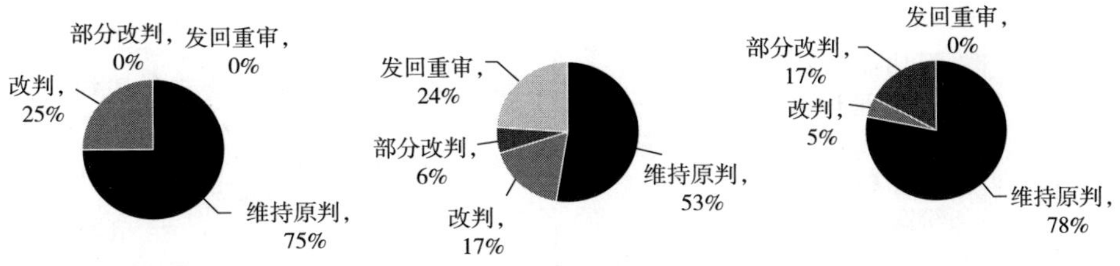


（a）民事案件裁判结果　（b）行政案件裁判结果　（c）刑事案件裁判结果

**图9－6　医疗废物处置二审案件的各裁判结果占比**

依据2018年最高人民法院发布的司法统计公报，2018年度民事二审案件结案1226341件，其中改判156490件占比12.8%；发回重审78745件占比6.4%。行政二审案件结案125232件，其中改判5931件占比4.7%；发回重审3127件占比2.5%。刑事二审案件结案154391件，其中改判17473件占比11.3%；发回重审10117件占比6.6%。[4] 由于网络公布的信息有限，无法准确获得2017～2020年民事、行政、刑事二审案件改判与发回重审的案件数量。但是，2018年数据可以作为一个大致的参考，反映医疗废物处置案件二审结案情况与平均情况的大致对比。相较而言，医疗废物处置二审案件改判率（包括改判与部分改判）民事案件为25%、行政案件为23.6%、刑事案件为19%，均远高于2018年平均改判率；医疗废物处置二审案件裁判结果中仅行政案件中存在发回重审的情况，占比24%，为2018年行政案件发回重审率的10倍之多。依照我国诉讼法的规定，原判决、裁定认定事实不清或者证据不足，或适用法律有错误，或量刑不当，应改判或部分改判或撤销原判，发回重审。医疗废物处置二审案件裁判结果中维持原判占比不高，说明一审案件中存在较多需要更正的错误，改判与发回重审的具体情况将在下文中加以详述。

（二）医疗废物处置民事案件

样本医疗废物处置裁判文书中民事裁判文书49份，部分纠纷情况如表9－4所示。

〔4〕 最高人民法院：《2018年全国法院司法统计公报》，载最高人民法院公报，http://gongbao.court.gov.cn/Details/c70030ba6761ec165c3c2f0bd2a12b.html，最后访问日期：2021年3月6日。

**表 9-4　医疗废物处置民事案件审判样态**

| 序号 | 案号 | 案由 | 文书性质 | 诉讼请求 | 判决 | 焦点简述 |
|---|---|---|---|---|---|---|
| 1 | 沿河伟业医疗废物处理有限公司与铜仁市 34 家单位合同纠纷案 | 合同纠纷 | 判决书 | 1. 赔偿违约金 50000 元<br>2. 被告承担诉讼费用 | 1. 被告支付违约金 50000 元<br>2. 被告承担案件受理费 | 违约责任认定 |
| 2 | (2019)黔 0627 民初 2962 号 | 合同纠纷 | 判决书 | 1. 赔偿违约金 30000 元<br>2. 本案的诉讼费由被告承担。 | 1. 驳回诉讼请求<br>2. 原告承担案件受理费用 | 违约责任认定 |
| 3 | (2020)桂 1422 民初 2314 号 | 合同纠纷 | 判决书 | 1. 被告赔偿经济损失 1638158.04 元<br>2. 被告承担诉讼费用 | 1. 驳回诉讼请求<br>2. 原告承担诉讼费 | 违约责任认定 |
| 4 | (2020)湘 12 民终 1093 号 | 排除妨害纠纷 | 判决书 | 1. 驳回被上诉人的诉讼请求<br>2. 被上诉人承担诉讼费 | 1. 撤销原判决<br>2. 驳回其他诉讼请求<br>3. 被上诉人承担诉讼费用 | 事实认定 |
| 5 | (2020)云 06 民终 1637 号<br>(2020)云 06 民终 1638 号<br>(2020)云 06 民终 1639 号 | 生命权、健康权、身体权纠纷 | 判决书 | 撤销原判 | 驳回上诉,维持原判 | 事实认定 |
| 6 | (2020)云 0628 民初 587 号<br>(2020)云 0628 民初 588 号 | 生命权、健康权、身体权纠纷 | 判决书 | 1. 赔偿原告各项损失 35144 元<br>2. 诉讼费由被告承担 | 1. 被告赔偿各项损失 14464.30 元<br>2. 驳回原告的其他诉讼请求<br>3. 原、被告共同承担诉讼费用 | 责任认定 |

续表

| 序号 | 案号 | 案由 | 文书性质 | 诉讼请求 | 判决 | 焦点简述 |
| --- | --- | --- | --- | --- | --- | --- |
| 7 | (2020)湘1202民初92号 | 排除妨害纠纷 | 判决书 | 1. 停止侵害,恢复原状<br>2. 拆除向绿化带排污管道<br>3. 被告承担诉讼费用 | 1. 拆除招牌<br>2. 驳回其他诉讼请求<br>3. 被告承担诉讼费用 | 事实认定 |
| 8 | (2020)粤04民终33号 | 提供劳务者受害责任纠纷 | 判决书 | 1. 撤销一审判决<br>2. 被告承担诉讼费用 | 驳回上诉,维持原判 | 事实认定 |
| 9 | (2019)皖16民终2365号 | 合同纠纷 | 判决书 | 1. 撤销一审判决<br>2. 被告承担诉讼费用 | 1. 撤销一审民事判决<br>2. 继续履行委托协议<br>3. 驳回原审原告其他诉讼请求 | 合同效力认定 |
| 10 | (2019)黔26民终1828号 | 排除妨害纠纷 | 裁定书 | 撤销原裁定,受理案件 | 驳回上诉,维持原裁定 | 民事诉讼受案范围 |
| 11 | (2019)黔2631民初1355号 | 排除妨害纠纷 | 裁定书 | 1.将医疗废弃物移出<br>2. 被告承担诉讼费用 | 不予受理 | 民事诉讼受案范围 |
| 12 | (2017)黔2631民初1574号 | 排除妨害纠纷 | 判决书 | 1. 停止排污的侵权行为<br>2. 赔偿经济损失50000元<br>3. 清除排放医疗垃圾<br>4. 恢复原状<br>5. 被告承担诉讼费用 | 1. 被告停止向原告责任田排放污水<br>2. 被告清除原告责任田的医疗垃圾<br>3. 被告修复原告田坎<br>4. 支付原告人民币15000元<br>5. 被告承担诉讼费用 | 事实认定 |

续表

| 序号 | 案号 | 案由 | 文书性质 | 诉讼请求 | 判决 | 焦点简述 |
|---|---|---|---|---|---|---|
| 13 | (2018)川 0823 民初 369 号 | 合同纠纷 | 判决书 | 1. 请求撤销房屋租赁合同及补充协议<br>2. 被告承担诉讼费用 | 1. 驳回原告诉讼请求<br>2. 继续履行合同<br>3. 原告承担诉讼费用 | 合同效力认定 |
| 14 | (2017)鲁 01 民终 8211 号 | 合同纠纷 | 判决书 | 1. 请求依法撤销一审判决第三项<br>2. 原审原告承担诉讼费用 | 驳回上诉,维持原判 | 违约责任认定 |

注:样本案例中存在案情、诉求、裁判结果均完全一致,且合并审理的案件,为节省篇幅,在表格中以一栏呈现。

深入分析裁判文书所呈现的样态,可以发现医疗废物处置民事案件呈现以下的特征。

**1. 原告诉讼请求支持率较低**

除了沿河伟业医疗废物处理有限公司与铜仁市 34 家单位合同纠纷案中,原告诉讼请求的支持率达到了 100%,其他案件的原告诉讼请求的支持程度均不高。其中,7 件一审案件中,4 件案件驳回诉讼请求,2 件案件原告经济赔偿诉讼请求支持率不足 50%,1 件案件不予受理。

**2. 案件争议以实体问题认定为主**

49 份医疗废物处置民事裁判文书中,仅有 2 份裁判文书为裁定书。这意味着医疗废物处置的民事纠纷多以实体问题居多,而程序问题较少。与此同时,案件争议焦点集中,分别为合同纠纷中违约责任认定、侵权纠纷中事实认定、合同效力认定,均为实体问题论证的认定争议。

**3. 医疗废物处置民事纠纷中合同纠纷占比较高**

49 份医疗废物处置民事裁判文中,39 件案件为合同纠纷案件,占比79.6%。值得注意的是,39 件合同纠纷案件争议焦点相似,通过裁判文书基本明确了医疗废物处置合同不受环境政策等因素的影响。以沿河伟业医疗废物处理有限公司与铜仁市 34 家单位合同纠纷案为例,2017 年原告与 34 家单位签订了 3 年《医疗废物处置合同》,2017 年铜仁市环境督查整改工作领导小组作出整改意见,要求对医疗废物实现集中无害化处理,2018 年思南县人民政府在医疗废弃物处置工程建成完工后,明确批示各单位与原告解除原合同。法院审理认定思南县人民政府批示为协商终止合同,不具有强制力,被告不履约的行为属于违约行为。

(三)医疗废物处置行政案件

**1. 行政处罚、公益诉讼是医疗废物处置行政案件的主要类型**

结合最高人民法院发布的《关于行政案件案由的暂行规定》,样本中68件医疗废物行政案件大致包括4类案件(见图9-7)。其中图9-7(a)为四大类案件,图9-7(b)是行政行为的具体类型。

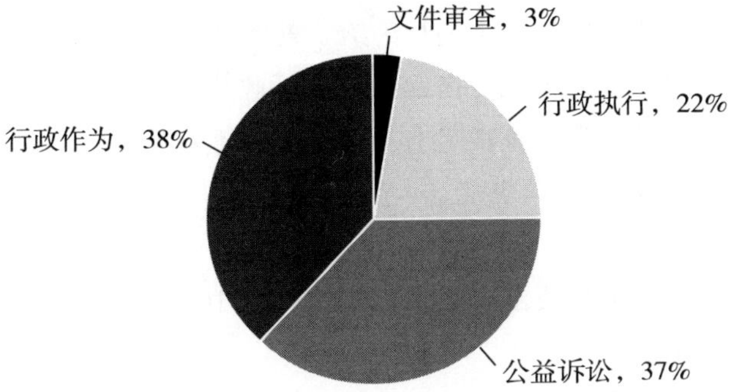


(a)四大类案件

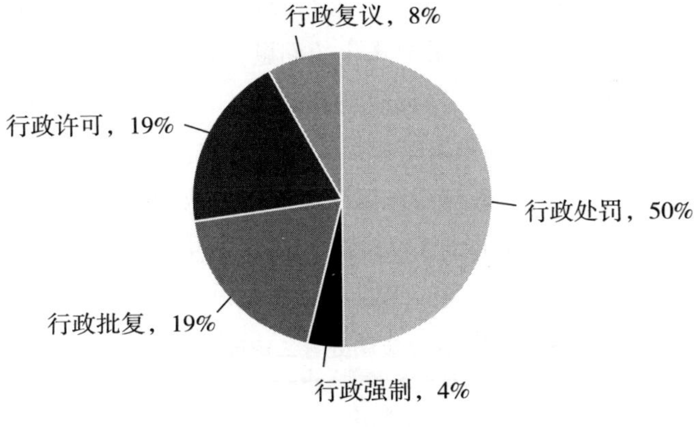


(b)行政行为的具体类型

**图9-7 医疗废物处置行政案件类型统计**

一是不服行政机关具体行政行为以及行政复议决定提起的行政诉讼,包括行政处罚、行政许可、行政批复[见图9-7(b)],争议的焦点多体现于医疗废物处置相关行政行为作出过程中的事实认定与程序认定。例如,南涧华夏医院与大理白族自治州生态环境局南涧分局行政案件[(2020)云2926行初2号],案件争议的焦点在于原告工作人员在运转水污染防治设施时不按照药剂说明书添加药剂是否构成不正常运行水污染设施等逃避监管的行为;又如,原国家质量监督检验检疫总局北京国际旅行卫生保健中心与北京市海淀区人民政府等行政处罚一审行政判决书,原告对医疗污水未处理排放的事实无异议,认为《行政处罚决定书》的法律依据应当为《医疗废物管理条例》而并非《水污染防治法》。

二是检察机关提起的行政机关不履行特定法定职责的公益诉讼案件。例如,平原县人民检察院诉平原县卫生健康局环保行政公益诉讼,行政机关未对平原瑞恩医院违法排放医疗污水的行为给予查处,检察机关提起公益诉讼。

三是申请对行政行为执行提起的非诉行政执行审查案件。例如,东县环境保护局与陈某行政非诉审查裁定书,又如,东县环境保护局申请强制执行的东环罚字[2018]30 号行政处罚决定。

四是规范文件审查。样本中存在 2 件关于同一个规范文件的一审、二审裁判文书。原告提起诉讼要求确认梅河口市计生卫生联发[2018]63 号指导性文件行政行为违法。

**2. 医疗废物处置行政案件二审改判、发回重审率高**

从案件呈现的特征而言,除样本文书案例均与医疗废物处置有关的,其他与一般行政案件的特征大致相同。一般行政诉讼案件中呈现出来的公益诉讼年度增长、原告单一以及判决结果形式化的问题在医疗废物处置行政案件中均有所体现。例如,在医疗废物处置行政裁判文书中的 68 件案件中,虽支持原告胜诉案件较多,但多数案件的判决结果仅为确认违法。

医疗废物处置行政案件与一般行政案件在裁判文书中体现出的特殊性在于其二审改判率与发回重审率相对较高,其中二审部分改判率为 6%,改判率为 17.6%,发回重审率为 23.5%,案件具体情况见表 9-5。

**表 9-5 医疗废物处置二审改判、发回重审情况**

| 案号 | 判决结果 | 一审判决 | 二审判决 |
|---|---|---|---|
| (2018)内行终 88 号 | 部分改判 | 原告通辽市九环环境工程有限公司医疗废物处置中心起诉要求确认被告作出的《限期拆除通知书》违法和确认强制拆除行政行为违法,并非同一行政机关的同一行政行为。原告认为对其实施强制拆除行为的是通辽市科尔沁区城市管理监察大队,不是本案被告,原告亦不能证明 | 一审法院在未对被诉强制拆除行为进行实体审理,并且提示九环中心可以另案主张权利的情况下,却在本案判项中判决驳回九环中心的其他诉讼请求,即“确认强制拆除行为违法”的诉讼请求,属于适用法律错误,本院予以纠正 |

续表

| 案号 | 判决结果 | 一审判决 | 二审判决 |
|---|---|---|---|
| | | 通辽市科尔沁区城市管理监察大队的拆除行为系由被告委托所为。如原告认为强制拆除行政行为违法，可另案主张权利 | |
| (2020)粤71行终1705号 | 改判 | 监测人员虽在《污染源监测现场记录及样品交接表》中注明“保存条件”为“冷藏”，但并未能证实监测人员在监测采样环节中已按照上述技术标准的要求履行样本保存的情况。鉴于污水样品取样、保存措施会影响样品的水质变化，从而影响涉案《监测报告》的最后定论。在此情况下，被告依据涉案《监测报告》对原告作出的越环罚(2019)52号行政处罚决定书，违反了上述规定，属于事实不清，证据不足，应予以撤销 | 广州市越秀区环境监督站作为专门的技术性事业单位，在自身专业技术领域内接受上诉人广州市环境局委托对被上诉人实施环境监督检测，该站派出合格专业技术人员进行监测，所制作的现场记录、样品交接表等材料证实该站完成的监测工作过程和分析测试结果符合相关技术规范要求，被上诉人作为被监测方，如主张其监测过程未按技术规范要求操作，应提供相应的证据予以反驳，而不能仅凭单方的推测置疑就予以否定 |
| (2018)川11行终144号 | 改判 | 乐山嘉定医院提交的环境影响报告书具备法律规定的相关内容，且经过了专家评审，征求公众意见，网上公示等方法和环节，编制单位安徽锦美环保科技有限公司也具有相应的环境影响评价资质，乐山市环境保护局作出被诉《关于〈乐山嘉定医院项目环境影响报告书〉的审批意见》，认定事实清楚，适用法律正确，程序合法 | 二审法院另行查明事实，认定(1)乐山市环境保护局在审查乐山嘉定医院项目是否符合城市规划方面的主要证据不足；(2)《乐山嘉定医院项目环境影响报告书(报批件)》存在错误；(3)乐山市环境保护局在环评审批过程中，没有对乐山嘉定医院报送的公众参与相关材料尽到审慎审查义务。综上所述，乐山市环境保护局作出的《关于〈乐山嘉定医院项目环境影响报告书〉的审批意见》主要证据不足，依照《行政诉讼法》第70条第1项规定，应予撤销 |

续表

| 案号 | 判决结果 | 一审判决 | 二审判决 |
|---|---|---|---|
| (2018)川 17 行审复 3 号 | 发回重审 | 王某建诊所是否对其违法行为予以改正,达川区卫计局并未对该情况予以复查,即作出了“警告、罚款 8000 元人民币”的行政处罚决定。故,申请执行人达川区卫计局对违法事实认定不清。达州市达川区卫生和计划生育局于 2017 年 11 月 29 日作出的达川卫罚决[2017]51 号行政处罚决定书,不准予强制执行 | 根据最高人民法院《关于适用〈中华人民共和国行政诉讼法〉的解释》第 161 条“被申请执行的行政行为有下列情形之一的,人民法院应当裁定不准予执行:(一)实施主体不具有行政主体资格的;(二)明显缺乏事实根据的;(三)明显缺乏法律、法规依据的;(四)其他明显违法并损害被执行人合法权益的情形……”的规定,本案中原审法院以复议申请人的处罚决定缺乏事实依据为由,裁定不准予执行,认定事实不清 |
| (2018)川 17 行审复 1 号 | 发回重审 | 同上(2018)川 17 行审复 3 号 | 同上(2018)川 17 行审复 3 号 |
| (2017)湘行终 1579 号 | 改判 | 娄底名扬医院依据《医疗机构管理条例》《医疗机构管理条例实施细则》《湖南省实施〈医疗机构管理条例〉若干规定》《娄底市医疗机构设置规划(2011 - 2015 年)》的规定,向原娄底市卫生局提交了《关于创办娄底市湘中名扬医院的申请报告》及相关文件,原娄底市卫生局经审查为名扬医院颁发了行政许可,属于原娄底市卫生局的职权范围,也符合《关于进一步加强和规范医疗机构设置审批与监管工作的意见》的精神 | 虽然根据《医疗机构管理条例》《医疗机构管理条例实施细则》、省卫生厅关于印发《湖南省实施〈医疗机构管理条例〉若干规定》的通知规定,审批设置医院的主要依据是:“1. 医疗机构设置申请书;2. 设置可行性研究报告;3. 选址报告及建筑设计平面图;4. 验资证明文件;5. 法人相关证件。”但 2003 年 9 月 1 日起实施的《环境影响评价法》规定,对规划和建设项目实施后可能造成环境影响的,建设单位应当组织编制环境影响报告书、环境影响报告表或者填报环境影响登记表,开办医疗机构属于依法应予编制环境影响报告表或填报环境影响登记表的事项。被告 2014 年 4 月 8 日审批时未考虑“环境影响事项”,不符合环境影响评价法的规定,虽然事后补交了环境影响评价报告,亦应认定程序违法 |

续表

| 案号 | 判决结果 | 一审判决 | 二审判决 |
|---|---|---|---|
| (2017)鄂行终87号 | 发回重审 | 申请人从武汉市环保局于2014年4月22日作出的《复函》中知悉武汉市人民政府作出的行政行为,但申请人至今才提出行政复议申请,超过了行政复议申请期限 | 上诉人沈某等5人申请复议的主要事项是基于武汉市环境保护局于2014年4月22日所作《复函》载明的内容,但原审对上诉人沈某等5人知晓《复函》内容的时间并未作出认定 |
| (2017)鄂行终89号 | 发回重审 | 同上(2017)鄂行终87号 | 同上(2017)鄂行终87号 |

依照《行政诉讼法》第89条的规定,人民法院审理上诉案件,原判决、裁定认定事实错误或者适用法律、法规错误的,依法改判、撤销或者变更;原判决认定基本事实不清、证据不足的,发回原审人民法院重审,或者查清事实后改判;原判决遗漏当事人或者违法缺席判决等严重违反法定程序的,裁定撤销原判决,发回原审人民法院重审。从表9-5中可以看出,医疗废物处置行政二审改判、发回重审主要是基于判决事实认定的问题,仅有1件事实认定清楚、法律适用错误的情况。那么,因何导致医疗废物处置行政案件事实认定的不确定性。医疗废物处置行政案件案情较为复杂,同时其归属于医疗卫生行政管理与环境保护行政管理范围,而医疗类与环保类行政管理均需要大量的专业化手段予以辅助,双重的要求增加了行政行为作出时事实情况认定的难度。更重要的是,医疗废物处置污染行为的许可与管理,在医疗相关法律法规有所规定,环保法律法规亦有所规定,法院对于仅适用医疗相关法律法规作出的行政行为该如何定性就成了一个难题。例如,表9-5中李某华、娄底市卫生和计划生育委员会卫生行政管理(卫生)二审行政判决书[(2017)湘行终1579号],医疗机构设置及执业许可依照《医疗机构管理条例》不需要编制环境影响报告书、环境影响报告表或者填报环境影响登记表,但是《环境影响评价法》中明确可能造成环境影响的,建设单位应当组织编制环境影响报告书、环境影响报告表或者填报环境影响登记表。需要补充的是,各地方政府在公开的医疗机构设置审批行政许可事项办事指南中仅提到需要遵守《医疗机构管理条例》。在未提起上诉的其他行政案件中,多个案件的争议焦点为医疗污水排放的行政处罚应适用《医疗废物管理条例》还是《水污染防治法》,例如,原国家质量监督检验检疫总局北京国际旅行卫生保

健中心与北京市海淀区人民政府等行政处罚案[(2019)京 0108 行初 216 号]、海关总署(北京)国际旅行卫生保健中心(北京海关口岸门诊部)与北京市海淀区生态环境局等其他二审案件[(2019)京 01 行终 837 号]。

(四)医疗废物处置刑事案件

**1. 犯罪主体中自然人占多数**

从表 9-6 可知,115 件医疗废物处置刑事案件中法人与自然人被告共计 273 个,统计情况显示,医疗废物处置刑事案件的主体以自然人占多数。在一般认知中,医疗废物处置刑事案件主体的自然人比例不应如此。一方面,在法人单位工作的自然人非法处置医疗废物行为很难是脱离企业意志的自然人行为;另一方面,若医疗废物处置的自然人并非法人单位职工,那么依据《危险废物经营许可证管理办法》自然人无法取得危险废物经营许可,与此同时,依据最高人民法院、最高人民检察院《关于办理环境污染刑事案件适用法律若干问题的解释》的规定,"明知他人无危险废物经营许可证,向其提供或者委托其收集、贮存、利用、处置危险废物,严重污染环境的,以共同犯罪论处",意味着非法人的经营体在医疗废物处置的犯罪行为中,会存在以提供或委托其收集、贮存、利用、处置危险废物的单位为共犯的问题。但是,样本裁判文书显示主体多为自然人,通过对裁判文书研读可以发现,医疗废物处置刑事案件多发生于不具备医疗废物处置经营许可、未经工商注册的家庭或合伙的非法经营体中,而医疗废物的来源在样本裁判文书中均未提及。

**表 9-6 医疗废物处置犯罪主体类别统计**

| 类别 | 人数/个 | 占比/% |
|---|---|---|
| 自然人 | 261 | 95.6 |
| 法人 | 12 | 4.4 |

**2. 罪名以严重污染环境的污染环境罪为主**

从表 9-7 可知,115 件医疗废物处置的刑事裁判文书,其中非法采矿罪与虚开发票罪的 2 件裁判文书为同一案件的一审与二审裁判文书,案件事实包括污染环境与非法采矿、虚开发票三个部分,后两个部分的犯罪行为与医疗废物处置无关;另外,样本非法行医罪案件中入罪事实与医疗废物处置无关,案件与医疗废物处置的关联在其刑事附带民事公益诉讼部分,其非法行医期间医疗废物处置未经无害化处理。因此,医疗废物处置的刑事裁判文书实际上涉及 2 个罪名,定罪为污染环境罪的裁判文书 112 件,占比 97.4%;定罪为非法制造、买卖、运输危险物质罪的裁判文书 2 件,占比 1.7%。

**表 9 –7　医疗废物处置刑事裁判文书罪名统计**

| 罪名 | 文书数量/件 |
|---|---|
| 污染环境罪 | 112 |
| 非法制造、买卖、运输危险物质罪 | 2 |
| 非法采矿罪 | 2 |
| 虚开发票罪 | 2 |
| 非法行医罪 | 1 |

依照《刑法》第 338 条的规定,污染环境罪存在“严重污染环境”与“后果特别严重”两种情形,结合最高人民法院、最高人民检察院《关于办理环境污染刑事案件适用法律若干问题的解释》第 1 条与第 3 条对“严重污染环境”与“后果特别严重”认定的解释,医疗废物处置刑事裁判文书中认定“后果特别严重”的情况较少。(见表 9 –8)

**表 9 –8　医疗废物处置环境污染罪犯罪情形统计**

| 情形 | 数量/件 | 占比/% |
|---|---|---|
| 严重污染环境 | 98 | 85.2 |
| 后果特别严重 | 17 | 14.8 |

### 3. 刑罚表现出“轻刑化”特征

115 件医疗废物处置裁判文书中,法人与自然人被告共计 273 个,刑罚的适用情况见表 9 –9。

**表 9 –9　医疗废物处置犯罪刑罚种类适用**

| 刑种 | 适用人数/个* | 占比/% |
|---|---|---|
| 有期徒刑 | 240 | 87.9 |
| 罚金 | 270 | 98.9 |
| 拘役 | 19 | 7.0 |

* 被告同时存在多种刑罚。

医疗废物处置犯罪刑罚中罚金是主要部分,犯污染环境罪的所有主体均被并处罚金,犯非法制造、买卖、运输危险物质罪的 3 个主体仅处有期徒刑。有期徒刑的处罚方式亦是医疗废物处置刑事案件的主要处罚形式。

裁判文书中适用不同数额罚金的人数情况见图 9－8。

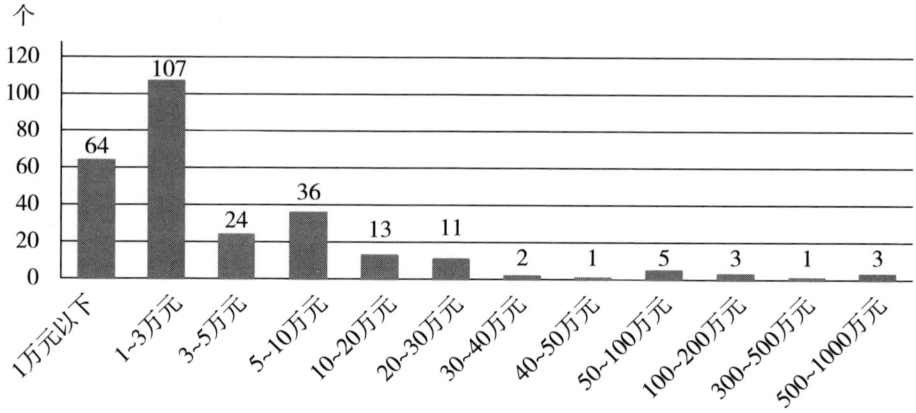


**图 9－8　涉及医疗废物处置的环境污染刑事犯罪适用金额分布**

如上所述,适用罚金的主体均为犯环境污染罪的主体,依据《刑法》第 338 条的规定,污染环境罪罚金的数额没有规定具体的限度,由审判机构依据犯罪情节自由裁量。样本裁判文书中,医疗废物处置刑事案件被告处 1 万元以下罚金 64 人,占比 23.7%;处 1～3 万元罚金 107 人,占比 39.6%,两者占比超过 60%,意味着医疗废物处置刑事犯罪的罚金数额整体偏低。

“轻刑化”的特征同时表现于人身刑的处罚情况中。医疗废物处置刑事裁判文书中不同期限人身刑以及缓刑的适用情况见表 9－10。

**表 9－10　医疗废物处置犯罪有期徒刑适用统计**

| 刑期区间 | 人数/个 | 占比/% |
|---|---|---|
| 1 年以下 | 76 | 27.8 |
| 1～2 年 | 106 | 38.9 |
| 2～3 年 | 17 | 6.2 |
| 3～4 年 | 23 | 8.4 |
| 4～5 年 | 11 | 4 |
| 5～6 年 | 7 | 2.6 |
| 其他 | 33 | 12.1 |

《刑法》第 338 条环境污染罪的人身刑存在两档,严重污染环境的处 3 年以下有期徒刑或者拘役;造成严重后果的处 3 年以上 7 年以下有期徒刑。《刑法》第 125 条非法制造、买卖、运输、储存毒害性、放射性、传染病病原体等物质,危害

公共安全的,处3年以上10年以下有期徒刑;情节严重的,处10年以上有期徒刑、无期徒刑或者死刑。医疗废物处置犯罪的处罚情况中,1年以下与1~2年有期徒刑适用最多,两者合计远超半数,3年以上有期徒刑刑罚适用共计仅15%。加之,75个被告被认为存在适用缓刑的情况,占比27.5%,见图9-9的数据,说明大多数医疗废物处置犯罪属于情节较轻、不易再犯的情况。

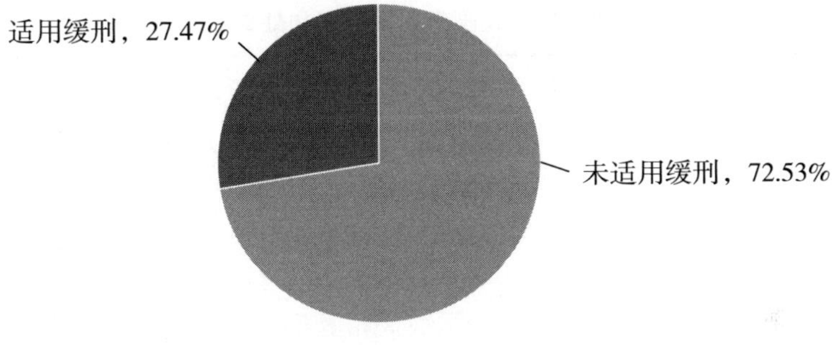


**图9-9 医疗废物处置犯罪缓刑适用人数占比**

## 三、医疗废物处置管理体系的症结与归因

通过前述对既有裁判文书的考察,本文在宏观视野中就我国近年来医疗废物处置案件的年度趋势、地域分布、裁判结果等方面进行了整体的描绘与展示,全面研判现代化生态文明思想深入推行的进程中医疗废物处置的演进态势;微观角度则以民事、行政、刑事案件的不同特性为切入口,探析司法实践具体运行中医疗废物处置与环境保护的矛盾点与共通处,进而审视如何在疫情常态化的新背景下构建成熟的环境监管法治体系,推动实现医疗废物处置的平稳有序。通过双重视角的立体呈现,前文已对医疗废物处置的现状予以全面而清晰的具象呈现,但文书中所体现的冲突点,也在一定程度上表明我国医疗废物处置中仍存在不少问题,使其在突发事件应对方面的规范性不足。抽象而言,可凝练为立法、执法、司法三个领域的成因。

### (一)立法层面原则化,缺乏明晰统一的规范体制

规范体系是法治体系的基础,构建完备的法治体系,必须坚持立法先行的引领性作用。[5] 缺乏周延明确的立法前置规定,必将导致在实践指引的诸多困

〔5〕 陈俊:《立法先行与社会主义法治体系构建》,载《哈尔滨工业大学学报(社会科学版)》2015年第1期。

扰,造成同案不同判的现象,有违公平正义的法治价值追求。在“威科先行”法律信息库〔6〕中,以“医疗废物”“污染”为关键词,进行全文检索,并进行人工筛选,梳理有关医疗废物处置过程中预防和规制环境污染发生的全部法律与行政法规,将其与前文甄选的文书相对照,分析裁判文书说理部分所援引的法律文本,以期反思我国医疗废物处置立法的可操作性与实践认可度。(见表 9-11)

**表 9-11 我国有关医疗废物处置的法律法规**

| 序号 | 法规名称 | 效力级别 | 时效性 | 发布日期 | 生效日期 | 发文机关 | 文号 | 被援引次数 |
|---|---|---|---|---|---|---|---|---|
| 1 | 国务院《关于深入开展爱国卫生运动的意见》 | 行政法规 | 现行有效 | 2020.11.14 | 2020.11.14 | 国务院 | 国发〔2020〕15 号 | 0 |
| 2 | 《固体废物污染环境防治法》(2020 年修订) | 法律 | 现行有效 | 2020.04.29 | 2020.09.01 | 全国人民代表大会常务委员会 | 中华人民共和国主席令第四十三号 | 2 |
| 3 | 国务院办公厅关于印发《“无废城市”建设试点工作方案》的通知 | 行政法规 | 现行有效 | 2018.12.29 | 2018.12.29 | 国务院办公厅 | 国办发〔2018〕128 号 | 0 |
| 4 | 国务院办公厅关于印发《第二次全国污染源普查方案》的通知 | 行政法规 | 现行有效 | 2017.09.10 | 2017.09.10 | 国务院办公厅 | 国办发〔2017〕82 号 | 0 |
| 5 | 国务院关于印发《“十三五”生态环境保护规划》的通知 | 行政法规 | 现行有效 | 2016.11.24 | 2016.11.24 | 国务院 | 国发〔2016〕65 号 | 0 |

〔6〕 载威科先行法律信息库,https://law.wkinfo.com.cn/。

续表

| 序号 | 法规名称 | 效力级别 | 时效性 | 发布日期 | 生效日期 | 发文机关 | 文号 | 被援引次数 |
|---|---|---|---|---|---|---|---|---|
| 6 | 《危险废物经营许可证管理办法》(2016 年修订) | 行政法规 | 现行有效 | 2016.02.06 | 2016.02.06 | 国务院 | 中华人民共和国国务院令第666 号 | 0 |
| 7 | 国务院《关于"先照后证"改革后加强事中事后监管的意见》 | 行政法规 | 现行有效 | 2015.10.13 | 2015.10.13 | 国务院 | 国发〔2015〕62 号 | 0 |
| 8 | 国务院办公厅《关于加强传染病防治人员安全防护的意见》 | 行政法规 | 现行有效 | 2015.01.06 | 2015.01.06 | 国务院办公厅 | 国办发〔2015〕1 号 | 0 |
| 9 | 《环境保护法》(2014 年修订) | 法律 | 现行有效 | 2014.04.24 | 2015.01.01 | 全国人民代表大会常务委员会 | 中华人民共和国主席令第 9 号 | 6 |
| 10 | 《传染病防治法》(2013 年修正) | 法律 | 现行有效 | 2013.06.29 | 2013.06.29 | 全国人大常委会 | 中华人民共和国主席令第 5 号 | 0 |
| 11 | 国务院关于《2011 年度中央预算执行和其他财政收支的审计工作报告》 | 行政法规 | 现行有效 | 2012.06.27 | 2012.06.27 | 国务院 | | 0 |
| 12 | 国务院关于印发《"十二五"节能环保产业发展规划的通知》 | 行政法规 | 失效/废止 | 2012.06.16 | 2012.06.16 | 国务院 | 国发〔2012〕19 号 | 0 |

续表

| 序号 | 法规名称 | 效力级别 | 时效性 | 发布日期 | 生效日期 | 发文机关 | 文号 | 被援引次数 |
|---|---|---|---|---|---|---|---|---|
| 13 | 国务院关于印发《国家环境保护“十二五”规划的通知》 | 行政法规 | 现行有效 | 2011.12.15 | 2011.12.15 | 国务院 | 国发〔2011〕42 号 | 0 |
| 14 | 国务院《关于加强环境保护重点工作的意见》 | 行政法规 | 现行有效 | 2011.10.17 | 2011.10.17 | 国务院 | 国发〔2011〕35 号 | 0 |
| 15 | 《医疗废物管理条例》(2011 年修订) | 行政法规 | 现行有效 | 2011.01.08 | 2011.01.08 | 国务院 | 中华人民共和国国务院令第 380 号 | 2 |
| 16 | 国务院批转发展改革委《关于2010年深化经济体制改革重点工作的意见》 | 行政法规 | 失效/废止 | 2010.05.27 | 2010.05.27 | 国务院 | 国发〔2010〕15 号 | 0 |
| 17 | 国务院《关于2007年度中央预算执行和其他财政收支的审计工作报告》 | 行政法规 | 现行有效 | 2008.08.27 | 2008.08.27 | 国务院 | | 0 |
| 18 | 国务院关于印发《国家环境保护“十一五”规划的通知》 | 行政法规 | 失效/废止 | 2007.11.22 | 2007.11.22 | 国务院 | 国发〔2007〕37 号 | 0 |
| 19 | 《国务院批转卫生事业发展“十一五”规划纲要的通知》 | 行政法规 | 失效/废止 | 2007.05.21 | 2007.05.21 | 国务院 | 国发〔2007〕16 号 | 0 |

续表

| 序号 | 法规名称 | 效力级别 | 时效性 | 发布日期 | 生效日期 | 发文机关 | 文号 | 被援引次数 |
|---|---|---|---|---|---|---|---|---|
| 20 | 国务院《关于开展第一次全国污染源普查的通知》 | 行政法规 | 失效/废止 | 2006.10.12 | 2006.10.12 | 国务院 | 国发〔2006〕36号 | 0 |
| 21 | 国务院关于落实《中华人民共和国国民经济和社会发展第十一个五年规划纲要》主要目标和任务工作分工的通知 | 行政法规 | 失效/废止 | 2006.08.24 | 2006.08.24 | 国务院 | 国发〔2006〕29号 | 0 |
| 22 | 国务院《关于全国危险废物和医疗废物处置设施建设规划的批复》 | 行政法规 | 现行有效 | 2003.12.19 | 2003.12.19 | 国务院 | 国函〔2003〕128号 | 0 |
| 23 | 《医疗废物管理条例》(2003年) | 行政法规 | 已被修订 | 2003.06.16 | 2003.06.16 | 国务院 | 国务院令第380号 | 0 |
| 24 | 国务院《关于国家环境保护"十五"计划的批复》 | 行政法规 | 现行有效 | 2001.12.26 | 2001.12.26 | 国务院 | 国函〔2001〕169号 | 0 |

梳理我国立法体系中有关医疗废物处置及对其环境污染风险预防规制的24部法律法规,从规范内涵上可以归纳出以下特征。

一是立法内容过于原则化,可操作性较弱。考察与环境污染有关的232件医疗废物处置案件中所适用的裁判依据,其中仅有2件援引《固体废物污染环境防治法》,6件援引《环境保护法》,2件援引《医疗废物管理条例》,共援引3部法律,即全部24部医疗废物处置相关法律法规中仅有12.5%得到适用。同时,在援引具体条文时,亦是以其宣誓性条款作为医疗机构承担废物处置职责之明确;

落实如何裁量判决时,所援引的规范一般仍多以原《合同法》《行政诉讼法》《刑法》等基本规范为统领。(见表 9 – 12)

**表 9 – 12　医疗废物处置案件适用法律依据**

单位:件

| 法律依据 | | | 文书数量 |
|---|---|---|---|
| 民事 | 民事实体法 | 原《民法总则》 | 4 |
| | | 原《民法通则》 | 1 |
| | | 原《合同法》 | 35 |
| | | 原《侵权责任法》 | 18 |
| | | 原《物权法》 | 3 |
| | 民事程序法 | 《民事诉讼法》 | 19 |
| | 民事司法解释 | 最高人民法院《关于适用〈中华人民共和国民事诉讼法〉的解释》 | 5 |
| | | 最高人民法院《关于审理人身损害赔偿案件适用法律若干问题的解释》 | 2 |
| 刑事 | 刑事实体法 | 《刑法》 | 96 |
| | 刑事程序法 | 《刑事诉讼法》 | 41 |
| | 刑事司法解释 | 最高人民法院、最高人民检察院《关于适用刑事司法解释时间效力问题的规定》 | 1 |
| | | 最高人民法院《关于适用〈中华人民共和国刑事诉讼法〉的解释》 | 3 |
| | | 最高人民法院《关于处理自首和立功具体应用法律若干问题的解释》 | 2 |
| | | 最高人民法院、最高人民检察院《关于办理环境污染刑事案件适用法律若干问题的解释》 | 57 |
| | | 最高人民法院《关于适用财产刑若干问题的规定》 | 4 |
| 行政 | 行政实体法 | 《行政强制法》 | 7 |
| | 行政程序法 | 《行政诉讼法》 | 50 |
| | 行政司法解释 | 最高人民法院《关于适用〈中华人民共和国行政诉讼法〉的解释》 | 11 |
| | | 最高人民法院《关于审理行政赔偿案件若干问题的规定》 | 1 |

续表

| 法律依据 | | | 文书数量 |
|---|---|---|---|
| 环境法 | 环境实体法 | 《环境保护法》 | 6 |
| | | 《水污染防治法》 | 1 |
| | | 《固体废物污染环境防治法》 | 2 |
| | | 《医疗废物管理条例》 | 2 |
| | | 《湖北省水污染防治条例》 | 1 |
| | 环境法司法解释 | 最高人民法院《关于审理环境侵权责任纠纷案件适用法律若干问题的解释》 | 3 |
| | | 最高人民法院《关于审理环境民事公益诉讼案件适用法律若干问题的解释》 | 5 |
| | | 最高人民法院、最高人民检察院《关于检察公益诉讼案件适用法律若干问题的解释》 | 9 |

二是政策性法规占幅较大,稳定性存疑。与医疗废物处置相关的24部法律法规中,仅有6部为传统规范性立法;政策性法规有18部,占比为75%,为医疗废物立法体系的主要形式。立法体系的不周延,导致在政策与法律的共同作用机理下,医疗废物处置的实践运用受政策影响颇深。前文所述贵州省铜仁市环境保护督查整改工作领导小组做出政策性指示,以致终止了沿河伟业医疗废物处理有限公司与34个单位的医疗废物处置合同,正是政策变化对医疗废物处置合同的影响所致的纠纷,政策与法律之间缺乏沟通,当下应当建立政策性文件对原医疗废物处置产生影响后的退出机制,保障市场秩序的平稳运转。

三是基础性规范文件略显陈旧,时效性不足。作为医疗废物处置领域的基础性指导规范文件,《医疗废物管理条例》最新修订于2011年,且并未进行实质性修订,仅是将其条文中引用的“治安管理处罚条例”修改为“治安管理处罚法”,属于文字性修订。由此观之,实质内容尚为2003年颁布的版本,其对医疗废物的处置要求多为宏观宣誓,多采用“应当”的表述,但其法律责任的承担较为薄弱,多仅为督促其限期整改或予以轻微罚款,只有造成环境污染事故才对其主管负责人采取行政处分或吊销其许可证。这与当今“绿色化”司法理念指导和“预防性”司法功能追求显然是不适宜的,需要及时修正出台统一明晰的基础性规范。

### (二)执法领域监管不力,亟须多维立体的督查机制

良好的法治运行以周延体系化的立法为基础,而执法为其运行之核心,若无具体有效的执法措施予以落实,则亦是法治之空谈。自 2015 年检察机关试点公益诉讼以来,以其督促检察机关积极履职、纠正不当行政行为之功能,在环境保护领域展现了强大的制度活力,进一步释放了检察机关的监督能量,检察公益诉讼是对行政执法监督的中国式探索。[7] 本小节通过具体梳理医疗废物处置中的检察公益诉讼案件,窥探在医疗废物环境污染案件中执法机关的监管情况,进而明晰所存在的困境及其破解方案。

在医疗废物处置中,共有 22 个检察机关行政公益诉讼案件,表 9 – 13 展示了这些相关案件的具体案情以及裁判结果。

**表 9 – 13　医疗废物处置中的检察公益诉讼案件梳理**

| 序号 | 案号 | 案情 | 裁判结果 |
|---|---|---|---|
| 1 | (2020)鄂 0323 行初 15 号 | 竹山县人民检察院在履行公益监督职责中发现,竹山县大部分医疗机构存在未配备医疗污水处理设施、医疗污水未经无害化处理便排入污水处理系统,存在污染生态环境的情况。竹山县卫生健康局对此怠于履行监管职责,提出检察建议后仍未完全履行,故提起诉讼。被告辩称一直在积极履行,督促第三人整改,近期可整改到位 | 责令被告竹山县卫生健康局对第三人竹山博仁医院、竹山县宝芝灵医院有限责任公司未按照规定配备污水处理设施违法排放医疗污水的违法行为继续依法履行法定监督管理职责,直至其完全整改到位 |
| 2 | (2020)皖 1302 行初 12 号 | 公益诉讼起诉人在履行监督职责中发现,被告在宿州市第三人民医院未配备污水处理设施就对医院产生的医疗废水由各科室用废水桶回收加入 84 消毒液简单处理后直接排放的行为中存在怠于履行环境监管职责的行为,致使社会公共利益受到侵害。宿州市埇桥区人民检察院发出检察建议书后,该医院仍未整改,且另查明,该院无排污许可证,遂就被告怠于履行监管职责提起诉讼。被告主张其在检察建议之前已经对所涉医院进行行政处罚,要求其限期改正,但基于医院公益性未予以查封。另由于新冠肺炎疫情,该院已搬迁 | 确认被告宿州市埇桥区生态环境分局怠于履行环境监管职责违法 |

〔7〕 刘超:《环境行政公益诉讼的绩效检视与规则剖释——以 2018 年 140 份环境行政公益诉讼判决书为研究样本》,载《甘肃政法学院学报》2019 年第 6 期。

续表

| 序号 | 案号 | 案情 | 裁判结果 |
| --- | --- | --- | --- |
| 3 | (2019)鲁1426行初47号 | 平原瑞恩医院在成立后未安装污水处理设施即投入使用,将未经处理的医疗污水排放至城镇污水管网中。但平原县卫生健康局仍对其《医疗机构执业许可证》检验合格,怠于履行法定职责。平原县人民检察院发出检察建议后跟进调查,平原县卫生健康局仍未改正。被告辩称由于人员不足,无法持续监督跟进整改 | 被告平原县卫生健康局于60日内依法履行对平原瑞恩医院医疗污水达标排放的监管职责 |
| 4 | (2019)鲁1426行初48号 | 前曹镇卫生院建设时未按环评要求建设污水处理设施,直接将医疗污水通过下水道排入附近的河流中,后虽安装污水处理设施,但未通过环保验收,仍在超标排放医疗污水。平原县卫生健康局怠于履行法定职责,未对其超标排放医疗污水的行为进行查处。平原县人民检察院发出检察建议后跟进调查,平原县卫生健康局仍未改正。被告辩称由于人员不足,无法持续监督跟进整改 | 被告平原县卫生健康局于60日内依法履行对前曹镇卫生院医疗污水达标排放的监管职责 |
| 5 | (2019)鄂1125行初118号 | 黄冈市黄州区堵城镇中心卫生院自建设时始终未按照规定,建设符合标准的医疗污水处理设施,将未经消毒处理、不符合标准的医疗污水直接排入堵城镇市政管网,流入该卫生院外附近的鱼塘、藕塘,损害社会公共利益。黄冈市黄州区人民检察院建议黄冈市黄州区卫生健康局履行法定监督管理职责,后经跟进调查,该卫生院仍未建成医疗污水无害化处理设施,遂于2019年10月提起诉讼。被告辩称已经积极督促,预计2019年11月底完工 | 确认被告黄冈市黄州区卫生健康局对堵城镇中心卫生院违法排放医疗污水未全面履行法定监督管理职责的行政行为违法,并责令被告黄冈市黄州区卫生健康局对堵城镇中心卫生院违法排放医疗污水继续履行法定监督管理职责 |
| 6 | (2019)辽0726行初8号 | 黑山县人民检察院在履职中发现,黑山济生医院在医疗过程中,未按照法律的规定设置医疗废物的暂时贮存设施、设备,并且没有设置明显的警示标识和相应的安全措施,并就这一问题向被告发出检察建议,后被告作出回复,称黑山济生医院已整改完毕。但经黑山县人民检察院跟进监督,该医院仅是将医疗废物转移堆积,被告仅以发出监督意见书的形式责令整改,对其监管流于形式。后在诉讼审理过程中,该医院的医疗废物已经处置得当 | 确认被告黑山县卫生健康局对第三人黑山济生医院未履行法定监管职责的行为违法 |

续表

| 序号 | 案号 | 案情 | 裁判结果 |
|---|---|---|---|
| 7 | (2019)辽 0726 行初 11 号 | 黑山县人民检察院在履职中发现,黑山县半拉门镇卫生院在医疗过程中,未按照法律的规定设置医疗废物的暂时贮存设施、设备,将产生的医疗废物堆放在锅炉房内,并且没有设置明显的警示标识和防渗漏、防鼠、防蝇蚊、防蟑螂、防盗以及预防儿童接触等安全措施,并就这一问题向被告发出检察建议,后被告作出回复,称黑山县半拉门镇卫生院已整改完毕。但经黑山县人民检察院跟进监督,该医院仅是在原有锅炉房外粘贴“垃圾暂存处”的标识,暂存场所门窗已破坏,医疗废物未经分类放置于同一包装袋内,且暂存场所堆放其他杂物。被告也仅以发出监督意见书的形式责令整改,对其监管流于形式。后在诉讼审理过程中,该医院的医疗废物已经处置得当 | 确认被告黑山县卫生健康局对第三人黑山县半拉门镇卫生院未履行法定监管职责的行为违法 |
| 8 | (2019)皖 1324 行初 4 号 | 自泗县泗州医院建设成立以来,始终将医疗污水未经消毒直接混入生活污水排入城市污水管网,还将医疗污泥委托给没有危险废物处理资质的单位处置。泗县环保局虽然对泗州医院进行检查,但未做出有效处理。2017 年泗县人民检察院先后两次向环保局发出检察建议要求其履行监管职责,责令泗州医院停止违法排放医疗污水、污泥的行为,并办理辐射安全许可证。同年 11 月 27 日,环保局书面回复泗县人民检察院,但上述医疗污水、污泥未能按相关规定进行处理,辐射安全许可证也未办理。因环保局未能对泗州医院存在的违反医疗废水废物和医疗设备相关规定的行为进行有效监管,对社会公共利益造成损害,泗县人民检察院遂提起公益诉讼 | 确认被告泗县环境保护局怠于履行对泗县泗州医院排放医疗废水废物和医疗设备辐射安全许可的监管职责违法;被告泗县环境保护局继续履行对泗县泗州医院排放医疗废水废物和医疗设备辐射安全许可的环境监管职责 |
| 9 | (2019)皖 1324 行初 3 号 | 泗县仁和医院在化验废水时未依据相关规定进行预处理的情况下,将医疗污水经沉淀池沉淀后,经消毒液或者消毒粉简单处理后直接排入城市污水管网,且未将污泥委托给有危险废物处理资质的单位处置。2017 年泗县人民检察院先后两次向环保局发出检察建议,建议其履行监管职责,责令仁和医院停止违法排放医疗污水的行为,对医疗污水处理设施进行整改。环保局收到建议书后,督促该院购买并安装一套医疗污水处理设备,但环保局未能对仁和医院违反医疗废水废物处置的相关规定进行有效监管,该院仍未能按照相关法规及 | 确认被告泗县环境保护局怠于履行对泗县仁和医院排放医疗废水废物的监管职责违法。被告泗县环境保护局继续履行对泗县仁和医院排放医疗废水废物的环境监管职责 |

续表

| 序号 | 案号 | 案情 | 裁判结果 |
| --- | --- | --- | --- |
| | | 规范性文件对医疗污水、污泥进行处置,未依据相关规定对污水进行日常检测。泗县人民检察院遂提起公益诉讼 | |
| 10 | (2018)吉0382行初12号 | 双辽市人民检察院在开展医疗废物和医疗废水处理专项整治工作中发现,双辽市茂林镇中心卫生院存在将不符合排放标准的医疗废水经由下水管道直接排入城镇污水管网的情况。被告作为该行政区域污水排水的监管单位,对该行为没有进行有效监管,提出检察建议要求责令该卫生院补办污水排入管网许可证,并监督双辽市茂林镇中心卫生院按照国家规定严格消毒,达到国家规定的排放标准后,方可排入污水处理系统。但被告对检察建议拒不回复,主张医疗废水不属于其职责范围 | 被告双辽市住房和城乡建设局负责其行政区域内的污水排水管理,对其辖区内的污水排水进行监督审查是其法定职责,确认被告双辽市住房和城乡建设局对双辽市茂林镇中心卫生院将不符合排放标准的医疗废水经由地下水管道直接排入城镇污水管网的行为未依法履行监管职责违法 |
| 11 | (2018)吉2403行初72号 | ××医院自2000年运营以来,不安装医疗污水处理设施,违反法律规定,直接将医疗污水排入城市市政排水系统。2017年8月,延吉市人民检察院向被告发出检察建议,纠正违法行为,履行监督职责,被告回复称"××医院已完成医疗废水处理设施",但后续监测中,该医院的排污仍然超标。被告主张其已积极履行,监测水样的提取存在瑕疵 | 仅对第三人进行约谈和污水检测,未提供证据证明对××医院污水处理情况及污水设备运行情况采取现场监测、定期监督检查或者不定期的抽查等必要的有效监管措施,责令延吉市卫生和计划生育局继续依法履行对延吉市××医院排放医疗污水予以监管的法定职责 |

续表

| 序号 | 案号 | 案情 | 裁判结果 |
|---|---|---|---|
| 12 | (2018)吉 2403 行初 71 号 | 延吉市博生现代妇科医院自 2008 年运营以来,不安装医疗污水处理设施,违反法律规定,直接将医疗污水排入城市市政排水系统。2017 年 8 月,延吉市人民检察院向被告发出检察建议,纠正违法行为,履行监督职责,被告回复称该医院已经安装处理设施,但后续监测中,该医院的排污仍然超标。被告主张其已积极履行,监测水样的提取存在瑕疵 | 仅对第三人进行约谈和污水检测,未提供证据证明对延吉市博生现代妇科医院污水处理情况及污水设备运行情况采取现场监测、定期监督检查或者不定期的抽查等必要的有效监管措施,责令延吉市卫生与计划生育局继续依法履行对延吉市博生现代妇科医院排放医疗污水予以监管的法定职责 |
| 13 | (2018)鲁 1724 行初 27 号 | 巨野九州医院在未按照环评要求建设污水处理设施的情况下即投入使用,将医疗污水通过地下管道直接排入附近沟渠,污染了周边土壤及地下水。巨野县卫计局在巨野九州医院未设置并运行污水处理设施、未提交环境保护验收文件的情况下,核准其执业登记并颁发《医疗机构执业许可证》及校验合格。巨野县人民检察院于 2017 年 9 月向其作出检察建议之后,又分别于 2017 年 11 月、2017 年 12 月、2018 年 3 月对其进行跟踪检测,其中仅 2017 年 12 月达标。由此认为,被告在巨野九州医院未配备相应医疗污水处理设施的情况下,为其颁发《医疗机构执业许可证》,并在未取得评审合格的情况下校验合格,违反法律规定;对医疗污水直接外排未尽到监管职责,怠于履行职责。被告主张"设置并运行污水处理设施、提交环保验收文件"并非核发《医疗机构执业许可证》的前置条件,医疗机构的校验,也并未有关于环境保护和治理方面的要求;且检察建议的内容在于制止医疗废水排放,对医疗机构执业许可证和校验行为是否合法不属于公益诉讼行政起诉的范围 | 1. 驳回公益诉讼人巨野县人民检察院确认被告为巨野九州医院颁发《医疗机构执业许可证》,并校验合格的行政行为违法的诉讼请求<br>2. 确认被告巨野县卫生和计划生育局未履行监管职责的行政行为违法 |

续表

| 序号 | 案号 | 案情 | 裁判结果 |
|---|---|---|---|
| 14 | (2018)辽 0781 行初 35 号 | 凌海市人民检察院在依法履行监督职责时,发现第三人凌海市董某某个体口腔诊所对医疗过程中产生的医疗废物、医疗废水未进行无公害化处理一事,向被告凌海市卫生和计划生育局发出检察建议书,建议该局严格履行监管职责。被告收到检察建议书后,表示在 2 个月内完成整改。过期后,凌海市人民检察院跟进监督,发现被告仅召开会议对此进行宣传,组织凌海市医疗机构安装医疗污水处理设备,但没有对污水处理后的水质效果进行检测,没有对该诊所以及辖区其他医疗机构整改情况进行检查、处理、处罚,遂提起行政公益诉讼 | 1. 确认被告凌海市卫生和计划生育局对第三人凌海市董某某个体口腔诊所未履行法定监管职责行为违法<br>2. 责令被告凌海市卫生和计划生育局在判决生效后 30 日内依法对第三人凌海市董某某个体口腔诊所违法处理医疗废物、医疗废水行为履行法定的监督管理职责 |
| 15 | (2018)辽 0781 行初 36 号 | 凌海市人民检察院在依法履行监督职责时发现第三人凌海市任某某个体口腔诊所对医疗过程中产生的医疗废物、医疗废水未进行无公害化处理一事,向被告凌海市卫生和计划生育局发出检察建议书,建议该局严格履行监管职责。被告收到检察建议书后,表示在 2 个月内完成整改。过期后,凌海市人民检察院跟进监督,发现被告仅召开会议对此进行宣传,组织凌海市医疗机构安装医疗污水处理设备,但没有对污水处理后的水质效果进行检测,没有对该诊所以及辖区其他医疗机构整改情况进行检查、处理、处罚,遂提起行政公益诉讼 | 1. 确认被告凌海市卫生和计划生育局对第三人凌海市任某某个体口腔诊所未履行法定监管职责行为违法<br>2. 责令被告凌海市卫生和计划生育局在判决生效后 30 日内依法对第三人凌海市任某某个体口腔诊所违法处理医疗废物、医疗废水行为履行法定的监督管理职责 |
| 16 | (2018)豫 1526 行初字 57 号 | 潢川县共有县直医院 4 家、乡镇卫生院 20 家,除了潢川县人民医院外,自建院以来除均未按照《医疗机构管理条例》和《医疗机构管理条例实施细则》的规定建设符合环保标准的医疗废水处理设施,产生的医疗废水未经严格消毒就直接排入院内化粪池、院外渗坑或城市污水管网。在检察机关向被告潢川县卫生和计划生育委员会送达检察建议书 2 个月后,其对辖区内的医疗机构违法排放医疗废水行为没有整改到位,仍有 4 家机构排放废 | 责令被告潢川县卫生和计划生育委员会继续履行法定职责,在判决生效后 3 个月内完成对辖区内医疗机构医疗废水达标排放的治理工作 |

续表

| 序号 | 案号 | 案情 | 裁判结果 |
|---|---|---|---|
| | | 水,社会公共利益持续处于受侵害状态,请求确认被告不依法履行监管职责的行为违法。但被告主张已经在积极履行,但由于各卫生院没有专门的废水处理设施,是历史遗留问题,不能一蹴而就 | |
| 17 | (2018)鲁 1311 行初 26 号 | 临沂市罗庄区的 12 家一级医疗机构,产生的污水均直接排入城市管网。罗庄区人民检察院就此作出检察建议,督促被告对全区医疗机构的污水排放和医疗废弃物进行专项监督检查,但被告虽责令 12 家医疗机构对超标排放医疗污水的问题立即整改,并对其进行了行政处罚,但并未督促监督,在复检时显示废物污染仍然严重超标,遂提起诉讼判令被告全面履行监管职责 | 被告临沂市罗庄区卫生和计划生育局继续全面履行对涉案的 12 家医疗机构污水排放达标的法定监管职责 |
| 18 | (2017)吉 0881 行初 21 号 | 2013 年 6 月 18 日在洮南市胜双医院没有正式开业、没有建立正规档案的情况下,洮南市卫生局即为其办理了许可,颁发了《医疗机构执业许可证》。2014 年 3 月 12 日,在胜双医院没有依法建设符合环保标准的医疗污水处理设施时,其扩建也未执行关于建设项目的“三同时”制度,未经洮南市环境保护部门验收。洮南市卫生局收回了上述许可,重新为洮南市胜双医院颁发了《医疗机构执业许可证》;2015 年 10 月 20 日,洮南市胜双医院申请校验,被告洮南市卫生局在洮南市胜双医院未提交环评合格报告的情况下,又对其校验为合格,再次核发《医疗机构执业许可证》。洮南市胜双医院从营业至今,一直通过楼内下水管道直接排放医疗废水,造成地下水及周围土壤的污染。据此,洮南市人民检察院于 2017 年 7 月 11 日向洮南市卫生局发出检察建议,洮南市卫生局对此做了一定的监督管理工作,但没有达到彻底解决的效果,洮南市卫计局在建议期限内亦未作回复 | 1. 确认被告洮南市卫生局 2014 年 3 月 12 日为洮南市胜双医院颁发的《医疗机构执业许可证》的行政行为违法<br>2. 确认被告洮南市卫生局 2015 年 10 月 20 日对洮南市胜双医院校验合格并重新颁发《医疗机构执业许可证》的行政行为违法<br>3. 洮南市卫生局立即履行法定监管职责,责令洮南市胜双医院停止违法排放医疗污水行为,限期整改达到排放标准 |

续表

| 序号 | 案号 | 案情 | 裁判结果 |
|---|---|---|---|
| 19 | (2017)黔 0321 行初 172 号 | 自 2010 年以来,被告德江县稳坪镇人民政府选定该镇铁坑社区的俊子坪与该镇甘溪村的“光上岭”交界的山坡林地为集镇垃圾堆放点,将集镇垃圾收集后集中运至该处堆放,未采取无害化处理措施和环境污染防治措施。多年堆积后,现场垃圾堆积成山,恶臭严重,蚊蝇成群,其中夹杂少量医疗废物。2017 年 3 月 19 日,被告启动垃圾场整治工作,采取碾压、填埋方式进行处理,但未作防渗漏、防沼气、防爆炸等无害化处理。2017 年 4 月 7 日,德江县人民检察院向被告发出检察建议,要求其立即停止在上述地点倾倒垃圾,按照有关规定对集镇垃圾进行集中处理,并依法采取有效措施及时对上述地点的垃圾进行清理,恢复地块原状。2017 年 5 月 4 日,被告书面回复称已整治完毕,对堆放的弃置垃圾采取就地挖坑深埋、分层碾压夯实的方式处理,地表已实施绿化。经德江县人民检察院与环保局现场查看,被告填埋垃圾前未对垃圾进行无害化处理,导致垃圾持续污染土壤,其渗透液将污染地下水、附近小河和乌江河水,影响人畜饮水,填埋的垃圾还存在爆炸或燃烧的安全隐患。遂提起行政公益诉讼,要求其履职。本案诉讼期间,被告积极整改,达到要求 | 确认被告德江县稳坪镇人民政府在 2017 年 7 月 3 日以前对其辖区内的垃圾管理不正确履行职责的行为违法 |
| 20 | (2017)鲁 1522 行初 9 号 | 张鲁卫生院系莘县卫计局的下属卫生机构,该院自建院以来,始终未建设符合环保标准的医疗污水处理设施。2012 年,该院在建成病房楼时,未同时建设医疗污水处理设施,未经环保验收即投入使用,并将医疗污水通过地下管道直接排入莘张沟中,对周边环境造成污染,并在 2015 年受到莘县环境保护局作出的行政处罚,于 2016 年强制执行,缴纳罚款,但张鲁卫生院仍未建设污水处理设施,仍然将污水直排。2016 年 5 月 15 日,莘县卫计局在对张鲁卫生院《医疗机构执业许可证》进行校验时,未依法审查其是否设置并正常运行污水处理设施,在其违法排放医疗污水的情况下,将校验结果评定为合格。在检察机关提出检察建议之后,被告积极整改,但经检察机关现场核实,起诉时张鲁卫生院的医疗污水仍直接排放至莘张沟中,故诉请确认被告的校验行为违法,责令被告监督莘县张鲁卫生院限期完成医疗污水处理设施的整改,被告在诉讼期间整改目标得到了实现 | 确认被告莘县卫生和计划生育局未履行监管职责的行为违法 |

续表

| 序号 | 案号 | 案情 | 裁判结果 |
|---|---|---|---|
| 21 | (2017)黔 0382 行初 8 号 | 2009 年,黔西县卫生和计划生育局通过招标将钟山镇卫生院的污水处理设施交由贵阳工大新环科技有限公司建设,但该设施始终未完工验收合格。由此钟山镇卫生院将该院医疗污水直接排放到周边环境中,对周边生态环境造成严重影响。2017 年 2 月,黔西县人民检察院发现钟山镇卫生院违法排放医疗污水的行为一直持续,遂向被告出具检察建议书,被告复函提出整改意见,但在诉讼过程中,仍未完成相关设施项目的建设 | 1. 确认被告黔西县卫生和计划生育局对黔西县钟山镇卫生院违法排污行为未依法履行监管职责的行政行为违法<br>2. 责令被告黔西县卫生和计划生育局依法履行职责 |
| 22 | (2017)吉 0821 行初 2 号 | 镇赉县博爱医院于 2013 年 5 月经镇赉县卫计局批准设立,自建院以来,没有建设符合环保标准的医疗污水处理设施,在改建过程中,也未执行"三同时"制度,未经镇赉县环境保护部门验收,擅自投入运营。2015 年 5 月,镇赉县博爱医院申请校验,镇赉县卫计局在镇赉县博爱医院未提交环评合格报告的情况下,对其《医疗机构执业许可证》校验合格。镇赉县博爱医院于 2013 年 7 月营业至今,医疗污水一直采用消毒粉处理,通过排污井经化粪池直接排入市政管网。2016 年 9 月 20 日,镇赉县人民检察院向镇赉县卫计局发出检察建议,称已对镇赉县博爱医院下达了责令改正通知书,但直至诉讼过程中,医用污水处理设备也未经环评部门的最终验收,社会公共利益仍处于受侵害状态 | 1. 确认被告镇赉县卫生和计划生育局于 2015 年 5 月 15 日对镇赉县博爱医院《医疗机构执业许可证》校验合格的行政行为违法<br>2. 责令被告镇赉县卫生和计划生育局履行监管职责,监督镇赉县博爱医院在 3 个月内完成医疗污水处理设施的整改工作 |

通过对表 9 - 13 所列案件深入分析、研判,可以就其特性整理如下:

一是执法机关主体不明确。在上述行政公益诉讼中,被告分别涉及卫生和计划生育局、卫生健康局、环境保护局、生态环境局、住房和城乡建设局以及人民政府等,其中部分案件中环保局也作为第三方的监测机构,其中各个机关的职责存在交叉,均对医疗机构从不同角度承担监管职责,然则检察机关在被告的选择上是否存在一定的主观性、随机性?各机关之间的边界应当如何界定?如报告中住房和城乡建设局对其是否承担医疗废物排放这一职责进行了答辩,《医疗机构执业许可证》的申领、检验与环境影响评价制度、"三同时"制度由不同机关审批,应当如何统筹管理?这些均需要进一步明确。

二是执法机关主观上怠于履行其监管职责。如表 9 - 13 呈现的,22 个案件中,有 14 个案件明确指出所涉医疗机构自建设之始便没有污水处理设施,但在检察机关开展监督工作之前,相关执法机关放任其未经处理便将医疗污水直接超标排放至城市污水处理系统,致使环境长期处于被污染的状态。即使公益诉讼人提出检察建议,部分案件中的被告仍然仅以通知等流于形式的方式予以监督,未积极全面履行医疗废物监管职责。

三是执法机关客观上难以承担繁重的执法后督察工作。基层执法机关面临的监管客体繁多,如平原县卫生健康局所辩称的人员不够,无法对所有医疗机构派驻专员,监督跟踪其处置设施的补建以及废物的处置,确有其难以实现之因。一味地将压力施加于某一机关致使其不堪重负,从整体视野来看,亦并不能有效推动医疗机构的及时整改,应当探寻多主体、多维度共同分工、协调,建立医疗监管与环保监管并行机制。

(三)司法视域保护滞后,有待优化高效的能动制度

基于良性的立法与严格的执法基石,本章整体回溯审视了医疗废物处置管理中的不足与成因,然则司法作为法治体系的屏障,若无及时高效的司法制度予以救济,则权利无法彰显,权益无法保障。抽象梳理前述医疗废物处置文书可知,医疗废物处置民事案件争议多以实体认定为主,医疗废物处置行政案件事实认定争议较多,医疗废物刑事案件表现出"轻刑化"的特征。

前已述及,民事争议多根源于政策变动对签订在先合同的履行与退出的影响,与医疗废物处置自身关联不甚充分,此处按下不表。检视行政与刑事的司法现状,一是行政案件的事实争议内生于我国卫生医疗部门与环境保护部门分工共治时的沟通不足,如何明确二者的职责界限,是对法院司法工作人员的考验。而这两方面的问题都需要一定的专业基础背景予以支撑,知识结构的差异导致审判人员对事实的把握有一定的难度,由此引发事实认定的反复,二审改判和发回重审的发生,降低了司法效率,致使生态环境未能及时得到维护,持续处于受损害状态。同时,从行政公益诉讼中检察机关提出检察建议的介入时间来看,均是污染已经持续隐秘发生了较长时间,再经诉讼的繁累加诸,司法的保护效能受到折损。二是刑事案件轻刑化,我国污染环境罪整体呈现量刑较低的态势。而在医疗废物处置导致环境污染案中,更是如此。就污染环境罪的量刑而言,造成"严重污染环境"的法定刑为"三年以下",造成"后果特别严重"的法定刑为"三年以上七年以下",而医疗废物处置相关案件的量刑多集中在 2 年以下刑期,这与生态环境的重要功能价值相背离。且将未经无害化处理的医疗废物直接排放至生活环境中,具有污染环境的主观故意,将个人经济利益追求高于生态环境的

公共利益,主观恶性较大,与一般性的疏忽放任导致的环境污染不同。同时,污染环境罪的罚金依据最高人民法院《关于适用财产刑若干问题的规定》第2条的规定,并未进行罚金限制,但司法实践中对罚金的适用多集中在3万元以下的范围,低于环境修复所需的后续费用,难以有效发挥其惩戒威慑的预防性功能。由此可知,尽管检察公益诉讼实施以来,在监督执行方面取得长足进步,但我国司法视域的医疗废物环境污染防治仍稍显滞后,有待进一步优化。

## 四、医疗废物处置管理体系的构建与完善

以医疗废物处置中的环境污染案件的表象与内源分析为起点,我国当前医疗废物处置体系的构建应当从法治实现的不同路径予以供给,即推行绿色理念法治的落实、推动环境多元监管的合作运行、助力预防性司法的实现。

### (一)贯彻绿色理念推进法治完备,消弭法律与政策的畛域

梳理与检视我国医疗废物处置的规范体系,可知其陷于法律内部缺乏系统全面的基础性管理规范,外部与政策性文件缺乏沟通,难以有效发挥其补充辅助功能。由此可以从以下两方面着手:

一是以绿色理念为指导,以整体主义为进路,丰富医疗废物管理体系。近年来,生态文明法治理论得到纵深式发展,在根植于传统生态智慧的前提下,以马克思主义世界观和自然观为基础,环境保护类法律法规蓬勃发展,绿色化进程日益推行。[8] 医疗废物的既有法规多形成于早期,末端治理与经济侧重理念较重,应当及时吸收先进法治成果,修正《医疗废物管理条例》等相关法律法规。在形式上,坚持绿色理念,梳理《医疗废物管理条例》《医疗机构管理条例》《医疗卫生机构医疗废物管理办法》《医疗废物管理行政处罚办法》等,出台全面统筹的管理条例作为基础规范,对生产者、运输者与处置者的具体职责划分与违法认定作出详细规定,具体落实环境保护监督的操作规范,加强严格的法律惩戒制度,为实践中对多方主体责任认定指明方向;在内容上,从事前、事中、事后的不同阶段全方面予以明确,即医疗机构的设立审批、运行的日常监测、污染后的侵权损害赔偿,并辅以不同部门规章予以补充,形成完整的医疗废物管理体系。同时要注重与其他关联法律条文的适用冲突,如医疗废水的规制同时触犯《水污染法》与《传染病防治法》时应当如何适用。

---

〔8〕 吕忠梅:《习近平法治思想的生态文明法治理论》,载《中国法学》2021年第1期。

二是破解法律与政策的沟壑,共同应对医疗污染的现实问题。法律与政策是我国环境治理的两大重要工具,二者始终保持相辅相成的功能定位,但亦存在边界混乱等困境。医疗废物的环境污染问题同样面临这一冲突,其与当今社会迅猛发展伴随而生的多变社会问题一起,对立法提出了新的挑战,对此可以通过政策进行事前试错与事后修正,同时应对突发性重大医疗事故,如这次的全球突发性新冠肺炎疫情大流行对医疗废物处置提出的巨大挑战。我国医疗废物处置的平稳运行便得益于生态环境部、国家卫生健康委、国家发展和改革委等多个部门运用多种政策性调控。

(二)加强风险管控与公众参与,推动环境教育的实质化深入

医疗废物的不当处置是环境风险产生的重要来源,环境污染源头治理需要多维严格的执法管控,由此应当从行政执法机关的内部和外部视角予以完善:

一方面,在行政执法机关内部要明确主体,确立职责边界。医疗废物处置的管理涉及卫生、城建、环保等多个部门,若缺乏明确的部门分工,则有碍协调共治的风险防控机制运行。典型的如卫生健康部门与生态环境部门,医疗机构的设立审批中并未要求对其排污设施予以检查,这就导致一线主管医疗机构的卫生健康部门对其污染现象视若无物,而待由生态环境部门发现污染进而进行惩处规制,这使生态环境处于较长时间的损害状态,造成生态价值的受损,不利于风险预防与管控的前瞻性落实。同时,据此,对于医疗机构违法排污行为,强行苛责卫生健康部门予以管制,恐也超越其专业界限,存在转嫁环保压力之嫌。因此,应当在医疗机构执业申请阶段,由卫生健康部门主导,审查其执业资质,由生态保护部门辅之检查排污设施的建设,在医疗机构运行阶段,卫生健康部门若发现医疗废物处置不当的相关线索,应及时移交由生态环境部门处理。

另一方面,在行政执法机关外部要引进监督机制,从司法机关和公众参与两个层面予以辅助。行政公益诉讼实施以来,在督促执法机关履职方面发挥了重要功能,要继续坚持审查行政行为,以实践推动监督方式的深入。同时要注重对医疗废物处置的基本认知予以普及,加大民众对其可能造成的环境污染的重视,对医疗机构的排污行为及管理机构的行政行为进行监督。同时执法机关囿于人员不足未能对医疗机构的限期整改予以充分的跟踪监测,也可探索设立人民监督员,将因违法排污处以限期整改的医疗机构向公众公示,发挥环保热线“12369”的监督功效。

(三)注重司法与执法的交流协作,助力能动司法的预防性功能实现

司法是法治保障的兜底,发挥司法机关与行政机关的协同共治,是现代环境

治理的重要抓手,具体到医疗废物处置领域而言:第一,行政违法事实认定需要较为专业的医疗处置和环境保护素养,司法机关可聘请相关专业人员为司法辅助人员出具专业意见,或可在自身培训时,采取与行政机关组织座谈会深入交流的方式,了解行政机关实践中的真实一线处置模式,厘清医疗处置与环境保护的边界,避免案件审理时事实认定的反复;第二,强化司法部门与执法部门的信息交流共享机制,发挥环境监测等手段的优势,对经行政处罚后仍拒不整改并最终导致环境污染、触犯污染环境罪的企业及个人加重刑罚,突出对医疗废物这一重要污染源防治的威慑作用。

# 附　　录

## 一、环境立法、司法解释、生态文明体制改革政策目录[1](2020年)

### (一)中央环境立法、司法解释、生态文明改革政策文件

#### 1. 法律

| 序号 | 发布时间 | 名称 | 发布部门 | 效力级别 |
|---|---|---|---|---|
| 1 | 2020年2月24日 | 全国人民代表大会常务委员会关于全国禁止非法野生动物交易、革除滥食野生动物陋习、切实保障人民群众生命健康安全的决定 | 全国人大常委会 | 法律 |
| 2 | 2020年4月29日 | 中华人民共和国固体废物污染环境防治法(2020修订) | 全国人大常委会 | 法律 |
| 3 | 2020年12月23日 | 全国人民代表大会常务委员会专题调研组关于《全国人民代表大会常务委员会关于全面加强生态环境保护依法推动打好污染防治攻坚战的决议》落实情况的调研报告 | 全国人大常委会 | 法律 |
| 4 | 2020年12月26日 | 中华人民共和国长江保护法 | 全国人大常委会 | 法律 |

#### 2. 党内法规

| 序号 | 发布时间 | 名称 | 发布部门 | 效力级别 |
|---|---|---|---|---|
| 1 | 2020年3月3日 | 中共中央办公厅、国务院办公厅印发《关于构建现代环境治理体系的指导意见》 | 中共中央办公厅、国务院办公厅 | 党内法规 |

[1] 时间限定为2020年1月1日到2020年12月31日,将收集到的法律法规、部门规章、规范性文件等(省级及以上)汇总整理,并按照法律、党内法规、行政法规、地方性法规、部门规章、司法解释、规范性文件进行归类。

### 3. 行政法规

| 序号 | 发布时间 | 名称 | 发布部门 | 效力级别 |
|---|---|---|---|---|
| 1 | 2020 年 2 月 27 日 | 中共中央办公厅、国务院办公厅印发《关于全面加强危险化学品安全生产工作的意见》 | 中共中央办公厅、国务院办公厅 | 国务院规范性文件 |
| 2 | 2020 年 2 月 28 日 | 国务院办公厅关于生态环境保护综合行政执法有关事项的通知 | 国务院办公厅 | 国务院规范性文件 |
| 3 | 2020 年 3 月 23 日 | 国务院办公厅关于在防疫条件下积极有序推进春季造林绿化工作的通知 | 国务院办公厅 | 国务院规范性文件 |
| 4 | 2020 年 3 月 9 日 | 国务院办公厅关于生态环境保护综合行政执法有关事项的通知 | 国务院办公厅 | 国务院规范性文件 |
| 5 | 2020 年 4 月 26 日 | 国务院关于 2019 年度环境状况和环境保护目标完成情况与研究处理水污染防治法执法检查报告及审议意见情况的报告 | 国务院 | 国务院规范性文件 |
| 6 | 2020 年 4 月 | 中共中央办公厅、国务院办公厅印发《省(自治区、直辖市)污染防治攻坚战成效考核措施》 | 中共中央办公厅、国务院办公厅 | 国务院规范性文件 |
| 7 | 2020 年 5 月 17 日 | 中共中央、国务院关于新时代推进西部大开发形成新格局的指导意见 | 国务院 | 国务院规范性文件 |
| 8 | 2020 年 6 月 8 日 | 国务院办公厅关于开展第一次全国自然灾害综合风险普查的通知 | 国务院办公厅 | 国务院规范性文件 |
| 9 | 2020 年 7 月 9 日 | 国务院办公厅关于切实做好长江流域禁捕有关工作的通知 | 国务院办公厅 | 国务院规范性文件 |
| 10 | 2020 年 7 月 11 日 | 国务院办公厅关于印发自然资源领域中央与地方财政事权和支出责任划分改革方案的通知 | 国务院办公厅 | 国务院规范性文件 |
| 11 | 2020 年 9 月 23 日 | 中共中央办公厅、国务院办公厅印发《关于调整完善土地出让收入使用范围优先支持乡村振兴的意见》 | 国务院办公厅 | 国务院规范性文件 |

续表

| 序号 | 发布时间 | 名称 | 发布部门 | 效力级别 |
|---|---|---|---|---|
| 12 | 2020 年 11 月 30 日 | 国务院办公厅转发国家发展改革委等部门关于加快推进快递包装绿色转型意见的通知 | 国务院办公厅 | 国务院规范性文件 |
| 13 | 2020 年 12 月 2 日 | 国务院办公厅关于推进人工影响天气工作高质量发展的意见 | 国务院办公厅 | 国务院规范性文件 |

**4. 司法解释**

| 序号 | 发布时间 | 名称 | 发布部门 | 效力级别 |
|---|---|---|---|---|
| 1 | 2020 年 6 月 1 日 | 为黄河流域生态保护和高质量发展提供司法服务与保障的意见 | 最高人民法院 | 司法解释 |
| 2 | 2020 年 7 月 10 日 | 长江三角洲区域一体化发展提供司法服务和保障的意见 | 最高人民法院 | 司法解释 |
| 3 | 2020 年 12 月 29 日 | 审理生态环境损害赔偿案件的若干规定(试行)(2020 修正) | 最高人民法院 | 司法解释 |
| 4 | 2020 年 12 月 29 日 | 审理环境民事公益诉讼案件适用法律若干问题的解释(2020 修正) | 最高人民法院 | 司法解释 |
| 5 | 2020 年 12 月 29 日 | 检察公益诉讼案件适用法律若干问题的解释(2020 修正) | 最高人民法院、检察院 | 司法解释 |
| 6 | 2020 年 12 月 29 日 | 审理环境侵权责任纠纷案件适用法律若干问题的解释(2020 修正) | 最高人民法院 | 司法解释 |
| 7 | 2020 年 12 月 29 日 | 审理矿业权纠纷案件适用法律若干问题的解释(2020 修正) | 最高人民法院 | 司法解释 |

**5. 部门规章、部门规范性文件**

| 序号 | 发布时间 | 名称 | 发布部门 | 效力级别 |
|---|---|---|---|---|
| 1 | 2020 年 1 月 2 日 | 关于做好“三磷”建设项目环境影响评价与排污许可管理工作的通知 | 生态环境部办公厅 | 部门规范性文件 |
| 2 | 2020 年 1 月 7 日 | 国家能源局关于印发《光伏发电市场环境监测评价方法及标准(2019 年修订版)》的通知 | 能源局 | 部门规范性文件 |

续表

| 序号 | 发布时间 | 名称 | 发布部门 | 效力级别 |
| --- | --- | --- | --- | --- |
| 3 | 2020 年 1 月 9 日 | 自然资源部关于推进矿产资源管理改革若干事项的意见(试行) | 自然资源部 | 部门规范性文件 |
| 4 | 2020 年 1 月 17 日 | 国家能源局关于印发《国家能源局行政强制工作规定》的通知 | 能源局 | 部门规范性文件 |
| 5 | 2020 年 1 月 17 日 | 国家能源局关于印发《国家能源局行政检查工作规定》的通知 | 能源局 | 部门规范性文件 |
| 6 | 2020 年 1 月 17 日 | 国家能源局关于印发《国家能源局行政处罚案件违法所得认定办法》的通知 | 能源局 | 部门规范性文件 |
| 7 | 2020 年 1 月 19 日 | 国家发展改革委、生态环境部关于进一步加强塑料污染治理的意见 | 国家发展改革委、生态环境部 | 部门规范性文件 |
| 8 | 2020 年 1 月 20 日 | 关于发布核安全导则《放射性废物地质处置设施》的通知 | 国家核安全局 | 部门规范性文件 |
| 9 | 2020 年 2 月 27 日 | 关于印发《土壤污染防治基金管理办法》的通知 | 财政部、生态环境部、农业农村部、自然资源部、住房城乡建设部、国家林业和草原局 | 部门其他文件 |
| 10 | 2020 年 3 月 5 日 | 国家能源局关于 2020 年风电、光伏发电项目建设有关事项的通知 | 能源局 | 部门规范性文件 |
| 11 | 2020 年 3 月 10 日 | 关于发布核安全导则《核技术利用放射性废物最小化》、核安全法规技术文件《放射性废物处置安全全过程系统分析》的通知 | 国家核安全局 | 部门规范性文件 |
| 12 | 2020 年 3 月 12 日 | 国家能源局关于印发《重大活动电力安全保障工作规定》的通知 | 能源局 | 部门规范性文件 |
| 13 | 2020 年 3 月 12 日 | 自然资源部关于贯彻落实《国务院关于授权和委托用地审批权的决定》的通知 | 自然资源部 | 部门规范性文件 |
| 14 | 2020 年 3 月 16 日 | 自然资源部关于规范重要地理信息数据审核公布管理工作的通知 | 自然资源部 | 部门规范性文件 |

续表

| 序号 | 发布时间 | 名称 | 发布部门 | 效力级别 |
|---|---|---|---|---|
| 15 | 2020 年 3 月 20 日 | 自然资源听证规定 | 自然资源部 | 部门规章 |
| 16 | 2020 年 3 月 23 日 | 国家能源局关于贯彻落实“放管服”改革精神优化电力业务许可管理有关事项的通知 | 能源局 | 部门规范性文件 |
| 17 | 2020 年 3 月 27 日 | 自然资源行政处罚办法 | 自然资源部 | 部门规章 |
| 18 | 2020 年 3 月 27 日 | 自然资源部关于第二批废止和修改的部门规章的决定 | 自然资源部 | 部门规范性文件 |
| 19 | 2020 年 3 月 30 日 | 自然资源部关于公布第二批已废止或者失效的规范性文件目录的公告 | 自然资源部 | 部门规范性文件 |
| 20 | 2020 年 4 月 22 日 | 关于实施生态环境违法行为举报奖励制度的指导意见 | 生态环境部办公厅 | 部门规范性文件 |
| 21 | 2020 年 4 月 29 日 | 新化学物质环境管理登记办法 | 生态环境部 | 部门规章 |
| 22 | 2020 年 4 月 30 日 | 自然资源部关于第三批废止和修改的部门规章的决定 | 自然资源部 | 部门规章 |
| 23 | 2020 年 4 月 30 日 | 矿产资源统计管理办法 | 自然资源部 | 部门规章 |
| 24 | 2020 年 5 月 11 日 | 关于颁发放射性固体废物处理、处置许可证的通知 | 国家核安全局 | 部门规范性文件 |
| 25 | 2020 年 5 月 13 日 | 关于发布核安全导则《核设施放射性废物处置前管理》的通知 | 国家核安全局 | 部门规范性文件 |
| 26 | 2020 年 5 月 20 日 | 财政部关于印发《海洋生态保护修复资金管理办法》的通知 | 财政部 | 部门其他文件 |
| 27 | 2020 年 5 月 25 日 | 《海域使用论证管理规定（修订版）》公开征求意见 | 自然资源部 | 部门其他文件 |

续表

| 序号 | 发布时间 | 名称 | 发布部门 | 效力级别 |
|---|---|---|---|---|
| 28 | 2020 年 5 月 25 日 | 关于开展医疗机构废弃物专项整治工作的通知 | 国家卫生健康委办公厅、生态环境部办公厅、工业和信息化部办公厅、公安部办公厅、住房城乡建设部办公厅、商务部办公厅、市场监管总局办公厅、 | 部门规范性文件 |
| 29 | 2020 年 5 月 28 日 | 关于进一步做好建设项目环境保护“三同时”及自主验收监督检查工作的通知 | 生态环境部办公厅 | 部门规范性文件 |
| 30 | 2020 年 6 月 1 日 | 自然资源部关于公布第三批已废止或者失效的规范性文件目录的公告 | 自然资源部 | 部门规范性文件 |
| 31 | 2020 年 6 月 19 日 | 农业农村部办公厅、生态环境部办公厅关于进一步明确畜禽粪污还田利用要求强化养殖污染监管的通知 | 农业农村部办公厅<br>生态环境部办公厅 | 部门规范性文件 |
| 32 | 2020 年 6 月 23 日 | 自然资源部办公厅关于印发《矿业权登记信息管理办法》的通知 | 自然资源部办公厅 | 部门规范性文件 |
| 33 | 2020 年 6 月 27 日 | 自然资源执法监督规定 | 自然资源部 | 部门规章 |
| 34 | 2020 年 6 月 29 日 | 自然资源部办公厅关于印发《自然资源部挂牌督办和公开通报违法违规案件办法》的通知 | 自然资源部办公厅 | 部门规范性文件 |
| 35 | 2020 年 7 月 1 日 | 国家能源局关于印发《电力安全文化建设指导意见》的通知 | 能源局 | 部门规范性文件 |
| 36 | 2020 年 7 月 10 日 | 关于扎实推进塑料污染治理工作的通知 | 国家发展改革委、生态环境部、工业和信息化部、住房城乡建设部、农业农村部、商务部、文化和旅游部、市场监管总局、供销合作总社 | 部门规范性文件 |

续表

| 序号 | 发布时间 | 名称 | 发布部门 | 效力级别 |
|---|---|---|---|---|
| 37 | 2020年7月14日 | 农业农村部办公厅、国家卫生健康委办公厅、生态环境部办公厅关于印发《农村厕所粪污无害化处理与资源化利用指南》和《农村厕所粪污处理及资源化利用典型模式》的通知 | 农业农村部办公厅、国家卫生健康委办公厅、生态环境部办公厅 | 部门规范性文件 |
| 38 | 2020年7月15日 | 自然资源部关于印发《自然资源统计工作管理办法》的通知 | 自然资源部 | 部门其他文件 |
| 39 | 2020年7月16日 | 自然资源部关于印发《自然资源标准化管理办法》的通知 | 自然资源部 | 部门其他文件 |
| 40 | 2020年8月3日 | 国家发展改革委办公厅、国家林草局办公室关于印发《公共资源交易平台系统林权交易数据规范》的通知 | 国家发展改革委办公厅、国家林草局办公室 | 部门规范性文件 |
| 41 | 2020年8月24日 | 国家能源局关于印发对取消和下放行政审批事项加强后续监管的指导意见(2020年版)的通知 | 能源局 | 部门规范性文件 |
| 42 | 2020年8月31日 | 农药包装废弃物回收处理管理办法 | 中华人民共和国农业农村部、生态环境部 | 部门规范性文件 |
| 43 | 2020年9月8日 | 关于加强土壤污染防治项目管理的通知 | 生态环境部办公厅、财政部办公厅 | 部门规范性文件 |
| 44 | 2020年9月29日 | 关于加快能源领域新型标准体系建设的指导意见 | 能源局 | 部门规范性文件 |
| 45 | 2020年10月16日 | 关于深入推进重点行业清洁生产审核工作的通知 | 生态环境部办公厅、国家发展和改革委员会办公厅 | 部门规范性文件 |
| 46 | 2020年11月6日 | 国家能源局关于印发《电力现货市场信息披露办法(暂行)》的通知 | 能源局 | 部门规范性文件 |
| 47 | 2020年11月16日 | 核动力厂营运单位核安全报告规定 | 生态环境部 | 部门规章 |

续表

| 序号 | 发布时间 | 名称 | 发布部门 | 效力级别 |
|---|---|---|---|---|
| 48 | 2020 年 11 月 23 日 | 生态环境部建设项目环境影响报告书(表)审批程序规定 | 生态环境部 | 部门规章 |
| 49 | 2020 年 11 月 23 日 | 国家危险废物名录(2021 年版) | 生态环境部、国家发展和改革委员会、公安部、交通运输部、国家卫生健康委员会 | 部门规章 |
| 50 | 2020 年 11 月 25 日 | 国家能源局关于印发《电力业务许可证监督管理办法》的通知 | 能源局 | 部门规范性文件 |
| 51 | 2020 年 11 月 30 日 | 国家能源局关于印发《国家能源局用户受电工程“三指定”行为认定指引》的通知 | 能源局 | 部门规范性文件 |
| 52 | 2020 年 11 月 30 日 | 国家能源局关于印发《国家能源局电力并网互联争议处理工作程序规则》的通知 | 能源局 | 部门规范性文件 |
| 53 | 2020 年 11 月 30 日 | 建设项目环境影响评价分类管理名录(2021 年版) | 生态环境部 | 部门规章 |
| 54 | 2020 年 12 月 1 日 | 国家能源局关于印发《电力企业应急能力建设评估管理办法》的通知 | 能源局 | 部门规范性文件 |
| 55 | 2020 年 12 月 15 日 | 生态环境标准管理办法 | 生态环境部 | 部门规章 |
| 56 | 2020 年 12 月 24 日 | 国家能源局综合司、国家矿山安全监察局综合司关于印发《智能化示范煤矿建设管理暂行办法》《煤矿智能化专家库管理暂行办法》的通知 | 能源局 | 部门规范性文件 |
| 57 | 2020 年 12 月 25 号 | 国家能源局、生态环境部关于加强核电工程建设质量管理的通知 | 能源局 | 部门规范性文件 |
| 58 | 2020 年 12 月 28 日 | 国家能源局综合司关于电力工程项目造价信息报送及统计分析工作有关问题的通知 | 能源局 | 部门规范性文件 |

续表

| 序号 | 发布时间 | 名称 | 发布部门 | 效力级别 |
|---|---|---|---|---|
| 59 | 2020 年 12 月 29 日 | 自然资源部关于公布第四批已废止或者失效的规范性文件目录的公告 | 自然资源部 | 部门其他文件 |
| 60 | 2020 年 12 月 29 日 | 国家能源局综合司关于做好 2021 年元旦春节期间电力安全生产工作的通知 | 能源局 | 部门规范性文件 |
| 61 | 2020 年 12 月 30 日 | 国家能源局关于进一步完善电力调度交易与市场秩序厂网联席会议制度的通知 | 能源局 | 部门规范性文件 |
| 62 | 2020 年 12 月 31 日 | 碳排放权交易管理办法(试行) | 生态环境部 | 部门规章 |

### (二)省级环境立法

| 序号 | 发布时间 | 名称 | 发布部门 | 效力级别 |
|---|---|---|---|---|
| 1 | 2020 年 1 月 4 日 | 宁夏回族自治区水污染防治条例 | 宁夏回族自治区人大常委会 | 地方性法规 |
| 2 | 2020 年 1 月 9 日 | 江苏省生态环境监测条例 | 江苏省人大常委会 | 地方性法规 |
| 3 | 2020 年 1 月 11 日 | 河北省机动车和非道路移动机械排放污染防治条例 | 河北省人大 | 地方性法规 |
| 4 | 2020 年 1 月 13 日 | 河南省排污许可管理条例 | 河南省人大常委会 | 地方性法规 |
| 5 | 2020 年 1 月 17 日 | 广西壮族自治区水污染防治条例 | 广西壮族自治区人大常委会 | 地方性法规 |
| 6 | 2020 年 1 月 17 日 | 北京市机动车和非道路移动机械排放污染防治条例 | 北京市人大 | 地方性法规 |
| 7 | 2020 年 1 月 18 日 | 天津市机动车和非道路移动机械排放污染防治条例 | 天津市人大 | 地方性法规 |
| 8 | 2020 年 3 月 26 日 | 山东省医疗废物管理办法 | 山东省人大常委会 | 地方性法规 |

续表

| 序号 | 发布时间 | 名称 | 发布部门 | 效力级别 |
|---|---|---|---|---|
| 9 | 2020 年 3 月 27 日 | 河北省生态环境保护条例 | 河北省人大常委会 | 地方性法规 |
| 10 | 2020 年 3 月 27 日 | 广西壮族自治区钟乳石资源保护条例(2020 修正) | 广西壮族人大常委会 | 地方性法规 |
| 11 | 2020 年 3 月 30 日 | 辽宁省大气污染防治条例(2020 修正) | 辽宁省人大常委会 | 地方性法规 |
| 12 | 2020 年 3 月 30 日 | 辽宁省环境保护条例(2020 修正) | 辽宁省人大常委会 | 地方性法规 |
| 13 | 2020 年 3 月 30 日 | 辽宁省机动车污染防治条例(2020 修正) | 辽宁省人大常委会 | 地方性法规 |
| 14 | 2020 年 3 月 31 日 | 湖南省实施《中华人民共和国土壤污染防治法》办法 | 湖南省人大常委会 | 地方性法规 |
| 15 | 2020 年 4 月 24 日 | 北京市人民代表大会委员会关于修改《北京市市容环境卫生条例》的决定(2020) | 北京市人大常委会 | 地方性法规 |
| 16 | 2020 年 5 月 12 日 | 云南省创建生态文明建设排头兵促进体例 | 云南省人大 | 地方性法规 |
| 17 | 2020 年 5 月 14 日 | 上海市人民代表大会常务委员会关于废止《上海市实施〈中华人民共和国野生动物保护法〉办法》的决定 | 上海市人大常委会 | 地方性法规 |
| 18 | 2020 年 5 月 14 日 | 上海市中华鲟保护管理条例 | 上海市人大常委会 | 地方性法规 |
| 19 | 2020 年 5 月 15 日 | 山西省禁止公共场所随地吐痰的规定 | 山西省人大常委会 | 地方性法规 |
| 20 | 2020 年 6 月 5 日 | 北京市危险废物污染环境防治条例 | 北京市人大常委会 | 地方性法规 |
| 21 | 2020 年 6 月 11 日 | 陕西省汉江丹江流域水污染防治条例(2020 修正) | 陕西省人大常委会 | 地方性法规 |
| 22 | 2020 年 6 月 11 日 | 陕西省实施《中华人民共和国环境保护法》办法(2020 修正) | 陕西省人大常委会 | 地方性法规 |

续表

| 序号 | 发布时间 | 名称 | 发布部门 | 效力级别 |
| --- | --- | --- | --- | --- |
| 23 | 2020 年 6 月 11 日 | 陕西省实施《中华人民共和国环境影响评价法》办法(2020 修正) | 陕西省人大常委会 | 地方性法规 |
| 24 | 2020 年 7 月 24 日 | 湖北省汉江流域水环境保护条例 | 湖北省人大常委会 | 地方性法规 |
| 25 | 2020 年 7 日 29 日 | 天津市海洋环境保护条例(2020 修正) | 天津市人大常委会 | 地方性法规 |
| 26 | 2020 年 7 月 29 日 | 天津市生活垃圾管理条例 | 天津市人大常委会 | 地方性法规 |
| 27 | 2020 年 7 月 29 日 | 天津市人民代表大会常务委员会关于修改《天津市海洋环境保护条例》的决定(2020) | 天津市人大常委会 | 地方性法规 |
| 28 | 2020 年 7 月 30 日 | 重庆市水污染防治条例 | 重庆市人大常委会 | 地方性法规 |
| 29 | 2020 年 7 月 30 日 | 河北省环境保护公众参与条例(2020 修正) | 河北省人大常委会 | 地方性法规 |
| 30 | 2020 年 7 月 30 日 | 河北省辐射污染防治条例(2020 修正) | 河北省人大常委会 | 地方性法规 |
| 31 | 2020 年 7 月 30 日 | 河北省人民代表大会常务委员会关于加强船舶大气污染防治的若干规定 | 河北省人大常委会 | 地方性法规 |
| 32 | 2020 年 7 月 31 日 | 甘肃省人民代表大会常务委员会关于废止《甘肃安西极旱荒漠国家级自然保护区管理条例》的决定 | 甘肃省人大常委会 | 地方性法规 |
| 33 | 2020 年 9 月 19 日 | 新疆维吾尔自治区湿地保护条例(2020 修正) | 新疆维吾尔自治区人大常委会 | 地方性法规 |
| 34 | 2020 年 9 月 19 日 | 新疆维吾尔自治区天山自然遗产地保护条例(2020 修正) | 新疆维吾尔自治区人大常委会 | 地方性法规 |
| 35 | 2020 年 9 月 19 日 | 新疆维吾尔自治区实施《中华人民共和国防沙治沙法》办法(2020 修正) | 新疆维吾尔自治区人大常委会 | 地方性法规 |

续表

| 序号 | 发布时间 | 名称 | 发布部门 | 效力级别 |
|---|---|---|---|---|
| 36 | 2020年9月25日 | 天津市绿色生态屏障管控地区管理若干规定 | 天津市人大常委会 | 地方性法规 |
| 37 | 2020年9月25日 | 北京市生活垃圾管理条例(2020修正) | 北京市人大常委会 | 地方性法规 |
| 38 | 2020年9月25日 | 北京市人民代表大会委员会关于修改《北京市生活垃圾管理条例》的决定(2020) | 北京市人大常委会 | 地方性法规 |
| 39 | 2020年9月29日 | 广东省机动车排气污染防治条例(2020修正) | 广东省人大常委会 | 地方性法规 |
| 40 | 2020年11月25日 | 江西省土壤污染防治条例 | 江西省人大常委会 | 地方性法规 |
| 41 | 2020年11月26日 | 内蒙古自治区土壤污染防治条例 | 内蒙古自治区人大常委会 | 地方性法规 |
| 42 | 2020年11月27日 | 浙江省水污染防治条例(2020修正) | 浙江省人大常委会 | 地方性法规 |
| 43 | 2020年11月27日 | 浙江省大气污染防治条例(2020修正) | 浙江省人大常委会 | 地方性法规 |
| 44 | 2020年11月27日 | 浙江省机动车排气污染防治条例(2020修正) | 浙江省人大常委会 | 地方性法规 |
| 45 | 2020年11月27日 | 浙江省曹娥江流域水环境保护条例(2020修正) | 浙江省人大常委会 | 地方性法规 |
| 46 | 2020年11月27日 | 江苏省水污染防治条例 | 江苏省人大常委会 | 地方性法规 |
| 47 | 2020年11月27日 | 广东省湿地保护条例(2020修订) | 广东省人大常委会 | 地方性法规 |
| 48 | 2020年11月27日 | 广东省水污染防治条例 | 广东省人大常委会 | 地方性法规 |
| 49 | 2020年11月27日 | 山东省水污染防治条例(2020修正) | 山东省人大常委会 | 地方性法规 |
| 50 | 2020年11月27日 | 泰山风景名胜区保护管理条例(2020修正) | 山东省人大常委会 | 地方性法规 |

续表

| 序号 | 发布时间 | 名称 | 发布部门 | 效力级别 |
|---|---|---|---|---|
| 51 | 2020 年 11 月 27 日 | 吉林省生态环境保护条例 | 吉林省人大常委会 | 地方性法规 |
| 52 | 2020 年 12 月 2 日 | 海南省生态保护补偿条例 | 海南省人大常委会 | 地方性法规 |
| 53 | 2020 年 12 月 3 日 | 甘肃省辐射污染防治条例(2020 修订) | 甘肃省人大常务会 | 地方性法规 |
| 54 | 2020 年 12 月 3 日 | 甘肃省水污染防治条例 | 甘肃省人大常务会 | 地方性法规 |
| 55 | 2020 年 12 月 4 日 | 贵州省固体废物污染环境防治条例 | 贵州省人大常委会 | 地方性法规 |
| 56 | 2020 年 12 月 24 日 | 浙江省生活垃圾管理条例 | 浙江省人大常委会 | 地方性法规 |
| 57 | 2020 年 1 月 23 日 | 《山西省环境保护条例》实施办法 | 山西省人民政府 | 地方政府规章 |
| 58 | 2020 年 2 月 7 日 | 河北省扬尘污染防治办法 | 河北省人民政府 | 地方政府规章 |
| 59 | 2020 年 4 月 16 日 | 山西省城市生活垃圾分类管理规定 | 山西省人民政府 | 地方政府规章 |
| 60 | 2020 年 7 月 11 日 | 新疆维吾尔自治区阿尔金山国家级自然保护区管理办法(2020 修正) | 新疆维吾尔自治区人民政府 | 地方政府规章 |
| 61 | 2020 年 8 月 7 日 | 福建省碳排放权交易管理暂行办法(2020 修订) | 福建省人民政府 | 地方政府规章 |
| 62 | 2020 年 8 月 10 日 | 甘肃省自然灾害救助办法(2020 修正) | 甘肃省人民政府 | 地方政府规章 |
| 63 | 2020 年 10 月 30 日 | 重庆市辐射污染防治办法 | 重庆市人民政府 | 地方政府规章 |
| 64 | 2020 年 12 月 26 日 | 河北省蓄滞洪区管理办法(2020) | 河北省人民政府 | 地方政府规章 |
| 65 | 2020 年 1 月 23 日 | 《山西省环境保护条例》实施办法 | 山西省人民政府 | 地方政府规章 |
| 66 | 2020 年 2 月 7 日 | 河北省扬尘污染防治办法 | 河北省人民政府 | 地方政府规章 |

续表

| 序号 | 发布时间 | 名称 | 发布部门 | 效力级别 |
|---|---|---|---|---|
| 67 | 2020 年 4 月 16 日 | 山西省城市生活垃圾分类管理规定 | 山西省人民政府 | 地方政府规章 |
| 68 | 2020 年 7 月 11 日 | 新疆维吾尔自治区阿尔金山国家级自然保护区管理办法(2020 修正) | 新疆维吾尔自治区人民政府 | 地方政府规章 |
| 69 | 2020 年 8 月 7 日 | 福建省碳排放权交易管理暂行办法(2020 修订) | 福建省人民政府 | 地方政府规章 |

(三)2020 年全国及地方环境法律法规对比图[2]

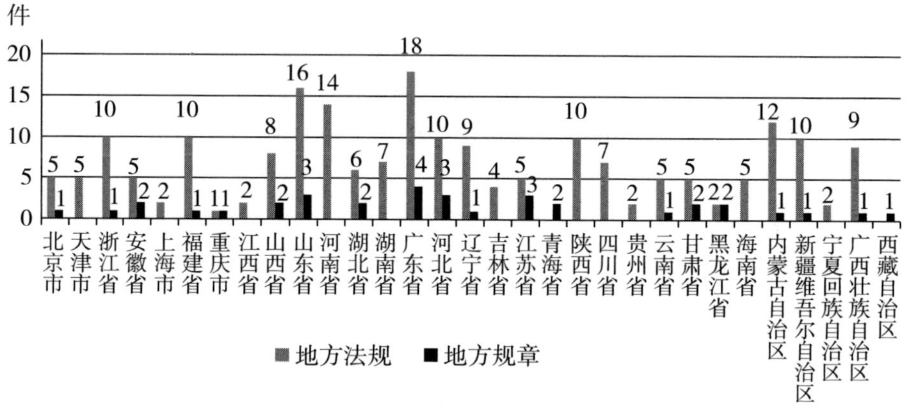


**图 1　2020 年各省、直辖市、自治区环境立法状况**

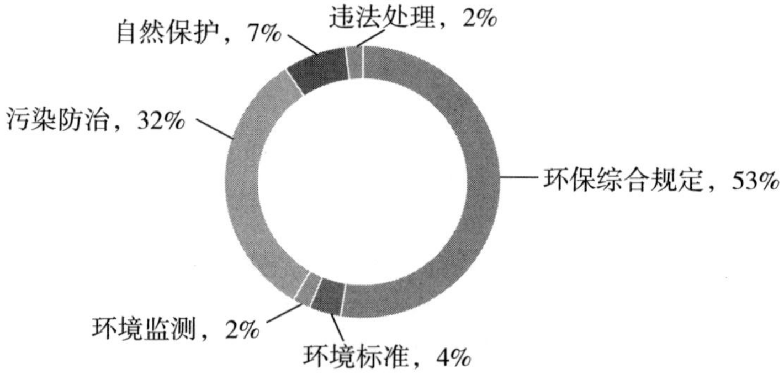


**图 2　2020 年环境立法法规类别**

[2] 数据来源:北大法宝法律数据库,时间截至 2020 年 12 月 31 日。

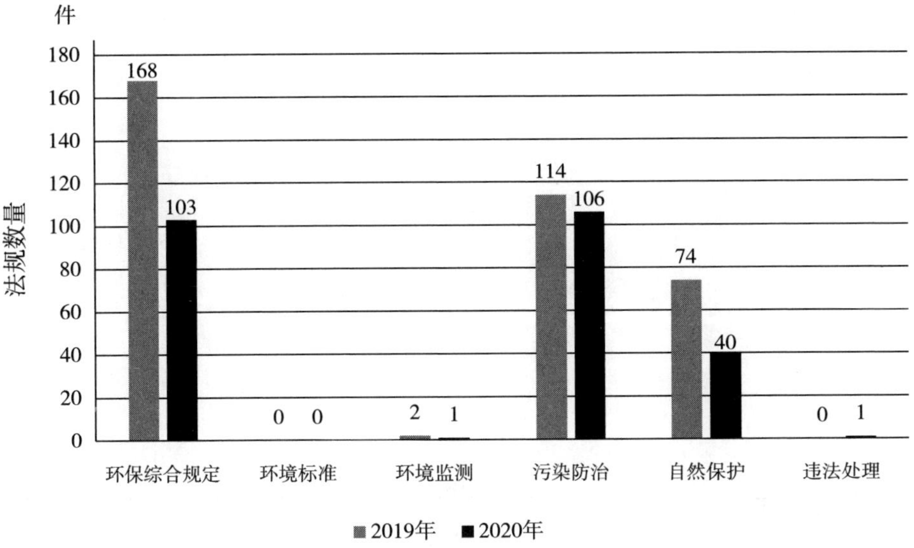


**图 3　2019 年、2020 年地方立法法规类别状况**

## 二、最高人民法院、最高人民检察院、生态环境部发布的环境典型案例目录(2020 年)